U0732866

广播影视案例分析

传播内容篇

国家新闻出版广电总局政策法制司◎编

中国广播影视出版社

以案释法　防范风险
推进广播影视健康发展

随着社会主义市场经济的发展和国家法治进程的推进，广播影视行业在迅速发展的同时，面临越来越多的法律风险。运用法律手段准确识别、科学防范和有效化解各种潜在的法律风险，对于提高广播影视科学化管理水平、切实承担媒体社会责任、保障和促进事业产业健康发展、满足人民群众基本文化权益具有重要意义。这就要求广播影视从业人员提高运用法治思维和法治方式深化改革、推动发展、化解矛盾、维护稳定的意识和能力，加强法律学习，提升法律素养。

与纯粹的理论知识相比，案例分析更具有实践性、更能激发学习兴趣。为充分发挥案例的价值，提示法律风险，推动依法行政、依法管理、依法运营，总局政策法制司组织相关领域的专家和实务工作者合作编写了《广播影视案例分析》丛书。丛书有三个突出的特点：一是以案说法。选取真实案例来阐释法律知识，既有案例分析，也有风险提示及应对建议。二是贴近实际。案例多为广播影视系统内部或与广播影视密切相关的实例，贴近广播影视实际工作，更能引起反思、引发共鸣。三是点面结合。丛书广泛选材，精心编排，每个案例都具有很强的代表性；内容涉及依法行政、传播内容、经营管理、知识产权等领域，覆盖广播影视全部业务范围。我相信，本丛书的编辑出版将对普及广播影视法律知识、指导广播影视法治实践发挥积极作用。希望大家认真学习，了解自身工作中可能存在的风险点，从中获得启示和借鉴，推动单位内部管理制度化、规范化，推动广播影视健康有序发展。

党的十八届三中全会提出建设"法治中国",提出要推进国家治理体系和治理能力现代化,坚持依法治国、依法执政、依法行政共同推进;坚持法治国家、法治政府、法治社会一体建设。广播影视系统在国家法治建设中承担着双重任务。要积极推进广播影视治理体系和治理能力建设,推动广播影视行政部门依法行政、企事业单位依法管理依法运营、新闻媒体依法报道。广播影视媒体还要通过自身法治思维的培养、法治意识的加强,努力推动全社会形成依法办事、遇事找法、化解矛盾靠法的良好法治环境。广播影视学法用法工作任重而道远,需要广播影视系统从业人员共同努力,不断加强法制宣传、推动法治实践,为广播影视繁荣发展和国家法治建设做出更大贡献。

（国家新闻出版广电总局党组成员、副局长）

Contents 目录

第三编 | 隐私与肖像

第四编 | 网络侵权

第一编

信息公开与采访权

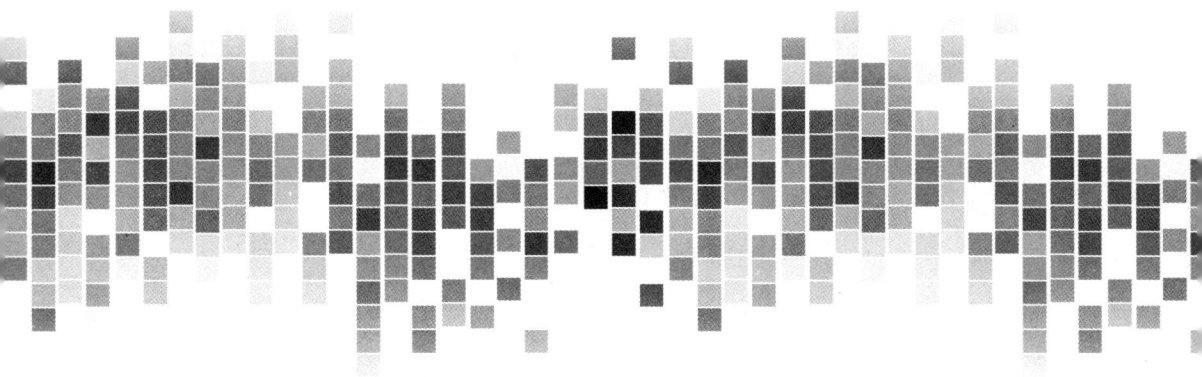

1. 政府信息公开制度的建立与实践
——评记者马某诉上海市城市规划局信息不公开案

◇ 徐　明

案例要义

时任《解放日报》记者的马某,因采访需要,先后多次向上海市城市规划局(以下简称上海市规划局)要求依法公开相关政府信息。在要求遭到拒绝后,马某提起行政诉讼,要求法院判令上海市规划局向其提供应当公开的政府信息。此案成为我国职业记者适用政府信息公开规定进行新闻采访第一案,下文将以此为例分析政府信息公开相关内容。

关键词

政府信息公开　行政诉讼　记者采访权

主要事实

为了对一个新闻事件进行深入采访,马某于2006年4月18日向上海市规划局传真了采访提纲,但该局不予答复。4月23日,马某又以挂号信的形式向上海市规划局寄送了书面采访申请,请该局按照上海市《政府信息公开规定》提供应当公开的政府信息,再次遭到拒绝,拒绝理由是马某并没有提供报社公函。同年5月18日马某起诉上海市规划局信息不公开案由上海市黄浦区人民法院正式受理。

马某在他的行政诉讼状中称,根据上海市《政府信息公开规定》,政府部门对与经济、社会管理和公共服务相关的政府信息,应当主动公开或者依申请公开;公民、法人和其他社会组织有权依据该规定,要求政府机关向其提供有关政府信息。该规定还制定了政府新闻发言人制度，规定新闻发言人代表各级政府向社会发布政府信息，那么，对新闻记者的采访申请，各级政府部门也应依申请公开政府信息。马某在行政起诉状中，要求法院判决上海市规划局按照上海市《政府信息公开规定》向其提供由他申请应当公开的政府信息。

2006年6月2日，《中国青年报》最先对马某诉上海市规划局一案进行报道，从而引起了国内众多媒体的关注。6月7日，马某迫于其不愿透露的原因，最终以"放弃对被申请人的采访申请"为由，撤回了起诉。

争议焦点

上海市规划局拒绝公开相关政府信息的行为是否违反相关政府信息公开规定？马某是否有权就此提起诉讼，要求上海市规划局进行政府信息公开？

法理分析

本案发生时，我国《政府信息公开条例》尚未颁布实施，但一些地方已开始了建立政府信息公开制度的尝试和努力，相继制定了相关地方性法规或规章。自2003年1月1日广州市在全国率先实施《政府信息公开规定》开始，到2005年年底全国至少已有9个省级行政区域、26个城市制定了政府信息公开的地方性法规或地方政府规章。其中，本案所涉及的上海市《政府信息公开规定》即于2004年1月20日颁布。马某提起行政诉讼状告上海市规划局信息不公开所依据的就是这份规定。本文将主要通过对该文件的内容分析，并结合之后于2007年生效的国务院《政府信息公开条例》及配套规定，试图解答本案争议焦点所涉及的问题。

以上海市《政府信息公开规定》为代表的地方政府信息公开规定以及之后颁行的《政府信息公开条例》，显示了我国建立政府信息公开制度，由办事制度型公开向权利型公开、从单项信息公开到整体信息公开、从单向的政府公开到双向的政府主动公开与民众向政府要求公开相结合，从缺乏实际救济的公开到可诉诸正式救济的努力。

一、信息公开的范围——单项信息公开还是整体信息公开

知情权[①]得以真正实现，信息公开的范围至关重要。如何合理地确定公开与不公开的范围，是建立政府信息公开制度的一大难题。现代立法的通行做法是：通过概括性规定加肯定性列举来规定应当公开的信息，而通过否定性列举来排除免于公开的信息。

我国政府信息公开长期奉行的是：有法律明确规定的特定信息才可公开，没有规定公开的则不能公开。相关地方政府的信息公开规定中，多数均明确规定了"政府信息以公开为原则，不公开为例外"[②]，体现了由"法无准许即禁止"到"法无禁止即公开"的转变，从单项的信息公开到整体的信息公开的转变。上海的规定虽未直书"公开为原则，不公开为例外"，但规定了"除本规定第十条所列依法免予公开的外，凡与经济、社会管理和公共服务相关的政府信息，均应予以公开或者依申请予以提供"，也间接表达了这一原则。不过遗憾的是，这一原则并没有在之后颁布的《政府信息公开条例》中得到体现。

公共利益应成为公开的理由而非禁止的理由，这一点得到相关规定的广泛确认，如果"公开该政府信息所涉及的公共利益超过可能造成的损害的"或"具有明显的公共利益并且公开不会造成实质性损害的"，政府机关均可决定予以公开，而不受种种例外限定。[③]

二、政府信息公开的权利义务主体——办事制度型公开还是权利型公开

权利型公开与办事制度型公开的最重要区别在于是否将政府公开视为民众的一项权利。在权利受到侵害时，民众是否有通过复议或诉讼途径进行救济

---

① 本文所称知情权、信息公开，是公法意义上的，不平等主体之间的。知情权限于公众对行政机关或经依法授权行使某些行政职能的公共机构所掌握信息的知情权，或称公众知情权；而信息公开也主要指此类信息的公开，或称政府信息公开。这里知情权与信息公开乃是一枚硬币的两面，从公民权利的角度来说是知情权，而从政府义务的角度来表述则是信息公开。

② 这句话的原文是"Freedom of information is now the rule and secrecy of the exception"，是1970年美国一家地方法院在判词中对美国《信息自由法》基本目的的诠释，后来流传开来，成为公认的准则。D.M.Gillmor etc., Mass Communication Law/Cases and Comment, 6th Edition, 1998 by Wadsworth Publishing Company, New York, p.436

③ 见上海市《政府信息公开规定》（2004）第十条。

的权利。在权利型公开制度下,信息公开的义务主体是政府机关,而权利主体则是公众。除《政府信息公开条例》之外,绝大多数的地方政府信息公开规定都在第一条明确肯定了公众的知情权,并进一步规定知情权的主体是"公民、法人和其他组织",如上海市《政府信息公开规定》规定"为了建立公正透明的行政管理体制,保障公民、法人和其他组织的知情权,维护其自身合法权益,监督政府机关依法履行职责,依据法律、法规的有关规定,结合本市实际情况,制定本规定"。

政府公开信息既然是一项义务,拒不履行义务就应当承担法律责任。在我国,历来对传播了被认为不应当传播的信息的行为要予以处罚,而对应当公开的信息不予公开的行为却不会受到追究,这正是我国政务不公开不透明的重要原因。上海市《政府信息公开规定》第三十一条就明确规定了"法律责任"条款,对政府机关违反信息公开规定设定了罚则,这样的规定以前是没有过的。《政府信息公开条例》也做了相应的规定。

三、信息公开的程序——单向的政府信息公开还是双向的政府信息公开

信息公开实行单向还是双向,不只是公开的方式问题,它关系到知情权是否能够得到实现。以权力为主导,一定只限于单向公开。单向公开,民众只能消极被动地接受信息而不能积极主动地寻求信息。而政府部门及其官员一般更愿意公布对自己有利的情况,不愿意公开对自己不利的情况,甚至有可能用公布另外一些信息的方式来掩饰某些不利的处境。因此,单向公开特别是没有依申请地公开是形同虚设,知情权难以主张并得到法律救济。

上海市《政府信息公开规定》第七条规定了"公民、法人和其他组织有权依据本规定,要求政府机关向其提供有关的政府信息",以及第八条"政府机关应当主动向社会公开下列政府信息:……"确认了双向的政府信息公开,将政府信息公开的程序分为依申请公开和政府机关主动公开两类。

依申请公开的一项重要原则就是申请人无须说明申请的理由,而政府机关如果决定不公开或部分公开,则必须说明和告知合法理由及救济途径,并对拒绝公开承担举证责任。这正是基于"公开为原则、不公开为例外"的原则。公众行使获得政府信息的请求权,只要不属于法定的例外,政府就应当提供,而

不应过问申请人申请该项信息的意图和目的是什么。公开信息既然是政府的一项义务，那么如果不能履行义务自然应该说明不作为的合理性和合法性。《政府信息公开条例》规定了"……公民、法人或者其他组织还可以根据自身生产、生活、科研等特殊需要，……申请获取相关政府信息"，这一规定明确了申请人可根据需要进行信息公开的权利，但有一个明显缺陷就是，申请人需要就某种特殊需要承担证明责任，并且已经得到了最新司法解释的确认。如"不能合理说明申请获取政府信息系根据自身生产、生活、科研等特殊需要，而被告据此不予提供的"，法院将判决驳回原告诉讼请求。

四、救济途径——无实际救济的公开还是可诉诸正式救济的公开

法律上的救济，是指权利人在认为自身权利受到阻碍或侵犯时，依法请求排除阻碍、制止侵犯、赔偿损害的措施。无救济则无权利，任何权利必须要设定救济的途径，这是法治的基本要求。要彻底扭转政府信息公开的任意性，就必须建立对政府信息公开的救济机制。上海市《政府信息公开规定》在第三十二条规定了救济途径，"……公民、法人和其他组织认为政府机关违反本规定的具体行政行为，侵犯其合法权益的，可以依法申请行政复议，对行政复议决定不服的，可以依法提起行政诉讼；公民、法人和其他组织也可以依法直接向人民法院提起行政诉讼"，《政府信息公开条例》也做了同样的规定。

回到本案上来，虽然该案以马某迫于压力撤诉告终，但通过以上对本案发生时上海市《政府信息公开规定》的内容分析，孰是孰非已清晰可辨：马某有权要求上海市规划局提供相关信息、履行信息公开义务，在上海市规划局拒绝依法公开也未能依法向马某说明理由的情况下，仅以未有报社公函而拒绝信息公开，马某有权根据相关救济规定向法院直接提起行政诉讼，要求上海市规划局根据上海市《政府信息公开规定》履行政府信息公开义务。即使根据目前《政府信息公开条例》的规定，马某也完全可以就政府信息与其本人的采访工作需要进行合理的说明，完成举证责任。而如果上海市规划局无法证明马某申请事项属于国家秘密、商业秘密、个人隐私等免于公开事项，则必须承担败诉的后果。

启示与建议

　　该案普遍被认为是我国职业记者适用政府信息公开规定进行新闻采访第一案。提起诉讼时，马某还向中国记协发出一封信，题为"新闻采访权司法救济的一次尝试"①。但必须承认，新闻采访权并非法定权利，因此也并无对该权利的特别救济方式。与其说记者的新闻采访权，毋宁说公民的知情权。马某最后也是以公民身份提起的本次诉讼。而就目前的政府信息公开制度而言，相关新闻记者采访报道活动的特殊性在于，其工作性质决定了其申请应该被认为符合《政府信息公开条例》所要求的出于生产、生活、科研的特殊需要，而不必再行举证。

　　因此，广播影视记者在采访过程中遇有信息获取困难的情况下，而相关信息可能为政府部门所掌握，可考虑根据《政府信息公开条例》及相关规定，采取符合要求的申请方式，向相关政府部门提出信息公开申请。在合法申请未能得到依法回应，特别是未有证据表明该信息属于国家秘密、商业秘密、个人隐私等法律准予不予公开事项，可考虑通过依法提起行政复议或诉讼要求相关部门履行公开义务。

---

　　①　周凯：《屡次采访申请被拒 上海一记者起诉市规划局》，载《中国青年报》，2006年6月2日。

2. 新闻报道与突发事件信息的统一发布制度

——评某网站错发地震预报消息

◇ 徐　明

案例要义

一家权威网站刊发的消息误报北京当晚可能有地震，后经证实该消息并非地震局发布。此消息引起了北京市民一定程度的恐慌。本文借此介绍有关地震等突发事件的信息发布制度。

关键词

新闻报道　突发事件　统一发布

主要事实

某权威门户网站于2008年5月12日15时37分，发布了一则以"北京局部地区发生2级轻微地震"为标题的消息，全文为："北京5月12日电　中国地震局刚刚发布公告称，北京时间2008年5月12日14点30分左右北京局部地区发生2级轻微地震，另警告在2008年5月12日晚上22点至24点时间段北京局部地区还会有2—6级地震，望大家提前做好预防措施。"该消息在网站正式发布之前，已经在互联网上通过即时聊天工具流传了。在该网站刊发后，多数人更加深信不疑，纷纷将信息转发亲友，提醒当晚的地震和预防。事后证实，该消息并非中国地震局发布。该网站后来也很快删除了这一误报内容。

☕ **争议焦点**

我国对地震等突发事件的信息发布有何要求？某网站误报地震消息是否违反了地震预报管理规定？

📖 **法理分析**

我国对地震预报及地震信息等一些重要信息的发布和报道建立了一套突发事件信息发布制度。这一制度明确了特定信息的统一发布要求，不是法定的信息发布主体，未经合法程序，其他单位和个人均不得散布相关信息。比如，新闻媒体刊登或者播发地震预报必须以国务院或者省级政府发布的地震预报为准。这种对某些特殊信息传播的制度要求，是通过一定程度上对表达自由的限制从而保障信息的真实准确。将信息发布权垄断在法定机构似乎是对知情权的某种限制，但知情权更是知悉真实情况的权利，因此从这个角度来说，该制度也是对相关法定机构及时准确发布信息的义务设定，是对知情权的保障。

一、突发事件的信息发布

2007年颁布生效的《突发事件应对法》对突发事件的定义是"突然发生，造成或者可能造成严重社会危害，需要采取应急处置措施予以应对的自然灾害、事故灾难、公共卫生事件和社会安全事件"。《国家突发公共事件总体应急预案》（2006年）有四类突发事件更详细的说明：自然灾害主要包括水旱灾害、气象灾害、地震灾害、地质灾害、海洋灾害、生物灾害和森林草原火灾等，事故灾害主要包括工矿商贸等企业的各类安全事故、交通运输事故、公共设施和设备事故、环境污染和生态破坏事件等，公共卫生事件主要包括传染病疫情、群体性不明原因疾病、食品安全和职业危害、动物疫情以及其他严重影响公众健康和生命安全的事件，社会安全事件主要包括恐怖袭击事件、经济安全事件、涉外突发事件等。

上述突发事件的信息发布由《突发事件应对法》第五十三条做出规定：

"履行统一领导职责或者组织处置突发事件的人民政府,应当按照有关规定统一、准确、及时发布有关突发事件事态发展和应急处置工作的信息。""统一、准确、及时"成为突发事件信息发布的基本原则,对相关政府机构既是信息发布权的赋予,也是对信息发布要求的义务设定。

"统一"的要求意味着信息发布的主导权掌握在政府手中,无人可自行其是,目的在于维护信息的权威,排除其他干扰,保证突发事件的有效应对。"准确"是对所发布信息的真实性要求,信息的准确关系到政府及民众借此采取适当的应急措施,这正是信息统一发布的主要目的。隐瞒实情掩盖真相,只会降低政府公信力,贻误应急应对的良机,使突发事件造成更大的损失。"及时"强调信息的时效性。在统一和准确的原则要求下,如果信息迟延滞后,也于事无补。大道不畅,小道盛行。不能及时发布权威信息,只能任由传闻与谣言迷惑公众,而不利于应急事件的应对。《国家突发公共事件总体应急预案》提出要求"事件发生的第一时间要向社会发布简要信息……"。为保证及时而准确地发布信息,《突发事件应对法》第三十九条第二款明确规定:"有关单位和人员报送、报告突发事件信息,应当及时、客观、真实,不得迟报、谎报、瞒报、漏报。"

更具体到地震预报和地震信息发布方面的法律法规有1997年通过、2008年修订的《防震减灾法》,1998年《地震预报管理条例》以及1995年《破坏性地震应急条例》。《防震减灾法》第二十九条规定:"国家对地震预报意见实行统一发布制度。"该法第五十二条规定:"地震震情、灾情和抗震救灾等信息按照国务院有关规定实行归口管理,统一、准确、及时发布。"这是按照《突发事件应对法》所规定的信息发布原则而做出的修订。《地震预报管理条例》第十四条进一步明确规定:"全国性地震长期预报和地震中期预报,由国务院发布。省、自治区、直辖市行政区域内的地震长期预报、地震中期预报、地震短期预报和临震预报,由省、自治区、直辖市人民政府发布。"《防震减灾法》还规定:"任何单位和个人不得向社会散布地震预测意见、地震预报意见及其评审结果。"《地震预报管理条例》也规定:"任何单位和个人根据地震观测资料和研究结果提出的地震预测意见,应当向所在地或者所观测地区的政府机构书面报告,也可以向国务院地震主管部门书面报告,不得向社会散布。"

二、媒体报道与突发事件的信息发布

前述《突发事件应对法》第五十三条的相关规定，在出台前意见征求阶段的规定是(《草案》第四十五条)："履行统一领导职责或者组织处置社会安全事件的人民政府，应当按照有关规定，统一、准确、及时发布有关突发事件应急处置工作的情况和事态发展的信息，并对新闻媒体的相关报道进行管理。但是，发布有关信息不利于应急处置工作的除外。"并且《突发事件应对法(草案)》的第57条还规定："新闻媒体违反规定，擅自发布有关突发事件处置工作的情况和事态发展的信息，或者报道虚假情况，情节严重或者造成严重后果的，由所在地履行统一领导职责的人民政府处5万元以上10万元以下的罚款。"上述草案内容赋予了政府机构对新闻媒体的管理和处罚权力，因此曾引起社会各界的广泛关注。不少意见指出，该规定是对新闻媒体采访报道突发事件的不当限制。据媒体报道，包括中国法学会、最高人民法院在内的许多单位和部门认为，信息的发布和透明是处理突发事件的关键，媒体在这方面所起到的正面作用应该充分肯定。草案第五十七条关于"违反规定"的表述也因含义不清而颇受诟病，"有可能成为某些地方政府限制媒体正常报道突发事件的借口，不利于媒体对其谎报瞒报开展舆论监督"①。在这一背景下，草案二审稿和正式颁行的法律均删去了新闻媒体不得"违规擅自发布"突发事件信息的规定。

删去了相关条款中的"管理"新闻媒体以及新闻媒体不得"违规擅自发布"突发事件信息的内容，并不意味着新闻媒体的报道可以不受约束。新闻媒体同其他个人和单位一样，均应遵循前述突发事件以及地震的信息发布制度要求。除前述突发事件以及针对地震的信息发布法律规定之外，对于新闻媒体的相关地震报道，我国《地震预报管理条例》第十四条还明确规定："新闻媒体刊登或者播发地震预报消息，必须依照本条例的规定，以国务院或者省、自治区、直辖市人民政府发布的地震预报为准。"《破坏性地震应急条例》第三十二条规定："广播电台、电视台等新闻单位应当根据抗震救灾指挥部提供的情况，按照规定及时向公众发布震情、灾情等有关信息，并做好宣传、报道

---

① 新华网《〈突发事件应对法(草案)〉删除媒体不得擅自发布突发信息的规定》，http://news.xinhuanet.com/newmedia/2007-06/24/content_6286334.htm。

工作。"这些规定都对新闻媒体的报道提出要求。

　　本文案例提到的某网站发布的地震震情和预报消息，正是于2008年5月12日汶川地震之后发布的。8.0级的汶川地震造成了极大的人员伤亡和经济损失，也造成了国内不少地区不同程度的地震。当日据国家地震台网测定，14时35分在北京通州区就发生了3.9级地震。强烈的震感之下，市民已如惊弓之鸟。因此，当人们发现某权威网站刊登地震预报消息，几乎没人会怀疑信息的真假。人们纷纷将信息转发亲友，提醒当晚的地震和预防。而事后证实，该消息并非为中国地震局发布。无疑，这一误报行为违反了前述《突发事件应对法》及有关地震预报信息发布的相关法律规定。

　　对新闻媒体相关报道的具体要求目的是为了应对突发事件，尽快克服突发事件带来的危机。在这一前提下，新闻媒体针对突发事件的报道，在政府统一发布信息之外也并非无报道空间。首先，需要遵循统一发布制度的并不是所有的自然灾害、事故灾难、公共卫生事件和社会安全事件，只有那些需要采取应急处置措施予以应对的、已经造成或可能造成严重社会危害的事件才是《突发事件应对法》第三条所定义的突发事件。其次，政府统一发布的信息，应只限于事件的核心信息，不可能也没有必要把所有信息都统一起来，以地震信息为例，核心信息如地震震级、死伤人数等，这些信息媒体均不可抢先擅自发布，但对于与地震相关的救灾救援进展、灾区情况这些外围信息，新闻媒体均可以自主报道。①另一方面，在突发事件的信息统一发布制度下，如果出现行政不作为，政府部门刻意隐瞒或拖延公布突发事件信息，新闻媒体虽然不能擅自报道核心信息，但也可以依法追问，敦促负有公布责任的政府部门积极履行法律义务，尽快公布相关信息，以发挥新闻舆论监督的功能。最初对2011年"7·23"甬温线特大铁路交通事故的报道是杭州网等地方媒体，一个小时后新华社发布从铁道部得到的事故信息，第二天国务院成立了"7·23"甬温线特别重大铁路交通事故调查组，并由铁道部召开新闻发布会公布事故概况，把相关核心信息纳入统一发布。

---

　　①　魏永征著：《新闻传播法教程》（第三版），中国人民大学出版社，第112页。

启示与建议

1. 广播电视机构播发地震预报消息等突发事件信息，必须依照法律法规的规定，以相关政府机构发布的信息为准，不可擅自抢发。

2. 地震震级、死伤人数等突发事件的核心信息由政府统一发布，但与地震相关的救灾进展、救援救助、灾区情况等外围信息，新闻媒体可自主报道。

3. 电视暗访的法律界限

——北京广瑞食品有限公司诉北京电视台侵害名誉权案

◇ 侯月娟

案例要义

北京电视台电视栏目"7日7频道"播出的《蛋糕里的石头》一片，对北京广瑞食品有限公司出售给顾客的蛋糕中有石头，以及由此产生的商家与顾客的纠纷进行报道。对此，北京广瑞食品有限公司认为该节目采取偷拍方式，报道片面和失实，侵犯了公司的名誉权。下文将以此为例分析电视节目运用偷拍方式应注意的法律问题。

关键词

电视暗访 公共利益 法律界限

主要事实

北京广瑞食品有限公司是一家以生产、销售蛋糕为主营业务的公司，于2003年9月16日取得了北京市东城区卫生局颁发的卫生许可证。2004年1月7日，原告通过转让的方式取得了商标"窝夫小子"的使用权，开始生产和经营以该商标命名的蛋糕类食品。

2005年4月19日，北京电视台的一档电视栏目"7日7频道"播出了名为《蛋糕里的石头》一片，片子的主人公周先生叙述：2005年2月15日，自己与岳母同时过生日的当天，通过电话订购从北京广瑞食品有限公司购买了一块蛋糕，周先生的岳母在食用过程中被蛋糕中的一块石头硌了一下牙。此时，节目中出现画外音："吃蛋糕吃掉了半颗牙，这可真是够背的。"接下来，周先生陈述，因其岳母比较传统，不愿意去医院，想把这事就这么算了，但他本人认为蛋糕作为食品不应吃出这么大块的石头，北京广瑞食品有限公司应给个说法。

之后，周先生在与北京广瑞食品有限公司交涉过程中，因其岳母未去医院看病，对方不谈其他赔偿条件而只是同意赔偿两个蛋糕。此时，片中出现画外音："蛋糕房说，除了两个蛋糕其他赔偿条件一概免谈。是不是您的条件太高，人家接受不了呀？"画外音后，周先生叙述了他的两个要求，书面道歉和登门道歉。此时，又出画外音："明白了，原来是让人家给您道个歉呀，这要求好像也不算太过分，毕竟是因为蛋糕把人家的生日搅黄了嘛。"接下来的画面是栏目记者通过隐性采访方式拍摄下来的周先生与原告方工作人员现场交涉的过程。节目主持人用以下评论作为该节目的结尾，"周先生和蛋糕房都很讲原则，一个是坚决要求道歉，另一个是坚决不道歉。其实现在这样的商家很多，让他们道歉比让他们赔偿还难。为什么会这样我也理解，他们可能是觉得这白纸黑字落到别人手里，没准以后会对自己的声誉造成影响。其实这道理很简单，到底是亡羊补牢还是欲盖弥彰，这么浅显的道理，当被个人的私利蒙蔽住双眼的时候，最精明的商家也会作出最糊涂的选择"。

节目播出后，北京广瑞食品有限公司以侵犯名誉权为由诉至北京市东城区人民法院，其诉称：北京电视台的这期节目《蛋糕里的石头》严重失实，存在五处错误及失实部分：其一是未经调查核实，便定名为《蛋糕里的石头》；其二是将"硌了一下牙"说成是"硌掉半颗牙"；其三是节目中未全面报道周先生提出的所有要求，使观众对原告的品牌产生误解；其四是被告记者进行偷拍，并对偷拍内容进行剪接后仅播放对一方当事人有利的部分；其五是该片结尾的陈词带有明显的误导性。原告认为，被告还通过故意歪曲和夸大事实等方式误导观众，使广大消费者对该公司及该公司经营的品牌产生了重大误解，侵犯了公司的名誉权。

作为原告，北京广瑞食品有限公司主张被告停止侵权、在"7日7频道"栏目中公开赔礼道歉并消除影响、赔偿经济损失1元并承担本案的诉讼费用。

☕ 争议焦点

北京电视台的"7日7频道"栏目的暗访行为是否侵犯了被报道对象的名誉

权,是否应承担侵权责任?

法理分析

本案主要涉及电视暗访的法律界限问题。

一、电视暗访是否是必然之选

周先生与北京广瑞食品有限公司的整个交涉过程,是通过隐性采访(也称"偷拍偷录")手段记录下来的。根据《电视新闻学》一书的定义,隐性采访是调查报道常用的手法,指的是在不被采访对象知道的情况下,用隐蔽摄像机进行拍摄以获取新闻事实的方法。[①]近年来,在中国大众传媒的新闻报道中,包括隐瞒记者身份和实施偷录偷拍在内的隐性采访方式有增加的趋势。特别是在批评报道比较困难的情况下,新闻舆论监督采用隐性采访较多——它是获取新闻事实的重要手段,在电视中还是反驳抵赖的关键证据。[②]在所有的暗访行为中,因偷拍而产生的争议最大。

放眼我国的电视新闻界,一直以来不乏暗访的典型例子。比如,中央电视台《焦点访谈》曾经播出一期节目《咸宁工商生财有道》,报道批评湖北咸宁市工商局违反国家规定,在通过本市的国道上乱设卡、乱收费、乱罚款,许多司机忍无可忍,纷纷拥到工商局大门口抗议。工商局的一位女局长站在办公大楼门前,怒不可遏地大声叫喊:"我就是要收费!""我要找人把你们都抓起来!"站在人群中的记者拍下了这一幕,向全国播放,一个公然违反国务院规定,对公众意见极度蔑视的政府官员形象曝光于天下。在这次暗访中,记者客观记录了工商局长在公众面前的恶劣表现,成为电视暗访的佳作,获得了中国新闻奖一等奖。这个镜头也被公认为是电视界"观察式暗访"的经典之作。但是,也有记者滥用暗访与偷拍这一手段,编造假新闻,以至锒铛入狱,比如2007年訾某某因为涉嫌制造"纸包子"假新闻损害商品声誉罪被判刑一年。

基于暗访与偷拍的采访方式是一种"非常规"的手段,风险极高,走得太

---

① 叶子著:《电视新闻学》,北京广播学院出版社1997年版,第210页。
② 郭镇之、展江著:《守望社会——电视暗访的边界线》,中国广播电视出版社2006年版,第80页。

远就会出现"纸包子"类的问题,所以选择这种方式必须深思熟虑。针对这一案例,笔者认同央视《新闻调查》栏目给自己确定的信条:"无论如何,秘密调查都是一种欺骗。新闻不是欺骗的通行证,我们不能以目的正当为由而不择手段。秘密调查不能用做一种常规的做法,也不能仅是为了增添报道的戏剧性而使用。"

二、暗访与偷拍手段的法律依据

本案中,对于"被告记者采取隐性采访方法获取视听资料的行为",法院认为,"我国现行法律中并不存在相关的禁止性规定"。对这一说法,笔者认为值得商榷。由于"隐性采访"是新闻采访学中的概念,因此在我国法律中找不到直接对其加以规范的法律规定。而事实上,我国的民法、刑法、行政法、诉讼法以及司法解释都有和媒体暗访与偷拍相关的规定,只不过是散见在各个法律当中。比如涉及最多的《民法》,最大的问题就是隐私权。截止2010年5月,涉及"隐私"的规定,全国人大和全国人大常委会颁布的法律有19部、行政法规有13部。[①]值得关注的是将于2010年7月1日施行的《侵权责任法》,这是我国民事基本法中首次列举了隐私权这一概念,表明"隐私权"作为一种独立的民事权利在我国正式登台亮相。在发生诉讼的时候,这些内容都可作为法律依据被法官引用来判案。

关于实施暗访的器材,按照中央电视台记者骆汉城所述:"现在偷拍所用的摄像头,就是80年代中期以色列间谍的偷拍工具。"他写道:"从这一点上看,我们新闻记者与克格勃、摩萨德(以色列安全机构)倒是有点共同之处。"[②]我国《国家安全法》第二十一条规定:"任何个人和组织不得非法持有、使用窃听、窃照等专用间谍器材。"此外,2002年《刑法》修改后,增加的罪名中有一项是"违法使用窃听窃照专用器材造成严重后果的"。据此,中央人民广播电台法律顾问徐迅认为,媒体使用窃听窃照器材并未经过授权,不属于合法使用,相当于在法律的灰色和黑色地带游走。如果窃听窃照器材不能用于正当目的,特别是造成了严重的后果,则无疑进入了法律的黑色地带。另外,从摄

---

① 根据中国法律法规检索系统,以"隐私"为关键词查询。

② 徐迅著:《暗访与偷拍——记者就在你身边》,中国广播电视出版社2003年版,第119页。

录场所的角度看,我国《宪法》第三十九条规定"公民的住宅不受侵犯",除住宅之外的非公共场所、私人场所以及公共场所中的私人场合,都不允许自由摄录,而对于"社会公众可以自由出入和交往的公开场合,记者享有自由摄录的权利"。

在综合各类法律规定的基础上,徐迅在《暗访与偷拍——记者就在你身边》一书中,全面总结了包括国家秘密、司法秘密、商业秘密、个人隐私、未成年人、法庭审判在内的暗访与偷拍的六大禁区。具体来说,我国刑事、民事、行政三大诉讼法中,无一例外地规定国家机密的案件不公开审理;由于法律赋予的司法权力,法院可以针对公民法人窃取司法秘密的行为实施制裁;我国民事诉讼法、反不正当竞争法等法律对侵犯商业秘密做出规定;我国刑事、民事、行政三大诉讼法均规定,涉及个人隐私的案件不公开审理,此外,我国有多项法律、法规、规章及地方性法规有相关规定;我国刑事诉讼法、未成年人保护法、预防未成年人犯罪法等法律,对于保护未成年人的隐私做出规定;按照《最高人民法院关于严格执行公开审判制度的若干规定》(1999年),除非"经人民法院许可",否则,新闻记者对庭审情况的记录、录音、摄影、转播均不具有合法性。[①]

此外,在本案中,原告诉称,"被告记者进行偷拍,并对偷拍内容进行剪接后仅播放对一方当事人有利的部分"。而在判决书中,并未有明确的回应。笔者认为,暗访素材如果在编辑过程中缺失或走形,就会对报道的客观性产生不良影响。曾任中央电视台新闻评论部主任的梁建增曾经总结:"暗访的过程越完整越有说服力。"反之,经过后期剪辑而过滤掉现实过程中的前言后语及背景资料的电视影像,则会损害批评的客观性和公正性。针对这一点,最高人民法院《关于民事诉讼证据的若干规定》中,就偷拍偷录的视听资料作为证据使用时确立了一个必备条件,即"有其他证据佐证"。也就是说,无其他证据佐证的偷拍偷录资料不能作为证据在诉讼中使用。

对于暗访偷拍,业界和学界都不约而同地持审慎态度。中国社会科学院陈力丹教授认为,记者的暗访和偷拍首先是个法律问题,在这里要求的是大致

---

① 徐迅著:《暗访与偷拍——记者就在你身边》,中国广播电视出版社2003年版,第227~240页。

的限制性界限,有了这样的界限之后,下面的问题最好由新闻职业规范(自律)来解决,而职业道德(新闻工作者的理性选择)恰恰是避免法律风险的最好屏障。

此外,本案还存在电视媒体与公共利益的关联问题。从本案中电视栏目的定位来看,北京电视台"7日7频道"是一档生活话题类节目,它坚持平民视角,关注百姓生活,深入浅出地对大众生活中的热点问题进行评说。就本案而言,蛋糕中吃出石头是事实,既未泄露国家机密或涉及与公共利益无关的个人隐私,但是,也可以据此推理,出售蛋糕的北京广瑞食品有限公司存在严重的食品质量问题,在出现问题后是否能够及时妥善处理以避免更多消费者利益受损,这就转化成为同社会公共利益有关的问题。

与本案形成对比的,有两个关于电视暗访的典型案例。一是张某某诉湖南电视台侵害名誉权、隐私权案,法院判决湖南电视台赔偿原告50万元精神抚慰金;二是美国ABC广播公司与狮子食品公司的10年诉讼,法院判决ABC广播公司败诉。前者涉及电视台以暗访和偷拍的方式采访并公开当事人隐私问题(包括"未婚先孕"、"生女"以及对寻亲子女的态度等涉及当事人隐私的内容)。案件原告在起诉状中称:电视台工作人员找到原告家属,"偷拍录像并录音";而两审判决中,法院均未使用"暗访"、"偷拍"、"偷录"的概念,将两审判决理由加以归纳,法院主张,涉及传播被采访人的隐私,媒体应当做到的是:第一,应当明确告知节目内容及播出信息;第二,这种告知应当以证据证明。这从实际上否定了以暗访或偷拍方式报道隐私的可能性。同是隐性采访,本案中北京电视台胜诉,而湖南电视台赔偿巨额精神抚慰金,区别在于巨额精神抚慰金一案不属于舆论监督的范畴,它无关公共利益,而是涉及普通公民的私人生活及其秘密,是隐性采访最危险的法律陷阱,而法院判决以鲜明的立场保护了公民的人格尊严。

与本案一样,同是监督消费与服务,美国ABC广播公司与狮子食品公司的10年诉讼是美国新闻界因偷拍而产生的经典案例。美国ABC广播公司记者通过偷拍,记录并播出了狮子食品超级市场的员工制作并出售不卫生食品的镜头,由此引发诉讼。狮子食品超级市场公司上诉后,美国联邦上诉法院认为狮子食品公司不可绕过宪法第一修正案,应该证明ABC广播公司的材料是蓄意或者毫不顾忌，是谎言或者很不准确，但是这一点显然做不到。最终，法院判决美国ABC广播公司败诉，给予狮子食品公司2美元的象征性补偿。北京电视台胜诉，美国ABC广播公司败诉，这两个不同的结果也反映出电视暗访所引起的纠纷，往往涉及某些宪法层面的基本权利冲突问题。这也正是暗访特别是偷拍的采访方式纠纷频发并被长久争论的原因之一。

启示与建议

广播电视机构在采访过程中运用暗访手段经常会遇到是否侵犯名誉权的困境，因此，应当注意如下问题：

1. 电视暗访是在特定情境下的选择手段

中央人民广播电台法律顾问徐迅在参照美国职业新闻工作者协会《遵守新闻事业的伦理规范》基础上，认为记者在采取暗访手段前必须考虑这几个因素，即"当获取的信息极其重要时"、"当获取信息的所有其他手段都告无效时"以及"当利大于弊时"，她认为这三个标准对于中国新闻界最具借鉴意义。中央电视台《新闻调查》确认，只有同时符合下述四条原则，才能采用秘密调查：（1）有明显的证据表明，我们正在调查的是严重侵犯公众利益的行为；（2）没有其他途径收集材料；（3）暴露我们的身份就难以了解到真实的情况；（4）经制片人同意。这或可为我国的电视新闻从业者提供借鉴。

反观本案，北京电视台记者通过隐性采访方式拍摄下周先生与原告方工作人员现场交涉的过程，实现了当时情景的真实再现。但是，正常的新闻采访手段同样也能把事实展现给受众。比如，记者可以以公开身份，通过电话就这一事件对北京广瑞食品公司进行采访。记者也可以实地采访周先生与北京广瑞食品公司交涉的过程，这时可能有两种情形出现，一是北京广瑞食品公司拒绝记者拍摄，二是该公司同意记者拍摄，那么，这两种情形都代表了一种态度，记者完全可以真实地记录下来，由受众自行对事件本身做出判断。

2. 媒体机构在采取暗访偷拍手段时，可以选用但是并非必经的一个程序是向专业的法律工作人员咨询

法律的责任是明确界限，能够紧紧贴着边界的底线行走而不越界就最大

限度地行使了权利，享有了自由空间。而律师就是那些寻找边界的人。当前，中国律师业正在向专业化发展，媒体法也逐渐成为专业领域，在主流媒体大都有专职的法律顾问，他们有律师资格，专门为新闻媒体提供法律服务。在西方发达国家，媒体律师是受人尊敬的职业，在那些大型传媒机构里，都有一个专门负责法律事务的副总裁，有一支几十人组成的律师班子并非个别现象。律师们随时向媒体一线的编辑记者提供咨询性意见，许多优秀的调查节目都是记者与律师合作的成果。[①]

3. 电视媒体可以以公共利益为抗辩事由

本案中，记者采取暗访手段，其目的可以说是出于公共利益考虑，因此，可作为这一行为合法的抗辩理由。公共利益目的，就是关系到不特定的多数人利益的目的。我国著名民法学者杨立新教授认为，公众利益目的，是新闻侵权抗辩的一个重要事由，能够全面对抗新闻侵权请求权，是完全抗辩。他进一步指出，以此作为新闻侵权的抗辩事由，应当具备的要件，一是须具有公共利益目的。媒体发布一个新闻报道，进行一个新闻批评，或者使用一幅新闻照片，须出于公共利益的目的，而不是其他不正当目的，更不得具有侮辱、诽谤或者侵害他人人格权的非法目的。二是须没有有损于他人人格的语言和言辞，不得借公共利益目的之机而侮辱、诽谤他人。进而言之，从新闻媒体的社会属性、功能来看，它不仅传播信息、提供娱乐，同时还担负着舆论监督的社会责任，杨立新教授认为，在批评性的新闻报道中，公共利益目的完全可以对抗新闻侵权请求权，免除新闻媒体的侵权责任。比如，在《民法通则》实施之初，北京某报纸曾经刊载一幅批评照片，是一个人在北京动物园前翻身跳跃马路中间护栏的形象。被批评者向法院起诉，认为侵害了其肖像权，追究媒体的侵权责任。法院认为这个批评报道具有公共利益目的，判决不构成新闻侵权。相关专家在起草侵权责任法草案建议稿中，提出的"正当行使舆论监督权"或者"正当行使新闻舆论监督权"就是指为了公共利益目的。[②]

---

① 徐迅著：《暗访与偷拍——记者就在你身边》，中国广播电视出版社2003年版，第269页。
② 杨立新主编：《中华人民共和国侵权责任法草案建议稿及说明》，法律出版社2007年版，第18页；王利明主编：《中国民法典草案建议稿》，中国法制出版社2004年版，第242页。

4. 合法获得的消息源不一定适合播出

——李某某等六原告诉安徽电视台等三被告侵犯名誉权纠纷

◇ 范　娇

案例要义

　　安徽省电视台播放了一组由当地公安机关提供的刑侦录像，导致六名参与犯罪嫌疑人混合指认的未成年学生的头像曝光，事后六名学生在学校遭受非议，交涉未果遂将电视台、公安机关及所在学校起诉至法院，要求主张自己的名誉权与肖像权。那么，来自公权力机关的消息源是否一定等于安全消息源？不是侵权手段获得的消息源是否一定适合播出？下文将通过分析该案例总结出电视媒体播出类似新闻的几点经验。

关键词

未成年人　犯罪嫌疑人　肖像与名誉　权威消息源

主要事实

　　2005年3月20日，安徽省霍邱县叶集镇发生一起强奸（未遂）案，被告叶集公安分局立案后，于同年4月13日下午将犯罪嫌疑人朱某某抓获。当晚，叶集公安分局欲安排被害人对犯罪嫌疑人进行混合指认，要求被告叶集实验学校予以协助，提出需要数名与犯罪嫌疑人朱某某年龄相仿的初中男生配合指认。当晚9点下自习时，叶集实验学校教导主任对该校初二（8）班班主任张爱国说明了此事，张爱国即带领原告李某某、高某、刘某、陈某某、张某某和孙某某前往叶集公安分局。该局民警向张爱国及六原告说明了混合指认的相关内容，张爱国在谈话笔录上签名后，六原告按民警要求手举号牌与犯罪嫌疑人朱某某一起列队接受指认，这一过程被民警摄像和拍照。次日，被告安徽电视台记者前往叶集公安分局采集新闻，叶集公安分局遂将本案指认过程的相关摄像资料等交给安徽电视台记者，未做任何交代。2005年4月16日，安徽电视台"第一时间"栏目播报的新闻中出现李某某等六原告手持号牌参与辨认的图像，面部无任何技术遮盖，也未做特别说明，头像显示时间约2秒。安徽电视台播报此新闻前未通知叶集公安分局和叶集实验学校。李某某等六原告先后看到该条新闻，随后即向学校及叶集公安分局提出异议，未果，后被同学和其他人以"嫌疑犯"和"几号强奸犯"等字眼称呼。事后，叶集公安分局于2005年7月2日向叶集实验学校发出建议函，建议学校对六原告予以表扬，但未得到校方回应。李某某等六原告因与三被告未能就赔偿事宜达成一致意见，遂诉至法院。

最终法院判决被告安徽电视台和被告叶集公安分局向六原告公开赔礼道歉，以消除影响、恢复名誉，并共同向原告各支付精神抚慰金人民币6000元。叶集公安分局不服一审判决，向安徽省合肥市中级人民法院提起上诉，上诉法院认为一审认定事实清楚，判决正确，判决驳回上诉，维持原判。[①]

☕ 争议焦点

从案发经过来看，似乎该公安分局使用特殊侦查手段有法可依，学校指派老师带学生参与混合指认合情合理，媒体对此进行法制报道也属于分内之事。那么，这起名誉权纠纷案为什么会发生呢？问题就在于，三被告共同忽略了对未成年人人格尊严的保护，以至于在客观上产生共同作用造成了侵权后果。

📖 法理分析

主要从三被告的立场及角度来观察分析问题。

---

① 李某某、高某、刘某等与六安市公安局叶集改革发展试验区分局、安徽电视台、叶集改革发展试验区叶集实验学校名誉权纠纷案，合肥市中级人民法院，2006-03-15，来源于北大法意网。

一、被告叶集公安分局，作为被动新闻源应当尽到谨慎的提醒义务

被告叶集公安分局对混合指认现场摄像以保存档案、留下证据是有法可依的，但若把特定侦查场合及包含特殊身份人物的摄像带交给媒体，就应当预见到电视媒体可能将其影像资料播出。作为被动新闻源，如果没有对媒体明确提出反对播出的意见，即被认为是同意或默许。因此，该公安分局就有责任告知媒体要对"特定人物"模糊处理或者做出正确的说明。这里的特定人物不仅指犯罪嫌疑人，也应该包括参与指认的六名未成年人。根据《未成年人保护法》相关规定，公安机关在执法活动中应当注意保护未成年人的合法权益。[①]警方可以依法使用特殊的侦查手段，但也相应地履行谨慎的注意义务，应当合理预见可能会对当事人产生的不利后果并尽力加以避免。此案中，六原告手举号牌与犯罪嫌疑人一起列队接受混合指认，在没有特别说明或标识的情况下，观众很难对画面中人物是否涉嫌犯罪做出正确认识和判断。所以被告叶集公安分局因事前未尽特别的提醒义务，事后就不得不承担相应的法律责任。值得一提的是，叶集公安分局在事发后建议叶集实验学校表扬六位学生，显然是考虑到这种侦查手段有可能被他人误解，损害六名未成年人的名誉和尊严。遗憾的是，这一提议并未得到校方的回应。学校因为这样的"不作为"也站在了被告席上，那么校方是否构成侵权呢？

二、被告叶集实验学校，作为学生在校期间的管理者应当尽到监护责任

法院判决书认为："被告叶集实验学校应被告叶集公安分局的要求，指派老师带领李某某等六原告到该局配合进行相关刑事案件的侦破，行为并无不当。对叶集公安分局在指认过程中拍摄、录像的行为，叶集实验学校既无权干涉，也无法预见该影像资料会被新闻媒体不恰当地传播，被告安徽电视台播出涉案新闻前亦未通知叶集实验学校，故叶集实验学校的行为不构成对六原告侵权。"六名原告系未成年人，在校学生。也就是说，对学生在校期间的行为

---

① 《未成年人保护法》第五十条规定："公安机关、人民检察院、人民法院以及司法行政部门，应当依法履行职责，在司法活动中保护未成年人的合法权益。"

活动,学校应当负有管理和监护责任,应当积极履行教育和培养学生的义务。被告叶集实验学校指定老师带学生参与混合指认的行为"并无不当",属于配合执法的行为活动,而且是学生在校方的指派和老师的陪同下产生的行为活动。学校(或老师)应该要求公安机关予以书面的或口头的承诺(如不得公开播放该摄像带,影像资料不能用于其他目的使用等)以保护该校学生的合法权益。但学校在事前"以不能干涉警方的办案"为由严重"不作为",没有尽到保护学生的义务。事后在六原告名誉遭到侵害向学校提出异议时,学校没能及时处理(如澄清误会,加以表扬)致使负面影响扩大,显然存在一定过失。根据《未成年人保护法》第十九条、第二十一条规定,学校应当尊重未成年人的人格尊严,应当根据未成年学生身心发展的特点,对他们进行社会生活指导、心理健康辅导等。显然,如果说学校对公安局摄像的行为无法干涉,对电视台的报道后果无法预见,但当学生人格尊严受到损害,不仅在学生提出异议时无所作为,在警方建议对六名学生给予表扬时仍然无动于衷,失去了及时消除不良影响的机会,这不能不说是学校有较为严重的失职与过错。

但作为第三被告的叶集实验学校,被法院判决为"不构成侵权"。从法律依据上看,《未成年人保护法》对学校的法律责任只有原则规定,没有具体规定,导致法院判决没有直接法律依据,显示出《未成年人保护法》的软弱与不足。笔者以为应当设计这样的条款:"学校安排学生参加校外活动应当评估对其权益造成的影响,对可能产生损害的情况有义务采取措施加以避免,除不可抗力和其他不能预见的因素外,学校应当对其后果承担法律责任。"本案中,如果学校事先积极与公安分局交涉,要求对六名学生的指认行为保密,或者采取措施保护他们的个人信息安全,那么可能从源头上遏止侵权的产生。

三、被告安徽电视台,作为大众传媒应当尽到合理的注意义务

安徽电视台的新闻报道是事件的导火索,如果没有新闻媒体的披露,即使摄像带保存下来或者只是被媒体看到也不可能产生广而告之的负面影响。虽然报道持续时间仅为2秒,但通过电视传播、人际传播、群体传播等多级传播,传播效果非常明显——认识六原告的人产生误解并传播了这种误解,以至于校内有的同学直指他们是"强奸犯"。该电视台没有严格遵守《未成年人保护

法》第五十八条相关规定 ①。本案中，犯罪嫌疑人的头像被模糊处理了，却忽略了对六名并非嫌疑人的、完全无辜的未成年人的头像处理，也没有恰当的解释和说明。结果，六名未成年人的"义举"成为不明真相观众眼中的"犯罪"，他们的人格尊严遭到侵害，名誉遭到损害。可见，该电视台虽然依法做了一定处理，却做得不够到位，以至产生了侵权后果。究其根源是没有准确理解《未成年人保护法》的基本精神。画面中的未成年人只能有两种情况，有犯罪嫌疑，或没有犯罪嫌疑，有犯罪嫌疑的法律给予保护（不可识别），没有犯罪嫌疑的法律就不予保护了吗？显然，法律对这两种未成年人都应给予保护。对于真正有犯罪嫌疑的未成年人而言，披露其个人信息属于侵犯隐私权；对于与犯罪嫌疑根本无关的六名未成年人而言，披露其影像，令人误以为他们是犯罪嫌疑人则是侵害名誉权。电视台应当可以预见到影像报道可能对当事人产生的负面影响，却疏忽大意地没有采取措施加以避免，或者说主观认为没必要采取技术处理措施，以至于造成侵权，这正是媒体法律意识淡薄及对未成年人的保护意识淡薄酿成的后果。

启示与建议

基于以上陈述，笔者拟对电视播出机构提出如下建议：

1. 明确新闻人物的特殊身份并区别对待

大众媒体对新闻人物的特殊身份要加以区别对待、谨慎报道，尤其是那些弱势群体或个体，否则就可能给他们带来难以估量的伤害。比如，被诱拐的妇女、性侵犯受害者、犯罪的未成年人、被猥亵的幼女、被虐待的儿童、特殊疾病患者（如淋病、梅毒、艾滋病等）等，这些人物或有惨痛的经历，或身体有缺陷，或心里有阴影，但有一个共同特点是：他们这些特殊身份一旦被公众知晓，他们很有可能会无形中受到社会歧视，不能正常地生活、工作，尤其是未成年人更难健康地成长。所以，大众媒体在涉及此类新闻人物的报道时，要区别对待他们的特殊身份，给予保密；要合理使用恰当的文字语言和镜头画面，必要

---

① 《未成年人保护法》第五十八条规定："对未成年人犯罪案件，新闻报道、影视节目、公开出版物、网络等不得披露该未成年人的姓名、住所、照片、图像以及可能推断出该未成年人的资料。"

时采取特殊编辑手段（如使用化名、涂改肖像、背影采访、声音过滤等技术手段）；保护他们的人格尊严不受侵犯；尊重和满足他们对节目的充分知情权及其他合理要求。从技术手段和报道策略上规避侵权风险，并赢得报道对象以及公众对媒体公信力和道义感的认可。

2. 正确而审慎地对待消息源及核实责任

在本案中，被告叶集公安分局系被动接受安徽电视台采访，并应记者要求提供了相关的影像资料，显然属于被动消息源。《最高人民法院关于审理名誉权案件若干问题的解释》规定："主动提供新闻材料，致使他人名誉受到损害的，应当认定为侵害他人名誉权。"但被告叶集公安分局面对的采访者是电视台而非报刊媒体，其对所提供的刑侦录像可能会被电视媒体播出是应当预见到并且能够预见的。《最高人民法院关于审理名誉权案件若干问题的解释》同时规定："虽然被动提供新闻材料，但发表时得到提供者同意或者默许，致使他人名誉受到损害的，应当认定为侵害名誉权。"可见，被告叶集公安分局虽然被动接受采访，没有明确说明电视台可否播出使用该影像素材，并且在明知可能损害相关人权益的情况下，也没有明确表示反对，更没有尽到谨慎的注意及提醒义务，属于法律上的默许，被法院判决侵权。无疑，由消息源承担相应责任从客观上分担了发表者或播出方的责任，但应当明确的是，电视媒体在获取新闻线索、资料或摄像素材时，一定要以审慎的职业态度对待消息源。须知来自公权力机关的消息源不等于安全消息源，合法获得的消息源不一定适合播出等。对任何内容的合法性均应评估与判断，不是侵权手段采集的信息，不一定是可以合法传播的信息。另外，须对播出内容进行反复审查、核实，落实责任人，从源头上规避侵权风险。

3. 一旦发现侵权，马上采取补救措施

一旦新闻节目的发表或播出发生了侵权后果，媒体如何反应就显得格外关键。就本案来说，被告安徽电视台在侵权后果发生后，也没有采取积极有效的补救措施，最后只能对簿公堂，不仅输了官司要承担民事赔偿责任，还无形中损害了其媒体形象。从危机处理的角度来看，把握最佳时机、抓住止损点、采取有效措施是处理危机的必要手段。应以负责任的形象示众，如采取更正、答辩、后续跟进报道、公正评论、公开道歉、给予合理赔偿等有效措施，这

样,往往容易化解当事人的抵触情绪,树立成熟而负责的媒体形象,也从法律上为媒体赢得主动权。

4. 汲取教训并规范制度,杜绝侵权

由新闻报道而引起侵权纠纷,看似偶然,实则有其内在必然性。媒体采编人员或监管人员的法律知识储备不足、思想认识有偏差、行为疏忽大意等都有可能造成新闻侵权。要减少出错的机会或降低侵权的几率,就要约束和规范媒体从业者的思想、行为,其基本途径就是汲取经验教训,建立案例库、熟悉法律法规以及部门规章、熟悉媒体技术属性、尊重传播规律以及建立和完善管理机制。本案中,被告安徽电视台作为省级新闻单位,尚且由于对必要的法律常识缺乏了解,客观上疏忽大意而产生了名誉侵权后果,一些市、县级新闻单位就更不能忽视这个问题。所以,新闻单位要减少新闻侵权必须得从制度上抓漏洞,从思想上规范人,从行为上约束人,在新闻采、写、编、评、摄、播等每一个环节都要有相关的制度规范,每一道程序都要有两个或以上的把关人和相关负责人,并且每一次危机处理都要内化为机制建设部分。另外,要组织培训员工的职业技能和职业道德,增强员工的法律素养和媒介素养。以新闻媒体的制度建设为硬性指标,以媒体从业者的职业素养为软性指标,两个指标一起抓,使之成为减少并杜绝媒体侵权的"双阀门"。

5. 根据观众爆料制作节目，电视台不宜偏听偏信
——陈某某诉广西电视台侵害名誉权、隐私权案

◇　吉　倩

案例要义

广西电视台根据观众来信线索，制作了一期电视节目。节目在未经被采访对象同意的情况下使用了其肖像，并根据来信观众的一家之言制作了节目。被报道对象认为该节目失实，侵犯了自己的名誉权，因此将电视台和爆料人一起告上了法庭。此外，节目中还涉及"收养"等隐私权的问题，因此本案例对于媒体制作节目时，如何规避侵犯他人名誉权、隐私权风险有非常重要的借鉴意义。

关键词

名誉权　隐私权　内容失实　核查义务

主要事实

原告陈某某是广西平南县人民医院退休医生，他与妻子育有一子。2006年4月，广西电视台的记者根据杜某某的来信，制作了一部名为《一个老父亲的夙愿，儿子你到底是生是死》的电视节目片，并于当月21日在该台文体频道《情感传奇》栏目中播放。

该电视节目片中，杜某某称在1983年间，自己当时已3岁的儿子杜波，因病到平南县人民医院治疗，经抢救无效"死亡"。但后经时任儿科医生陈某某抢救而"复活"。之后，陈某某即偷抱杜波回家当做自己的儿子来养。

杜某某带着记者采访当年医院的收尸工人翁某和陈某某、陈某某之子。当见

到陈某某之子时，在其不愿意并否定其要求的情况下，杜某某还以陈某某之子确实是其儿子杜波来审视和查问。广西电视台在制作该节目的片头时，未经陈某某同意，也未做任何技术处理，即将陈某某之子的肖像和杜某某的肖像拼放在一起。

在整个节目中，陈某某、陈某某之子的肖像均未经技术处理。解说词中，包括"杜某某'难以掩盖激动心情，也许在他们心中默认陈某某之子就是杜波'"等大量容易误导观众的词句。此外，陈某某和陈某某之子二人的真实姓名屡次出现。

陈某某一家认为，该节目内容严重失实，节目播出后众多观众被误导，全家人工作和生活受到了严重的影响，名誉和人格尊严受到了严重的损害。因此，陈某某一家将杜某某和广西电视台以侵犯名誉权和肖像权为由告上法庭，要求二被告赔礼道歉，并在广西电视台《情感传奇》栏目中播放该道歉声明，同时要求二被告承担6000元精神抚慰金。

被告广西电视台辩称，自己已经履行了审查义务，报道是客观真实的，没有侵犯原告的名誉权，请法院驳回原告诉讼请求。

法院经审理查明，该节目主持人、记者在节目中讲到"……他（指杜某某）来信告诉我们，他怀疑他23年前因病死去的二儿子杜波其实并没有死，而是被杜波当年的主治医生陈某某收养了"；"……现在孩子被陈某某医生救活并收养了"；"……尽管翁某没有对我们肯定什么，但私底下杜某某还是向我们表示他坚信杜波没有死，因为他经过打听得知，陈某某自己没有亲生儿子，现在的儿子是收养的……"片中记者还这样对陈某某之子讲："就是他儿子，就是。你等一下。"

此外，电视节目将陈某某之子的图像与杜某某的图像一起并排放在片中，而且陈某某、陈某某之子的图像多次在电视节目中出现。法院另查明，杜波出生时间与陈某某之子读书时间不相符，对于杜某某所称陈某某之子就是杜波，法院不予采信。

法院认为，被告广西电视台未经调查核实，仅凭杜某某的来信，就制作了电视节目，该节目中将陈某某之子的图像与杜某某的图像一起并排放在片头，并公开两人的真实姓名；同时，陈某某、陈某某之子的图像多次在电视节目中出现，而且未加以技术处理。此外，广西电视台也没有举证证实公开陈某某、陈某某之子的姓名和图像，得到了两原告的同意。节目主持人、记者脱离事实，内容严重失实。

法院一审判决：被告杜某某、广西电视台在广西电视台综艺频道《情感传奇》

栏目中播放向原告陈某某、陈某某之妻、陈某某之子的道歉声明；被告杜某某、广西电视台赔偿精神抚慰金6000元给原告陈某某、陈某某之妻、陈某某之子。

争议焦点

广西电视台根据观众提供的线索制作电视节目，对于事实失实是否应当承担责任？对被报道对象是否承担侵犯其名誉权的责任？

法理分析

本案主要涉及媒体对消息源的核查义务以及事实失实与被报道对象名誉权、隐私权的关系问题。

一、媒体对观众来信消息源的核查义务

所谓新闻线索，是提示新闻的信号。"它向记者传达一个信息，告诉记者哪里有新闻，或者已经发生，或者正在发生，或者即将发生。"[①] 新闻线索包括很多，比如党和政府的文件、其他媒体的报道、"职业新闻线人"的提供、读者观众来稿来电等。

其中读者观众来稿来电，即通常所说的"热线新闻"通常分为两类：一种是直接刊登或播放读者观众来件，另一种是根据读者观众提供的线索进行采访制作节目。

本案例中广西电视台侵权的节目《一个老父亲的夙愿，儿子你到底是生还是死》就是根据观众来信的线索制作的。广西电视台之所以承担侵权责任，原因之一在于"未经调查核实，仅凭杜深荣的来信就制作了电视节目"[②]。这期从新闻源头就不真实的节目，必然产生严重失实的后果，对新闻线索真实性进行核实的重要性由此可见一斑。

本案例和被称做"中国新闻官司第一案"的杜某诉沈某某、牟某某诽谤案

---

① 蓝鸿文著：《新闻采访学》，人民大学出版社2005年版，第264页。
② 广西壮族自治区桂平市人民法院民事判决书（2006）浔民初字第889号。

有很多相似之处。该案中记者只根据"狄振智歪曲事实的控诉为依据,撰写发表《谜》文","教训深刻,最深刻的教训就是记者调查不全面,采访不深入,按照主观框框,对所有采集到的信息偏听偏信,为我所用"①。

也就是说,媒体在接到来电来稿后,应该核查其真实性。但就对来稿来电的核实义务,有两种情况:

第一种情况,如果只是直接刊登或播放读者来稿来电,应该减轻媒体的核实义务②。有人认为:"对于来信来电、通知、声明中侮辱人格的内容,新闻媒体从字面上即能辨别,可以适用和其他类型文章相同的要求;但对于文章内容是否属实,用来信来电、通知、声明的形式显然只代表读者、通知者、声明者的单方观点,公众不会将其视为事实的真相,当做事实的全部,因此即使不真实、不全面,亦不会造成公众对相关人人格评价的贬低,故可不要求新闻媒体征询相关人意见,调查内容是否属实。"③正如有的学者所说:"应给媒体刊登读者来信更大的法律空间,基于大众传媒接近权及言论自由权的实现目的,媒体开设'读者来信'这样的栏目是相当必要的,同时,也不应当予以严苛的审查核实责任,这就像是最高法院司法解释中,消费者可以享有对产品及服务更为宽松的批评权一样。"④

第二种情况,如果是本案例和"中国新闻官司第一案"这样——根据来稿来电,派出记者采访进而做出节目的,媒体应有更为严格的核实义务。但对于媒体,所需要核实的是"新闻真实",而不是"法律真实",即有观众提供新闻线索,就可以根据线索展开调查。如果根本没有人提供线索,而是媒体自己捏

① 王松苗著:《中国新闻官司第一案:让人一声叹息——杜融诉沈涯夫、牟春霖诽谤案》载《中国新闻(媒体)侵权案例精选与评析50例》,法律出版社2009年版,第413页。

② 但对于这个观点,也有不同意见:魏永征在《新闻(媒体)侵权研究新论》中有《关于"司法解释建议稿"的顾问意见》一文,文中对于读者来信的问题,他认为,"读者来信或者听众来电诉说的亲身经历或目击的第一手材料,有些确实很难核实,若有新闻价值,媒介也不妨先予发表,然后尽快刊登后续报道。但这绝不意味着以为反正以后可以连续报道,连应当核实的、可以核实的也不核实了,那样做我们的新闻报道势必乱了套。"

通过这段话可以看出魏先生对于媒体根据来电来信制作节目的责任承担问题,并不认为媒体的核实义务应当减轻。从"议程设置"理论上看,因为对读者来信的选择性刊登也体现了媒体的意志。

③ 李连成著:《新闻官司防范与应对:写给新闻报道者与被报道者》,新华出版社2002年版,第208页。

④ 黄晓著:《应给媒体刊登"读者来信"更大的法律空间——陈友贵诉四川法制报社侵害名誉权案》载《中国新闻(媒体)侵权案件精选与评析50例》,法律出版社2009年版,第290~291页。

造了一个"来电来稿",才算是违背了"新闻真实"①。其实,在本案例中,媒体追求的"新闻事实"已经达到,即有人向电视台写信提供线索,电视台根据线索采访制作新闻。从这一点上看,电视台似乎是没有问题的。

电视台所制作节目侵权的原因在于,过于确信读者来信这一单方消息源,而且未做平衡报道。被告有权利怀疑自己的孩子被人收养,媒体对于读者来信反映的问题也可以调查,但是媒体从出发点,到记者、主持人话语的立场都明显偏向被告一方,没有反映原告的意见。

另外,本案涉及收养问题。暂且不说本案中陈某某与陈某某之子是亲生父子关系,就算他们真的是养父子关系,根据《中华人民共和国收养法》第二十二条规定:"收养人、送养人要求保守收养秘密的,其他人应当尊重其意愿,不得泄露。"涉及本案,收养关系存在,因没有征求双方同意而披露,属侵犯隐私;如果收养并非事实,因无中生有而使他人社会评价降低,则属侵犯名誉。每种选择都面临法律风险。可见核实消息源与平衡报道之重要。

二、事实失实与名誉、隐私

法院认为:"主持人、记者脱离事实,内容严重失实,影响了原告原有的社会评价,构成了侵害原告的名誉权。"②

(一)公民名誉不容侵害

所谓名誉权,是公民对于自己的人格品质、道德和社会评价,法人对自己的信誉、宗旨等享有利益不受他人侵犯的权利。名誉权对公民来说,"是社会对其品德、才干、思想、作风的综合评价,是公民人格权的重要内容,它关系到公民的社会地位和尊严"③。本案原告陈某某是个医生,被告称怀疑陈某某将自己的孩子救活后"偷为己有"。对于原告陈某某而言,不仅侵害了他作为一个普通人的名誉,还侵害了他作为一名医生的职业声誉。

作为医生,陈某某如果真的如被告所说的那样,利用医生的职务之便偷

---

① 轰动一时的"假包子事件"就是由于訾某某的"自编自导自演"产生的,它是完全背离"新闻真实"的典型。

② 广西壮族自治区桂平市人民法院民事判决书(2006)浔民初字第889号。

③ 王利明著:《新闻侵权法律辞典》,吉林人民出版社1994年版,第132页。

了他人的孩子并收养,那么他不仅医德受到质疑,偷孩子自己养还涉嫌拐骗儿童罪。电视台的失实报道,让好好的一个人,既被误解为一个职业声誉差的医生,又可能被误解为一个涉嫌犯罪的人,对他人名誉损害不可谓不重。"侵害名誉权是新闻侵权中最常见的一种情况。"① 本案中广西电视台因为制作播发了内容失实的节目,造成对原告的名誉权侵犯。

真实是新闻的灵魂,失去了真实的特性,新闻不仅会失去受众的信任,而且可能招来诉讼之累。"对于媒体和媒体工作者而言,想要避免失实有时并不那么困难。常常有这样的事,把程序稍微改动(有时仅是措辞微小的变动),就会免去你以后没完没了的麻烦。"② 如果在不考虑涉及隐私的情况下,电视台在制作节目前对读者来信的真实性进行核实,在节目制作过程中平衡报道而不是偏向被告一方,那么后果也不至于如此严重。

(二)隐私——媒体的雷区

人们越来越追求自我和独立,"隐私"也就成为一个热门话题。有的人把"隐私"简单地理解为"生活秘密",虽然是不错的,但是"隐私"还包含着"生活安宁"③。不论收养关系存在与否,即报道的内容是真是假,被告电视台都已经侵犯了原告的隐私权。因为通过被告电视台的报道,原告一家的生活安宁被打破,生活和工作都受到了严重的影响。

虽然隐私是媒体雷区,但并不是禁区,并不是所有涉及隐私的内容媒体都不能报道。这就涉及公众人物和公共利益。公众人物不仅有容忍他人批评的义务,而且他们的隐私也应有所克减。作为官员的公众人物,他有接受监督的义务,而"监督的前提是知情"④,可是"知情"又有可能侵犯官员的隐私。这就要平衡公众的知情权和官员的隐私权了。主流观点是"根据公众人物的理论,他们的名誉权和隐私权的保护程度要小于普通公民,在公共利益面前,他们的名誉权和隐私权将出现消减和退让"⑤。

---

① 郑佳宁著:《广电侵权报告》(广电侵权项目第一期报告),第11页。
② 哈里斯·华兹著,徐雄雄、陈谷华、李欣编译:《开拍啦——怎样制作电视节目》,中国广播电视出版社2006年版,第185页
③ 王利明著:《人格权法研究》,中国人民大学出版社2005年版,第563页。
④ 徐迅著:《有罪者的人格尊严受法律保护》,收录于《中国新闻(媒体)侵权案件精选与评析50例》,法律出版社2009年版,第7页。
⑤ 同④。

对于媒体而言，首先，对于公众人物出于公共利益，涉及部分隐私是可以的。但是，公众人物也有隐私权，虽然较普通人而言保护得更少，但是媒体在报道有关公共人物的隐私时也要谨慎，原则是公共人物与公共利益无关的个人隐私应当受到尊重与保护。其次，涉及普通人的隐私时，就要慎之又慎。这也就是本文把隐私称做媒体的"雷区"的原因。

启示与建议

根据观众提供的线索制作节目，是广播电视节目常有的形态，此类节目由于其来源的"非权威性"等原因常有侵权的风险。因此应该注意如下问题：

1. 审慎对待"观众爆料"性质的消息源

对此类消息源要获取多方信息，不能偏听偏信，要做平衡报道。记者和主持人不能先入为主，立场不宜偏向其中某一方。

2. 涉及"收养"等个人隐私内容的选题要谨慎

本案若收养关系成立，未经当事人同意将其披露确属侵犯隐私；若如本案收养并非事实，因无中生有而使他人社会评价降低，则属侵犯名誉。个人的私生活有不被打扰的权利。在策划选题的时候，就应该预见到风险的存在。对于这种涉及私人生活领域的选题，因与公共利益无关，不宜成为公共媒体的关注重点。任何介入均以小心谨慎为好。

3. 煽情手法要谨慎使用

煽情手法是都市情感类节目的惯用手法，但是这种手法的弊端很多：一是显得节目格调不高，哗众取宠；二是为了达到煽情目的、吸引观众眼球，记者和主持人往往会采用夸张的语言和语气，很容易导致节目与事实不符。

6. 正当采访的边界

——廖某某诉湖南广播电视台都市频道侵害名誉权案

◇ 范 鑫

案件要义

记者的采访权和公民法人拒绝采访的权利，是广播电视业争论不休的业务问题。本案判决提示：涉及披露"小人物"两性感情的采访与报道，媒体有较高的注意义务。此种侵权诉讼中，司法审查的天平倾向原告方，作为被告的媒体必须证明自己获得了权利人的许可——媒体不能举证，法院视同原告未同意接受采访，侵犯了原告的隐私权益。

关键词

隐私权 两性情感 拒绝采访 注意义务

主要事实

2010年8月，湖南广播电视台都市频道《寻情记》栏目播放了《一见钟情，乱了四十男人的心》节目。在节目中，主人公刘某怀疑自己的女友陈某和另一男张某（廖某某在节目中的化名）有不正当的感情关系，遂找到张某质问。张某被采访时正穿着短裤拖鞋，打着赤膊，形貌狼狈。张某表示与陈某是通过婚介所介绍认识，双方仅见过一次面，后来就没有联系，张某对于陈某和刘某是男女朋友的关系并不知情，希望刘某不要再纠缠。

该节目在湖南广播电视台多次播放，相关视频至今仍能在网上找到。节目播放之后，廖某某（即节目中的"张某"）认为，自己的亲戚朋友、同事、街坊邻居在看了该节目后，都把自己叫成了节目中所称的"张某"，背后纷纷评论自己是第三者，被人家捉奸在床等，导致自己的社会评价严重降低，造成了严重的影响。自己精神压力很大，经常失眠。因此一纸诉状将湖南广播电视台诉至长沙市开福区人民法院，请求法院责令被告消除影响，恢复名誉、赔偿损失，并赔偿精神抚慰金共计人民币10万元。

虽然被告湖南广播电视台都市频道辩称，原告并没有拒绝采访和拍摄的意思，节目播出之后，原告也没有和被告进行沟通要求停播或者消除影响，但法院经审理认为：被告作为电视媒体，应当最大程度保护当事人隐私信息、注意公众影响。因此，被告在节目录制、播放过程中涉及节目当事人的隐私信息时首先应告知并征求当事人的同意，但被告并未提供证据证实实施了该行为。其次，被告在摄制涉案节目时，其内容涉及原告个人的情感等隐私信息，被告应当预见到其节目播放后会导致原告隐私信息的传播，故在被告未得到原告同意的情况下，应当对此尽谨慎注意之义务，而本案中被告未能对原告头像进行任何技术处理，未尽合理注意义务。因此，被告在未得到本案原告明确许可录制的情况下，也未在该节目中对原告图像应进行谨慎而必要的处理，其行为确有不当，存在过失。被告的行为构成了对原告隐私利益的侵害，并造成了一定的影响。

长沙市开福区人民法院判决被告湖南广播电视台都市频道不得再次播放或许可第三人播放《一见钟情，乱了四十男人的心》节目，并于判决生效之日起5日内支付原告廖某某精神抚慰金4000元。

☕ 争议焦点

从传播法角度考量，本案的争议焦点有二：一是廖某某的个人情感经历是否属于个人隐私；二是湖南广播电视台是否有权在廖某某明确表示不接受采访的情况下录制并播出其片段。

法理分析

一、两性情感属于个人隐私

在我国民法领域，从2010年《侵权责任法》正式施行之后，隐私权才开始作为单独的人格权利受到法律保护。侵权责任法第二条规定："本法所称民事权益，包括生命权、健康权、姓名权、名誉权、荣誉权、肖像权、隐私权、婚姻自主权、监护权、所有权、用益物权、担保物权、著作权、专利权、商标专用权、发现权、股权、继承权等人身、财产权益。"

虽然隐私权在我国已经独立地受到法律保护，但隐私的范围却一直没有具体明晰的法律解释。在法理和实践当中，一般认为隐私权是指自然人享有的私人生活安宁与私人信息秘密依法受到保护，不被他人非法侵扰、知悉、收集、利用和公开的一种人格权，按客体分类可以划分为私人信息、私人空间和私人活动。而在私人信息中，身体、情感和性的信息属于世界公认的最应当受到法律保护的核心隐私。我国法律虽然没有明确条文规定，但从《刑法》、《民事诉讼法》以及《婚姻法》等法律对身体、婚姻关系等信息的规定上看，个人的情感信息属于我国法律保护的个人隐私。媒体在采访并公开核心隐私时应当取得当事人的明示同意，否则就有侵权的风险。本案中虽然原告廖某某并未提出证明力较强的证据来证实自己拒绝媒体采访的主张，但法院认为被告作为媒体，尤其是影响力较大的广电媒体，应当对受访者的隐私负有注意义务，并在原告是否拒绝采访的问题上，将证明责任分配给了作为被告的媒体。这个判决对每一家广电媒体在处理他人隐私时都是一个警示。

二、"拒绝采访"不意味记者必须止步

采访是记者为取得新闻材料而进行观察、调查、访问、记录、摄影、录音、录像等活动，是一种媒体信息的采集和收集的方式。采访是媒体为大众提供信息和实现监督功能的重要途径。

从民法角度看，采访是一种双方平等的契约活动。所谓"法无禁止即自

由"，受访者如果没有法律规定或合同约定的义务，当然可以拒绝采访。然而，有时某些单位或个人拒绝采访的理由并不充分，记者如何评估追访的正当性呢？

在哪些情况下，记者仍可以进一步追问，所谓"打破砂锅纹（问）到底"呢？主要有如下几种：

1. 法律法规明确规定

包括依据《政府信息公开条例》应当主动公开和重点公开的信息，上市公司依据《证券法》应当公开的公司信息；《消费者权益保护法》规定的满足消费者知情权的有关信息等。需要注意的是这一类信息的公开往往有比较成熟的公开渠道和救济措施，比如，《政府信息公开条例》规定的依申请公开的信息，记者不必一定要通过采访政府部门人员来获取信息，也可以按条例规定去申请信息公开，要求政府依法律规定的范畴和程序给予答复。

2. 涉及公共利益

现实生活中，大部分的信息是否应当公开并没有法律的明确规定，记者在采访公共议题遭到拒绝时，只有在评估自己的采访内容符合公共利益时才适宜继续追访。涉及公共利益的主要议题有：揭露犯罪，监督国家机关及工作人员、国有企业、民间公共机构、公益服务与慈善活动等，公众安全、健康，公共政策与法治等。由于牵涉公共利益，国家工作人员等群体的隐私范围会有所缩小，其与公共利益有关的个人信息都可以被追查公开。

3. 采访公众人物

根据我国法院的一些生效判决，文体明星、知名人士等群体社会关注度较高，被法院认定为公众人物。根据公众人物的理论，这类对象需要让渡一部分个人隐私。但需要注意的是，我国法律中尚没有"公众人物"的制度安排，让渡的界限还不明确，因此在采访中还要综合平衡考虑记者所主张的这种让渡是否有充分的理由。

在本案中，廖某某既不是知名人士，其个人的两性感情经历也不属于公共利益，他本人更没有主动公开的愿望。因此湖南广播电视台对其感情经历的采访报道不足以对抗廖某某的隐私权。

启示与建议

1. 节目选题要慎重。如今情感类、民生类节目逐渐增多，媒体关注的事情越来越"小"，很多节目为追求"真实性"就不顾采访对象个人的隐私权利，从而加大了采访中存在的侵权风险。广电媒体由于其庞大的受众群体，丰富的表现形式，在处理"小"选题时更要尽到合理的注意义务，慎重采用涉及他人隐私的内容，如果一定要用，则应当获得当事人的明示许可，并以书面形式固定下来，或者在表现形式上做到"不可识别"。

2. 记者可以充分行使法律法规赋予的权利获取信息。采访是记者获取信息的重要手段，但是并不是所有的信息都需要采访得来。掌握法律法规明确规定的信息公开范围，通过公开途径获取信息是更加经济和效率的方式，一旦遭到拒绝，还有法律的救济手段。

3. 记者在采访遭到拒绝时，既不要就此停住脚步不再挖掘，也不要急于逼访或者暗访偷拍。应当做好"三步走"：首先审视采访内容是否是法定公开的信息；如果是，继续通过各种渠道访问；如果不是，可以从公共利益角度评估采访内容，也可以从公众人物角度评估采访对象，如果有一项符合，采访就可以继续。

4. 对于那些在法律上没有披露个人信息法定义务的"小人物"，媒体在针对他们私生活的采访报道中，应当取得权利人的书面同意，履行充分的注意义务，以避免侵权。

第二编

名 誉 权

1. 人人享有人格尊严

——尹某某诉长江日报社名誉侵权案

◇ 徐　迅

案例要义

公民人格尊严受法律保护是宪法原则，但许多人总认为"尊严"只是好人的权利，因此对有罪有错的人便不惜以各种方式损害甚至践踏其尊严，以泄愤怒。在本案中，媒体编造一名女性贪官的滥情故事，被广泛传播，正在监狱服刑的原告维护人格尊严的诉讼请求获得法院支持。这一判决值得从多个角度进行关注，包括罪人的人格尊严受法律保护，媒体的罪案报道要符合刑事诉讼法确定的原则；本案判决同时还存在一些值得讨论的问题，包括隐私与名誉的区别，官员与普通公民隐私的保护力度该不该有区别，严重失实与轻微失实的区别，以及精神抚慰金的赔偿理由等。

关键词

人格尊严　名誉与隐私　严重失实

主要事实

尹某某原为湖北省枣阳市市长，因受贿59540元人民币于2003年9月9日被湖北省宜城市人民法院一审判处有期徒刑五年。

尹某某受贿案审理过程中，被告长江日报社所属《武汉晨报》于2003年6月25日第三版上刊发了两篇新闻报道，一篇题为《收受贿赂八万元，人称女张二江……》；另一篇题为《与多位男性有染，霸占司机长达六年，枣阳有个"女张二江"》。这两篇报道除了谈到尹某某因受贿将接受审判外，更多地谈到了尹某某的两性关系问题，并与以前报道过的湖北腐败分子、与众多女性有染的原天门市市委书记张二江相提并论，冠之以"女张二江"。文章见报后，被多家报纸及网站转载，很多注明消息来源于《武汉晨报》。但也有一些新闻媒体如《中国青年报》、《北京晚报》、《南方都市报》及《新闻战线》杂志等对这种现象进行了批评，认为有"炒作"之嫌，有辱原告的人格。当时尹某某正关押于看守所，听到社会上的传闻后，其精神状况发生一些变化，健康状况也出现了一些不良反应，不思饮食，胡言乱语，一度失去生活自理能力。尹某某被转入武汉女子监狱服刑后，一度不能行走、说话和进食，精神明显异常，被武汉市精神病医院收治入院。该院于2003年11月5日做出鉴定，认为尹某某在案发前任枣阳市的重要领导职务，被告知自己的两性关系问题见报及女儿自杀等重大应激事件后出现精神异常。诊断：创伤后应激性精神病；法律能力评定：无服刑能力。建议：因有慢性化倾向而属于严重的精神疾病，须加强治疗。作为原告，尹某某主张各类经济损失共8万元，精神抚慰金41万元。

　　襄樊市襄城区人民法院一审认为，《武汉晨报》2003年6月25日的两篇报道内容失实，所用语句不当，对尹某某的人格尊严造成侵害，被告应当承担民事责任。判决书指出：双方对于赔礼道歉，消除影响，恢复名誉这种民事责任形式均无异议，争议最大的是有关精神抚慰金的确定。法院认为：此案是一宗较特殊的名誉侵权案。《武汉晨报》做出报道之时，正是尹某某涉嫌受贿接受审判之时，尹某某的刑事案件尚未做出判决，《武汉晨报》就用了"收受贿赂八万元"的字眼做标题，给人以确定的感觉，既存在用语不当，数额也与最终的认定有较大出入。我们不能苛求新闻媒体的用语有如法律用语般规范，但应当客观真实，尤其涉及对案件的报道，应少用批判性的字语。《武汉晨报》的报道题为《收受贿赂八万元，人称女张二江……》、《与多位男性有染，霸占司机长达六年，枣阳有个"女张二江"》。"张二江"是湖北乃至全国对男女关系问题的特殊代用用语，含有贬义，《武汉晨报》的报道标题本身就涉及个人隐私，个人隐私属人格权的一部分，不容侵犯，而报道的内容极少提及刑事案件的审判，更着重于尹某某的个人生活问题。这两篇报道从标题到内容均严重侵犯了尹某某的人格权利，导致其社会评价降低，名誉受损。这两篇报道又被多家媒体转载、上网传播，影响的范围也是相当的广泛。尹某某正是在多重压力之下精神出现异常，但失实报道的刺激对尹某某作为一名女性而言应该是主要的。因此判决：一、长江日报社在《武汉晨报》第三版上书面向尹某某赔礼道歉，以消除影响，恢复名誉。二、长江日报社赔偿尹某某精神抚慰金20万元。三、长江日报社赔偿尹某某各类经济损失27992.90元。

长江日报社不服一审判决，提起上诉。二审中，双方当事人均未提供新的证据，对原判事实无异议。上诉人的上诉理由主要集中在精神抚慰金、经济损失赔偿金数额的合理性方面。襄樊市中级人民法院经过审理认为，虽然尹某某作为公众人物理应更多地接受新闻媒体的监督，但新闻报道不能超出法律允许的界限，更不能以满足公众的知情权为理由侵犯公民的隐私权。关于确定精神抚慰金数额的问题，二审法院认为，长江日报社的报道虽然确实给尹某某的精神造成一定伤害，但其精神疾病的产生是多种因素共同造成的，且尹某某犯罪的基本事实已被确认，其社会评价已不是报纸报道所能决定。综合各种因素并结合本省审判实践，一审判决长江日报社赔偿尹某某精神抚慰金20万元显然过高。关于经济赔偿，法院认为，在本案中，长江日报社的报道对尹某某的人格尊严造成了侵害，其报道是导致尹某某精神受到损害，经济遭受损失的重要原因，但并非唯一原因，原审法院没有考虑到造成致害的多方面原因而让长江日报社承担经济损失的全部责任，显然不当。综合多方面因素，长江日报社对尹某某的经济损失应以承担70%的责任比较适当，尹某某自身应当承担30%的责任。二审判决：一、维持原审判决第一、三项。二、长江日报社赔偿尹某某精神金由20万元改判为5万元，赔偿尹某某经济损失27592.90元的70%即19315元。

本案最终以被告长江日报社向尹某某书面赔礼道歉，同时赔偿经济损失和精神抚慰金共69315元结案。

☕ 争议焦点

有罪有错的人，其人格尊严是否受法律保护？个人隐私是否优先于公众知情权，即不容侵犯？什么样的失实是"严重失实"？精神抚慰金如何确定，其标准如何把握？

法理分析

这是一起引起广泛关注的新闻侵犯名誉权纠纷案。[①] 原告尹某某在获得胜诉后，又接连起诉了35家转载侵权文章的媒体。虽然在媒体上找不到这35案审判结果的任何报道，但基于本案已经确定的事实和生效的判决理由，这些案件如何结案仍然可以推断——只要确实刊登或发表了已被判决构成侵权的报道，各被告媒体不以《民法通则》规定的（停止侵害、消除影响、恢复名誉、赔礼道歉、赔偿损失）方式承担责任，恐难了结诉讼。

本文将对本案两审判决书中的观点及主要争议焦点做出评价。

一、本案判决对新闻法制的贡献

长期以来，在中国这个经历过十年动乱的国度里，人格尊严应当受到尊重与保护的观念缺少应有的地位与高度。不少人认为，如果是一个好人，他当然享有人格尊严；但如果是一个坏人，其人格尊严便无从谈起。因此，侮辱一个有罪、有错的人的人格，是理所当然的事情。有些媒体对有错、有罪的人使用有损人格的表现手法，如拍摄未穿裤子的嫖娼者，发表死刑犯五花大绑、被揪头发示众的照片等，而如同《武汉晨报》将传言当做事实加以报道，对犯罪嫌疑人的两性关系大泼污水，则是一种最典型的、突出的表现。

令人感到欣喜的是，由于这个判决的出现，中国的新闻媒体以至公众将在几个方面获得教益：

其一，罪错应负责任，人格不容污辱。一个人不因有错、有罪而丧失其正当权利。法院可以剥夺人的财产、自由乃至生命，但不可以剥夺人的尊严。即使是死刑犯，当他被依法剥夺生命的时候，也有权利有尊严地死亡。

曾几何时，中国官方和公众对"人权"的概念有一些自己的解释，但现在，它是中国的宪法原则。[②] 而且宪法的表述只是写"人权"，并未写"……主义人

---

① 笔者于2007年7月16日在雅虎百度上以"尹冬桂"为关键词搜索，仍然搜到3170项，此时距该案二审结案已经过去了二年零七个月。

② 2004年，我国宪法修改时写入了"国家尊重和保障人权"。《中华人民共和国宪法修正案》（2004），见中国法院网（http://www.chinacourt.org）法律文库。

权"。由于加入了多项国际人权公约,中国在人权保护领域正在迅速接纳国际标准。人格尊严是人权的基础。1948年联合国大会通过的《国际人权宣言》第一句即为:"鉴于对人类家庭所有成员的固有尊严及其平等和不移的权利的承认,乃是世界自由、正义与和平的基础。"它表明,人格尊严是每个人与生俱来的固有权利,它是平等的、人人享有的,不因人的任何背景而有所不同。这其中当然也包括有罪、有错者的人格尊严。

在我国,犯罪嫌疑人、刑事案件被告人、罪犯乃至刑满释放人员通过诉讼保护其人格尊严的努力在上个世纪末期就已经出现,但由于各种原因,审判结果并未在业界及公众中广泛传播,媒体也无从获得指引与教益。尹某某案判决结果的公布,无疑是对整个社会的引导,也是对媒体的明确警示。

其二,报道应有度,煽情不可取。一审判决认为:"'收受贿赂8万元'的字眼做标题,给人以确定感,既存在用语不当,数额也与最终的认定有较大出入。"判决还说:"我们不能苛求新闻媒体的用语如同法律用语般的规范,但应当客观真实,尤其涉及案件的报道,应少用批判性字语。"

审判机关在此向媒体传达两个信息:首先,犯罪嫌疑人的罪责依法由法院确认,媒体无权确认。这是对经过修改并于1997年1月1日生效的《中华人民共和国刑事诉讼法》第十二条关于"未经人民法院依法判决,任何人都不得确定有罪"规定的一次具体诠释。这一宣告的意义非常之重大。修改后的刑诉法生效后,新闻媒体有关犯罪案件报道中对涉嫌犯罪之人的称谓在一夜之间全部出现改变,"凶徒"、"罪犯"、"犯罪分子"等传统称谓统统改为"犯罪嫌疑人"。但事实证明,对于新闻媒体而言,刑诉法第十二条所确立的原则对媒体罪案报道的意义,绝不是简单的称谓之改,而是应当将未经法院宣判定罪的犯罪嫌疑人确实视为一个无罪之人。目前,新闻媒体违反这一原则的表达触目可见,"法院未判、媒体先判"的情形屡见不鲜,权威媒体也无出其右。国家级媒体尚且如此越位,其他各类媒体的报道水准便可窥一斑了。

其三,"批判性字语"令报道丧失客观性而不足取。既然法院对案件尚未宣判,被告人的命运并未最后确定,"批判性字语"就潜伏隐患。虽然新闻报道应当引人入胜,但不能与客观公正的基本原则相抵触。充满形容词的煽情与炒作让一桩严肃的腐败新闻成为街谈巷议的风流韵事,未经证实的传闻因一个比喻①令受众产生了必然的联想，被告人因"曾与一百多个男人有染"的滥情故事而成为低俗的娱乐性话题，法律问题由此与媒体道德联系在一起。而案件报道"少用批判性字语"的判决意见则是法官对媒体富有建设性的告诫。

其四，舆论监督媒体，自律力量增长。长期以来，每每谈到新闻监督不公正、有缺陷时，社会上总会出现一种质疑之声：新闻机构监督社会，谁来监督新闻机构？在舆论监督的旗帜下，我国的新闻机构在抨击社会各种不正之风的同时，似乎也形成了某种默契：对新闻界自己的错事、坏事、丑闻闭口不谈，使媒体成为新闻监督的特区，导致媒体业自律水准低下，某些媒体、特别是主流媒体的从业者特权思想严重，对法律一知半解，缺少了解与尊重，甚至即使错了，也不向公众和被损害者道歉。但在尹某某一案的报道中，虽然不少媒体追腥逐臭，不加核实便对所谓"女张二江"的虚假新闻大加转载，但是也有一些媒体在当时就做出反应，指出"传媒不应靠宣传高官隐私取悦受众"②，提醒社会"一味走进绯闻误区，将破坏法律的严肃性，最终导致法律的庸俗化"③。更有理性的评论作者指出："不能认为一个人只要犯罪了，就在道德上怎样杜撰都行。即便是犯罪分子，其人格尊严照样受法律保护。"④此类严肃的声音虽然微弱，但仍然与对"女张二江"新闻的疯狂炒作形成对抗，令受众耳畔出现了不同的声音，客观上也在引导受众应当如何识别媒体，如何消费媒体。尤其重要的是，判决书中将发出不同声音、对所谓"女张二江"新闻持批评态度的媒体及发表日期等内容直接写入案件事实部分，指出新闻界内当时就有人认为"这有炒作之嫌，有辱原告的人格"。

① 这一比喻即"女张二江"。张二江原为湖北省天门市市委书记，因贪污受贿被判刑。湖北省省委书记曾斥其为"吹、卖（官）、贪、嫖、赌五毒俱全"的"党内败类"。此后，张二江被媒体称为"五毒书记"，他曾"与107名女性（包括妓女）有染"的劣迹流传最广。而被媒体称为"女张二江"的尹某某也被报道为"曾与一百多个男人有染"。作者注。

② 石敬涛：《枣阳女市长案中的知情权与隐私权冲突》，载《南方都市报》2003年7月3日，见南方网http://www.southcn.com，2003-06-30。

③ 李辉：《女贪官私生活很吸引人？》，载《西部商报》2003年6月30日，见甘肃每日新闻网http://www.gansudaily.com.cn，2003-06-30。

④ 魏文彪：《炒作尹冬桂"作风问题"当止》，载《中国青年报》2003年6月30日，见新华网http://www.xinhuanet.com。

事实证明，新闻监督也是监督媒体的一种重要力量，它促使新闻界自我检讨、自我约束，这种理性的声音正是新闻界的良心所在。它不应成为个例，应当成为常态。

二、对本案判决的质疑与讨论

其一，本案究竟是侵犯隐私还是损害名誉？

一审判决书指出："湖北某报《收受贿赂八万元，人称女张二江》、《与多位男性有染，霸占司机长达六年，枣阳有个'女张二江'》……标题本身就涉及个人隐私，个人隐私属人格权利的一部分，不容侵犯。"一审法院的上述主张基本获得了二审法院的支持，二审判决书中指出："虽然尹某某作为公众人物理应更多地接受新闻媒体的监督，但新闻报道不能超出法律允许的界限，更不能以满足公众的知情权为由侵犯公民的隐私权。"

虽然作为我国民事基本法的《民法通则》中没有"隐私权"的概念，本案发生时，我国的《侵权责任法》也尚未出台，但我国隐私法的发展却十分迅速。大家都承认，名誉权与隐私权是两个不同的法律概念，尽管它们同属人格权，但区别也很多。比如，名誉是人的社会评价，是主观的，而隐私是人的个人秘密，是客观的；名誉权是所有的人（包括自然人和法人）都享有的权利，而隐私权只能由自然人享有，法人没有隐私权等。表现在新闻媒体上，报道内容越是虚假，就越损害名誉；而越是真实，就越损害隐私。具体到尹某某案，如果她"与一百多名男性有染"是真实的，那是一个典型的隐私问题；但如果根本就没有此事，或者只是有婚外感情而不是滥交，那么称其"与一百多名男性有染"就是虚假的，是捏造事实，这就是典型的损害名誉。本案原告人以侵害名誉权起诉，法院也以损害名誉权判决，但判决书的字里行间又不时冒出"男女关系问题"、"尹某某的个人生活问题"、"标题本身就涉及个人隐私"，"不能以满足公众知情权为由侵犯公民的隐私权"等说法，让人搞不懂媒体的报道究竟是损害了名誉，还是侵犯了隐私，而所谓"与一百多名男人有染"究竟是真实的，还是失实的。

搞清这一点对于新闻媒体十分重要，因为这与媒体工作者的从业准则关系极大。显然，如果尹某某"与一百多名男性有染"是虚假的，则新闻机构的报道就是一种诽谤行为。新闻必须真实，故意制造或传播虚假新闻必须承担应有的责任。但如果其"与一百多名男性有染"是真实的，就会产生许多值得讨论的问题。但是判决书中对于这二者却语焉不详，不清不楚，从司法判决本应产生的指引媒体功能看，不能不说是一个遗憾。

其二，官员"与一百多名异性有染"，是应保护的隐私还是应揭露的腐败？

张二江虽然"五毒俱全"，但其曾与107名女性（包括妓女）有染的劣迹最为知名。本案判决书也指出："'张二江'是湖北乃至全国对男女关系问题的代用语，含有贬义。"那么，如果是一位女性官员确实与一百多名男性有染，媒体究竟该不该揭露呢？一审判决书说：被告报社的"标题（《收受贿赂八万元，人称'女张二江'》、《与多位男性有染，霸占司机长达六年，枣阳有个'女张二江'》）本身就涉及个人隐私，个人隐私属于人格权利的一部分，不容侵犯……"。本案二审判决书中也指出："不能以满足公众的知情权为理由侵犯公民的隐私权。"言外之意，即使是真实的，因为涉及个人隐私，媒体也不能报道，因为隐私"不容侵犯"，而公众的知情权不能对抗隐私权。

如果笔者对判决的理解是准确的话，那么这是一个较为严重的问题，因为它涉及国家工作人员的个人隐私权利与公民对其有监督、批评和建议权利的冲突，这是两种宪法权利的冲突。监督公共权力的正常行使，是新闻批评的重要功能。如果一名国家工作人员与多名异性有染，这是否与她（他）行使公共权力有关？她（他）是否因此而滥用公共权力（比如运用公共资源笼络情人、挪用公款包养情人）？媒体该不该提出怀疑？媒体该不该进行独立的调查和报道？监督的前提是知情，在许多情况下"满足公众知情权"正是侵犯某些国家工作人员隐私的正当理由。如果司法机关一味坚守"知情权不能对抗隐私权"的主张，特别是在与公共利益有关的诉讼中不能在司法判决中注意到上述两种权利的平衡保护，则可能在保护了某个人的某种权利的同时，而损害了更多人的更重要的权利。

此时，"公众人物"概念的价值凸显出来。根据公众人物的理论，他们的名誉权和隐私权的保护程度要小于普通公民，在公共利益面前，他们的名誉权和隐私权将出现削减和退让。虽然我国民法中没有公众人物的概念，但"中华人民共和国公民对任何国家机关及其工作人员有批评建议的权利"的宪法原则是十分明确的。而公民对行使公共权力的国家工作人员的批评建议权必须建立在知情的基础上。在这方面，新闻媒体对调查和披露真相承担着不可推卸的责任。由此可见，尹某某案一审判决中关于"隐私权不容侵犯"以及二审判决中关于"不能以满足公众的知情权为理由侵犯公民的隐私权"的说法都深有讨论的余地。

值得注意的是，本案二审判决书中提出了"尹某某作为公众人物理应更多地接受新闻媒体的监督"的观点，这是笔者在数个类似课题视线范围内 [①] 由公务人员起诉媒体的案件判决书中涉及"公众人物"概念的唯一一案。但判决生效时，此人已经被判有罪，正在监狱服刑，不再是公权力人物了。

其三，对受贿数额报道不准确应否属于"严重失实"？

一审判决书指出："尹某某刑事案件尚未做出判决，被指为侵权的报道就用了'收受贿赂八万元'的字眼做标题，给人以确定感，既存在用语不当，数额也与最终的认定有较大的出入。"在这里，"收受贿赂八万元"的标题被指出两点缺陷：一是判决尚未做出，媒体已有定论；二是报道数额与法院最终认定的数额"有较大出入"。对于第一点，笔者没有异议，这是修订的刑诉法自1997年生效后，中国媒体案件报道的通病，可以说是点了媒体的死穴。但对第二点却大可商榷。据判决书认定，尹某某受贿人民币4.3万元，美金2000元，共折合人民币6万元左右。媒体报道受贿8万元。其中有约2万元的差距。虽然判决书声明"不能苛求新闻媒体的用语有如法律用语般规范"，但受贿数额"有较大出入"仍然是法官判决构成侵权的理由之一。

根据《最高人民法院关于审理名誉权案件若干问题的解答》（1993年），新闻报道"严重失实"构成侵权，可以理解为：不是"严重失实"而仅是"轻微失实"的，不构成侵权，司法可以宽容，也应当宽容。这一判决侵权与否的标准充分考虑了新闻媒体的行业特点，如新闻时效、有限的、非强制性的调查手段等等，体现了既要保护公民法人名誉权，又要保障新闻自由的司法理念。笔者认为，在这一报道中，关键问题是尹某某是否受贿，而6万或8万元的受贿数额之差并不能从根本上影响问题的性质，并非本案的关键问题，可以认为是一种

---

① 笔者在数个媒体侵权研究项目中共收集到上千个案例，其中公务人员诉媒体的案件有40余例。

"轻微失实"。如果是6万与80万之差则完全不同，因为它可能导致判决结果的重大出入，如有期徒刑、无期徒刑甚至死刑的差别，将严重地误导公众，令他们产生对司法公正的怀疑，当然有理由构成严重失实。

在新闻侵权案件的审判中认真考虑是"严重失实"还是"轻微失实"具有特别重要的意义，它引导公众对某些轻微的新闻失实所应有的宽容态度，体现了司法对新闻自由的保护力度，与政治文明息息相关。当然，媒体自身却不应借此宽容自己，一旦新闻有失实，不论是轻微的，还是严重的，都应当及时采取适当措施，如及时更正道歉等；而严重失实也应当承担应有的法律责任。

其四，20万元的精神抚慰金是多还是少？

根据《最高人民法院关于确定民事侵权精神损害赔偿责任若干问题的解释》，一审法院在判决近2.8万元经济损失之外，判决被告给尹某某20万元精神抚慰金。有报道以此对比"处女卖淫案"受害者麻旦旦获赔74.66元一案[①]，指出这一数额"令人惊诧"[②]。不过，尹某某诉媒体侵害名誉权案是民事诉讼，索要的是精神抚慰金；麻旦旦诉公安机关案是行政诉讼，索要的是国家赔偿，二者适用不同的法律制度和标准，之间自有其不可比性。但20万元确实不是一个小数目，它的判赔理由成了人们高度关注的问题。因为尽管法官有自由裁量权，但也必须言之成理，自圆其说。对于这个数额，判决书虽然承认尹某某是"在多重压力之下精神出现异常"，而后只有一句话，即"失实报道的刺激对尹某某作为一名女性而言应该是主要的"，被告对造成原告精神异常的严重后果"负有责任，应当从经济上对其精神予以抚慰"，除此之外再没有其他说明，更没有任何论证，这不能不令人担忧。因为，任何判决对未来都会产生一定的影响，尽管最高人民法院的司法解释提出了确定精神抚慰金的六个因素[③]，但精神抚慰金的数额仍然是司法审判过程中最难掌握的标准之一。如果同样的损害

---

① 17岁的少女麻旦旦是陕西省泾阳县人，2001年1月因被警察无端逼迫承认卖淫而被行政拘留15天。为证明自己的清白，她不得不两次到医院检查，证明自己是处女。其后，她向公安机关提起行政诉讼，一审获国家赔偿74.66元。上诉后，二审法院改判为9135元。作者汇总自新浪网–新闻中心–麻旦旦"处女嫖娼案"专题。

② 蔡方华：《"女张二江"官司的几个疑问》，载《北京青年报》，见http://www.rednet.com.cn。

③ 见2001年6月26日《最高人民法院关于确定民事侵权精神损害赔偿责任若干问题的解释》，中国法院网（www.chinacourt.org）。

后果发生在麻旦旦身上，恐怕不会产生太多的不同意见；然而当它发生在一个前官员身上时，原告作为公务人员的身份是否应当成为判决考虑的一个因素，就成为社会普遍关注的问题。因为，既然宪法第四十一条规定"中华人民共和国公民对……任何国家工作人员都有批评建议的权利"，官员们也就因此而具有接受这种批评和建议的义务，以及忍受因履行这种义务而产生的某些代价。这种义务与代价与他们握有强大的公共权力，从而可能不同程度地影响公共利益是成正比的。否则，如果媒体的报道确实涉及了官员的个人隐私，官员们动辄索赔数十万元，而法院也动辄判决赔偿数十万元，或许会在一定程度上阻退媒体对行使公共权力者的监督力量。

令人满意的是，本案二审对精神抚慰金的赔偿数额做出了改判。虽然媒体应当为发表失实新闻承担应有的责任，但司法审判对有腐败行为的前官员的依法保护亦应当把握在一个恰当的限度内，以保持对社会正义的基本尊重，二审法院关于"尹某某的基本犯罪事实已被确认，社会评价已不是报纸所能决定"的改判理由言之成理，恰如其分，能够获得多数公众的认同。生效判决还指出："长江日报社的报道……并非唯一的致害原因，原审法院没有考虑到造成致害的多方面原因，而让长江日报社承担经济损失赔偿的全部责任，显然不当。"一审判决书曾经这样概括"多方面的致害原因"："从重要领导到接受审判、报道的刺激、女儿自杀行为的刺激"，以及失实报道"被多家媒体转载、上网传播"等，这是本案的一个基本事实，但一审在判决赔偿额度时对此显然有所忽略，令长江日报社作为失实新闻的始作俑者承担了过重的责任。在本案终审后，尹某某对35家转载媒体提起的诉讼必然令不加核实而转载虚假不实报道的媒体各自承担应有的责任。只是这一后续的信息并未被公开报道，社会并不了解本案的完整面貌，从而削弱了本案在新闻侵权法领域的教育及研究价值。

启示与建议

近年来，有罪有错者起诉媒体侵害名誉权案有增无减，仅女贪官因虚假的桃色故事而起诉媒体的就发生了三起，① 可见尹某某案所反映出来的问题有一定的代表性。这一诉讼留给媒体多方面的启示：

首先，涉及可能有罪、有错的人的报道，媒体要摆正立场——即，媒体不是警察与法官，不是罪错性质的认定者，媒体只是新闻事件的观察者与报道者。在法院开庭前，任何定罪定性的报道都存在法律风险。

其次，即使被报道者确实有罪、有错，其人格尊严仍然受到法律保护。在避免失实与侮辱方面，新闻报道的专业标准不能降低，有辱人格的形容词尤其要避免滥用。

再次，一旦形成诉讼，媒体可以承认客观存在的"轻微失实"或"局部内容失实"，而不必刻意回避之。因为只有"严重失实"、"基本内容失实"才构成侵权，这意味着法庭对轻微失实和局部内容失实可以宽容。媒体可以善用这一制度，一方面及时采取措施加以补救；另一方面据此抗辩，以获得法庭的保护。

---

① 除本案外，因"桃色故事"起诉媒体侵害名誉权的前官员还有：原安徽省卫生厅副厅长尚军，原辽宁省沈阳市中级人民法院副院长焦玫瑰，见新华网《女贪焦玫瑰状告中青报 讨名誉权索赔20万》，http://news.xinhuanet.com/legal/2004-11/18/content_2231574.htm。其中尚军案已结案，媒体败诉，见法制网《法律为"桃色女贪官"褪去桃色，罪犯名誉权也受保护》，http://news.qq.com/a/20080703/000997.htm。

2. 法院作为名誉权诉讼原告的悖论与启示①

——深圳市福田区人民法院诉民主与法制杂志社侵害名誉权案

◇ 朱 莉

案例要义

因为一篇对其受理并已做出生效判决的案件报道,深圳市福田区人民法院竟作为原告将民主与法制杂志社推上名誉侵权诉讼的被告席,而主审法院正是其直属上级——深圳市中级人民法院。②那么,法院是否应当享有我国《民法》所规定的名誉权?法院坐上名誉侵权诉讼的原告席引发了怎样的制度悖论?面对媒体监督与司法尊严剑拔弩张的关系,法律的天平又需要做出怎样的调整呢?下文将通过这一特殊案例,分析法院作为名誉侵权诉讼原告所反映出的法律困境与启示。

关键词

法院名誉权 司法权威 人格尊严 媒体监督

主要事实

1994年1月30日,工人日报社、黄某某、汪某某在《工人日报》新闻周刊栏发表了一篇题为《深圳百万劳务工的呼唤》(以下简称《呼唤》)的文章。深圳市汽车工业贸易总公司及其法定代表人刘某某看到后,认为该文所反映的"刘某某出任

① 本文的资料整理工作得到中国政法大学新闻政策与法规方向硕士研究生张立芳同学大力协助,特此致谢。

② 徐迅著:《中国新闻侵权纠纷的第四次浪潮——官方机构及公务人员诉媒体现象对法制建设提出的挑战》,收录于《中国新闻侵权纠纷的第四次浪潮——一名记者眼中的新闻法治与道德》,中国海关出版社2002年版,第22页。

某贸易公司经理兼党委书记后专横跋扈、腐化堕落"、"挪用职工福利基金为自己购买高级商品房"、"对何玲进行打击报复"、"任人唯亲"等问题纯属歪曲事实，颠倒黑白，损害了刘某某和公司的名誉，破坏了公司良好的企业形象和声誉，而诉至深圳市福田区人民法院，要求工人日报社、黄某某、汪某某停止侵害，恢复名誉，赔偿损失。

深圳市福田区人民法院受理此案后，公开开庭进行了审理，并对《呼唤》一文所列的有关刘某某的问题逐一进行了调查核实，认为《呼唤》一文涉及刘某某问题的报道失实，并依法做出判决。

1995年3月6日，被告民主与法制杂志社在《民主与法制》第五期法庭报告栏目中，发表了题为《一场耐人寻味的官司——〈工人日报〉被诉名誉侵权纪实》的文章。文章对该案庭审的前、后等情况做了纪实性报道。文章称，"由于官司后面隐藏着一些不难理解的复杂背景，打这场官司极有可能会输"，"她曾和原告深圳市汽车工业贸易总公司的人搞在一起"，"张律师的话引起审判长不悦"，"……我感到审判长不公正，对方陈述时法庭很耐心，而我们却一再被限制"，"……由于众所周知的原因，本报不准备再向深圳市中级人民法院提起上诉"等。此文登出来后，原告向被告反映过不同的意见。1995年5月21日，被告"为了不辜负广大读者的厚望"，从读者看了《寻味》一文后写的许多信件中，选了8封赞扬《寻味》是篇好文章的读者来信，刊登在第十期《民主与法制》杂志"回音壁"一栏里，"以为共勉"。其中一位来自安徽省宣州市的读者，看了《寻味》后，写信咒骂该案的审判长，最后诅咒审判长"吃饭被噎死，走路被撞死，再得上晚期绝症痛死"。

原告深圳市福田区人民法院认为，被告民主与法制社发表的《寻味》一文，对其受理并业已做出生效裁判的案件审理活动和实体裁决结果肆意歪曲、诋毁、严重损害了其名誉权，要求被告民主与法制社停止侵害，赔礼道歉，消除不良影响并赔偿损失人民币5000元。

深圳市中级人民法院审理后认为，法人依法享有名誉权，法人的人格尊严受国家法律保护。原告深圳市福田区人民法院是代表国家行使审判权的专门机关，审判机关的活动，直接体现着社会的公平和正义，维系着国家机关的形象和权威。被告民主与法制社所发表的《寻味》一文，没有全面的、客观的报道整个案件的审理经过，导致广大读者对原告的不满，损害了原告的形象。民主与法制社是一家有影响的法制刊物，为了维护法律的尊严，对已发生法律效力的判决，如有不同意见，可通过其他途径反映，而不应该在不征询原告的意见下，只反映一种意见而刊登《寻味》一文。特别是在原告对该文已向被告表示不同意见后，又刊登了八则读者来信，对原告的名誉造成了严重的影响，损害了原告的名誉权，依法对原告的诉讼请求予以支持。①

1996年12月18日，被告民主与法制社向广东省高级人民法院提起上诉。但因其未能提供具体的上诉请求和理由，经合法传唤不到庭，该上诉案件最终以撤诉处理。②

争议焦点

法院是否享有名誉权？深圳市福田区人民法院作为名誉权诉讼原告反映出怎样的制度困境？什么样的法律设计才能更好地平衡保护媒体监督与司法尊严？

法理分析

有学者认为，自《民法通则》1987年实施以来，中国新闻侵权纠纷曾先后经历了"小人物告大报"、"名人告小报"、"工商法人告媒体"等三次典型浪潮。而大约从1993年起，以官方机构和官方人员为原告的所谓"官员告媒体"的第四次侵权浪潮也开始涌现，期间陆续发生的十余起法院、法官作原告将媒体推上被告席的名誉侵权诉讼，更被评价为第四次浪潮中"最为奇特"的现象③。本案正是其中最具代表性的一例。无论是在新闻还是法律领域，它所引

---

① 广东省深圳市中级人民法院民事判决书（1995）深中法民初字第021号。
② 广东省高级人民法院民事裁定书（1997）粤民终字第7号。
③ 徐迅著：《中国新闻侵权纠纷的第四次浪潮——官方机构及公务人员诉媒体现象对法制建设提出的挑战》，收录于《中国新闻侵权纠纷的第四次浪潮——一名记者眼中的新闻法治与道德》，中国海关出版社2002年版，第22页。笔者所见的另外几起法院起诉媒体或记者名誉侵权的案件还包括：浙江省宁波市江北区法院诉重庆《中外企业报》、上海《报刊文摘》编辑部及有关作者侵犯名誉权案，沈阳市中级人民法院诉新华社记者高欣侵犯名誉权案，以及云南省昆明市五华区人民法院诉湖南《法制月刊》侵犯名誉权案。

发的对于法院名誉权的探讨、对我国现行名誉权法律缺陷的反思以及有关媒体监督与司法尊严冲突之热议，都已远远超出了案件内容本身。

一、法院名誉权与司法权威应如何看待

法院是否享有《民法通则》所规定的名誉权，是本案判决的关键法理基础，也是其引发广泛争议的首要原因。从深圳市中级人民法院一审判决书的论理部分来看，其一方面概括性地肯定了法人依法享有名誉权——"法人依法享有名誉权，法人的人格尊严受国家法律保护"；另一方面又延伸性地指出深圳市福田区人民法院作为国家专门审判机关的形象和权威应当得以维护——"原告深圳市福田区人民法院是代表国家行使审判权的专门机关，审判机关的活动，直接体现着社会的公平和正义，维系着国家机关的形象和权威"，表面上看似于法有据，但实际上既误读了我国现行法律对于"人格尊严"之规定，又混淆了司法的"名誉权"与"权威"等概念界限，更回避了正面回答深圳市福田区人民法院是否也应依法享有法人的名誉权这一关键问题，其判决的严谨性与合法性值得商榷。

首先，我国《民法通则》肯定自然人和法人均享有名誉权，但人格尊严只为公民所独有。所谓人格尊严（Human Dignity），学者王利明和杨立新认为，是指公民基于自己所处的社会环境、地位、声望、工作环境、家庭关系等各种客观条件而对自己或他人的人格价值或社会价值的认识和尊重[1]，与人格独立、人格自由等并属于"一般人格权"的范畴[2]。我国《宪法》第三十八条规定："中华人民共和国公民的人格尊严不受侵犯。禁止用任何方法对公民进行侮辱、诽谤和诬告陷害。"同时，《民法通则》第一百零一条也规定："公民、法人享有名誉权，公民的人格尊严受法律保护，禁止用侮辱、诽谤等方式损害公民、法人的名誉。"由此可见，无论是学术界的普遍共识还是我国现行法律规定，均未将人格尊严赋予法人，人格尊严的合法主体仅仅限于公民，即自然人所

---

[1]　王利明、杨立新等著：《人格权法》，法律出版社1997年版，第35页。

[2]　王利明著：《人格权法新论》，吉林人民出版社1994年版，第156~183页；杨立新著：《人身权法论》，中国检察出版社1996年版，第684~714页；周志刚著：《名誉权研究》，收录于《法学研究动态》，2000年第218期。

有。而本案一审判决将"法人的人格尊严受国家法律保护"作为其判案依据，无疑是对法律的一种严重误读。

其次，司法权威并不等同于法院名誉权。所谓司法权威，又称为司法尊严（Judicial Dignity）。法学界认为其内涵是指司法机关应当享有的威信和公信力。威，是指尊严，使人敬畏，信，是指民众的信赖和认同。[①]作为行使国家审判权力的专门机关，人民法院的司法行为一方面代表国家意志对现行法律予以坚定地贯彻执行；另一方面，其裁定纠纷的特殊职能也一直被视为彰显社会正义、维持社会和谐稳定的重要保障。因此，世界上多数国家都不遗余力地通过各种举措——最典型的莫过于英美法律中规定的藐视法庭罪——来捍卫司法尊严，其根本目的在于维护司法系统的整体秩序与司法独立，但通常并不禁止公民对已有判决做出哪怕言辞尖锐的评论[②]。在我国，虽然现行法律尚未设立"藐视法庭罪"等专门性条款，但是包括《中华人民共和国民事诉讼法》第一百零二条——"诉讼参与人或者其他人对司法工作人员进行侮辱、诽谤、诬陷、殴打，或者打击报复的，人民法院可以根据情节轻重予以罚款、拘留。构成犯罪的，依法追究刑事责任"，以及最高人民法院《关于人民法院接受新闻媒体舆论监督的若干规定》第九条第二款——"对正在审理的案件报道严重失实或者恶意进行倾向性报道，损害司法权威、影响公正审判的"依法追究相应责任等，都是国家维护司法权威的具体表现。

而所谓名誉权，是指公民和法人依法对其名誉所享有的不受他人侵害的权利[③]。民法学界普遍认为，民法上之所以设立名誉权保护制度，主要目的是保护民事主体的精神利益和物质利益，避免因为名誉权受到侵害而给公民带来精神痛苦，或者给法人造成商誉受损和经济利益减少[④]。以世界各国的立法来看，名誉权都普遍通过侵权法等民事法律制度予以规定。例如，我国《民法通则》第一百零一条规定："公民、法人享有名誉权，公民的人格尊严受法律

---

① 王利明著：《司法改革研究》，法律出版社2001年版，第132页。

② 褚宸舸著：《论媒体与司法》，载《武汉科技大学学报》2001年第1期。

③ 王利明、杨立新、姚辉等著：《人格权法》，法律出版社1997年版，第113页。

④ 冷静著：《从法院状告新闻媒体谈起——一起名誉侵权官司所引发的思考》，收录于《北大法律评论》1999年第2卷第1辑，第267～280页。

保护,禁止用侮辱、诽谤等方式损害公民、法人的名誉。"而最高人民法院《关于贯彻执行〈中华人民共和国民法通则〉若干问题的意见(试行)》第一百四十条第二款也规定:"以书面、口头等形式诋毁、诽谤法人名誉,给法人造成损害的,应当认定为侵害法人名誉权的行为。"

因此,司法权威侧重于整体司法秩序与司法独立的维护,名誉权则更强调个体精神利益与物质利益的不受侵害。两者分属于不同法律制度的管辖范畴。

二、法院搭上了法人名誉权之"便车"

如前所述,我国《民法通则》及相关的司法解释均承认法人享有名誉权。而根据《民法通则》第三章的规定,法人不仅包括以营利为目的的企业法人,同时也包括不以营利为目的的机关法人(如立法机关、行政机关和司法机关)、事业单位法人和社团法人。这也就构成了一些国家机关诉求名誉权保护和受理法院做出原告胜诉之判决的法律依据[1]。此类搭上法人名誉权之"便车"而与媒体对簿公堂的做法,引发了学术界激烈讨论。

观点一:赋予国家机关名誉权违背民法常理。首先,各国民事法律设置名誉权条款的初衷在于保护民事主体的精神利益和物质利益不受伤害。而国家机关即便受到错误指责,一般也不会给它履行法定职责带来严重的影响,不会造成经济损失,更不存在精神损失[2]。以本案为例,法院作为机关法人本身并不以营利为目的,一切经济开支由国家财政拨款维持,并且其管辖范围和管辖权固定(即便法院的声誉受损,当事人到别的地方起诉也是不可能的),一般不会发生因为名誉受损而造成经济损失的问题[3],因而不应归属于名誉权之保护范畴。其次,即便公民对国家机关的批评和事实确有出入,握有巨大权力的国

---

① 侯健著:《舆论监督与名誉权问题研究》,北京大学出版社2002年版,第133页。另外一起国家机关做原告的案例,深圳市福田区公安局诉《南方都市报》侵犯名誉权案,主审法院同样认为"原告是政府依法成立的行政机关,具有法人资格,完全能够作为此案的原告",并判决原告深圳市福田区公安局胜诉。详见梁香禄、肖曼丽、周贵明等著:《我为南都打官司》,广东南方日报出版社2006年版,第63页。

② 侯健著:《舆论监督与名誉权问题研究》,北京大学出版社2002年版,第141页。

③ 肖英:《名誉权要有界限》,载《中国青年报》1999年9月15日第5版。

家机关完全可以利用管理资源来做出说明、纠正或澄清事实,消除影响。①比如司法机构拥有接近媒体的便利途径和强有力的公权力,可以通过召开新闻发布会等形式来传播自己的声音。再次,"国家机关"和"人格尊严"各属公法和私法范畴,是两个没法搭界的法律概念,如果说刑事诉讼是"官告民",民事诉讼是"民告民",行政诉讼是"民告官"的话,那么这种以民法调整官民冲突的"官告民"机制就更显得不伦不类,既不科学,也不合理。②而考虑以公法方面的规定来代替在私法上赋予政府机构名誉权的做法,则符合世界上主要国家对这个问题的处理方式③。

观点二:法院以自身已审结案件为由提起名誉权诉讼,否定了法院生效判决的确定力④。我国《宪法》第一百二十七条第二款规定:"最高人民法院监督地方各级人民法院和专门人民法院的审判工作,上级人民法院监督下级人民法院的审判工作。"而《人民法院组织法》第十四条也规定:"最高人民法院对各级人民法院已经发生法律效力的判决和裁定,上级人民法院对下级人民法院已经发生法律效力的判决和裁定,如果发现确有错误,有权提审或者指令下级人民法院再审。最高人民检察院对各级人民法院已经发生法律效力的判决和裁定,上级人民检察院对下级人民法院已经发生法律效力的判决和裁定,如果发现确有错误,有权按照审判监督程序提出抗诉。"由此可见,在我国,上下级人民法院之间是一种通过《宪法》及其他专门性法律规范严格确立的监督与被监督关系,不受其他级别的法律制度(如民法通则)所调整。而对于已生效判决的重审或改判,即便上级法院认为原先的判决存有错误,也必须遵循特定的制度流程重新审查,不能够直接在另外的判决中推翻已有判决,否则,整个司法体系的权威性将荡然无存。本案中,深圳市福田区人民法院通过民事诉讼的方式,将其已经受理并判决的案件交由上级法院重新定夺,无疑破坏了我国上下级法院关系的既有格局,理应通过正当的司法程序予以纠正。

---

① 徐迅著:《中国新闻侵权纠纷的第四次浪潮——官方机构及公务人员诉媒体现象对法制建设提出的挑战》,收录于《中国新闻侵权纠纷的第四次浪潮———名记者眼中的新闻法治与道德》,中国海关出版社2002年版,第24页。

② 同①。

③ 侯健著:《舆论监督与名誉权问题研究》,北京大学出版社2002年版,第147页。

④ 李琦、胡志超著:《广东新闻侵权诉讼研究》,载《新闻与传播研究》1996年第4期。

三、媒体监督与司法尊严怎样调和

长久以来，媒体监督与司法尊严之间的冲突，如何寻求到二者的平衡一直是新闻界和法律界讨论的问题。本案判决之所以能够引起如此广泛的热议，并且入选诸多经典案例的"榜单"①，从某种意义上说，也正是因为其通过如此"鲜活"的方式将媒体与司法的冲突展现得淋漓尽致。

在我国，对国家机关及其工作人员进行批评与监督是一项宪法所赋予的至高权利。《宪法》第四十一条规定："中华人民共和国公民对于任何国家机关和国家工作人员，有提出批评和建议的权利；对于任何国家机关和国家工作人员的违法失职行为，有向有关国家机关提出申诉、控告或者检举的权利，但是不得捏造或者歪曲事实进行诬告陷害。"然而，这样一把时常被媒体视为舆论监督的"尚方宝剑"，却很少能在实际工作中给媒体带来切实的保护。

究其原因，一方面，经过长期的司法实践，我国现行法律对于名誉权的保护已经形成了以《民法通则》为主导、最高人民法院司法解释为补充的较为完备的体系，而舆论监督的立法保护却过于单薄——不仅宪法第四十一条不能成为具体诉讼依据，其他现行法律法规中也没有关于舆论监督的明确定义。一旦新闻媒体因为"揭黑"新闻、调查性报道被国家机关或其工作人员推上被告席，往往难以得到判决支持。另一方面，处于转型时期的中国司法与传媒，彼此均遇到难以自行逾越的瓶颈。媒体有客观报道司法活动的愿望，但也时常萌生影响裁判走向的冲动，"媒体审判"现象并非个例，法院起诉新闻单位，也屡见不鲜。

于是，近年来，法官群体中呼唤以专门即《藐视法庭法》约束媒体的不当报道，维护司法尊严的文章开始出现②。学术界也对中国有无必要和可能制定

---

① 如《中国新闻（媒体）侵权案件精选与评析50例》。参见浦志强著：《法院不应当成为名誉权纠纷的原告》，收录于《中国新闻（媒体）侵权案件精选与评析50例》，法律出版社2009年版，第11～17页。

② 1997年7月20日《人民法院报》第三版发表文章讨论制定《藐视法庭法》。转引自徐迅著：《中国新闻侵权纠纷的第四次浪潮——官方机构及公务人员诉媒体现象对法制建设提出的挑战》，收录于《中国新闻侵权纠纷的第四次浪潮——一名记者眼中的新闻法治与道德》，中国海关出版社2002年版，第26页。

《藐视法庭法》展开探讨 ①。诚然，这一项最先发源于12世纪英国普通法，并且被英国、美国、法国、日本等众多国家普遍接纳的藐视法庭制度，其久经历史考验的重要价值不容忽视。然而纵观各国立法潮流，我们也应当看到，即便是在世界上公认的对藐视法庭规定甚为严苛的英国，自上世纪80年代起，立法也逐渐开始变通，"宽容和开放"成为英国传媒与司法关系的崭新一面。根据1981年修订后的《藐视法庭法》规定，"合理注意"、"公正善意"、"公共利益"都可以成为新闻媒体的免责条件 ②。这一方面根源于英国长久以来孜孜不倦追求与保护新闻（言论）自由的历史传统；另一方面也是受到保护新闻（言论）自由的世界潮流的影响。例如，在1994年国际法学家委员会及其"法官独立中心"在西班牙马德里举办的会议上，40多位国际知名法学专家和媒体代表参与制定了《关于新闻媒体与司法独立关系的基本原则》。该原则在明确规定"对司法活动进行报道和评论的权利不受任何限制"的同时，要求将法律或司法对新闻报道的限制控制在最小限度内 ③。对于我国未来能否借鉴"藐视法庭罪"等司法制度，笔者认为，司法适度宽容媒体报道、监督司法活动的行为，媒体相应地也尊重司法独立裁判纷争的终极权威，共同提升水平、切实加强自律，或许才是解决问题的可行路径。

---

① 孔志国、张庆方、翟小波等：《"藐视法庭罪"缘何遭质疑》，载《法律与生活》2005年第19期 。

李响：《美国"藐视法庭"制度研究》，载《河北青年管理干部学院学报》2010年第5期 。

夏利明：《香港法庭新闻报道限制与藐视法庭罪》，载《人民司法》2001年第6期。

宋素红、罗斌：《英国传媒与司法关系的另一面——谈谈英国〈藐视法庭法〉的修订》，载《新闻记者》2006年第7期。

颜竟、邹涛：《藐视法庭罪简介及其立法构想》，载《改革与开放》2009年6月刊。

刘风景、卢军：《英国藐视法庭法的启示》，载《山东审判》第22卷总第172期。

徐迅：《中国新闻侵权纠纷的第四次浪潮——官方机构及公务人员诉媒体现象对法制建设提出的挑战》，收录于《中国新闻侵权纠纷的第四次浪潮———一名记者眼中的新闻法治与道德》，中国海关出版社2002年版，第26页。

冷静：《从法院状告新闻媒体谈起———一起名誉侵权官司所引发的思考》，收录于《北大法律评论》1999年第2卷第1辑，第267~280页。

褚宸舸：《论媒体与司法》，载《武汉科技大学学报》2001年第1期。

② 宋素红、罗斌：《英国传媒与司法关系的另一面——谈谈英国〈藐视法庭法〉的修订》，载《新闻记者》2006年第7期。

③ 张泽涛、李登杰著：《冲突与平衡：在司法独立与新闻监督之间》，收录于《诉讼法论丛》第五卷，法律出版社2000年版，第34页。

启示与建议

值得注意的是，媒体报道也须深刻反思自身过错。事实上，对比另外三起同样也是法院作为诉讼原告并且几乎发生在同一时期的名誉权案件，笔者发现，均是因为报道法庭新闻而涉讼①。这一方面说明法制新闻已经日益成为新闻重头戏和社会关注热点，相对于其他类型的新闻报道，其所体现出媒体与司法的冲突也更加突出；另一方面，这也真切地反映出法制报道水平亟待提高的现实状况。上述案件都启示新闻从业人员（尤其是法制报道记者）：

1. 案件报道必须客观、中立

尽量展现各方观点，不偏袒诉讼任何一方，切忌只做当事一方的"传声筒"或者情绪化地一边倒。细读本案中民主与法制社引发诉讼的《寻味》一文，我们不难发现，其报道内容大部分聚焦于《工人日报》及其代理律师的观点，却几乎没有诉讼另一方——深圳市汽车工业贸易总公司及其法定代表人刘某某的意见。而文中"工人日报，宗旨不改，态度不变！"和"人民利益高于一切"等多处标语式的语言，更将其置于和《工人日报》同一"战壕"之地位，字里行间均展现出对于《工人日报》因调查性报道而涉讼一事"同仇敌忾"的情结。②如此偏颇性报道只会使得新闻媒体身陷诉讼困境而无法自拔，新闻从业人员应予以严格限制。

2. 注意将事实与评论分开

评论须以事实为依据，切忌轻率发表结论性意见。判决书中《寻味》一文被指侵害名誉权的几处内容，如，"由于官司后面隐藏着一些不难理解的复杂背景，打这场官司极有可能会输"；"我感到审判长不公正，对方陈述时法庭很耐心，而我们却一再被限制"；"由于众所周知的原因，本报不准备再向深圳市中级人民法院提起上诉"等，都是依据难以确证的"事实"——例如，"不难理解的复杂背景"、"众所周知的原因"——含沙射影地发表结论性意见。这些

---

① 广东省高级人民法院民事裁定书（1997）粤民终字第7号。

② 伍什陵：《一场耐人寻味的官司——〈工人日报〉被诉名誉侵权纪实》，载《民主与法制》1995年第5期。

在实际诉讼当中都将为新闻媒体的自我辩护埋下巨大的法律隐患，甚至带来难以弥补的损失。

3. 尊重司法的权威性

不得超越司法程序发表倾向性的评论，不得对司法人员进行恶意的人身攻击，如对生效判决确有意见，应通过法定途径、法定程序进行救济[①]。正如本案一审判决书所指出的，法律的尊严必须得以维护，民主与法制社在知悉原告深圳市福田区人民法院对报道存有不同意见之后又刊登了八则赞扬《寻味》是篇好文章的读者来信，其中一封甚至诅咒审判长"吃饭被噎死，走路被撞死，再得上晚期绝症痛死"，此类近乎于"报复性"的报道行为，不仅有违媒体职业操守，更是对审判法官的严重侮辱。媒体同仁当引以为鉴。

---

① 王娟：《现代传媒监督与司法公正问题研究》，昆明五华区法院网站：http://www.kmwh.gov.cn/kmwh/web/jwb/fy/showdoc.jsp? docid=D73351&fieldid=F3843。

3. 对象不特定是名誉侵权的抗辩事由

——齐某某等蒙古族大夫诉中国国际广播出版社侵害名誉权案

◇ 刘会民

案例要义

中国国际广播出版社在其出版的词典中，收录了"蒙古大夫"一词。齐某某、刘某等189名蒙古族大夫认为，词典中的注解是对蒙医、蒙药的诋毁，侵害了广大蒙古大夫的名誉权，遂以中国国际广播出版社侵害名誉权为由提起诉讼。该案的问题在于，当某一社会群体受到诬蔑、贬低时，其中某个或几个个体提起的诉讼是否成立？本文通过法理分析表明，报道或文章所指对象不特定是名誉侵权的一项重要抗辩事由。

关键词

名誉权　群体性　特定人

主要事实

2002年，辽宁省阜新蒙古族自治县的齐某某、刘某等189名蒙古族大夫，以中国国际广播出版社侵害名誉权为由向该县法院提起诉讼。

齐某某等189名原告诉称，被告中国国际广播出版社于1989年出版了林杏光（已故）所著的《四字语分类写作词典》共计1万册。其中，该书收录了"蒙古大夫"一词，并在第203页中将该词解释为"医术低劣的医生，尽出医疗事故的医生"。原告认为，被告的行为导致电影、电视、书籍等媒体上经常有人把蒙古大夫比喻成医术最低劣的医生，该行为是对蒙医、蒙药对人类贡献的诋毁，是对广大蒙医药工作者的侮辱，侵害了蒙古大夫的名誉权，要求被告停止侵害、消除影响，为原告恢复名誉、赔礼道歉，并赔偿原告精神损失费20万元。

被告辩称，其出版的《四字语分类写作词典》中所收录的"蒙古大夫"一词，和"蒙古族大夫"并不相同，它仅是一个抽象的概念，而非指具体的人，因此原告不具备主体资格。同时，该词也并非被告首创，在《四字语分类写作词典》出版之前，已经有书籍、词典使用、解释过该词条，这些都发生在本词典出版之前。原告的索赔数额也没有事实和法律依据，原告的请求不符合我国民法的相关规定，应予驳回。

法院经审理认为，"蒙古大夫"是一具体的社会职业群体，当这个群体的名誉受到侵害时，其中的每个成员就是具体的承担者，他们每个人都有独立的人格权，具有民事主体资格。另外，"蒙古大夫"是通常意义的职业名称，而不是贬义的替代词，所以被告的"蒙古大夫"不是指"蒙古族大夫"的观点不能成立，其行为指向了具体的职业名称，可以认定为特定的人。被告通过《四字语分类写作词典》这一工具书，对"蒙古大夫"的注解，为社会公众所知悉，作用于公众的心理，因而必然产生降低受害人社会评价的后果，而使名誉受到损害，并使受害人受到心理上悲伤、怨恨等痛苦折磨的感情损害。被告的行为通过社会和心理作用而达到了损害原告名誉的结果。

该县法院据此做出一审判决：1. 被告中国国际广播出版社在全国发行的一种报纸上向原告赔礼道歉；2. 被告中国国际广播出版社赔偿原告精神抚慰金每人人民币1000元，共计18.9万元。[①]

一审判决做出后，被告不服，上诉至阜新市中级人民法院。经阜新市中院调解，双方达成和解。中国国际广播出版社向被上诉人致歉并在全国发行的一种报纸上声明《四字语分类写作词典》中对"蒙古大夫"一词解释有误。同时，为支持蒙医药事业发展，为被上诉人出版《辽宁省蒙医药志》一书。[②]

---

① 辽宁省阜新蒙古族自治县人民法院（2002）阜县民初字第1095号民事判决书。
② 见辽宁省阜新市中级人民法院（2004）阜民一权终字第31号调解书。

☕ **争议焦点**

个人能否以其所属的某一特定社会群体的名誉权受到损害为由提起诉讼?

📖 **法理分析**

在民事诉讼中,无论是原告还是被告,都应该是诉讼的适格主体。所谓适格,通俗地讲,只有自己的合法权益受到违法侵害,才具备起诉的资格,接受法院的判决。对法院来说,只有对适格当事人做出的判决才有法律意义。当然,在司法实践中,提起诉讼的当事人未必就是适格的当事人。在这种情况下,法院对于不适格的当事人应裁定驳回起诉或者更换。而判断当事人是否适格,则需根据争议的实体法律关系来判断。

在侵害名誉权的诉讼中,判断原告是否为适格主体,首先需要明确原告方所诉之行为是否构成对原告名誉权的侵害。

对于侵害名誉权的构成要件,《最高人民法院关于审理名誉权案件若干问题的解答》第七条有明确规定:"是否构成侵害名誉权的责任,应当根据受害人确有名誉被损害的事实、行为人行为违法、违法行为与损害后果之间有因果关系、行为人主观上有过错来认定。"但是,在司法实践中适用这一原则性规定时存在困难,比如,如何认定受害人的名誉的确受到损害仍然缺少可据以判断的指标,[①] 这导致名誉侵权的认定具有很大的随意性。

我国学术界对于侵害名誉权行为认定的观点虽然不完全相同,但有一点基本是一致的,即侵害名誉权的行为必须指向特定的人,如果不能认定行为具体指向哪个人,则不能认定为侵害名誉权。比如,王利明认为,侵害名誉权的构成要件包括:1.行为人实施了侮辱、诽谤等毁损名誉的行为;2.毁损名誉的行为必

---

① 雷丽莉著:《新闻名誉侵权构成要件分析》,收录于徐迅主编《新闻(媒体)侵权研究新论》,法律出版社2009年版,第145页。

须指向特定人；3.行为人的行为为第三人所知悉；4.行为人具有过错。[①]张新宝认为，构成对他人名誉权的侵害，必须是传播针对特定人的虚伪事项。如果传播该虚伪事项不是针对特定的人，则不可能构成对他人名誉权的侵害。[②]杨立新认为，报道、批评对象不特定是侵权责任的一般抗辩事由。被指控的一般侵权行为，如果没有特定的指向，没有特定的受害人，不能认为是构成侵权。[③]

学术界的这一观点在司法解释中也有所体现。比如，《最高人民法院关于审理名誉权案件若干问题的解答》第九条规定："撰写、发表文学作品，不是以生活中特定的人为描写对象，仅是作品的情节与生活中某人的情况相似，不应认定为侵害他人名誉权。描写真人真事的文学作品，对特定人进行侮辱、诽谤或者披露隐私损害其名誉的；或者虽未写明真实姓名和住址，但事实是以特定人或者特定人的特定事实为描写对象，文中有侮辱、诽谤或者披露隐私的内容，致其名誉受到损害的，应认定为侵害他人名誉权……"

名誉侵权中所谓特定的人，一般包括以下几种情况：一是指名道姓；二是虽然没有指名道姓，但侵权人的表述足以使公众认定为某人；三是指向某个极小的组织，如个体工商户、个人合伙组织等，该组织成员都应视为特定的人。[④]这些情况有一个共同的特征，即都足以让读者将文章中的人物确定为具体的、特定的人。

司法实践中也有很多类似的例子。比如，2008年6月，黄某某在其博客中撰文，文章激烈批评时任国家男子足球队主教练的杜伊科维奇，其中提到杜伊把"国家队首席跟队记者"搞成了"宫外孕"。随后，网上出现许多跟帖，指出该记者就是陆某，并不乏谩骂、贬损之词。陆某据此认为自己的隐私权和名誉权受到侵害，遂于2008年11月诉至朝阳区人民法院。此案经过二审，最终驳回原告的全部诉讼请求，两级法院的理由均是黄某某涉案文章中的相关语句并没有排他地、特定地、唯一地指向陆某。该案判决后，很多学者对二审法院关于"特定人"的苛刻标准（即排他地、唯一地）提出了质疑，认为涉诉文章内容足

①　王利明著：《人格权法研究》，中国人民大学出版社2005年版，第502页。
②　张新宝著：《名誉权的法律保护》，中国政法大学出版社1997年版。
③　杨立新著：《论中国新闻侵权抗辩及体系与具体规则》，收录于徐迅主编《新闻（媒体）侵权研究新论》，法律出版社2009年版，第214页。
④　杨立新著：《人身权法论》，中国检察出版社1996年版。

以确认"特定人",对判决结果也是一片反对声。^① 从该案的争论中我们可以看出,对"特定人"的认定是认定名誉侵权是否成立的关键指标之一。类似的案例还有彭某某、刘某某、肖某某、黄某某、黎某某、张某某与佛山晚报社名誉权纠纷案。在该案中,^②《佛山晚报》于2000年1月26日在"百姓生活版"刊登了标题为《三个老太太霸占三栋楼》的文章,里面提到"三个老太太固执地霸占着需要拆迁的三座大楼,使得整个工程基本上停工","这些老太太冲在最前面,她们谁都不怕,什么话都敢骂"等。文章报道后,彭某某等以该文严重失实、侵犯了他们的名誉权为由诉至法院。当地法院认为,新闻侵害名誉权行为的首要条件是行为人传播的内容是否有特定的指向,即该报道是否会使公众理解指向何人。本案中,该报道使用了"三个老太太"的称谓,并没有指出该三位老太太的具体姓名,一般社会公众通过阅读该报道并不清楚该报道的指向就是本案其中的三位原告,其社会评价也就不会因此而有所降低,因此该报道并未构成名誉侵权。

从其他一些国家和地区来看,名誉权侵权行为中同样存在"特定性"要求。比如,美国诽谤法中对于诽谤的定义为"散布损害'特定人'名誉的错误或虚伪陈述,使该特定人的形象受到贬抑,为公众所唾弃,甚至受到公众仇恨、藐视、或嘲笑"^③。也就是说,诽谤性的陈述必须是针对特定个人,即必须有其他人能够从该陈述中推断出其内容是针对特定人。美国《波士顿环球报》的一篇社论曾把新罕布什尔州曼彻斯特的《工会领袖》报称为"大概是全美最差的报纸",并说它是"由偏执狂为偏执狂办的报纸"。为此,《工会领袖》报的24名雇员和3名编辑向法院提起诉讼,法院以无法认定所指定的个人身份为由,驳回了该报员工的起诉。我国台湾地区的诽谤法中,诽谤的事实也"须针对特定或可推知之人"^④。

---

① 《陆幽诉黄健翔:没有赢家的"战争"?》,见新浪网: http://news.sina.com.cn/o/2011-01-26/100621877685.shtml,访问时间: 2011年12月16日。

② 见佛山市人民法院(2003)佛中法民一终字第403号判决书。

③ 台湾世新大学网站(http://cc.shu.edu.tw/~distance/dist/classinfo/oldclass/8602nl/c8602t02cst07.htm),访问时间: 2011年12月22日。

④ 《新兴诽谤犯罪类型——校园网路诽谤案件分析》,见台湾国立大学网站(http://ccs.nccu.edu.tw/UPLOAD_FILES/HISTORY_PAPER_FILES/1185_1.pdf),访问时间: 2011年12月25日。

名誉权侵权行为之所以需要针对特定的人，是由名誉权本身的特点决定的。名誉权是人格权的一种，与特定人的社会评价和内心感受相关，只能为特定的人所享有。

同时，名誉侵权中的特定人制度也为平衡保护表达自由与保护他人名誉提供了很好的角度。表达自由是许多国家宪法和法律所保护的一项基本政治权利，新闻媒体作为大众传媒组织，在民主社会中具有无可否认的重要性，同样应该享有表达自由。但是，表达自由也是有一定限制的。在行使表达权利的时候不得侵犯他人的名誉权，是国际公认的准则。因为名誉对个人的生存和发展是非常重要的，甚至有人把其看做人的"第二生命"①，世界各国宪法和法律都对其加以保护。当表达自由和名誉权同时存在时，不可避免的会产生权利冲突和平衡。如何既维护个人的价值和尊严，又不损害民主社会表达自由的权利，实现两者之间的平衡，就成为法制构建中的重要问题。名誉权诉讼中的特定人制度在保护公民名誉权的前提下，给予表达自由一定的宽容，提供了抗辩事由，从而为划清正当的言论表达与名誉权侵权行为之间的界限提供了参考，为平衡两种权利提供了很好的角度。

当然，特定人制度中所说的特定人并不是说仅限于某一个人，而是指依据行为人具有识别性的描述，可以根据姓名、住址、工作环境、体貌特征、生活经历等确定所指向的具体人，指向的人可以是一个人、几个人或者某一类特定的社会群体。

需要指出的是，侵害某一类社会群体的名誉权是有条件的，只有传播的虚伪陈述被合理地认为针对该类社会群体中组成的个人时，才能被认为是侵犯名誉权。否则，当涉嫌侵权的作品涉及的群体过大时，要确定其针对的是其中某一个人是不可能的，就无法提起名誉权诉讼。也就是说，如果针对某一类社会群体所传播的虚伪陈述，只是使该群体在社会上的评价整体上有一定程度的降低，而一般公众并不会因此认为该虚伪陈述针对的是群体中的特定个人，那么即使该群体中的成员可能会因为群体声誉的降低而内心感受到一定程度的痛苦和折磨，也不能认为行为人侵犯名誉权的行为成立。

---

① 法治斌著：《人权保障与司法审查——宪法专论》（二），（台）月旦出版社1994年版，第1页。

对于社会群体中对象是否特定，司法实践中并没有统一的、明确的标准。一般来说，所针对的社会群体范围越小，认定特定人身份的可能性就越大。当然，不能简单依据社会群体的数量来判断所针对的对象是否特定。在美国，法院曾认为针对一个社区中由29名教师组成的团体都"不够小"，也曾认为一篇针对纽约市纽伯格区53名警察的文章可以理解为针对该群体的任何成员，而该区全体警察也只有71名。认定社会群体中对象是否特定，关键是看群体特征的显著性和个体在该群体中的角色。[①]

我国学者杨立新给出了判断社会群体中对象不特定的标准。他认为，构成报道、批评的对象不特定，应当具备的条件具体包括[②]：1. 报道、批评的对象是一群人或者一类人，不是特定的人。2. 一群人或者一类人不能合理地理解为指其中的一个人或者特定的几个人，不能合理地推论特别提及了一个人或者特定的几个人。3. 报道或者批评没有侵害特定人合法权益的故意或者重大过失。

在本案中，被告中国国际广播出版社于1989年出版的《四字语分类写作词典》将"蒙古大夫"释义为"医术低劣的医生，尽出医疗事故的医生"可能有失偏颇，但从法理上分析，不能据此认为被告的行为侵害原告的名誉权。正如前面分析的那样，"蒙古大夫"指的是特定的社会群体，其释义也是针对该特定群体，而不是针对群体中的某个人或者某些特定的人。被告在出版该词典时，与原告方189名蒙古大夫并不相识，不能意识到他们的存在，因此并不会有特定的指向。同时，189名蒙古大夫作为社会上的个人，并不会因为该词典中的释义而导致社会公众对其个人客观评价的降低。也就是说，尽管被告方出版的词典中收录的词汇释义可能会影响到蒙古大夫这一社会群体的声誉，但并不会导致该群体中个体的名誉受损。即便该蒙古大夫群体中的个体感到受辱，并蒙受一定的精神痛苦，也不能认为中国国际广播出版社的行为侵害其名誉权。因此，189名蒙古族大夫成为名誉权诉讼的原告是不适格的。该县人民法院在接

---

① [美]唐纳德·M·吉尔摩等著，梁宁等译：《美国大众传播法：判例评析》（上），清华大学出版社2002年版，第167页。

② 杨立新著：《论中国新闻侵权抗辩及体系与具体规则》，收录于徐迅主编《新闻（媒体）侵权研究新论》，法律出版社2009年版，第214页。

到原告起诉时,应以原告不适格为由,不予受理,而不是像该案中一样,不仅受理,还做出有失妥当的一审判决。本案最终以调解结案,在一定程度上避免了一审判决侵权成立在法理上的缺憾。

从以上分析我们不难得出结论,特定社会群体中的个人是不能以其所属的某一特定社会群体的名誉权受到损害为由提起诉讼的。针对某一地域、职业、人群等不特定多数人的作品,其中的个体提起的名誉权诉讼,人民法院是不应受理的。不管针对的是个人还是社会群体,任何歧视都是错误的。但法律不是万能的,诉讼也不是万能的,不能解决所有的问题。解决社会群体受诬蔑与贬低的问题,通过公共讨论与批评来实现社会的共识,可能比通过法律手段要更科学与合理。

启示与建议

在广播影视系统企事业单位中,不仅有大量的电台、电视台等新闻媒体,还有不少出版社。在这些单位的日常生产经营过程中,难免会涉及他人名誉权的问题。随着公民法律意识的不断提高,名誉权纠纷会越来越多,这必须引起我们的重视。从该案中,我们可以得到以下启示:

1. 出版社应履行合理的注意义务,避免侵权风险

无论如何,对任何群体使用歧视性言语都是不妥的,即使不构成侵权,也存在诉讼风险,需要承担诉讼成本,因此应当避免上述行为的发生。在图书、音像制品的出版过程中,出版社应加强出版过程各个环节中的审查,不仅要明确作者和书稿提供者的身份,也要严格审查出版物的内容、装帧设计等,避免使用歧视性、侮辱性及其他可能引发侵权风险的表述。在签订出版合同时,应明确作者的相关责任,最大限度地规避侵权风险。需要指出的是,即便是出版社与作者在签订出版合同时约定了免责条款,依然要对出版物是否存在瑕疵尽到合理的注意义务,否则仍需对被侵权方承担连带责任。至于出版社和作者的责任分担问题,则是另外的法律关系。出版社可依照合同约定,在履行了赔偿责任之后向作者追偿,从而维护自己的权益。

同样,电台、电视台等新闻媒体在节目制作、播出过程中,也要加强对节目

内容的审查和管理,防范侵权风险。

2. 广播影视企事业单位应善于运用侵权抗辩事由,维护自身合法权益

在日常生产经营过程中,应提高法律意识,尊重他人的名誉权、隐私权等合法权益,避免侵犯他人合法权益。如果出现他人主张权利受到侵害的情况,应积极提出正当的抗辩。比如,在遇到类似名誉权纠纷时,就可以以"报道、批评对象不特定"等理由进行抗辩,从而达到维护自身合法权益的目的。

4. 企业商誉与新闻监督① 的冲突与平衡

——安徽新锦丰企业投资集团有限公司诉扬州电视台等 损害法人名誉权案②

◇ 周　冲

案例要义

在当前我国产品安全问题比较突出的大环境下，新闻监督在满足消费者人身、财产权利需要的同时，往往会导致被监督者社会评价降低。而这正是现代社会法律视野中甚嚣尘上的权利冲突现象的一个生动体现，其实质是民事主体的名誉权③ 与言论自由、公众知情权等宪法权利之间的冲突。本案作为一起典型的新闻侵权诉讼，情况更为复杂，除了名誉与公民知情权、表达自由的关系以外，同时引出了关于企业商誉的法律性质问题。而其诉讼过程中的举证责任分配，也体现出了侵犯法人名誉权较之于侵犯公民名誉权案件的一些特殊性，这些都值得我们认真研究与思考。

关键词

新闻监督　商誉　法人名誉权　举证责任

主要事实

原告安徽新锦丰企业投资集团有限公司（以下简称新锦丰公司）是专业生产

---

① 本文所称新闻监督，是指新闻媒体所依法享有的依靠大众传媒或其他方式对国家和社会生活中出现的违反公共道德或法律法规的行为进行批评和揭露，从而借助舆论压力使上述不良现象得以纠正和处罚，最终实现维护社会良好秩序的一种权利。
② 本案例审理情况来源于扬州市中级人民法院（2006）扬民三初字第0004号判决书。
③ 包括自然人名誉权和法人名誉权（商誉权）。

方便面等食品的国家大型企业集团，旗下"锦丰"、"味之家"等商标是全国知名商标。2005年12月，夏某某在薛某某经营的超市中购买了"味之家"牌方便面一包，在撕开包装袋准备冲泡时，发现面饼上粘有苍蝇一只，后向经销商袁某某反映，袁某某即向媒体爆料，并认为原告生产的方便面质量不合格，提醒消费者谨慎购买原告产品。扬州电视台在其关注栏目中对上述事件进行了报道，并按惯例次日重播。

原告新锦丰公司认为，袁某某发布原告生产的方便面质量不合格，面饼上有苍蝇等言论，还称一定是小工厂生产坑害消费者的产品，并让消费者不要购买原告产品，严重毁损原告公司的形象。扬州电视台与地方经销商串通，未经核实，在新闻节目中连续播发上述报道，已经超出了新闻媒体进行新闻监督的范围，给原告造成了巨大的商誉和市场损失，构成共同侵权。故向扬州市中级人民法院提起诉讼，要求判决两被告立即停止侵权、恢复名誉、消除影响、赔礼道歉，并赔偿原告损失100万元以及因本案实际支出的费用1万元。

被告扬州电视台辩称：我台的报道是为维护消费者的权益，符合公平的价值精神。原告提起诉讼无事实和法律依据，请求法院驳回原告的诉讼请求。

被告袁某某辩称：原告生产的方便面中有苍蝇是事实，答辩人并未编造事实。本人一直是原告的合作经营伙伴，当答辩人在经销原告产品期间发现其生产的方便面中存在苍蝇后，及时向原告汇报，要求妥善处理，但原告未予理睬。作为总经销的答辩人有义务提醒消费者。请求法院驳回原告的诉讼请求。

在质证阶段，原、被告之间的争议主要在袁某某提交的已拆封的方便面一袋，面饼上粘有苍蝇一只以及拍摄的实物照片，并有证人薛某某、夏某某的证言。原告认为：涉案方便面的外包装系原告产品，但不能确认嵌有苍蝇的方便面是原告生产以及苍蝇是产品出厂前即已嵌入。而法院最终以"原告虽然对方便面面饼是否是其生产持怀疑态度，但未提供相反证据否认该面饼是自己生产"为由，认定该证据可作为定案依据。

扬州市人民法院经审理认为，原告作为依法登记的企业法人享有名誉权，无论公民、法人或其他组织，也无论双方之间是否存在经营竞争关系，只要以书面、口头等形式诋毁、诽谤原告名誉，给其造成损害的，都应承担相应责任。是否构成侵害名誉权的责任，应当根据受害人确有名誉被损害的事实、行为人行为违法、违法行为和损害后果之间有因果关系、行为人主观上有过错来认定。现原告主张被告侵害其名誉权，应提交证据证实：1. 被告故意捏造事实或对真实事件采用不正当说法；2. 该行为的实施而导致原告社会评价的降低，并由此造成了实际损害。本案中袁某某虽向新闻媒体宣称原告生产的方便面上粘有苍蝇，且向公众宣扬谨慎购买原告等小厂生产的方便面，但袁某某此行为并未侵犯原告的名誉。理由是：袁某某提交了证据证实粘有苍蝇的方便面为原告生产，对于不合格的产品，袁某某作为经销商向公众披露相应信息，能有效保护消费者的权益、促使厂家提高产品质量，对净化市场环境具有积极意义。其实施的行为并非虚构的事实，无损害原告名誉的故意，不具有违法性。电视台作为新闻媒体，对经营者的产品质量具有监督功能。新闻单位对生产者、经营者、销售者的产品质量或者服务质量进行批评、评论，内容基本属实，没有侮辱内容的不应当认定为侵害名誉权。被告扬州电视台在该起事件报道中，未偏离客观事实，未对事件做出不准确的、歪曲的甚至是虚假的描述，也未添加不恰当的评价，其行为也不构成侵权。

当事人对自己提出的诉讼请求所依据的事实或者反驳对方诉讼请求所依据的事实有责任提供证据加以证明。没有证据或者证据不足以证明当事人的事实主张的由负有举证责任的当事人承担不利后果。原告在本案中未能提供证据证明涉案方便面面饼非其生产，以及面饼上苍蝇是被告袁某某事后故意嵌入，目的是损害原告名誉，故原告应承担举证不能的不利后果。最终判决驳回原告安徽新锦丰企业投资集团有限公司的诉讼请求。

一审判决后，未发现有上诉信息。

争议焦点

本案争议的焦点在于被告的行为是否侵犯了原告的权利，实质上是关于企业商誉与新闻监督的冲突问题，从字面意思上就可以分为两个部分：一是企业商誉，即原告所主张企业商誉保护的法律依据是什么；二是新闻监督，即新闻监督的底线在哪，它与侵犯法人名誉权行为的界限是什么。此外，还有司法上关于类似诉讼案件的一些特殊性问题也值得我们思考。

法理分析

一、企业商誉的法律性质与保护

（一）关于商誉权利的两种观点

对于本案中企业享有的类似于自然人名誉的权利性质，主要有"法人名誉权"与"商誉权"两种说法。比如，在本案中，原告在诉状中要求的是进行"商誉保护"，法院的判决却采用了"原告作为依法登记的企业法人享有名誉权"这样的说法。事实上，关于"法人名誉权"与"商誉权"二者之争，关键在于"商誉"二字。对于商誉的保护，究竟是应当纳入法人名誉权中进行保护，还是另外设立"商誉权"进行保护，学术界有不同看法。一种观点认为法人的名誉与商誉有很大区别，"由于法人名誉的特殊性，原则上不用与保护公民名誉权相同的法律制度保护法人的名誉，而主张用商誉权保护制度……加以保护。这样能够更加体现法人名誉的'商'的性质和财产方面的利益"[1]；另一种观点则主张将商誉纳入法人名誉权范畴，现有立法对于商誉的保护已经足够，没有必要再单独设立新的权利类型。

目前，我国关于商誉权并没有直接的法律依据，学界一般将《反不正当竞争法》第十四条[2]规定的"商品声誉"视为商誉权的法律渊源。而法人名誉权则有直接法律依据，《民法通则》第一百零一条规定："公民、法人享有名誉权，公民的人格尊严受法律保护，禁止用侮辱、诽谤等方式损害公民、法人的名誉。"其第一百二十条第二款又规定："法人的名称权、名誉权、荣誉权受到侵害的，适用前款规定。"

笔者认为，从尊重现有立法的角度而言，应该优先考虑法人名誉权是否满足对商誉的保护，只有在不能满足保护需求的前提下，才应当考虑所谓"商誉权"的问题。

---

[1] 荀红：《法人的名誉权侵权与商誉权侵权如何界定》，载《中国审判新闻月刊》2008年第11期，第72页。

[2] 《反不正当竞争法》第十四条规定："经营者不得捏造、散布虚伪事实，损害竞争对手的商业信誉、商品声誉。"

（二）法人名誉权与商誉的性质分析

1. 法人名誉权

法人名誉权是一种名誉权，尽管《民法通则》将法人与自然人的人格权利不加区分的规定在一起，但是与自然人享有的一般名誉权相比，法人的名誉权却有着自己的特殊属性。早期的人格权就是一种自然人的人格权，其本质是以理性为基础的人格尊严在实证法律条文中的体现，且包含着浓厚伦理、道德因素。但是随着社会经济的不断进步和"法团主义"思想的兴起，特别是以企业为社会组织核心的资本主义发展，法律上的人格权逐渐延展到拟制人领域，法人人格权的概念开始出现，其本质是法律对市场经济和法人组织结构的一种适应与服务。

由此可知，从一开始，法人的人格就与自然人人格有所不同，其与经济联系密切，传统的伦理色彩较为淡化。确切地说，包括法人名誉权在内的法人人格权除了一般的精神价值之外，同时亦承载着一定的经济价值。因此，对于法人名誉权的理解，绝不能囿于自然人名誉权的性质范畴内，而需要在人格权基础上，把握其财产属性成分，即法人人格权是一种"财产化"的人格权利。①

2. 商誉

一般认为，商誉是民事主体（一般只指企业等社团法人）在生产经营、销售和服务等过程中，逐步积累所形成的企业品质。它源于民事主体自身的经济能力，体现为社会公众对民事主体的名誉、声誉和信誉等方面的综合评价。这种评价，是社会公众的评价，而不是特定主体的自我评价；是积极的肯定性评价，而非消极的否定性评价。而狭义的名誉一般认为是公众对于自然人的品质、能力的一般评价。从这个角度而言，除了主体以外，商誉与名誉并无区别。

---

① 会有人认为对于法人人格权的这种"双重属性"理解与将人身权与财产权"两分"的传统民法理论相悖，其实不然。首先，法人人格权的"双重属性"并不是指它既是人身权又是财产权，法人人格权仍然是一种人身权；其次，传统民法理论的"二分法"并不是绝对的，进而言之，财产利益或经济利益的有无虽是上述权利的"两分"标准，但并不是绝对的。关于两种权利的定义标准，在世界范围内至今都未形成统一的认识。胡长清先生就认为"不能简单地将经济利益作为财产权的定义标准。""以主体自身的人身利益为标的的权利，当为人身权，但不可断言，财产权一定就是以经济利益为内容的权利。"事实上，经济基础决定上层建筑，从自然人到法人，法律关系的民事主体不断变化，法律理论也必须做出适当调整。最典型的就是知识产权，作为专属于"人"的智力成果，其融合了精神价值与经济价值，其本质上仍然是一种"产权"。

商誉是一种"民事主体良好的经济能力与积极的社会评价的结合"[①]。其中，民事主体的经济能力是商誉产生的基础和根据，而社会评价是商誉的法律存在形式。它虽然反映着法人的获利能力和收益水平，但并不意味着商誉本身就是一种财产权利。就像自然人名誉受损可以要求金钱赔偿一样，对企业商誉受损后的财产衡量并不代表受损权利的财产权属性。

在本案中，扬州电视台对新锦丰公司的新闻监督报道，首先导致的直接结果是社会公众造成其社会信誉及公信力的降低，然后才是经营活动受损而导致应得的经济利益受损，既社会评价的受损间接导致了财产损失。商誉，确切地说，虽然承载着一定的经济价值，但是表面上的"商"形式下，本质上仍是一种"誉"。因此，笔者认为，商誉应当归为法人人格权范畴之内。

综上所述，通过对法人名誉权与商誉的性质分析可以得出这样一个结论：此二概念虽然在不同领域都有单独的提法，但本质上都表现为一种人格权属性，也可以说，商誉构成了法人名誉权的"核心利益"。同时基于这一结论，我们亦可以推出，民事主体的商誉保护完全可以纳入到法人名誉权法律范畴之内，没有必要设立单独的商誉权概念。本案人民法院在判决书中对企业商誉适用法人名誉权的做法，也是正确的。

二、新闻监督与法人名誉权的界限与平衡

（一）新闻监督与法人名誉权的平等关系

就像法律位阶一样，不同的权利类型在具体法律情境中往往地位不同，这也构成了不可抗力、紧急避险等抗辩事由的理论支持，比如，生命往往就比一般的财产权位阶要高，当二者发生冲突时，法律首要保护的是生命权。那么新闻媒体的新闻监督权利与法人名誉权，是不是也存在这种孰优孰劣的关系呢？

笔者认为，它们之间应当是平等的。

因为无论是新闻监督还是名誉权，在我国法律乃至《宪法》上都有明确的依据，这表明二者都属于最高法律规范的保护权利范畴，也为它们的平等关系奠定了基础。事实上，名誉代表着主体之间的人格平等不受侵犯，而新闻监督

---

① 李希：《关于法人名誉权与商誉权的探讨》，载《才智》2009年第23期，第8页。

作为一种有效、便捷的公众监督方式，实质上也是公众表达自由的具体体现。两者所代表的价值——平等与自由，都是法律所要追求的最高价值，绝对不存在孰优孰劣的问题。从多年的司法实践来看，关于名誉侵权所涉及新闻监督权与名誉权的比较，一般都是从具体的法律关系中，通过法律技术上的判断分析，去认定某一权利（力）的行使是否超过了法律边界，绝少承认谁应让位于谁的价值高低问题。当然，也有诸如"毒毛巾案"中的"容忍判决"[①]情况，但这毕竟是少数，并且此案也招致了新闻界、法律界的严厉批评。

总而言之，新闻媒体的新闻监督权与公民、法人的名誉权是平等的，也只有明确了二者的平等关系，才能在具体法律情境中找到新闻监督与侵权行为的真正界限。

（二）我国新闻监督的倾向性保护

出于对公平正义法律价值的追求，往往会出现在具体立法和司法上对某一方当事人及其所代表诉求利益的倾斜性保护，其目的在于保证强弱悬殊的当事人双方的实质性平等。这并不意味新闻监督与名誉权的高低有别，恰恰相反，这种从形式平等到实质平等的转变正是建立在新闻监督与名誉权平等基础之上。本案所代表的对有关产品、服务进行的新闻监督、批评等案件就是典型的一类。应当说，目前我国无论是制度安排还是司法实践，对于这一领域言论自由的保护都相对较好，特别是较之于对公权力的监督批评更是如此。

1. 立法安排上对新闻监督的倾斜性保护

上文已经说过，我国对有关产品、服务领域的言论自由保护相对较好。无论是《消费者权益保护法》，还是相关最高法院关于名誉权的司法解释，除了为消费者本身"维权"进行了一系列制度安排外，还对新闻媒体的"监督"权给予一定的保护。

《消费者权益保护法》第六条规定："保护消费者的合法权益是全社会的

---

① 2007年3月，中央电视台《每周质量报告》栏目播出了题为《都是染料惹的祸——劣质毛巾暗含致癌物质》节目，该期节目中报道了毛巾的掉色可能"暗含杀机"，会导致膀胱癌等病症，并将毒毛巾与河北海龙毛巾厂的产品"画上等号"。后经检验，海龙毛巾厂的产品并不存在报道中所提到的致癌物质，为此毛巾厂向北京市海淀区人民法院提起了诉讼。此案经审理认定，央视报道中的彼海龙并非此海龙，有张冠李戴之嫌，但是法院最终以"商品生产者应容忍社会公众以及媒体对其做出的苛刻批评"为由，判决驳回了原告的诉讼请求，而这一"容忍判决"实际上肯定了媒体的新闻监督权优先于法人的名誉权。

共同责任。国家鼓励、支持一切组织和个人对损害消费者合法权益的行为进行社会监督。大众传播媒介应当做好维护消费者合法权益的宣传,对损害消费者合法权益的行为进行舆论监督。"

《最高人民法院关于审理名誉权案件若干问题的解释》(1998年)对第九问①的解答中规定:"消费者对生产者、经营者、销售者的产品质量或者服务质量进行批评、评论,不应当认定为侵害他人名誉权。但借机诽谤、诋毁,损害其名誉的,应当认定为侵害名誉权。新闻单位对生产者、经营者、销售者的产品质量或者服务质量进行批评、评论,内容基本属实,没有侮辱内容的,不应当认定为侵害其名誉权;主要内容失实,损害其名誉的,应当认定为侵害名誉权。"

由此可见,我国对产品、服务监督领域的新闻监督给予了较宽松的言论批评环境,《最高人民法院关于审理名誉权案件若干问题的解释》(1998年)甚至赋予了媒体直接"评论"的权利,突出特点是对消费者合法权益的"全方位"保护。一方面,这与我国在产品、服务质量安全方面问题比较突出的大环境有关,支持、鼓励新闻监督以保护消费者的权益成为迫切的社会现实需要;另一方面,这也是制度倾斜性设计的一种体现。通过对新闻监督的直接保护,实现消费者弱势一方与强势企业之间的间接平衡。

2. 司法实践中对新闻监督的倾斜性保护

虽然法人名誉权与自然人名誉权在性质上有所区别,但是在侵权行为的构成要件上,按照《最高人民法院关于审理名誉权案件若干问题的解答》(1993年)的规定②,侵害法人名誉权的行为与一般侵权行为并无二致,包括行为违法性、主观过错、因果关系与损害事实等。在本案中,电视台的报道行为是否构成对原告名誉权的侵犯,诉讼过程的核心在于被告行为是否具有违法性,而关键是举证责任的分配,这也集中体现了媒体侵权的特殊性。

在日益复杂的诉讼程序中,举证责任的分配直接关系到公平正义目标的

---

① 该司法解释第九问为"对产品质量、服务质量进行批评、评论引起的名誉权纠纷,如何认定是否构成侵权"。

② 《最高人民法院关于审理名誉权案件若干问题的解答》(1993年)第七问中规定:"是否构成侵害名誉权的责任,应当根据受害人确有名誉被损害的事实、行为人行为违法、违法行为与损害后果之间有因果关系、行为人主观上有过错来认定……因新闻报道严重失实,致他人名誉受到损害的,应按照侵害他人名誉权处理。"

实现，并往往成为其关键。特别是在当事人强弱悬殊的一些侵权案件中，举证责任的分配方式往往会向弱势一方倾斜，这也是实质性平等的基本要求。在媒体侵权案件中，法院一般会根据对象的不同，运用公平原则灵活调整举证责任的分配，以实现对弱者的保护，即"在新闻媒体与普通公民之间，侧重保护普通公民的人格权；在新闻媒体与法人、公众人物之间，法律天平往往要向新闻媒体倾斜"①。

在本案中，法院依据《关于民事诉讼证据的若干规定》第二条的规定②，按照一般侵权行为的适用原则，将"嵌有苍蝇的方便面是原告生产以及苍蝇是产品出厂前即已嵌入"这一核心问题的举证责任分配给了原告，应当说体现了对法律公平原则的合理理解。而从最终的证据认定上看，原告并没有就这一核心问题提出反证，无法证明侵权行为的存在，自然要为此承担不利后果。

（三）新闻监督是否构成侵权行为的认定——"基本真实"问题

《最高人民法院关于审理名誉权案件若干问题的解释》第九问的解答一般认为是判断新闻监督行为是否构成名誉侵权的直接依据，其中规定："新闻单位对生产者、经营者、销售者的产品质量或者服务质量进行批评、评论，内容基本属实，没有侮辱内容的，不应当认定为侵害其名誉权；主要内容失实，损害其名誉的，应当认定为侵害名誉权。"由此可见，新闻监督与侵权行为的界限，根本在于报道内容是否基本属实，是否含有侮辱、诽谤的内容。

关于新闻报道的内容真实性问题，目前学术界的研究非常多，笔者在这里亦不再赘述，只是强调一下作者对抗辩事由"基本真实"的理解。本案中，法官虽然没有对报道的真实性问题进行深入探析，但在证据认定过程中一定程度上反映了这一情况。对基本真实的理解，涉及新闻真实、法律真实和客观真实三个概念。法律真实是证据法所使用的概念，法院对案件的认定依据就是法律事实，它是对案件事实的高度盖然性证明，并不能达到完全恢复案件事实本来面目的程度。客观真实则是指事实的本来状态。而新闻真实与前两者不

---

① 王生智、刘庆传：《新闻侵害公民名誉权与法人名誉权之辨》，载《新闻记者》2005年第10期，第51页。

② 最高人民法院《关于民事诉讼证据的若干规定》第二条规定："当事人对自己提出的诉讼请求所依据的事实或者反驳对方诉讼请求所依据的事实有责任提供证据加以证明。没有证据或者证据不足以证明当事人的事实主张的，由负有举证责任的当事人承担不利后果。"

同，它倾向于媒体在报道所应承担对事实真实性的审查义务，新闻报道只要达到了事实"基本真实"的程度，就可以认定其符合新闻真实。从与事实真相的相符程度而言，新闻真实、法律真实、客观真实是一种逐层递进的关系。

在媒体报道语境下，作为法定抗辩理由"基本真实"中的"真实"，实质上就是一种"新闻真实"。记者不是法官，其所追求的不是对事实分毫不差的揭露，它需要剪辑、加工和修饰，不能将本应由司法机关承担的责任强加给记者，这既不合法也不合理。记者的责任，绝非是完全还原历史的客观真实，而仅仅是依靠新闻调查所获取的基本真实。一篇报道，不能要求他们对所有细节都查证得一清二楚分毫不差，只要他写的问题基本属实，就不应该在个别细节上纠缠，甚至否定整篇文章的真实性。

启示与建议

在现代社会，新闻监督作为公众监督的一种有效手段，发挥着重要作用。社会正义，人心向背，往往都会受到新闻媒体的舆论引导与彰显。但是新闻监督也是一把双刃剑，其在满足公众知情权的同时，也不可避免地导致被监督者社会评价的降低，如果不慎，就会构成侵权。因此，新闻媒体在履行新闻监督职责之前，一定要认真核查相关情况，保证新闻报道的基本属实，最终实现企业商誉与新闻监督之间的协调与平衡。

另一方面，这也是保护记者乃至整个媒体的最好手段。现代社会，企业的商誉与其命运息息相关，任何一个被批评的对象都可以用侵害名誉权为借口，以挽回损失。面对这种情况，记者要学会运用法律武器维护自己的权益，要对新闻来源多方采访，谨慎核实，形成完整的证据链，同时避免抒情性强甚至过激的言辞，并妥善保存好采访记录。

5. 特定性是侵害死者名誉行为成立的必备要件

——赵一曼后人陈某等诉《大宅门里的女人》制作方侵犯名誉案

◇ 刘会民

案例要义

从荷花女案以来，我国的司法实践中一直明确保护死者的名誉。但同时，对死者名誉的保护也应有限度，否则这很可能成为滥诉的理由。一般来说，侵害死者名誉行为成立的必备条件之一就是该行为具有特定指向性。在本案中，原告方认为电视剧《大宅门里的女人》侵犯了死者赵一曼的名誉，但观众能否根据剧情将该剧中主人公认做是现实中的历史人物是本案的关键所在。本文试图分析这一案例，对死者名誉保护中的特定指向性问题进行讨论。

关键词

死者名誉 侵权要件 特定性

主要事实

2006年，由北京创信影视文化发展有限公司与北京宗诚信影视文化传播有限公司制作、发行的电视连续剧《大宅门里的女人》开始在全国电视台陆续播出。该剧展现了女主人公高胜蓝从学生时代阅读进步读物、走出封建家庭外出追求革命真理到成为一名真正的共产党人直至牺牲的革命人生。

该剧播出后，赵一曼烈士的长孙女陈女士以及外甥女肖女士认为该剧描述的主人公经历与赵一曼传记绝大部分雷同，且剧中仍然多次出现李坤泰（赵一曼的原名）、宁儿（赵一曼儿子的名字）的字样，因此该剧是以赵一曼为描写对象的作品。但该剧的剧情严重背离事实、杜撰捏造赵一曼烈士及其亲属的私生活、诬蔑其人格,侵犯赵一曼烈士及其亲属的名誉,遂于2009年5月12日将北京创信影视文化发展有限公司与北京宗诚信影视文化传播有限公司起诉至北京市海淀区人民法院,要求法院判令两被告立即停止电视连续剧《大宅门里的女人》在全球的出版、发行、销售、放映行为;立即销毁全部未售VCD、DVD光盘和其他任何形式的音像制品;在已播出该剧的区域范围赔礼道歉,消除影响;并分别赔偿原告的精神损害和经济损失共计90万元。

被告方辩称,该剧塑造高胜蓝这一人物形象是想反映上世纪二三十年代的女性怎样摆脱封建桎梏。该剧只是一部普通题材的电视剧,而非重大历史题材,与赵一曼烈士无关。

北京市海淀区人民法院经审理后认为,在原告提供的光盘及封面上并没有高胜蓝就是赵一曼的任何提示。从《大宅门里的女人》策划、拍摄等过程看,此剧拍摄的初衷是以赵一曼烈士的生平事迹为原型进行创作的。但该剧的前身《蝴蝶雪》曾因史实问题受到赵一曼后人的质疑导致未能通过审查,因此进行了大量的虚构加工和修改,在人物和内容上与赵一曼脱钩,剧中所涉及的人物完全虚构处理,主题也由反映赵一曼事迹调整为反映上世纪二三十年代封建制度束缚下的中国封建家庭妇女如何打破封建枷锁、寻求解放、争取自由,最后走向革命道路的一般性故事,可见此剧早已不再是反映赵一曼生平的纪录片,而是具有大量虚构情节的电视剧,故不能认为《大宅门里的女人》歪曲历史,侵犯赵一曼烈士及其后人的名誉权,遂驳回了原告的全部诉讼请求。

原告不服,上诉至北京市第一中级人民法院。北京市一中院经审理认为,在原告提供的电视剧光盘和封面中并没有剧中人物高胜蓝就是赵一曼的任何直接提示,更没有本剧根据真实人物经历创作的标注。虽然剧中曾出现哑巴男仆携女主人公儿子过关卡,背后贴着"寻找李坤泰"的布条和"宁儿,咱不哭啊"的字幕,但剧中女主人公的名字为高胜蓝,原名为季申泰,并非李坤泰,该剧中出现"寻找李坤泰"字样的镜头也做了技术处理,不能使观众明确辨认出"李坤泰"字样;对于剧中出现 "宁儿"的字幕一节,因该剧中女主人公的儿子名字为"平平",在剧中字幕出现"宁儿"字样的同时该处的配音仍为"平平",故对于观众来说会认为是字幕错误,不会认为剧中人物的名字为"宁儿"。加之一般观众对《大宅门里的女人》的制作过程并不了解, 出于电视剧虚构性的考虑, 不会把李坤泰、高胜蓝和赵一曼联系起来, 不会认为高胜蓝的经历就是赵一曼的真实经历, 因而也不会认定剧中高胜蓝丈夫、二姐夫的经历就是赵一曼丈夫和二姐夫的经历。纵观该剧来看, 普通观众亦难以将该剧中的高胜蓝与现实中的赵一曼建立起必然的联系, 也不会导致对其亲属社会评价的降低, 故陈某二人认为《大宅门里的女人》侵犯了赵一曼人格尊严, 侵犯了赵一曼丈夫、赵一曼二姐夫的名誉权依据不足, 遂驳回了陈某二人的诉讼请求。

☕ 争议焦点

该剧对于主人公的描述是否具有特定指向性? 社会公众能否将该剧中的女主人公高胜蓝认作是现实中的赵一曼, 并认为剧中高胜蓝的经历就是现实中赵一曼的真实经历, 高胜蓝亲属的经历就是赵一曼亲属的经历?

📖 法理分析

在本案中, 双方的争议焦点可以从以下几个方面来分析:

一、死者名誉的保护问题

我国的司法实践对死者名誉的保护持肯定态度, 并且经历了一段发展过程。

最高人民法院曾在两个批复性司法解释中明确说明死者的名誉权受保护: 一是在1989年的陈某某诉魏某某、《今晚报》社侵害名誉权纠纷案中, 最高法批复: "吉文贞 (艺名荷花女) 死亡后, 其名誉权应依法受到保护, 其母陈某某亦有权向人民法院提起诉讼。" 二是在1990年的范某某诉敬某某等侵害海灯法师名誉权一案中, 最高人民法院批复: "海灯死之后, 其名誉权应依法保护, 作为海灯的养子范某某有权向人民法院起诉。" [1] 这两个批复肯定了死者

---

① 雷丽莉、马军著: 《死者名誉亦受法律保护》, 收录于 "中国新闻侵权案例精选与评析" 课题组编著的《中国新闻 (媒体) 侵权案件精选与评析50例》, 法律出版社2009年版, 第30页。

的名誉这一人格利益应受到法律的保护，而且以直接赋予死者名誉权的方式来进行保护。但是，这种解释引起了学界的广泛争议。学者认为，我国《民法通则》第九条规定："公民从出生时起到死亡时止，具有民事权利能力，依法享有民事权利，承担民事义务。"按照该法的规定，死者在死亡之后就不再享有民事权利。最高法在批复中赋予死者以"名誉权"显然与我国法律规定相悖。同时，即便赋予死者"名誉权"，在未经死者生前授权的情况下，其亲属也无权提起涉及死者权益的诉讼，否则会出现诉讼当事人所处理的并非自己权利的矛盾现象。

1993年，最高人民法院进一步明确了死者名誉问题。《关于审理名誉权案件若干问题的解答》中规定："死者名誉受到损害的，其近亲属有权向人民法院起诉。"同时，进一步规定了近亲属的范围，具体包括"配偶、父母、子女、兄弟姐妹、祖父母、外祖父母、孙子女、外孙子女"，从而为法院处理死者名誉纠纷提供了更为具体的依据。从这一规定可以看出，最高法院并没有使用"名誉权"的说法，而是使用了死者的"名誉"一词。在魏永征看来，法律规定上这一个字的变动，是最高法院意识到主张死者享有名誉权于法不妥，体现了法理上的严格修正。[①]

2001年3月10日，最高人民法院在《关于确定民事侵权精神损害赔偿责任若干问题的解释》第三条规定："自然人死亡后，其近亲属因下列侵权行为遭受精神痛苦，向人民法院起诉请求赔偿精神损害的，人民法院应当依法予以受理：（一）以侮辱、诽谤、贬损、丑化或者违反社会公共利益、社会公德的其他方式侵害死者姓名、肖像、名誉、荣誉……"；第七条规定："自然人因侵权行为致死，或者自然人死亡后其人格或者遗体遭受侵害，死者的配偶、父母和子女向人民法院起诉请求赔偿精神损害的，列其配偶、父母和子女为原告；没有配偶、父母和子女的，可以由其他近亲属提起诉讼，列其他近亲属为原告。"

可见，自荷花女案[②]以来，我国司法解释逐步确立了死者名誉受法律有限

---

① 魏永征：《蒋纬国早年恋人的身后名誉》（http://www.zjol.com.cn/node2/node26108/node30205/node30212/node30216/userobject7ai1930.html），访问时间：2012年1月12日。

② 即上文提到的1989年陈秀琴诉魏锡林、《今晚报》社侵害名誉权纠纷案，该案提出了"死者有无名誉权"的问题，被称为死者名誉权第一案。

保护的制度,对死者的名誉乃至姓名、肖像、荣誉、隐私等人格、身份权的保护,有充分的法律依据。

一般认为,侵犯死者名誉需满足四个构成要件:①

1. 存在侵权行为人侵害死者名誉的行为

根据《最高法院关于审理名誉权案件若干问题的解答》第七条规定以书面或口头形式侮辱或者诽谤他人、损害他人名誉,应认定为侵害他人名誉权。对未经他人同意,擅自公布他人的隐私材料或者以书面、口头形式宣扬他人隐私,致他人名誉受到损害的,按照侵害他人名誉权处理。因此确定行为人是否实施了以上行为是认定行为人的行为是否构成侵害他人名誉的重要前提。

2. 死者确有名誉被损害的结果

行为人实施侵害死者名誉的行为,所造成的后果是死者的名誉遭受损害,直接表现为死者名誉的毁损,表现为死者受到世人指责、嘲笑,其亲属对死者产生耻辱感等。需要特别指出的是,判定死者的名誉是否受到侵害要根据当时的社会观念,以社会公众对死者的社会评价是否已经降低为客观标准,而不能以死者近亲属的感觉以及行为人的观念为依据。这就要求行为人侵害死者名誉的行为为第三人所知悉,否则就不会构成社会评价的降低,也就不能构成侵害死者名誉的行为。

3. 行为人的行为指向死者

要构成对名誉的侵害行为必须具有名誉的特定侵害对象,也就是说实施名誉权的侵害行为必须指向死者,才能构成对死者名誉的侵害。

4. 行为人主观上具有过错

这里的过错包括故意和重大过失,一旦行为人实施了侮辱、诽谤行为,不具有正当的抗辩事由,则应当认定其具有过错。

侵害死者名誉行为的成立除了需要满足以上四个要件外,还受到其他条件的限制,表现为侵害死者名誉的起诉主体以及死者名誉的保护时限。按照我国最高法的司法解释,死者名誉受到损害,其近亲属,即配偶、父母、子女、兄弟姐妹、祖父母、外祖父母、孙子女、外孙子女有权向人民法院起诉。起诉时,

---

① 参考《央视热播剧涉嫌名誉侵权》(http://www.qinquanlaw.com/Show.asp? id=142)。

如果死者的配偶、父母和子女向人民法院起诉请求精神损害赔偿,列其配偶、父母和子女为原告;没有配偶、父母和子女的,可以由其他近亲属提起诉讼,列其他近亲属为原告。从该司法解释也可以看出,对死者名誉的保护时限为三代人之内。这些目的性限缩的规定是很有必要的,否则会出现类似我国台湾地区韩思道(韩愈第39代孙)保护韩愈名誉的诉讼。① 在本案例中,赵一曼烈士的长孙女陈女士以及外甥女肖女士很显然不在限制之列,她们是适格的原告,有权提起诉讼。

二、特定性是侵害死者名誉行为成立的必备要件

在前面提到侵害死者名誉行为的成立要件,其中重要的一个就是要特定指向死者。这是由名誉权本身的特点决定的,因为名誉权是人格权的一种,与特定人的社会评价和内心感受相关,只能为特定的人享有。当然,这里所说的特定指向性并不是说一定要指名道姓,而是指依据行为人具有识别性的描述,社会公众可以根据姓名、住址、工作环境、体貌特征、生活经历等确定所指向的具体人。

我国法律及相关司法解释没有对影视作品名誉侵权的指向性做出具体规定,但对于文学作品有相应条款。《最高人民法院关于审理名誉权案件若干问题的解答》第九条规定:"撰写、发表文学作品,不是以生活中特定的人为描写对象,仅是作品的情节与生活中某人的情况相似,不应认定为侵害他人名誉权。描写真人真事的文学作品,对特定人进行侮辱、诽谤或者披露隐私损害其名誉的;或者虽未写明真实姓名和住址,但事实是以特定人或者特定人的特定事实为描写对象,文中有侮辱、诽谤或者披露隐私的内容,致其名誉受到损害的,应认定为侵害他人名誉权。编辑出版单位在作品已被认定为侵害他人名誉权或者被告知明显属于侵害他人名誉权后,应刊登声明消除影响或者采取其他补救措施;拒不刊登声明,不采取其他补救措施,或者继续刊登、出版侵权作品的,应认定为侵权。"

---

① 韩愈第39代孙韩某某曾起诉郭某犯有台湾地区刑法规定的"诽谤死人罪"。台湾地区规定死者的"直系血亲"有权起诉,且没有规定亲等和年代限制。所以法院判决认为韩某某为韩愈直系血亲,有权起诉。该案在台湾当时的学术界引起震动,被指为文字狱。

　　对于特定指向性的认定,要依据社会公众的一般认识,而不能依据受侵害方或者行为者的内心感觉。在本案中,鉴于陈某、肖某与赵一曼之间特殊的身份关系及其对赵一曼事迹的熟知,其将《大宅门里的女人》剧情与赵一曼的事迹进行对号入座,这是可以理解的。但是,陈某和肖某自己的感受并不能代表社会整体评价。在判断影视作品是否针对特定人,侵害其人格尊严及名誉时,不能仅以其自我感觉为评价标准,而应以主客观评价的结合为依据。由于陈某二人知晓该剧的创作过程以及赵一曼的生活经历,因此会将电视剧中的高胜蓝与赵一曼进行对号入座,但由于该剧已经采取艺术手段避免特征性描述,一般社会公众不会因剧情认为赵一曼就是《大宅门里的女人》里的主人公,认为剧中人物所作所为就是赵一曼亲属的实际行为,进而损害其亲属的名誉。

　　同时,《大宅门里的女人》中虽存在虚构情节,但该剧的创作方缺乏侮辱、诽谤的故意或过失,所创作内容多有历史记载可供印证,并非刻意编造杜撰,即使具有指向性,也不构成名誉侵权。

启示与建议

　　该案启示我们,对真名实姓的历史人物等其他公众人物进行艺术创作时,需征求相关人的意见,进行必要的调查。如果需加入虚构情节,必须取得当事人及其亲属的书面同意,避免侵权的风险。在无法取得相关人员的同意时,要注意创作细节中尽量避免特征性的描述或者暗示。而对并非以真名实姓历史人物进行创作,而只是将其作为创作原型进行艺术加工的,亦应避免重要事实、人物细节相同,防止公众将艺术作品的情节与真实人物对号入座而引发侵权诉讼。

6. 公众人物隐私权保护有特殊性

——张某诉中央人民广播电台、张某某、黄某某、于某侵犯名誉权案

◇ 王松苗

案例要义

性丑闻、录音带，女演员、男导演，广播电台、影视报……随便哪一个字眼，都足以夺人眼球，何况它们全部呈现在广电领域的一起名誉权案件之中。

主动向媒体爆料，披露所谓他人隐私，使自己处于公众的密切关注之下，算不算自愿型公众人物？一旦成为公众人物，如何面对公众的质疑与批评？本案中，一审法院认定原告"将自己置于公众人物角色"，二审判决认定原告"将自己置于公众关注的位置"，无论怎么遣词，两级法院都传递了一个共同的信号：一旦主动引起公众关注，就应当对各种后果有所预见，容忍乃至接受对方当事人基于一般的社会道德评价标准对此"事件"进行的各种评价。在我国，本案虽然没有直接采用自愿型公众人物的概念，但运用判决的形式确认自愿型公众人物的司法义务，也许尚是首次。所以，它的标本价值是不言而喻的。

关键词

自愿成为公众人物　容忍负面评价　媒介近用权　雷诺兹特权

主要事实

2003年12月底，本案原告张某向媒体透露，自己持有导演黄某某"丑行"的录音带，并先后两次接受《中国广播影视报》记者的采访。后记者将采访张某题为《著名导演黄健中卷入录音带丑闻——张钰：我有重磅猛料没说》、《黄健中丑闻

女主角发出最后通牒——张钰：我有黄导丑行的照片》的文章发表于2004年1月2日和2004年1月9日的《中国广播影视报》上，报道内容均为张某一方的自我陈述，并无其他证据。

报道中，该报同时转载了刊载于其他媒体的张某某、于某与黄某某等人对此事的相关评述。其中张某某的评述为："这个女人很坏的、很可怕。我想起来了，他在我们的《蓝色妖姬》里演过一个群众演员，但是就用这个方法坑过一个人，闹过这事。黄某某，他根本不可能做这种事。"于某的评述为："他有一个当副导演的朋友，因没有让张某上戏，她就找到这位导演的妻子大吵大闹，说他强奸了她。朋友吓得差点跳楼，后来朋友用钱才摆平了此事。这次如果黄某某与张某所说的小霞真有那事，张某应通过法律途径解决，而不是利用媒体炒作。"与此同时，报刊还转载了黄某某的四点声明，内容为"一、我平时喝五六瓶啤酒属于小菜一碟，但和张某在民宝火锅城吃饭时，喝了两瓶啤酒就开始神志迷糊，我完全不记得那天发生了什么；二、如果真的发生了张某所说的那些事，我会向组织上作检讨，承担一切责任，而我爱人已知道了这件事；三、尽管张某曾用所谓2002年6月的录音带要挟过我，但是我还是劝她要学好，要挟是绝对不会得逞的，黄某某不怕威胁；四、我不会跟她打官司，那样只会让她出名。"就神志模糊的问题，记者曾问，是否有可能被下入了药？黄某某说："我没有证据不能乱讲，我只能描述自己知道的状态。"

2004年1月9日《中国广播影视报》在刊载圈内反响时，既有张某对于某言论的反驳，其称从未向于某借钱、借手机，并评论于某"没出息、没水准……在圈中他的名声并不好"，还有于某的评述："张某从来没有说过真话，我借给她的手机一般是男士用的，很大，她现在用的就是这个。"相关报道均加注了"记者观点"与"采访后记"。记者表示在纷繁的娱乐圈里把握好心态，洁身自好，靠实力和努力打拼出自己的天地，才是真正值得"圈中人"思考和实践的。

事后，张某以该报道的中的言论侵犯其名誉权为由，将发表评论的三位当事人张某某、黄某某、于某以及报刊的主办单位中央人民广播电台告上法庭。

一审法院认为，名誉权是公民或法人就其自身特性所表现出来的社会价值而获得社会公正评价的权利。本案中，张某主动地通过多家媒体将其持有黄某某隐私录音带甚至照片的事件披露出去，在并无相应证据佐证的情况下，发表了大量个人的言论及看法，故其应当预见到相关报道之后所引发的多种影响。换言之，张某在通过此种方式将自己置于公众人物角色的同时，其就应当容忍乃至接受当事人以及大众按照一般的社会道德评价标准对此"事件"进行正面或者相对负面的评价。《中国广播影视报》所转载的黄某某四点声明系事件当事人针对事实状态的描述及针对相关指责的正面回应，声明中并未使用侮辱、诽谤的语言毁损张某的名誉。至于《中国广播影视报》所转载的张某某、于某在接受媒体采访时发表的言论，本院认为其并非独立发表的言论，系在针对张某指责黄某某及圈内"规则"等种种言论的基础上所发表的相应看法，是对自己所了解的张某另外一些情况的真实感受和对比描述，是基于一般的社会道德标准对此"事件"进行评价，并不构成对张某名誉权的侵犯。《中国广播影视报》在刊登采访张某内容的同时，同版面转述黄某某，张某某和于某等人对此"事件的评述"，是针对"事件"双方当事人的客观描述，且《中国广播影视报》已然在最终的"记者观点"与"采访后记"中表明了中立的观点，并从良性的角度引导读者。故此，综观整体报道，本院认为其亦不构成对张某名誉权的侵犯。最后一审法院驳回张某要求中央人民广播电台、张某某、黄某某及于某消除影响、赔礼道歉、赔偿损失的全部诉讼请求。后原告不服判决，提出上诉。

二审法院驳回上诉，维持原判。二审理由与一审大体相同，只是将公众人物的提法换成了"将自己置于公众关注的位置"，可谓是用心良苦——既对公众人物的义务提出了司法要求，又不使自己的判决成为舆论关注的焦点。

☕ 争议焦点

1. 公众人物尤其是偶然成为公众人物者如何保护自己的名誉权? 2. 何谓自愿型公众人物? 一旦成为自愿型公众人物，应当承担怎样的义务? 3. 对具有媒介近用权的人物，媒体应当坚持怎样的报道方略，才能保证报道的全面、公正?

📖 法理分析

由于公众人物在我国法院的判例中并未被广泛采用，特别是自愿把自己推向公众人物的更是鲜有涉及，因而有必要从概念入手来理解这一问题。

公众人物（public figure）是指在一定时期、一定地域内，众所周知并且与公共利益密切相关的人物。通常认为这个概念起源于美国。[①] 美国最高法院把公众人物分成两类，即完全意义上的公众人物和有限意义上的公众人物。[②] 前者是指因从事具有强大权力和广泛影响力的工作而被视为完全意义上的公众人物，他们通常在媒体上频频曝光、家喻户晓，比如，政府官员、社会知名人士——通常只有一部分人被划入完全意义上的公众人物的范畴；后者是指那些将自己推到公共争议之前，并试图影响公众意见的人。

近年来，从学术界开始[③]，我国司法界也逐渐接受了公众人物的理论，并出现在范志毅诉《东方体育日报》名誉侵权案等大约20份案件判决中[④]。2009年9月21日，广州市中级人民法院终审认为："疯狂粉丝"杨某某及其父母均属"自愿型公众人物"，自然派生出公众知情权等，驳回其对《南方周末》的名誉侵权诉讼。据悉，这是我国新闻侵权案件中首次采用"自愿型公众人物"的概念[⑤]。学者认为，我国宪法第四十一条关于公民可以对国家工作人员提出批评建议的规定与公众人物理论在某种意义上可以说是殊途同归，只不过是美国将之称为"公众人物"理论，而中国将之称为"公民对国家机关及其工作人员的批评建议权"罢了[⑥]。

---

① 即1964年的沙利文诉《纽约时报》案。在该案中，美国联邦最高法院的布伦南大法官首次提出了"公共官员"（Public offcial）的概念。三年以后，在巴茨案件中，法院提出了公众人物的概念。首席大法官沃伦说："公众人物是指其在关系到公共问题和公共事件的观点与行为上涉及公民的程度，常常与政府官员对于相同问题和事件的态度和行为上涉及公民的程度相当。"本案的判决虽然没有明确界定什么是公众人物，但实际上法院认为公众人物都涉及公共利益。

② [美]唐·R·彭伯著，张金玺、赵刚译，展江校：《大众传媒法》，中国人民大学出版社2004年版，第168页。

③ 如2007年5月底中国民商法律网发布的《中华人民共和国侵权责任法草案专家建议稿》第六十六条【公众人物】前段规定："为社会公共利益进行新闻宣传和舆论监督等目的，公开披露公众人物与公共利益相关的以及涉及相关人格利益的隐私，不构成侵权。"该建议稿由杨立新教授等负责起草。

④ 据魏永征和张鸿霞统计，剔除赵忠祥等案，自2000年至2006年，共有17份判决提到公众人物。范某某案判决指出：即使原告认为争议的报道点名道姓称其涉嫌赌球有损其名誉，但作为公众人物的原告，对媒体在行使正当舆论监督的过程中，可能造成的轻微损害应当予以容忍与理解。

⑤ 杨大正：《杨丽娟名誉诉案败诉："自愿型公众人物"首被引入国内判决》，载《南方周末》2009年9月23日。

⑥ 《新闻记者》2008年第5期，第34~38页。承担2006年全国记协向最高人民法院提交的《新闻侵害名誉权、隐私权新的司法解释建议稿》课题组成员为徐迅、黄晓、王松苗、浦志强、富敏荣。

　　需要说明的是，也有部分学者主张使用"公共人物"的概念，如全国记协委托起草的《新闻侵犯名誉权隐私权司法解释建议稿》①。但由于《现代汉语词典》(第5版)中，只有"公众人物"而没有"公共人物"的概念，这就表明"公众人物"的概念已经得到了权威认可——事实上，在限定人的属性时，"公众"比"公共"更妥当一些，而我国司法判例中采用的也都是"公众人物"的提法，所以本文遵从惯例使用 "公众人物"的概念。不过上述课题组对于"公共人物"的范围界定却可以"拿来主义"：1. 在立法、司法、行政机构中任职的官员；2. 在一些事关公共利益的企业或组织中担任重要职务的人士；3. 文化、体育界名人及其他众所周知的人士；4. 在特定时间、地点，某一公众广泛关注或者涉及公共利益的事件中，被证明确有关联的人。

一、容忍负面评价：公众人物的社会义务

　　从法律角度看，公众人物也是人，是民法规定的民事主体中的自然人，按理应当享有一般的民事主体所享有的全部民事权利。但是公众人物作为社会关注的焦点，他们所从事的公务、职务，职业、专业活动常常关乎国家利益或者公共利益，与社会公众的生活密切相连。为了保证公共权力的正确运行，保证公众利益的不受损害，必须对他们的行为进行监督。这时，即便他们的某些权利具有私密性，也必须做出适当的退让，以便接受公众的监督。这就意味着，当公众人物的人格权同社会公共利益发生冲突时，作为社会调节器的法律必须向公共利益倾斜，要求公众人物进行必要的权利让渡，如牺牲部分隐私权、名誉权等，来确保公众的知情权，确保社会的公共利益不受损害。通常意义上的"高官(名人)无隐私"就是从这个角度而言的。当然，准确地说，这只是弱化隐私权保护而不是毫无隐私，尤其是当这种隐私与公共利益无关时。

　　接受监督是官员和其他公众人物的基本义务。由于监督不可能永远正确——只允许完全正确的批评等于取消批评，所以公众人物接受公众的错误批评和非恶意的负面评价，就成了一种必不可少的义务。这种名誉权、隐私权保护的弱化，在学者看来是因为他们已经从自己的角色中得到了足够的报偿，包括：

---

① 《新闻记者》2008年第7期，第34~38页。承担2006年全国记协向最高人民法院提交的《新闻侵害名誉权、隐私权新的司法解释建议稿》课题组成员为徐迅、黄晓、王松苗、浦志强、富敏荣。

（1）社会的普遍尊重；（2）实现抱负；（3）成就感；（4）物质待遇。①

当然，从法理角度看，在一些学者看来，公众人物容忍社会公众的负面评价还另有深意：

第一，维护社会公共利益和满足公众兴趣的需要。公众人物的言行举止常常关系到公共利益，公众有权利也有责任对他们进行监督。正如恩格斯所指出的那样："个人隐私应受法律保护，但当个人私事甚至隐私与最重要的公共利益发生联系的时候，个人的私事就已经不是一般意义的私事，而属于政治的一部分，它应成为新闻报道不可回避的内容。"② 第二，协调舆论监督和人格权保护的需要。当舆论监督的权利与公众人物私人权利发生冲突的时候，为了社会公共利益，法律应当侧重于保护前者而对后者做出必要的限制。因为公众人物的地位、权力和影响使他具有较强的抗御侵害的能力，例如他们有较多的机会甚至可以直接利用媒介来消除不正确批评的影响。第三，保障公民知情权的需要。知情权与隐私权是相对应的概念。限制公众人物的隐私权，在很大程度上就是要保障公众的知情权。保障公民知情权的最重要手段，是要保障公民最大限度地从新闻媒体中获取真实信息的自由。在许多情况下，公民的知情权会涉及社会公共利益，例如对突发的传染病进行及时报道，能够有效地提醒人们加强警惕，控制传染病的传播扩散；而对一些公众人物的财产等隐私依法予以披露有助于反腐倡廉和弘扬社会正气等。③

总之，为了满足或者保障公共利益，让作为极少数群体的公众人物牺牲或让渡某些权利中的利益，是法律在利益冲突面前不得不做出的一种取舍，是不得已而为之的。公众人物在接受公共监督和公众评判时，如果认为超出他们容忍的范畴，需要走上法庭提起诽谤诉讼，那么，按照人格权法的一般理论，公众人物必须证明被告有过错，而且这种过错高于私性人物必须证明的过错等级④，

---

① 张新宝著：《名誉权的法律保护》，中国政法大学出版社1997年版，第107页。
② [德]马克思、恩格斯著，中共中央马克思恩格斯列宁斯大林著作编译局译：《马克思恩格斯全集》第18卷，人民出版社，1964年版，第591页。
③ 王利明：《公众人物人格权的限制和保护》，载《中州学刊》2005年第2期。
④ 美国《纽约时报》诉沙利文案的一个重要影响，是确立了实际恶意的原则——"我们相信，宪法保障要求这样一种联邦规则：禁止政府官员因指向他的公务行为的诽谤性虚假陈述而获得损害赔偿，除非他能证明：（被告）在制造虚假陈述的时候实有恶意，即：被告知道陈述为虚假而故意为之或者玩忽放任，根本不在乎真假与否。"详见《新闻记者》2008年第7期。

即诽谤性材料的发表或播放是由于实际恶意造成的：明知其陈述虚假或不计后果地漠视事实。[1]

明确了这一点，就解决了本案认定的基础问题：一旦张某被认定为公众人物，那么她就有义务忍受对方当事人和公众的各种评价——即便是不公正的甚至负面的评价。如果她要就此提出诽谤诉讼，必须证明对方具有实际恶意。这已经不是单纯的学术呼声，而已得到了中国司法的逐渐认可。被学者推崇的唐季礼案判词（上海市第一中级人民法院，2004年）就十分明确地指出："公众人物较之普通人具有更高的新闻价值，对公众人物的报道会引发社会关注乃至给新闻媒体自身带来更高的知名度和更大的经济利益，新闻媒体为履行其社会舆论监督职责，可以对公众人物的行为进行适度的报道。"在此基础上，判决进一步认为："此种报道如果内容基本属实且属于社会利益所应关切的内容，则即使报道本身可能会给被报道对象带来种种不便，甚至对其名誉造成负面影响，被报道对象也必须加以忍受。"在张靓颖诉上海某报侵犯名誉权案中，法院同样认为："张靓颖作为公众人物，应对媒体的监督采取宽容的态度"；"张靓颖作为演艺界人士，应对歌迷的热情和媒体的追逐，可能带来的轻微损害予以适度的理解和宽容。"此外，范志毅、肖传国案都有类似的表述。[2] 如前所述，在本案之后宣判的杨某某诉南方周末案件中，法院也表达了类似的观点。可见，容忍各种评价特别是负面评价在司法上已经成了公众人物必须承受的义务。

二、自愿成为公众人物：全面预见各种不良后果

的确，同许多人一样，张某本来名不见经传，其以前的行为因为很少涉及公共利益也从来没有引起大众的关注，根本谈不上公众人物。但公众人物不是天生的，也不是一成不变的。很多时候，公众人物的出现具有机遇性。因为某些偶然因素，一些人被卷入某一重大事件成为社会大众关注的对象，成为公众人物。但他们这种公众人物的身份常常具有暂时性，一旦事件过去或意图放弃，就可

---

[1] [美]唐·R·彭伯著，张金玺、赵刚译，展江校：《大众传媒法》，中国人民大学出版社2004年版，第188页。

[2] 魏永征、张鸿霞：《考察公众人物概念在中国大众媒介诽谤案件中的应用》，载《中国传媒报告》（*China Media Reports*）2007年第4期。

能会丧失这种身份。所以，按照公众人物的基本理论，那些"将自己推到特定的公共论战的前台，试图影响有关问题的解决"的人，不是完全意义上的公众人物，而被称做有限意义上的公众人物①。美国联邦最高法院曾为此确立了三条标准：通常情况下，有限意义上的公众人物必须自愿走进公众关注的焦点；必须是在重要公共问题或社会问题的解决中扮演一定的角色；必须做出一定的努力，意图在解决某问题的过程中影响公共舆论。通常，这一行为很可能会被大众媒介报道②。陷入公共争议的当事人行为是否自愿行为，常常成为判断有限意义上的公众人物的关键性因素。被动陷入某种争议的，未必都能成为公众人物，比如，某些案件的被害人；但自愿而主动发布新闻材料，引起公共争议的人，则是不证自明的公众人物（因为涉及公共利益，否则也不会引起公共争议），而且其目的就在于引起公众关注，吸引大众眼球。

在认定自愿成为公众人物、试图影响公共舆论、做出一定努力的过程中，当事人对大众媒介的近用能力，即是否借助媒介近用权来实现个人目的，往往成为司法认定的一个佐证。如果一个公民或当事人一方主动向媒介提供情况，接受采访，那么，这种媒介使用无疑有助于其个人目的的实现。这种使用通常被称之为媒介近用权，即一般社会成员在一定条件下，要求媒体提供帮助，以阐述观点、发表言论、表达意见的权利。一旦其涉及的内容与公共利益相关，那么这种主动的新闻源提供者就通过行使媒介近用权使自己成为了公众人物。

回到本案。张某主动向多家媒体披露所谓"丑行"的录音带，当然是自愿走进公众关注的焦点——关于名人的性交易，直接挑逗公众的兴趣，不可能不成为大众关注的焦点；而黄某某是否存在"丑行"即娱乐圈是否存在违背道德的"潜规则"，不仅是一个行业的操守问题，而且直接关乎社会的道德底线——如果公众认为这种行为逾越了道德边界，完全可能通过"封杀"来警醒后来者，使问题升级为人人关注的公共问题；张某在此间扮演的角色用她自己的话说是向"规则"挑战——如果不是公共性问题就不可能形成规则，而且张某为此付出了努力，如主动向多家媒体发布消息等——媒介近用权得到了自如的运用。对

---

① [美]唐·R·彭伯著，张金玺、赵刚译，展江校：《大众传媒法》，中国人民大学出版社2004年版，第168页。

② 同①，第174页。

照这些特征，本案一审判决认定张某"将自己置于公众人物角色"，二审认为原告"将自己置于公众关注的位置"，其逻辑推演，可以说是步步为营，具有紧密的合理性和内在的说服力。这也与课题组将"在特定时间、地点，某一公众广泛关注或者涉及公共利益的事件中，被证明确有关联的人"认定为公众人物不谋而合。

而一旦被认定为公众人物包括自愿形成的公众人物，如前所述，就要承担相应的法律义务乃至道德苛求，包括容忍社会公众的质疑、对方当事人的负面评价等等。在吸引公众眼球（收获巨大利益）的同时，对其连带产生的轻微不良后果照单全收（付出轻微代价），本身也符合公平原则。正如一审判决所言：既然张某在并无相应证据佐证的情况下，主动通过媒体披露他人隐私，发表大量个人的言论及看法，那么她自己也"应当预见到相关报道之后所引发的多种影响"，包括各种"正面或者相对负面的评价"，同时还要予以必要的容忍。否则，如果任何人都可以借助媒介近用权，发表不负责任的言论，最终还可以免去承担不利舆论的后果，岂不变相纵容或鼓励他们肆无忌惮地侵犯他人权利？

三、争议内容：不构成名誉侵权

张某在起诉书中主张侵权的事实主要包括三块内容：其一是黄某某的四点声明"暗含着我给他下药"的意思，以及"我对其相要挟"的意思；其二是张某某、于某关于我的言论不实，于某对我的评述带有诽谤性质；其三是《中国广播影视报》刊登了黄某某、张某某、于某等三人的不实讲话。以上几点均对其构成名誉侵权。

对此，一审法院条分缕析，泾渭分明——

第一，黄某某四点声明系事件当事人针对事实状态的描述及针对相关指责的正面回应，声明中并未使用侮辱、诽谤的语言毁损张某的名誉。

联系黄某某的四点声明，可以看出法院认定确有道理："一、我平时喝五六瓶啤酒属于小菜一碟，但和张某在民宝火锅城吃饭时，喝了两瓶啤酒就开始神志迷糊，我完全不记得那天发生了什么。"这个表态虽然带给公众足够的想象空间：神智迷糊与下药之间，或许存在着因果关系，但黄某某没有给出结论，甚至在回答记者提问时，他还老到地指出："我没有证据不能乱讲，我只能描述自己知道的状态。"这就清清爽爽地厘清了自己的责任：我只说我自己的状态（这也是对事实状态的描述的正面回应），至于读者怎么想，那是读者的事，张某怎么想，那是张某的事，与我何干？再看黄某某声明的其他三点内容："二、如果真的发生了张某所说的那些事，我会向组织上作检讨，承担一切责任，而我爱人已知道了这件事。"是对后果担当的一种私人表态，与张某的名誉无关；"三、尽管张某曾用所谓2002年6月的录音带要挟过我，但是我还是劝她要学好，要挟是绝对不会得逞的，黄某某不怕威胁；四、我不会跟她打官司，那样只会让她出名"，完全是他针对张某相关指责的一种单方表态和规劝，每一点声明，针对的都是张某披露的内容，可谓是有的放矢，字里行间亦没有任何侮辱或诽谤性言辞，何来侵权？

第二，张某某、于某在接受媒体采访时发表的言论，并非独立发表的言论，其系在针对张某指责黄某某及圈内"规则"等种种言论的基础上所发表的相应看法，是对自己所了解的张某另外一些情况的真实感受和对比描述，是基于一般的社会道德标准对此"事件"进行评价，并不构成对张某名誉权的侵犯。

先看其中的事实部分：张某某说"我想起来了，他在我们的《蓝色妖姬》里演过一个群众演员，但是就用这个方法坑过一个人，闹过这事"，于某说："他有一个当副导演的朋友，因没有让张某上戏，她就找到这位导演的妻子大吵大闹，说他强奸了她。朋友吓得差点跳楼，后来朋友用钱才摆平了此事。"这两个人的此番言论到底属实还是属伪？后来的法庭调查中，证人王新国当庭证明，2000年他们在筹备《侠客行》一剧时，张某来剧组吵闹称副导演鄂某欺骗她，未给她安排角色，影响了剧组的工作及鄂某的家庭生活，因此在王新国的见证下鄂某付给张某8000元了结此事。证人王凯证明，曾听剧组的同事说张某为出演角色的问题多次与导演、剧组产生矛盾。而张某呢？并没有相反的证据予以驳斥，按照优势证据的运用规则，法院当然要认定张某某、于某的表述可信了。至于于某"张某从来没有说过真话，我借给她的手机一般是男士用的，很大，她现在用的就是这个"的表述，也得到了证人巴图的证明：张某向于某从剧组借走手机及向于某借走数千元未还。同样，在这个问题上，张某也没有提供相反的证据。无证据即无主张，当事人为此承担败诉的后果自然就在情理之中。

再看张某某、于某二人的评述。其实就简简单单几句话，甚至几个字。由于张某在没有其他证据的情况下就通过媒体发布事实①，那么这样的事实就只能是一种悬疑的事实，自然就可以相信，也可以不信。张某某也有权像任何一个公民一样，凭自己的感觉得出"黄某某不可能做这种事"的判断。在这个基础上，他凭自己的感觉和对比得出"这个女人（即张某）很坏的，很可怕"的结论，虽然未必公允，但这种个人看法，却是公民言论自由的重要表现，谁也无权禁止。相对说来，于某谈到的"张某所说的'潜规则'其实是她这种人的'规则'，真正的演员圈里没有这样的人……"就显得冷静得多，理性得多，即便你不同意，也完全可以通过意见的自由竞争来体现你的主张，如果针对你的观点表达不同看法也构成侵权，那与禁止言论自由又有什么两样？

综此，法院认为张、于二人的一番描述和评论，是他们对自己所了解的张某另外一些情况的"真实感受和对比描述"，应受法律保护。在这里，法院还预设了一个前提，那就是这些言论是基于一般道德评价标准所进行的评价。即张、于二人对事件的评价即便不尽公允，也完全符合一般人的评价标准。法院不能以高于普通的合理人标准来要求公民谨言慎行。

不过，法院认为张、于二人的言论并不侵权时，附带了一个"并非独立发表的言论"的前提，却不是一个高明的表达。按照公正评论的原则，言论是否侵权，主要看其是否公正，所依据的事实是否可信，而不是观察其表现形式是否独立。只要评论有可信的事实依据，并且公正，那么无论是否独立发表，都与侵权无涉。反之，即便是有针对性的、非独立做出的评论，也可能因为事实依据不可信、观点不公正而构成侵权。只要满足了：1. 评论的事项与社会公共利益有关；2. 有可靠的事实来源（包括保障的报道）；3. 出于诚意等三个条件，就可以视为公正评论，即使有些片面与偏激，也不应当承担法律上的责任。所以，判决预设的这个前提可以说是白璧微瑕，有必要予以澄清。

第三，《中国广播影视报》在刊登采访张某内容的同时，同版面转述黄某某、张某某和于某等人对此"事件的评述"，是针对"事件"双方当事人的客观描述，且《中国广播影视报》已然在最终的"记者观点"与"采访后记"中表明了中立的观点，并从良性的角度引导读者。

---

① 2007年8月3日，所谓的受害人"小霞"即谢某却将张某和刊登照片的上海某报社告上法庭，称自己并不认识黄某某，要求张某及该报社消除影响、赔礼道歉；赔偿经济损失5万元、精神损害费5万元。

一审判决的这一段论述表明：媒体全面引述当事人各方的观点，是客观描述——事实部分没有添油加醋；媒体在报道中保持了审慎的中立，而且是从良性的角度引导读者——主观上没有恶意。故此，综观整体报道，法院认为媒体亦不构成对张某名誉权的侵犯。

诚如上述，既然刊登的内容不侵权，那么刊登的媒体自然就不构成侵权。正如中央人民广播电台在答辩中所陈述的那样：在他们进行相关报道前，其他诸多媒体已经对张某及"录音带事件"进行了许多报道，内容均与《中国广播影视报》报道类似，因而《中国广播影视报》的报道并没有使张某的社会评价降低，也没有侵犯张某的名誉权。反过来说，即便张某的社会评价真的降低了，那也不能证明是由于《中国广播影视报》造成的，因为还有更多的先发媒体。何况，《中国广播影视报》的报道综合了各方面反应，全面客观，如果硬要说偏向，那也是偏向了篇幅占优势的张某。

但是，对于具有媒介近用权的当事人，媒体不能偏听偏信，为一面之词所左右，这是传媒的职业要求，也是新闻法治的基本精神。既然张某没有其他证据来证明录音带事件的真伪，那么，《中国广播影视报》在刊发这个信息时，完全有权利也有责任刊登相关的信息与评论，以便让读者做出自己的评判。对这些信息和评论带来的负面影响，身为公众人物的当事人，必须予以容忍。否则，只允许媒体刊登对具有媒介近用权一方当事人有利的观点，就是对另一方当事人明显的不公，就失去了媒体基本的平衡，从而也使媒体乃至整个传媒都失去了公信力。

作为一家负责任的媒体，《中国广播影视报》在刊登报道时，特意加注了"记者观点"与"采访后记"，提出如何才能在纷繁的娱乐圈里把握好心态，洁身自好等，释放了舆论足够的善意，体现了媒体审慎的平衡，也赢得了法院"从良性的角度引导读者"的肯定。如果这样的报道还构成侵权，那不仅让媒体无所适从，而且也无异于从司法上剥夺了公众（通过媒体行使）的表达权和监督权。

如此看来，声明不侵权，议论有依据，媒体也审慎，法院驳回原告的诉讼请求自然就在情理之中。耐人寻味的是，二审法院在驳回上诉维持原判的理由表述上虽与一审大体相同，却将公众人物的提法换成了"将自己置于公众关注的位置"，可谓是煞费苦心——既对公众人物的义务提出了司法要求，又不使自己的判决成为舆论关注的焦点。而这一巧妙回避，也隐约折射了司法的无奈。看来，真要让公众人物尤其是自愿成为公众人物的法理概念和司法价值深入人心，走进实践，甚至迈上法律的殿堂，远不是一件可以一蹴而就的事。

四、"公众人物"抗辩还是"公共利益"抗辩："雷诺兹特权"的价值考量

耐人寻味的是，二审法院在驳回上诉维持原判的理由表述上虽与一审大体相同，却将公众人物的提法换成了"将自己置于公众关注的位置"，可谓是煞费苦心——既对公众人物的义务提出了司法要求，又不使自己的判决成为舆论关注的焦点。正是这一回避，引起了学术界的关注，学者魏永征、张鸿霞据此引用香港学者胡鸿烈的观点认为[1]，本案在传统普通法的诽谤法中属于受相对特权（qualified privilege香港特区政府翻译为"受约制特权"）保护的情形[2]，而不适用公众人物理论。

在所有的相对特权（即"受约制特权"）中，"雷诺兹特权"（Reynolds Qualified Privilege）被视为演进的经典。这个原则今天已经与"沙利文原则"齐名，形成了处理公众人物与媒体批评诉讼中的两个影响深远的指导原则。

1994年11月17日，爱尔兰总理艾伯特·雷诺兹在议会下院宣布辞职。11月20日，《星期日泰晤士报》英国版和爱尔兰版都刊登了这个事件的长篇调查性报道。其中爱尔兰版详细报道了雷诺兹辞职的全过程，而英国版则略去了一些重要内容，特别是没有报道雷诺兹在下院的辩护声明。雷诺兹对英国版的报道极为不满，于是，对媒体及文章作者、编辑提起诽谤诉讼。

此案于1996年11月初审，被告提出的一个抗辩理由是，本文属于政治性报道，与公共利益有关，应该享有"受约制特权"（如前所交代，此为香港译法）保护。法庭裁定政治性报道不属于特权保护范围，但鉴于作者和编辑没有恶意，判令被告赔偿原告1便士。原告和被告均提起上诉，但是上诉法院的二审和上议院的终审都维持了一审判决。

---

[1]　魏永征、张鸿霞：《考察公众人物概念在中国大众媒介诽谤案件中的应用》，载《中国传媒报告》（China Media Reports）2007年第4期。

[2]　胡鸿烈著：《诽谤法》，树仁法学丛书1989年版，第13页。

法庭认为，本案的爱尔兰总理下台新闻无疑与公共利益有关，公众有权知悉，但是衡量《星期日泰晤士报》报道的全部情况存在缺陷：爱尔兰新闻官员曾告诉记者，雷诺兹要讲的话，都会在下议院交代，他会回击所有对他的攻击。爱尔兰版的报道写了这些内容，而英国版的报道却只字不提，这样的报道既不公正，也不准确，会对英国读者产生误导，所以不能免责，不过由于没有恶意，只需象征性赔偿。由此，法庭判决肯定了媒体在民主社会的重要地位和功能，肯定了涉及公共利益、受到公众关注的新闻和言论应当受到特别保护。

英国上议院大法官李启新①为此指出："法庭应当格外重视表达自由的重要性……解决任何疑难应当有利于出版。"他解释说，在很多情况下，基于某种特殊利益，诚实地发表一些言论，即使相关事实不能被证明是真实的，但其发表的重要性高于名誉保护，普通法可以予以特权保护。这种特权有的是"绝对特权"（absolute privilege），例如，法官、律师、证人在法庭上的言论；但在通常情况下，主要是"受约制特权"：当一个人基于某种利益，或者职责、法律、社会甚至道义的需要发表意见，比如这种发表关乎公众利益，发表时的表现又是负责的，就可以得到"受约制特权"保护，这自然也适用于新闻报道。"雷诺兹特权"由此确立：如果涉讼新闻内容涉及公共利益，而媒体的表现又符合负责任的新闻业要求，那么即使出现错误也可以免除责任。

与沙利文原则以报道对象（即诽谤案原告是否属于公众人物）作为标准不同，"雷诺兹特权"则以报道的内容是否与公共利益有关、是否为公众有权知悉为转移，所以沙利文原则又被称为"公众人物抗辩"，而"雷诺兹特权"则被英国学者称之为"公共利益特权"（public interest privilege）②。在特别保护的底线上，沙利文原则强调的是媒体具有实际恶意，而"雷诺兹特权"则以媒体行为是否专业和负责作为标准。

那么怎样衡量新闻报道是负责任的呢？李启新提出，法庭可以考虑以下一些因素：1. 对当事人（诽谤案件的原告）指责的严重程度；2. 有关事项受到公众

---

① 原名Lord Nicholls of Birkenhead，他曾在香港担任大法官，所以有中文姓名"李启新"，香港中文媒体有时还这样称呼他。参见魏永征、白净：《从沙利文原则到雷诺兹特权——对借鉴外国诽谤法的思考》，载《新闻记者》2007年第8期。

② See Geoffrey Robertson and Andrew Nicol: *Media Law, Fourth Edition*, Penguin Books, 2005, p.128.

关注程度；3. 消息来源是否可靠；4. 发表前是否做过核实；5. 有关事项所处状态，例如是否正处于当局调查中；6. 发表的迫切性；7. 有没有请当事人回应；8. 有没有报道当事人的意见；9. 行文的格调；10. 报道发表的现实环境和时机。当然，李启新也认为这十点并非全部衡量标准，可视情况的变化而变化。

雷诺兹案把"受约制特权"推广到与公共利益相关的新闻报道，比起传统诽谤法一味要求被告媒体承担起严格责任来，是一个很大的放宽。英国学者认为：这些案例建立了一个原则，即涉及公众"有权获知"的出版，即使后来证明有错，仍有可能受到特权保护，除非这种出版被证明含有恶意。只要不怀恶意，报章在报道读者极为关注的公众领域的信息时，只要进行了合理的审查，即使不透露消息来源，亦不会因此失去特权保护。受特权保护的两个前提是：一是报章有发表那些重要而可信的消息的责任，处理也是公平的；二是公众接受这些消息的兴趣也是合理的。如果满足上述两个条件，即使不能证明真伪，也仍然可以受到"雷诺兹特权"保护。[①]

因为与公共利益有关，所以受到相对特权的保护。这种倾斜也逐渐体现在我国的司法判决中。2008年，针对央视报道"海龙毒毛巾"一案判决中，法院以"生产厂家针对媒体与公众对其产品质量及安全的苛责应予以必要的容忍"的终审理由判决毛巾厂败诉，学者认为这就是中国版的"雷诺兹特权"。[②] 当然，也有人对此提出了强烈批评，认为让企业来忍受媒体的苛责，是"违法判决"[③]。

作为"受约制特权"（相对特权）的典型代表，雷诺兹特权是解决本案唯一的"他山之石"吗？换句话说，本案到底是适用"受约制特权"还是公众人物理论，抑或兼而有之？众所周知，在法律适用上有一个法条竞合原则，即某一行为可以适用两个不同的法条来进行调整，这时就需要按照特别法优于普通法或者新法优于旧法等原则来适用法律。那么在法律原则适用上，同样存在多元化的选择。即某一种现象，适用甲原则是对的，采取乙原则也没有问题，这种交叉或包容的法律关系可以说比比皆是。

---

① See Geoffrey Robertson and Andrew Nicol: *Media Law, Fourth Edition*, Penguin Books, 2005, p.133.

② 李哲：《"雷诺兹特权"：媒体报道免责的特权保护》，见中国民商法律网，2008年6月10日。

③ 学者魏永征就认为这是侵害名誉权案向媒体"倾斜"的恶劣"标杆"，见中华传媒网学术网，2008年8月29日。

　　回到本案。如前所述，张某的行为到底应该看做是成为"自愿型公众人物"，还是"将自己置于公众关注的位置"？不论遣词上如何用心，其实两者之间没有什么质的区别，仅仅是一个程度上的不同而已。公众人物自然引起公众关注，而主动引起公众关注，在某种意义上就可能成为特定时段特定场合的公众人物。

　　无论是"受约制特权"还是公众人物理论，都有一个共同的要求，那就是为了公共利益的需要，有人必须对部分权利进行适当地让渡，比如个人名誉的轻微损害等。所以，即便是作者自己在提出质疑的同时，也承认沙利文原则与"雷诺兹特权""两者并无本质的差别"①。就概念的普及性而言，如前所述，公众人物尚能在二十余件判决中登堂入室，而相对特权（"受约制特权"）在中国的判例中却何曾出现？念及中国的法治现状，让法官在判决中确定某一类民事主体享有"特权"要冒的风险远远比确认公众人物大得多。法官们宁可像本案二审判决一样稳妥，使用诸如"权利平衡"等中性字眼，断不至于赋予公民或媒体相对特权（受约制特权）来刺激公众的神经。

　　远一点看，公众人物抗辩能不能适用于我国，也许本身还有待争议。学者魏永征等就明确反对。这里既有媒体官方属性的考虑——最后得到扩展的并不是公民的言论自由和批评权，而是具有公权力新闻媒介的话语权。而弱化名誉保护的负担将集中在不属于领导干部的基层小吏和演艺体育学术等各界的普通名人身上，他们必须忍受具有公权力媒介的侵害而无法得到救济，真正的高级官员等反而能安然无恙。这会在名誉权的保护方面产生极大的不公平。② 如此看来，张靓颖案件把"公众人物"改换成"演艺界人士"，本案二审判决把"公众人物"改称为"公众关注的位置"都不是偶然的。

　　事实上，近年来发生的一系列事实包括省部级以上腐败高官的落网，在某种程度上也有媒体监督的功劳。只不过这种监督起初总是对事不对人，常常是从反常的蛛丝马迹开始而已。所以，对包括高官在内的公众人物进行监督，让他

---

①　魏永征、白净：《从沙利文原则到雷诺兹特权——对借鉴外国诽谤法的思考》，载《新闻记者》2007年第8期。

②　魏永征、张鸿霞：《考察公众人物概念在中国大众媒介诽谤案件中的应用》，载《中国传媒报告》（*China Media Reports*）2007年第4期。

们适度牺牲自己的私权利，既是公众开展监督的内在需要，更是民主政治发展的必然要求，何况舆论监督环境总有改善的时候。

对高级官员难以监督，甚至也没能妨碍司法对公众人物概念的引用。除了前面提到的一些判决外，在中国首例正式采用"自愿型公众人物"概念的判决中，广州市中级法院认为：杨某某及其父母多次主动联系、接受众多媒体采访，均属自愿型的公众人物，自然派生出公众知情权。南方周末报社发表涉讼文章的目的是为了揭示追星事件的成因，引导公众对追星事件有真实的了解和客观认识，自然涉及杨某某及其父母的社会背景、社会关系、成长经历，相关隐私是揭示追星事件悲剧性和反常态的关联要素。涉讼文章表面看确是涉及了杨勤冀的个人隐私，但这一隐私与社会公众关注的社会事件相联系时，自然成为公众利益的一部分。南方周末报社作为新闻媒体对这一社会关注的焦点进行调查，行使报道与舆论监督的权利，并无违反法律规定。因此，涉讼文章即使披露了杨勤冀的个人隐私，对于可能的轻微损害，杨某某应当予以容忍。[①] 在这一段表述中，法院对自愿型公众人物的表现形式，隐私权与舆论监督权的相互平衡，公众人物的义务都进行了相对清晰的界定，尽管从学理上还有进一步论证的空间，但它的标志性意义却是无可否认的。从长远来看，这种司法前行的脚步更是无可阻挡的。

综此，笔者认为，解决本案主要还是公众人物理论，但这不排斥相对特权理论的运用。

启示与建议

1. 承认自愿型公众人物的价值与逻辑

将自己推到特定的公共论战的前台，试图影响有关问题解决的公众人物，虽不是完全意义上的公众人物，而被称做有限意义上的公众人物，也应当承担相应的法律义务乃至道德苛求，包括容忍社会公众的质疑、对方当事人的负面评价等等。在吸引公众眼球（收获巨大利益）的同时，对其连带产生的轻微不良

---

① 杨大正：《杨丽娟名誉诉案败诉："自愿型公众人物"首被引入国内判决》，载《南方周末》2009年9月23日。

后果照单全收（付出轻微代价），本身也符合公平原则。承认自愿型公众人物，有助于实现权利平衡。

2. 对待媒介近用权的审慎与理性

对于具有媒介近用权的当事人，媒体不能偏听偏信，为一面之词所左右。这是传媒的职业要求，也是新闻法治的基本精神。只要主观上没有恶意，媒介自主地、负责地报道与评论公共事务和社会生活的权利是受法律保护的。这里的自主是指任何单位与个人无权阻挠新闻媒介的合法报道活动，负责是指新闻媒介及工作人员对其采写的新闻作品的真实性及产生的后果负有责任[①]。通常说来，在"法无禁止即许可"的原则指引下，只要报道的内容不为法律所禁止[②]，媒体就完全有权利披露、传播和引导。对这些信息和评论带来的负面影响，身为公众人物的当事人，必须予以容忍。否则，只允许媒体刊登对具有媒介近用权一方当事人有利的观点，就是对另一方当事人明显的不公，就失去了媒体基本的平衡，从而也使媒体乃至整个传媒都失去了公信力。

3. 把握公众人物与"雷诺兹特权"的异同

无论是"受约制特权"还是公众人物理论，都有一个共同的要求，那就是为了公共利益的需要，有人必须对部分权利进行适当地让渡，比如个人名誉的轻微损害等。我国司法界目前有20余件判决采用公众人物概念，但相对特权（"受约制特权"）在判例中却几乎未见，这是一个实践问题，更是一个认识问题。长远来看，在平衡名誉权保护的大道上，既需要诸如"雷诺兹特权"这样的驿站，更需要公众人物理论这样的中转停靠站，以有效舒缓我们在法治道路上苦苦奔波的筋骨。

---

① [美]唐·R·彭伯著，张金玺、赵刚译，展江校：《大众传媒法》，中国人民大学出版社2004年版，第19页。

② "禁载十条"详见于《出版管理条例》第二十六条、《音像制品管理条例》第三条之规定。（一）反对宪法确定的基本原则的；（二）危害国家的统一、主权和领土完整的；（三）泄露国家秘密、危害国家安全或者损害国家荣誉和利益的；（四）煽动民族仇恨、民族歧视，破坏民族团结，或者侵害民族风俗习惯的；（五）宣扬邪教、迷信的；（六）扰乱社会秩序，破坏社会稳定的；（七）宣扬淫秽、赌博、暴力或者教唆犯罪的；（八）侮辱或者诽谤他人，侵害他人合法权益的；（九）危害社会公德或者民族优秀文化传统的；（十）有法律、行政法规和国家规定禁止的其他内容的。《广播电视管理条例》第三十二条的规定虽然只有7项，但内容与此也大体相同，且该条例制定于1997年，而上述条例在2001年进行了修正。"新法优于旧法"是一项基本的法律适用原则。

7. 一般人认为消息来源合理可信，媒体即有豁免权

——广州市华侨房地产公司诉中国改革杂志社侵害名誉权案

◇ 朱　莉

案例要义

　　新闻机构对消息核实责任的边界应该划在何处，一直以来都是理论界与实务界激烈争论的话题。以个案来说，这决定着媒体是否会因为审查核实不严而担上报道失实的侵权责任，而从广义来讲，这关系着媒体的言论自由与公民、法人的名誉权能否得到有效平衡。本案中，新闻媒体因为两篇报道、评论国有企业改制问题的文章而成为被告。法院判决的典型意义在于，它不仅明确了媒体核实责任的界限——"只要新闻报道的内容有在采访者当时以一般人的认识能力判断认为是可以合理相信为事实的消息来源支撑，新闻机构就获得了法律所赋予的关于事实方面的豁免权"，而且对公正评论免责予以了肯定。[①]下文将以此为例，分析名誉权案件中的消息来源核实、豁免权以及公正评论等问题。

关键词

　　证明责任　　合理相信　　特许权　　公正评论

---

　　①　北京大学法学院教授，著名法学家贺卫方曾经这样赞赏本案的判决："在这样的判决书里，三位法官，这三位法官的名字，一个叫巫国平、一个叫伍双丽、一个叫郭越。我准备今后无论走到哪儿，提到这个案例的时候，我都要把名字说一说，因为好的法官，我们有义务让地球人都知道。"参见贺卫方著：《中国绝不缺乏进步判例》，http://www.chinalawedu.com/news/20800/21690/2005/6/li891361044182650027l472_170019.htm。

主要事实

2003年7月，被告中国经济体制改革杂志社在其出版的《中国改革》杂志2003年第7期刊登了《谁在分"肥"》和《两种改制两重天》两篇文章。

其中，《谁在分"肥"》一文报道了原告广州华侨房屋开发公司（以下简称"侨房公司"）在企业改革中出现的国有资产流失、企业亏损严重、员工大量被裁退等问题，主要内容由被告的记者刘萍根据原告广州侨房公司"2002年度工作报告"、"职工代表提案及处理答复情况表"、"市总、市直机关工会调查来电整理"、"2000年度职工大会续会职工意见归纳"、"《南方日报》编辑部第49期'情况反映'"等材料进行采写。

而《两种改制两重天》则依据《谁在分"肥"》一文的报道评论道："广州华侨房屋开发公司'一块大肥肉'被几家公司转来转去，国有资产流失，企业亏损，职工下岗。""广州华侨房屋开发公司被许多大公司'钟爱'，优质资产被掏空，剩下的是企业的亏损和职工的无奈。"

2003年9月2日，原告广州侨房公司以被告中国经济体制改革杂志社侵犯名誉权为由诉至法院，要求被告消除影响、赔礼道歉，并赔偿经济损失590万元。

广州天河区人民法院开庭审理后认为，《谁在分"肥"》一文所报道的内容虽有个别地方与原告企业经营、改革的情况有出入，但其主要内容是以在采访者当时以一般人的认识能力判断认为是可以合理相信为事实的消息来源支撑，应当获得法律所赋予的关于事实方面的豁免权。而《两种改制两重天》所做的评论是以《谁在分"肥"》一文所报道的事实为基础，在评论中虽然个别用词略显尖锐激烈，使原告的形象和原告职工的感情受到一定影响，但被告在主观上不存在恶意或过失，其评论仍属于法律所允许的公正评论的范畴，其使用的语言亦不属于侮辱性语言，并无对原告人格进行贬损。因此，法院判决被告中国经济体制改革杂志社刊登的《两种改制两重天》和《谁在分"肥"》两篇文章不构成对原告广州侨房公司名誉权的侵害，依法驳回原告的诉讼请求。①

---

① 广东省广州市天河区人民法院民事判决书（2003）天法民一初字第1832号。

争议焦点

中国改革杂志社发表的《谁在分"肥"》一文是否报道失实？其对内容真实性的核实责任应当如何界定？《两种改制两重天》的个别评论尖锐激烈，构成名誉侵权吗？

法理分析

一、从权威消息来源到一般人合理可信的消息来源

权威消息来源，是媒体在新闻侵权案件中的一项重要抗辩事由[①]，已得到普遍认可。只要消息是由权威机构或者权威人士提供，具有较强的可信度，即使与客观事实有所出入，媒体也不承担侵权责任。之所以确立这一原则，是因为新闻真实有别于客观真实。一方面，从理论上来说，客观真实，是指在意识之外，不依赖主观意识而存在的事物和状态，而新闻是对变动着的客观世界的反映，属认识范畴，因而新闻真实，仅仅是新闻业者根据新闻规律对客观世界的一种认识状态，认识与存在总是有差距的，新闻真实并不代表客观真实；[②] 而另一方面，从新闻实践规律来讲，新闻从业人员没有侦查的职权，也不具备专业侦查的能力，因此，要求记者通过一己之力还原客观真实、从事实发生的最初源头进行核实必然是一种苛求。

理论研究常常对权威消息来源给予列举，认识比较统一的有：1. 法律、法

[①]　中国人民大学法学院杨立新教授认为，权威消息来源对新闻业特别重要。比方说像一个政府部门，新闻发布会发布了这个新闻，你根据这个新闻做出的新闻，后来证明新闻发布会上发布的新闻是假的，人家追究侵权责任的时候，这时候你可以用权威消息来源来对抗。构成权威消息来源，媒体不承担责任。参见《我国新闻侵权纠纷呈上升趋势》，原载《中国新闻出版报》，http://tech.sina.com.cn/it/2006-09-04/13191118325.shtml 。其他学术研究还包括：杨立新：《新闻侵权抗辩22个关键词》，载《检察日报》，2008年7月23日版；王军：《我国新闻侵权纠纷现状、对策及研究回顾》，载《法学杂志》2006年第3期；杨亦烽：《权威消息来源初探》，载《新闻记者》2000年第11期；郁尊科：《试论新闻自由与名誉权的冲突与协调》，载《法制与社会》2011年第15期；王磊：《新闻侵权抗辩事由研究》，河南大学2008年硕士毕业论文等。

[②]　周泽：《新闻官司：媒体为何多喊冤？》原载《法制日报》2001年9月27日，http://finance.sina.com.cn/d/20010929/112947.html 。

规和规章认定的事实；2. 人民法院的裁判文书认定的事实；3. 合法的仲裁机构认定的事实；4. 行政机关在正式文件和正式行政程序中认定的事实；5. 执政党的正式文件、出版物认定的事实和执政党正式向社会发布的事实；6. 国家立法、行政、司法、监察机关在其新闻发布会、记者招待会、白皮书、蓝皮书等上发布的事实；7. 国家立法、行政、司法机关在其正式出版物（如国务院公报、最高人民法院公报）上发布或者认定的事实；8. 国家授权新华社发布的消息。[①] 这与我国的法律规定大致吻合。最高人民法院在1998年颁布的《关于审理名誉权案件若干问题的解释》第六条就指出："新闻单位根据国家机关[②] 依职权制作的公开的文书和实施的公开的职权行为所做的报道，其报道客观准确的，不应当认定为侵害他人名誉权；其报道失实，或者前述文书和职权行为已公开纠正而拒绝更正报道，致使他人名誉受到损害的，应当认定为侵害他人名誉权。"

那么，在本案判决书中，法官所述"以一般人的认识能力判断认为是可以合理相信为事实的消息来源"，是否等同于权威消息来源呢？

笔者认为不然。"权威"二字，代表着一种几乎不可撼动的可信度，往往与官方机构相联系。例如，《关于审理名誉权案件若干问题的解释》的规定也仅仅限于"国家机关"的公开文书和公开职务行为，普通机构（如消费者协会、记者协会、共青团组织等）并不在列。而"以一般人的认识能力判断认为是可以合理相信为事实的消息来源"，范围更加宽泛，对可信度的要求也相对不那么严格。二者的关系或许可以简单地表述为："权威消息来源必定为一般人合理相信，而一般人合理相信却不一定权威。"

"合理消息来源"原则，与国外许多国家在诽谤案件中奉行的"证明确信真实"原则，实际上有不谋而合之处。其本质都是在遵循新闻传播规律的基础上主张给媒体更多的言论空间。魏永征教授在《从证明真实到证明确信真实》一文中，分析比较了美国、日本、韩国、英国、澳大利亚等几个国家的诽谤制度后发现，证明确信真实已经在多个国家的判例中得到体现。而美国继1964年沙

---

① 杨亦烽：《权威消息来源初探》，载《新闻记者》杂志2000年第11期。

② 根据我国宪法的规定，国家机关包括权力机关、行政机关、审判机关、检察机关等。如全国人民代表大会，各级人民代表大会，国务院，地方各级政府，各级法院，各级检察院等。

利文案之后，新闻媒介在面对官员和"公众人物"的诽谤指控时，传统的证明真实就转变为证明"确信真实"（honest belief in the truth）的抗辩，也就是说，被起诉的媒介只要证明在发表新闻时对新闻真实确信不疑也就等于证明不存在"实际上的恶意"，即使事后发现新闻有误也不会败诉。[①]

因此，本案判决书将"一般人认为合理可信的消息来源"作为衡量媒体能否免责的标准，相对于权威消息来源的标准，在尊重新闻报道的客观规律、保护媒体言论自由空间等方面又前进了一步。这不仅体现出司法对于媒体报道的更大宽容，[②] 也更加有助于信息的自由流通以及知情权空间的拓展，对媒体而言是一大福音。然而，我们也必须明确，对消息核实责任的"松绑"并不意味着对名誉侵权行为的"纵容"。无论是《最高人民法院关于审理名誉权案件若干问题的解答》还是《中国新闻工作者职业道德准则》[③] 等行业自律规定，都始终将真实性视为新闻的生命，强调避免因失实报道而侵犯他人的合法权利。尽管本案判决在探索新闻真实性之边界方面做出了一次令人鼓舞的尝试，但我国并没有遵循判例法之司法传统，个案的示范效应毕竟有限。有鉴于此，在我国现行法律法规尚未对"合理消息来源"原则予以明确规定的情况下，如何评判并且适用这一原则还有待学术界和实务界进一步研究。

二、从豁免权到特许权

"权威消息来源"通常与新闻的"特许权"紧密相连。本案的判决书认为，新闻报道以公司年度报告、工会组织记录等一般人可以合理相信为事实的消息来源为支撑，因而获得了法律所赋予的关于事实方面的豁免权。而这在学理上都属于特许权的保护范畴。

---

① 魏永征著：《从证明真实到证明确信真实——怎样解决诽谤法实际存在的悖论》，http://yzwei.blogbus.com/logs/4766407.html。

② 本案主审法官巫国平在接受央视《新闻调查》采访时曾说："这个社会对媒体的容忍的有多大，这个社会进步就有多大。"参见中央电视台《新闻调查》栏目2005年制作的节目，《被起诉的杂志社》：http://www.cctv.com/news/china/20050323/100022.shtml。

③ 《最高人民法院关于审理名誉权若干问题的解答》第八条规定："文章的基本内容失实，使他人名誉受到损害的，应认定为侵害他人名誉权。"于2009年重新修订的《中国新闻工作者职业道德准则》第4章也明确强调要"维护新闻的真实性"，"新闻工作者要坚持发扬实事求是的作风，深入基层、深入实际、深入群众，加强调查研究，报实情、讲真话，不得弄虚作假，不得为追求轰动效应而捏造、歪曲事实"。

特许权的概念，来自于西方媒体法，一般分为绝对特许权和有限特许权。享有绝对特许权的言论可以受到法律的绝对豁免，如议员在议会的发言、诉讼当事人在法庭陈述、官方职务往来之文书等，通常不得提起诽谤诉讼。而新闻报道的特许权一般只限于有限特许权，主要是指报道官方文书和行为、报道公共组织及其会议的特许权利，例如议员在议会发言享有绝对特许权，而新闻媒介报道议会辩论就只享有有限特许权。① 绝对特许权有时候被称为参与者的权利，而有限特许权则被称为报告者的权利。②

不同的国家对于新闻机构所享有的有限特许权的规定各有不同。目前，我国媒体的公开报道依法受到特许权的保护，只在《最高人民法院关于审理名誉权案件若干问题的解释》第六条中有所体现——"新闻单位根据国家机关依职权制作的公开的文书和实施的公开的职权行为所做的报道，其报道客观准确的，不应当认定为侵害他人名誉权；其报道失实，或者前述文书和职权行为已公开纠正而拒绝更正报道，致使他人名誉受到损害的，应当认定为侵害他人名誉权。"③ 而特许权规定的多少往往也被视为该国媒体自由度大小的标志之一。

以美国为例，在关于公开会议、立法程序、司法程序的报道中，或在反映政府官方报道内容的报道中发表诽谤性材料受到有限特许权的保护。特许权的保护范围包括所有公共团体的会议、司法程序的任何方面、政府行政部门成员发布的报告和言论，甚至是公众的非官方会议，只要其讨论的内容是公众关心的问题。④

而在我国香港，渊源于英国诽谤法的《诽谤条例》也详细规定了七条绝对特许权和八条有限特许权，内容涉及官方公开的会议、公告和记录，社会团体、股份有限公司和依法成立的其他组织有关自己业务范围的信息和对内部人员进行处分的行为，以及有关科学、艺术、娱乐、体育和其他涉及公众事务

---

① 魏永征著：《新闻传播法教程》（第二版），中国人民大学出版社2013年版，第182页。

② [美]唐·R·彭伯著，张金玺、赵刚译：《大众传媒法》，中国人民大学出版社2004年版，第207页。

③ 《最高人民法院关于审理名誉权案件若干问题的解释》第二条——"有关机关和组织编印的仅供领导部门内部参阅的刊物、资料等刊登的来信或者文章，当事人以其内容侵害名誉权向人民法院提起诉讼的，人民法院不予受理。"——通常也被视为特许权的一种，但其适用范围仅限于内参，而不适用于媒体的公开报道。

④ [美]唐·R·彭伯著，张金玺、赵刚译：《大众传媒法》，中国人民大学出版社2004年版，第214页。

的会议信息等。[①]

因此，相比较于其他国家或地区的法律规定而言，我国有关特许权保护的条款还相当有限。有学者曾向最高人民法院提出司法建议："对于那些法律已明文规定为绝对特许权的（如人民代表在人大会议上的发言、检察官和律师在法庭上的辩论意见等），可以直接规定为媒体和作者的相对特许权，这不仅顺理成章，不需要寻找法律源泉，而且也是英美诽谤法中的通例。"[②] 但到目前为止，相关立法部门还未做出具体的回应。

三、公正评论原则

广州侨房公司诉中国改革杂志社一案的判决，还有另外一个闪光点，便是法官对公正评论原则的运用。法官认为："衡量新闻机构的评论是否公正，应当从其评论的对象是否与社会公共利益有关、评论依据的事实是否真实存在、评论是否出于诚意来考量。"

"公正评论"原则是普通法诽谤的三大抗辩理由之一，它保护意见性陈述的发表，也即是保护观点的自由表达。美国的大众传播法指出，适用公正评论抗辩必须考量三个标准：1. 该评论是意见性陈述；2. 诽谤性评论是否聚焦于公众的合法兴趣所关注的问题；3. 评论是否有事实依据。

公正评论原则的提出，是因为发表观点是言论自由的内容之一。观点无所谓对错，"人人有权持有观点而不受干涉"也是国际人权公约的基本规定。观点只要公允、没有人身侮辱和攻击，就应该受到严格保护。因此，在诽谤诉讼中法律对事实和观点的要求是不尽相同的：报道事实必须做到基本真实，失实的报道需要承担责任；发表观点则只需公允、公正，所谓"错误的观点"也有权表达。

然而，在中国当前舆论监督的大环境下，许多机构和个人听得惯好话，却听不得一点坏话；听得惯表扬，却听不得一点批评。负面报道成为衡量是否侮辱

---

① 魏永征著：《新闻传播法教程》（第二版），中国人民大学出版社2013年版，第184~185页。香港《诽谤条例》的全文可参见香港特区政府网，http://translate.legislation.gov.hk/gb/www.legislation.gov.hk/chi/home.htm。

② 徐迅、黄晓、王松苗等：《新闻侵害名誉权、隐私权新的司法解释建议稿》（依据部分·续二），载《新闻记者》2008年第2期。

他人人格、有损他人名誉的尺度。只要你做出了针对我的负面评价，不管你是善意还是恶意，不管你有什么样的事实支撑，不管你是针对社会整体现象还是针对我个人，我都要起诉，你都得承担责任。①这就会产生国外理论经常提到的"寒蝉效应"（chilling effect），媒体因为怕担风险而不敢提出批评，久而久之，舆论监督得不到很好的发展，社会没有制衡的力量，看似一片祥和，实际却危机重重。长此以往，必然给社会带来不容小觑的伤害。正因为此，本案判决关于公正评论问题的论述，才更加折射出其重要的社会意义与法律价值。

启示与建议

对于新闻媒体及其从业人员而言，本案的启示包括：

1. 严格把握新闻来源的可信度，恪守新闻真实性的底线

如前所述，假如媒体报道所依据的材料来源于权威国家机关依职权制作的公开文书或者实施的公开职权行为，那么，新闻媒体只需做到客观准确地反映消息源的内容，并在前述文书或职权行为已做出公开纠正的情况下相应地进行更正报道，即可依法获得特许权的保护。即便最终报道的内容确有失实并且造成他人的名誉受损，媒体也不会因此而承担法律责任。然而，倘若消息来源不属于国家机关等权威来源之列，那么，新闻媒体也应当尽可能地采用一般人可以合理相信为真实的消息来源，如本案中所涉及的公司年度报告、职工代表提案文件等，并妥善留存相关证据。这样，一旦新闻侵权诉讼发生，即便不能直接依法引用特许权之规定免责，也可以为胜诉增添砝码。

2. 评论须以事实为基础，报道事实与发表意见分开，并且保持公正的评论立场

世界上许多国家都对事实的错误和观点的谬误采取不同的法律评判标准。究其原因，一方面，保护意见的多元、言论的自由是国际人权公约和各国宪法高度一致的共识；另一方面，在实际诉讼过程中，司法往往只能判断事实的

① 学者杨立新将这种现象称为名誉权的"膨胀"。他认为："我们从名誉权的保护实践来看，这些年来，很多人对名誉权产生了一种虚幻的感觉，很多人认为对自己的任何批评都是侵害名誉权，也就是说，膨胀的名誉权使人们的感觉大大地脆弱了，经受不住任何批评。因此，我们在思想上对名誉权必须有一个'消肿'的过程，其中也包括对个人感觉的'消肿'过程。"参见王利明、杨立新著：《人格权与新闻侵权》，中国方正出版社，2010年版，第十三章第七节"我国名誉权的'膨胀'与'瘦身'"。

真假,却难以判断意见的对错。[①] 事实上,我国已有的不少司法判决都只要求评论做到公正,而不要求媒体证明其真实。[②] 因此,新闻媒体及其从业人员在实际工作中应当避免"夹叙夹议"的表现形式,并且做到公正地表达意见和观点,这样才能在现有法律框架内为自身创造更大的言论空间。

---

① 魏永征:《把事实和意见分开——〈新闻记者〉评点假新闻文章名誉权案一审胜诉的启示》,载《新闻记者》2011年第8期。

② 例如,唐治军诉羊城晚报社、株洲广播电视报社侵害名誉权案的二审判决(湖南省株洲市中级人民法院民事判决书(2004)株中法民一终字第305号)认为:"既然是评论,就存在褒贬。唐治军对褒扬的评价欣然接受,对贬责的评价当然有义务承受。如果认为批评、讽刺就是侵权,只准许媒体发出同一种声音、都持一个观点,就会随时陷入侵权险境,也不符合宪法和法律所规定的言论自由的要求。"详见李国民著:《既然是评论,就存在褒贬》,收录于《中国新闻(媒体)侵权案件精选与评析50例》,法律出版社2009年10月版,第156~162页。

8. 报道中的轻微失实应获司法宽容，媒体更需加强自律

——汤某某诉湖南经济电视台侵害名誉权案

◇ 张鸿南

案例要义

顾客汤某某在酒店消费，认为某品牌的啤酒有质量问题，并拿出伪造的记者证要求对方高额赔付。该制酒商与湖南经济电视台联系，湖南经济电视台采访后的报道指出汤某某伪造湖南经视记者汤国兴敲诈勒索。而事实上，汤某某虽然伪造记者证，但确实没有冒充汤国兴。是不是只要报道失实就认定侵权呢？如果报道失实程度没有明确的法律标准，则会增加媒体侵权风险。下文将以此为例分析媒体报道出现轻微失实如何处理的问题。

关键词

严重失实 基本真实 轻微失实 社会责任

主要事实

2003年8月13日，在长沙市一酒楼，三位顾客投诉湖南华狮啤酒有限公司一白沙啤酒瓶底有黑色片状物，酒液中有黑色沉淀物。接到投诉后，该公司立即派售后服务人员上门处理。售后服务人员检查属实后，当即表示愿意赠送金白沙啤酒五件。原告汤某某也是其中一位顾客，他自称是湖南经济电视台都市频道记者，并出示了标明记者身份的胸卡，他和另外一位自称是某医院院长的于姓顾客要求该公司赔偿5万元，交涉未果，售后服务人员进行了售后服务登记，原告汤某某在备注

栏内留下姓名和联系电话，但姓名中的"强"字十分潦草，难以辨认。2003年8月14日，于某和另一位顾客均致电湖南华狮啤酒有限公司，提出索赔要求并授权原告汤某某进行交涉。原告汤某某对湖南华狮啤酒有限公司声称事情处理不好都市新闻将会报道该事件。湖南华狮啤酒有限公司与湖南经济电视台联系后，得知湖南经济电视台有一名记者叫汤国兴，但汤国兴近两日一直未外出。2003年8月15日，湖南华狮啤酒有限公司保卫部与汤某某相约当面协商，同时向派出所报案。原告汤某某赴约并在洽谈时佩戴了有都市频道新闻中心记者字样的胸卡。经洽谈，汤某某表示湖南华狮啤酒有限公司若出1万元，自己保证不发稿报道该事件。此时，湖南经济电视台有关负责人和汤国兴、派出所民警一起赶往现场，揭露了原告汤某某并非湖南经济电视台频道记者的事实，派出所以涉嫌诈骗为由当场对汤某某进行调查。当天，被告湖南经济电视台在《经视新闻》中，以"冒充经视记者敲诈五万　真记者直面假记者"为标题对该事件进行了报道。该报道称《经视新闻》热线接到举报，一个叫汤某某的青年男子自称是经视记者汤国兴，以啤酒中有异物为由，以进行新闻曝光为要挟，向长沙某啤酒厂索要5万元的'了难费'，被经视新闻记者汤国兴与警方一起揭开了这位假冒记者的真面目"，并同时播放了当天湖南华狮啤酒有限公司工作人员与汤某某洽谈过程的部分镜头。第二天，被告湖南经济电视台又在《经视新闻》栏目中以"行骗过程完全记录，假冒经视记者现原形"为标题进行了后续报道。报道称假记者起先不承认自己的行骗事实，该台保卫部给派出所送去假记者实施敲诈的录像资料，假记者终于开始承认自己的"敲诈行为"；该《经视新闻》还报道：汤某某自己交代他去年年底就开始利用经视记者汤国兴的名义在外活动，警方仍对他是否涉嫌其他犯罪做进一步调查。该报道同时报道了原告汤某某在派出所接受讯问的镜头，办案干警欧某的被采访镜头。办案干警欧某在接受采访时表示，"还在他的业务交往方面和电话记录的清单方面进行调查，不排除进行其他诈骗的嫌疑"。原告汤某某在讯问笔录中承认其携带的标有"湖南电视台都市频道新闻中心记者"的胸卡系2002年底委托他人办理的，自己不是记者，冒称记者处理索赔事宜不对。之后，公安机关对原告汤某某没有立案处理。

　　2003年9月15日，原告汤某某向法院提起诉讼，认为被告汤国兴在新闻报道中胡编乱造，其中"汤某某交代，他从去年年底就开始利用经视记者汤国兴的名义在外面活动,警方目前仍在对他是否涉嫌其他犯罪进行进一步的调查"完全是编造;报道中使用"敲诈、诈骗、敲诈勒索"等大量恶毒的语言,毫无根据地随意给原告汤某某的行为定性;在新闻报道中又称原告的工作证和身份证上都是"汤某某"的名字,却又说他冒充记者汤国兴,前后互相矛盾。被告汤国兴的行为严重违背客观公正的新闻原则,而被告湖南经济电视台偏听偏信,使严重失实的新闻稿件在《经视新闻》栏目中播出,在较大范围内对原告汤某某的名誉、人格造成了损害,应当承担相应的民事责任。被告湖南经济电视台认为对原告汤某某关于"敲诈、诈骗、敲诈勒索"的报道,由湖南华狮啤酒有限公司的报案材料,派出所干警的采访录像、原告汤某某本人与湖南华狮啤酒有限公司工作人员的洽谈录像及在东塘派出所接受讯问的录像等材料佐证;对其去年年底即冒充记者的报道,有原告汤某某自己交代"2002年底通过他人代为制作胸卡"的谈话记录佐证;对其冒充"汤国兴"有原告汤某某在湖南华狮啤酒有限公司的售后服务登记表上的签名佐证,全部内容客观真实,因而没有侵犯原告汤某某的名誉和人格。

湖南省长沙市雨花区人民法院做出一审判决认为,被告汤国兴系被告湖南经济电视台职员,其提供新闻稿件是履行职务的行为,其责任应由湖南经济电视台承担。被告湖南经济电视台2003年8月15日、16日在《经视新闻》栏目中报道"汤某某冒充经视记者",因原告汤某某既不是记者也不是湖南经济电视台工作人员,故该报道事实属实;因报道当时,原告汤某某确因涉嫌诈骗被公安机关留置,报道中使用的"敲诈、诈骗、敲诈勒索"等用语是被告湖南经济电视台对原告汤某某的舆论评价,属于合法的范围;而其中"关于警方对原告汤某某是否涉嫌其他犯罪仍在进行调查"的报道,来源于对警务人员的采访,并无不实,原告汤某某在公安机关自述了2002年底即通过他人制作了显示记者身份的胸卡,因而"关于原告汤某某去年年底即冒充记者的报道"也客观属实;但被告汤国兴和湖南经济电视台仅凭原告汤某某在湖南华狮啤酒有限公司售后服务登记表上的签名像"汤国兴"即认定原告汤某某冒充了汤国兴,依据不足。综上所述,湖南经济电视台2003年8月15日、16日在《经视新闻》栏目中对原告汤某某的报道主要事实属实,虽部分事实"一个叫汤某某的青年男子自称是经视记者汤国兴"的报道没有充分的依据,但原告汤某某的名誉不因该报道而受损害。因此,驳回原告汤某某的诉讼请求。

争议焦点

湖南经济电视台对汤某某的报道是严重失实，还是轻微失实？轻微失实是否能认定湖南经济电视台侵权？

法理分析

本案主要涉及如何界定媒体报道出现轻微失实的问题。

一、法律上对媒体报道轻微失实的规定

1993年《最高人民法院关于审理名誉权案件若干问题的解答》第七条规定："因新闻报道严重失实，致他人名誉受到损害的，应按照侵害他人名誉处理。"第八条规定："文章反映的问题基本真实，没有侮辱他人人格的内容，不应认定为侵害他人名誉权。文章反映的问题虽基本属实，但有侮辱他人人格的内容，使他人名誉受到损害的，应认定为侵害他人名誉权。"一般认为："司法解释将对构成名誉侵权的虚假程度做了进一步的界定，把侵权的界限划在新闻和批评文章严重失实和基本内容失实上，把局部的、轻微的失实划入法律可以宽容的范围，这符合大众传媒传播的规律。"[1] 可见法律对媒体报道的"真实"的标准体现出一定的宽容，并不要求报道内容完全符合客观实际，只要求报道不严重失实和报道基本真实且不侮辱他人，这符合新闻规律，也对媒体工作有利。但是法律上并没有规定"严重失实"和"基本真实"的具体标准，很多案件中还是要依赖于法官的自由裁量。

二、 如何界定轻微失实

从上文的分析中我们可知"局部的、轻微的失实"法律可以宽容，也应当宽容。但是如何界定这种局部的、轻微的失实呢？可以从造成损害的对象、损

---

[1] 洪伟著：《大众传媒与人格权保护》，华东师范大学出版社2005年版，第86页。

害后果以及轻微失实与严重失实区别三个方面来分界定轻微失实。

1. 损害对象不同，"轻微"失实的程度也不同

我们知道在新闻报道中涉及的人物往往分为两类：公众人物和普通人。王利明认为："公众人物是指在社会文化生活中具有一定知名度的人，大致包括：政府公职人员；公益组织领导人；文艺界、娱乐界、体育界的'明星'；文学家、科学家、知名学者、劳动模范等知名人士。"萧瀚认为："公共人物应当包括下列人等：（1）在这政府官僚层级机制中任职的公共官员；（2）在一些事关公共利益的组织中担任重要职务的人，相当于公共官员；（3）众所周知的名人、著名球星及其他著名的娱乐界名人；（4）在特定时间、地点某一公众广泛关注或者涉及公共利益的事件中被证明却有关联的人认为'有限公共人物'。"据此我们可以判断，我国大多数学者认为公共人物主要是政府官员和社会名人，有一点补充的就是在特定情况下被公众所关注的人，例如，在艾滋女闫德利事件中，因为其前男友在博客上公布的一长串电话名单立即引起了网民的极度关注，闫德利就被迫成为公众人物。但是就闫德利自身而言，只不过是一个普通人，在网络上被大曝隐私和大肆侮辱，本已是飞来横祸。所以我们不应该把这种被迫进入公众视野，为公众熟悉却与公共利益无关的普通人纳入到公共人物概念中来，从而弱化对他们的保护。正是因为公众人物涉及公共利益，所以公众人物的名誉权保护需要一定的弱化和限制。公众人物作为社会关注的焦点，他们的一举一动都可能关乎国家利益和公共利益，为了保证公共权力的正确运行和公众利益的不受损害，必须对公众人物进行相对普通人更为严格的舆论监督和更为细致的报道，同时为了满足公众必需的知情权，公众人物有责任稍微牺牲一下自己的隐私权、肖像权等人格权利。例如，在范志毅作为国际知名足球明星，因媒体报道他涉嫌赌球引发名誉诉讼，而判决书中这样写道："作为公众人物的原告，对媒体在行使正当舆论监督的过程中，可能造成的轻微损害应当予以容忍与理解。"① 在此案中，范志毅被《东方体育日报》发表《传闻范志毅涉嫌赌球》一文，虽然事后进行连续报道澄清了传闻，但设想一下：如果范志毅只是一个普通人，这种未查清事实即报道的新闻，对其名誉损

---

① 魏永征、张鸿霞：《考察"公众人物"概念在中国大众媒介诽谤案件中的应用》，收录于徐迅主编：《新闻（媒体）侵权研究新论》，法律出版社2009年版，第239页。

害是极大的，因为普通人没有责任和义务让公众知悉自己的私人生活。还有张靓颖被上海某报报道耍大牌，张靓颖提起名誉侵权之诉，被告未能举证报道内容真实，但法院认为"张靓颖作为演艺界人士，应对歌迷的热情和媒体的追逐，可能带来的轻微损害应给予适当的理解和宽容"，判张败诉。[①] 如果同样一篇存在轻微失实的报道，针对的是公众人物和普通人，那么对于公众人物而言可能不构成侵权，但是对于普通人则极有可能构成侵权。

　　2. 造成轻微失实还是严重失实很难通过损害后果认定

　　认定新闻侵害名誉的客观标准应看是否有实际损害，即是否降低了被报道者的社会评价，以及精神与财产是否受到损失。[②]《美国大众传播法》的判例"杰茨案"就提到："实际损害不仅限于实际支出的损失（由此推论它也可能是金钱损失）。事实上，由诽谤性的谎言所导致的实际损害通常包括名誉、社会地位所受的毁损、人格的羞辱以及精神上所承受的痛苦。"[③] 相比社会评价和精神损害而言，经济损失比较容易认定。"《最高人民法院关于审理名誉权案件的若干问题的解释》对损失赔偿的数额和范围所做的规定——因名誉权受到侵害使生产、经营、销售遭受损失予以赔偿的范围和数额，可以按照确因侵权而造成客户退货、解除合同等损失程度来适当确定。"[④] 但是现实中社会评价降低就不太容易把握。因为新闻报道中的社会评价除了报道人和被报道人，往往还涉及第三人的态度。而第三人的认定标准一般为普通智力普通情商的普通人，以最大众化的视野去评价。在本案中，汤某某认为自己被报道冒充汤国兴而致名誉权受损，但是从公众角度而言，并不像汤某某所认为的会更加侵犯他的名誉权。另外除了第三人的评价外，很多时候也取决于被报道人的主观承受能力。即使是同样的侵害，有的人会坦然处之，有的人甚至会了结自己的生命。在韩国被网络攻击的娱乐明星例如演员崔真实、U－NEE 、郑多彬

---

　　① 魏永征、张鸿霞：《考察"公众人物"概念在中国大众媒介诽谤案件中的应用》，徐迅主编：《新闻（媒体）侵权研究新论》，法律出版社2009年版，第240页。

　　② 洪伟著：《大众传媒与人格权保护》，华东师范大学出版社2005年版，第87页。

　　③ [美] 唐纳德·M·吉尔摩等著，梁宁等译：《美国大众传播法：判例评析》（上册），清华大学出版社2002年版，第171~172页。

　　④ 雷丽莉著：《新闻名誉侵权构成要件分析》，收录于徐迅主编：《新闻（媒体）侵权研究新论》，法律出版社2009年版，第145页。

无法承受压力，便纷纷选择自杀逃避现实。在判决书号为（2006年）玄民一初字第4号任某某诉江苏省广播电视总台一案中，只因报道中对任某某的称呼为"姓任的女人"，任认为自己的名誉受到了损害，其实从普通公众的角度而言，电视画面的一晃而过，一个没有用尊称的称呼，其实并不存在名誉的损害，即使有，也是极其轻微的，而任某某却将江苏电视台诉至法院。可见，在某些情况下，损害后果的不易认定，第三人的主观感受，被报道人的心理素质和受压能力，都会导致仅仅通过损害后果，是无法清晰认定是否是轻微失实还是严重失实所导致。

3. 轻微失实和严重失实的区别

最高人民法院1993年8月发布的《关于审理名誉权案件若干问题的解答》对新闻失实侵害名誉权的问题做了专门规定[①]，认为文章反映问题基本属实并且没有侮辱他人的行为不构成侵权。我们是不是可以这样思考，在基本内容属实，细节内容轻微失实的情况下，没有侮辱他人，也不构成侵权。本案中，对汤某某的报道中，汤某某冒充记者涉嫌勒索商家这一事实的基本内容属实，有现场录音和警方提供的证言为证，而汤某某是否冒充汤国兴就属于一个基本事实之外的问题，虽然这一事实没有确定的依据，但上文中已提到湖南经济电视台的判断也并非无中生有，也是有据可依的，并不存在主观上的恶意，也没有对汤某某进行侮辱，至于"敲诈，勒索"等词汇也是基于他所做的事情给予的正常评价。"轻微失实"并非法律专业术语，而是由司法解释中规定的"严重失实"推理而来，所以对于轻微失实法律并没有给出清晰的界定，却是逻辑推演的必然结论。

启示与建议

法律对轻微失实和严重失实并没有严格的界定，虽然区分的说法很多，但大都是一家之言，没有形成统一学说，也没有上升为职业素养，所以法院的裁判只能来自法官各自的理解和自由裁量。在相关立法和规范没有出台之前，媒

---

① 参见上文。

体报道应当注意如下问题：

1. **不要打法律擦边球**

因为轻微失实与严重失实界限不甚明晰，所以媒体报道应遵循客观真实的原则，尊重事实，尊重采访者，"真实是新闻的灵魂"，媒体的客观报道不仅会避免侵权诉讼，也会受到同行和受众的尊敬，获得良好的口碑。

2. **如果媒体报道确实出现了轻微失实的情况，媒体首先要做的是及时补正**

虽然诉讼中，法官对轻微的失实应当予以宽容，但轻微的失实也是失实，是失实就应当采取补救措施。媒体良好的纠错机制与合作态度会使被报道者平息愤怒，更有助于沟通和互相谅解。即使被报道者起诉到法院，由于媒体已经采取措施避免不良后果的进一步扩散，法院也会酌情考虑减免媒体方面的责任。

9. 报道新闻发布会: 媒体只需 "确信真实"
——中国电影集团公司、湖北省文化厅诉文汇新民联合报业集团、 吴某某侵犯名誉权案

◇ 王松苗

案例要义

　　电影制作方、投资方状告演员的新闻并不多见。而像本案这样, 同时适用新闻侵权的三大抗辩理由——真实、公正评论、特许权的, 更是鲜见。

　　本来是新闻发布会上的仗义执言, 孰料官司临头之后却断然否认自己说过类似的话。"出尔反尔"的背后隐藏着耐人寻味的无奈。好在还有其他媒体的众口一词, 好在还有本案法官的泾渭分明, 否则, 涉案媒体岂不是跳进黄河也洗不清? 从这个角度看, 本案的价值与其说是保护了公民仗义执言的评论权利, 毋宁说是保护了媒体如实报道公共场合的言论的权利。最终, 也能优化中国电影事业的发展环境。

关键词

新闻发布会　环境评价　正当言论

主要事实

　　2005年6月, 被告文汇新民联合报业集团下属的《新民晚报》相继刊登了《"剧组造孽, 我是帮凶"——柯蓝昨向自己主演的〈惊情神农架〉开炮》、《金丝猴被逼得无路可退——柯蓝诉〈惊情神农架〉破坏生态引起很大反响》、《神农架目击: 废墟和垃圾充斥自然保护区》、《声援王志文和柯蓝》和《谁也没有特权》等八篇文章。上述文章单方面引用影片《惊情神农架》主演吴某某的言词, 在未经

核实的情况下，指责该影片剧组"破坏神农架自然保护区"、"偷猎金丝猴"、"恶劣行为令人发指"，称该影片剧组"留下了破坏自然的罪证，是假文化、真野蛮，热爱艺术的人们，不相信他们能制作出让广大观众享受真善美的优秀文艺作品"。因此，原告中国电影集团公司和湖北省文化厅认为，《新民晚报》的报道及吴某某言论严重侵害了原告的名誉，在全国范围内影响了影片《惊情神农架》的上映，给原告造成了巨大的经济损失，遂诉至法院，要求被告郑重道歉、恢复原告名誉，并赔偿损失200万元。

被告吴某某辩称，自己在上海电影节的新闻发布会上未发表侵犯电影《惊情神农架》及剧组的言论，只是在与朋友私聊的时候提到搭建小木屋的事情，故不同意原告的诉讼请求。被告文汇新民报业集团辩称，《新民晚报》刊登的文章旨在提醒人们保护自然环境，不是针对哪一个具体的剧组，并且《惊情神农架》剧组确实存在破坏自然环境的行为，亦不同意原告的诉讼请求。

一审法院、北京市海淀区人民法院于2006年7月17日做出判决认为：根据《中华人民共和国自然保护区条例》的规定，"进入国家级自然保护区核心区，必须经过经国务院有关自然保护区行政主管部门批准"，原告在未获得国务院有关主管部门批准的情况下，进入神农架大龙潭地区（该地区属自然保护区核心区），拍摄《惊情神农架》，且搭建小木屋，必然对拍摄地点的周边环境产生影响。吴某某出席上海电影节新闻发布会的场所内发表了剧组搭建小木屋等言论，对《惊情神农架》剧组的行为做出了评价，但该评价属于民事主体依自己的价值观、理解、经历对事物做出的评价，法律并不禁止人们对事物做出正面或负面的评价。《新民晚报》的报道旨在呼吁保护环境，引用吴某某在新闻发布会上的发言评价，在此基础上进行评论，报道内容基本属实。

一审法院据此驳回原告的全部诉讼请求。后双方均未上诉。

☕ **争议焦点**

1. 报道新闻发布会的内容是否需要征求发布者本人同意？2. 媒体对公开发布的新闻是否还要履行核实义务？3. 文化厅能不能做名誉权诉讼的原告？

📖 法理分析

一、报道新闻发布会的内容是否需要征求发布者本人同意

报道新闻发布会是否需要征求发布者本人同意？这本不应当成为一个问题。新闻发布会是主办者通过召集媒体公开发布新闻这种形式，向媒体并通过媒体向社会发布信息，表达观点与情绪的一种方式。新闻发布会的特点有三：一是主动性，即主办者主动提供材料发布新闻；二是公开性，不仅发布的地点公开、形式公开，而且内容公开；三是追求传播效应，即主办者常常希望传播的范围越广越好，辐射的对象越多越好。在这种语境中，媒体报道新闻发布会的内容，不仅得到了主办者的授权，而且得到了主办者的鼓励，因而完全可以推定为发布人已经同意，而不必重复征求意见。

按照特许权理论，新闻媒介客观报道新闻发布会内容，或官方的、公共团体的或其他公共会议提供的材料，即便出现侵权后果，也不应由媒体来承担法律责任。"任何社会成员都可以参加，并能亲眼看到、亲耳听到的公开集会上所发表的言论受有限特许权的保护，这是一条普遍原则"，不仅如此，特许权也能适用于要求进场资格的公开会议，只要每个人都能自由地交付入场费。[①]按照香港《诽谤条例》的规定，受特许权保护的新闻报道除官方公开信息外，还包括社会团体、股份有限公司和依法成立的其他组织有关自己业务范围的信息和对内部人员进行处分的行为，以及有关科学、艺术、娱乐、体育和其他涉及公众事务的会议信息等。[②]由于新闻发布会的上述特点，所以，对新闻发布会"报道是原则，不报道是例外（即事先声明的保留内容除外）"。

传播发布会的内容当然也会引起纠纷。比如内容与事实不完全相符，涉及的相关人员有不同意见等。这时如何承担责任，并不存在大的争议。按照法学

---

① [美]唐·R·彭伯著，张金玺、赵刚译，展江校：《大众传媒法》，中国人民大学出版社2004年版，第185页。

② 魏永征：《中国大陆新闻侵权法与台湾诽谤法之比较》，载《新闻大学》，本文系1998年在台中举行的"两岸传播媒体迈向二十一世纪学术研讨会"论文。

理论, 积极主动并以发表为目的而向新闻单位或作者提供事实材料的, 被称为主动新闻源(积极新闻源)①。主动新闻源应当对爆料的真实性负责。学者认为, 按照过错责任原则, 向新闻单位主动提供材料, 包括口头上向新闻单位反映或以书面向新闻单位投送材料等, 其目的都是为了求得发表, 所以理应对新闻材料可能发生差错具有注意责任, 从而对差错具有过错。② 最高人民法院1998年发布的《关于审理名誉权案件若干问题的解释》的规定指出: 主动提供新闻材料, 致使他人名誉受到损害的, 应当认定为侵害他人名誉权。当然, 具体到各方的责任如何承担, 还要根据过错的大小来分别确定。理论界的通说认为, 对于自愿成为公众人物的人即自愿参与某种重要公共争议、试图影响有关解决该争议的公共舆论的人, 提起名誉权诉讼时必须证明, 被告在发表诽谤性材料时具有实际恶意, 即明知报道失实或不计后果地无视其真伪。

新闻传播领域取得的这些共识, 本案一审判决分三个层次阐述得清清楚楚。首先, "吴某某出席新闻发布会, 其应当知道新闻发布会属公开场所, 并非私人领域, 其作为特定新闻人物出现在公开新闻发布场所, 言行必然受到关注, 成为媒体报道的焦点"——这就意味着特定新闻人物事先对媒体传播自己的言行是明知的, 甚至是求之不得的。其次, "新闻发布会的性质决定了参与者的公众人物身份, 记者针对新闻发布会现场公众人物的言行不必征求其意见, 即可进行报道, 该行为属于惯例, 已为社会所接受"——这就意味着对自愿成为公众人物的人, 媒体在报道其相关行为时, 没有义务去重复征求其意见——这已经成为惯例并为社会所接受。再次, "如果发言者不希望自己的言行被报道, 其应当慎言或者向记者明确表示其不希望被报道的意思, 但吴某某并没有采取上述行为, 众多媒体的报道也进一步证实了吴某某公开发表言论的行为"——这就意味着对新闻发布会"报道是原则, 不报道是例外", 即只有事先声明不让报道的情况下, 媒体才需要对擅自披露的行为负责。

二、媒体对公开发布的新闻是否还要履行核实义务

对于新闻发布会的内容, 除了法律禁止发表和传播的部分以外, 媒体能不

---

① 相应的, 被动新闻源被称为消极新闻源, 即被动采访而提供新闻材料且未经提供者同意而公开。

② 魏永征、张鸿霞著:《大众传播法学》, 法律出版社2007年版, 第197页。

能有闻必报？换句话说，媒体对公开发布的内容是否还需要进行核实？因为这涉及报道内容的真实性问题，是媒体抗辩中绕不开的一个结：如果内容属实，那么毫无疑问就不构成侵权。反之，按照我国司法解释的规定，严重失实的，则要承担侵权责任。

本案争讼的事实到底是不是真实的？这包括以下两层意思——

1. 媒体对吴某某言论的报道是不是客观的？

这看看判决就一目了然了。判决认定：《新闻晚报》2005年6月14日《柯蓝无情"投诉"新片破坏神农架》报道的内容——"见面会后接受群访时，柯蓝更是竹筒倒豆子一般一吐为快"、"柯蓝坦言，在破坏神农架原始生态的行为上，谢霆锋主演的《情癫大圣》'造孽更严重'，因为'他们把水泥浇铸成蘑菇形状，现场无法再复原'。相比之下，我们造了小孽，搭建了小木屋。我也是帮凶，我也造了孽"——得到了《长江日报》、《武汉日报》、《青年报》、《楚天都市报》等等的佐证，最终得出结论，即"综合相关媒体近乎一致的报道，本院有理由相信吴某某曾对《惊情神农架》剧组的行为做出过评价，并有搭建小木屋、造孽等语言和关于自然环境、金丝猴的描述"。这就意味着，本案被告媒体对吴某某新闻发布会上发表的言论所做的报道是客观真实的。

2. 吴某某的言论本身是不是真实的？

这才是本案争议的真正焦点。原告认为，被告媒体在"没有核实基本事实的情况下，仅凭柯蓝一面之词及主观臆测，便将偷猎国家一级保护动物金丝猴、破坏生态的罪名记在《惊情神农架》剧组名下，并借此发表大量攻击性、煽动性甚至带有诬蔑性的言词和评论，而这些言词又通过网络等其他媒体在全国传播，其行为不仅违反新闻报道真实性、合法性的基本原则，而且严重侵害原告的名誉"。而更要命的是，新闻发布会的主角吴某某居然否认自己说过这样的话，即她自己"从未发表过任何侵犯电影《惊情神农架》及剧组的言论，也没有在2005年6月13日第八届上海电影节剧组和媒体见面会上侵犯该片的名誉权，更没有说过剧组有破坏神农架自然保护区的偷猎金丝猴的言辞"，这就把责任推卸得一干二净，而这种推卸本身不论是出于压力还是害怕承担侵权的后果，都令人费解，恶劣的是这与原告一起将媒体推向侵权的悬崖。所以，在判决认定吴某某确实发表过上述言论的基础上，接下来需要弄清的问题就是，这些言论所透露的内容是不是真实的?

为了解真相,作为本案被告的媒体在答辩中提到:2005年6月17日,《新民晚报》的记者到神农架现场看到剧组破坏自然保护区的行为。同年6月18日,看到有用布制作的假的树叶,有用水泥制作的灯,有关着金丝猴的笼子,确实存在破坏生态环境的事实。这就意味着吴某某新闻发布会发布的新闻,得到了记者的现场验证。至于说偷猎金丝猴,诚如被告所言:报道中本就没有点明是《惊情神农架》剧组所为,故批评的是一种现象。而且于6月18日醒目刊登了吴某某的重申声明:《惊情神农架》剧组没有猎杀金丝猴,从而也没有侵权。这个理由最终被法院采纳:一方面,法院指出中影集团、湖北文化厅进入的神农架大龙潭地区属于自然保护区的核心区,应当经国务院批准方可进入,但两原告均无法举证证明剧组拍摄经过国务院有关主管部门批准,其违法性质昭然若揭,吴某某披露的违法事实也得到了记者的现场验证;另一方面,判决认定,纵观全部报道,并不能使人得出原告提出的所谓"《新民晚报》采取凭空捏造歪曲事实,恶意渲染的手段指责剧组偷猎金丝猴,其恶劣行为令人发指"等对号入座式的结论。这样,不仅吴某某的评论有事实依据,而且《新民晚报》的报道客观可信。

在上述两个问题中,解决第一个问题比较简单——只需要比较一下相关媒体的报道就能一目了然,而解决第二个问题却相当复杂,它衍生出一系列相关问题,特别是真实的认定标准问题、媒体的核实责任问题和报道者的主观过错问题。

关于真实,新闻学界提出了三个概念,即客观真实、法律真实与新闻真实。[①] 客观真实就是事件的本来面目,即真相。法律真实是有证据证明的事实,即在法律范围内达到证据可以证明的真实。新闻真实与这两者不同,是通过如实记录等手法来反映客观情况,常常是别人怎么说,只要我觉得合理可信,我就怎么反映。因为新闻是对变动着的客观世界的反映,所以新闻真实是一种动态的真实,过程的真实,阶段性的真实。从某一个阶段来看,它是真实的,但在总体上它又可能是失实的——特别是需要通过连续报道来弄清真相

---

① 周泽:《新闻官司:为何媒体都喊冤》,载《法制日报》2001年9月29日。

的时候，阶段的不准确甚至失实往往在所难免①。其实，对于所有的爆料，新闻并无可能进行一一核实。因为新闻既要真实又要快速，而真实与快速之间总是存在着内在的紧张关系。"于传播资讯之过程中，要求传媒所及之任何事实均准确无误，恐非易事。对以此为业者，此种天衣无缝之要求标准，更系难如登天"②，所以，不可能以侦查人员或科学家的标准来要求传媒和作者。

不用侦查人员的标准，不用科学家的标准，那到底用什么标准来要求媒体？学界有人提出了"普通人标准"（也有人称之为中等人标准），得到了广泛认可。即事实如果在普通人看来合理可信，那么媒体和记者也完全有权进行报道，而不能要求其履行额外的注意义务。这就是"确信真实"（honest belief in the truth）——新闻媒体与公民只要能够证明自己是确实地、真诚地相信自己文章的内容是真实的，那么即使不能证明真实或不能被证明失实，就不承担新闻侵权的责任。③这个提法与新闻真实的意旨可以说是殊途同归。按照哲学理论，客观真实是一种可望而不可即的目标——人的认知能力是有限的；法律真实仍然要求不低——毕竟媒体没有侦查手段来对事件的真伪进行核实，而且还由于新闻时效性的要求，媒体或公民不可能对事实进行无休止的核实；而主观真实希望有闻必录，有录必报，连最基本的审核都没有，却也过于轻率。这样，比客观真实、法律真实的要求低一点，比主观真实的要求高一点的"确信真实"，便显示出其可行性。即按照普通善良人的标准，确信事实是存在的，即可以予以报道。这在我国是得到司法判决认可的。④

在确信真实的理念主导下，媒体对新闻发布会的内容只负有相对较轻的核

---

① 在范某某诉《东方体育日报》一案的判决书中就有"新闻报道由于其时效性的特点，不能苛求其内容完全反映客观事实"的表述。或许这可以视做新闻真实的司法认可。

② 法治斌著：《人权保障与司法审查》之"论美国妨害名誉法制之宪的意义"，（台）月旦出版社1994年版，第30页。

③ 魏永征、张鸿霞著：《大众传播法学》，法律出版社2007年版，第156页。

④ 2004年10月12日，广州市天河区法院在广州市华侨房屋开发公司诉中国经济体制改革杂志社名誉权纠纷一案判决中，主审法官巫国平大笔一挥，写下了一段令人赞不绝口的判词："界定新闻报道的内容是否严重失实，应以其所报道的内容是否有可合理相信为事实的消息来源证明为依据。只要新闻报道的内容有在采访者当时以一般人的认识能力判断认为是可以合理相信为事实的消息来源支撑，而不是道听途说甚或是捏造的"，那么，"新闻机构就获得了法律所赋予的关于事实方面的豁免权，其所报道的内容即使存在与客观事实不完全吻合之处，也不能认为是严重失实"。

实义务。因为通常情况下，对于普通事实、日常生活中的事实，人们已经拥有了丰富的经验，对类似的事实已经有过反反复复的认识，所以，亲眼所见，亲耳所闻的，不违背生活常识的内容，都会自然地被认为符合事实。否则无休无止的核实，容易使媒体噤若寒蝉。具体到本案而言，吴某某作为主演，对拍摄现场环境是否遭到破坏，无疑最清楚，最有发言权。这时，要求每个记者再去对这种仗义执言——核实确实是一种过高的要求，既违背新闻的时效性要求，而且也不经济，其结果就只能是不报道，从而封杀了公众的知情权。

相对较轻的核实义务，得到了一些明智的法官的支持。2003年6月29日，《成都商报》刊登《"皇上"提出怪要求》一文称：成都女歌手周某去北京邀请一个影视大腕来担当小说《绝爱》的签售嘉宾时，对方却提出以性做交易，并称该影视大腕是以演皇帝而出名的。7月4日，《成都商报》又刊登出《"皇阿玛"就是张铁林！》一文。文章称，周某在记者会上首次当众明确指出"皇阿玛"就是张铁林，并提供了某晚她和张铁林在该饭店相会的合影作为证据。上述文章被众多媒体转载。张铁林提起名誉侵权诉讼。

法院审理后认为，周某辩称其从未说过"以性做交易"、"皇上提出怪要求"的话，但无证据加以证明，所以其行为构成对张的名誉侵权。《成都商报》的报道，来源于周某的叙述，反映的内容基本真实，在没有对方姓名的情况下也无核实的义务；对周某主动约见记者时的经过报道，内容亦基本真实，故不构成对张铁林名誉权的侵害。为此北京市第二中级人民法院做出一审判决：被告周某侵权成立，赔偿原告张铁林精神抚慰金1万元，并在《成都商报》上发表致歉声明，驳回原告其他诉讼请求。①

学者分析认为，本案中，法院认为媒体的核实义务是相对的。《成都商报》第一次报道时，由于"皇阿玛"姓甚名谁并未确定，故无法核实。第二次报道虽然有特定指向，但对于与"性"有关的东西，即便去核实，也不会有任何人会承认。也就是说，客观上确实存在无法核实的情况。所以，在本案中法院判决所说的"反映的内容亦基本真实"显然是指与消息源提供的情况一致——形式真实，而并非指报道同实际情况相符。因此，从某种意义上讲，本案判决在媒体

---

① 张博、高志海：《"皇阿玛"赢官司赔钱》，载《北京日报》2003年12月19日。

核实义务的履行程度上具有开拓性意义[①]。

与上述判决免除媒体核实义务不同，本案判决认为："《新民晚报》的相关报道，引用吴某某在新闻发布会上的发言评价，并在此基础上进行相关评论，基于其新闻报道的形式，要求报道内容基本属实即可。"同时本院注意到，"文汇新民集团为避免读者的误解和为探求事实真相，专门到现场调查，并发表柯蓝的重申，其慎重严谨的做法，足以消除可能引发的误解"。这就意味着，作为本案被告的媒体对新闻发布会的内容即使不去核实，只要报道内容基本属实也不构成侵权，何况它还"专门到现场调查"，履行了核实义务，因而被法院赞扬为"慎重严谨"，此情此景之下，又怎么可能构成侵权呢？

三、为环境仗义执言，何惧之有

本案原告认为被告侵权包括两方面：一是"凭空捏造歪曲事实，恶意渲染"；二是"发表大量攻击性、煽动性甚至带有诬蔑性的言词和评论"。前者是事实问题，后者是意见问题。对前者考察的是真实性问题，即事实是不是捏造的；对后者的考察则是公正性问题，即建立在事实基础上的意见是不是公正的。如前所述，对于第一个问题，法院已经明确"报道内容基本属实"，而且媒体的做法"慎重严谨"，足以消除可能引发的误解。那么在此基础上所做出的评论是不是公正的，就是本案要考察的另一个重点。解决了这个问题，对于本案另一被告吴某某也是一个有效的鞭策与提醒：纵使你在新闻发布会上披露了事实真相，抨击了原告的破坏性行为，也是为生态环境仗义执言，何错之有？！何惧之有？！

对于公正评论，国际上通常把它与真实和特许权并列为新闻侵权的三大抗辩理由。公正评论常常也称为诚实评论，其条件是：1. 评论的事项与社会公共利益有关；2. 有可靠的事实来源（包括保障的报道）；3. 评论出于诚意。在以上前提下，即使是片面的、偏激的评论，也不应当追究法律上的责任。通过公正评论的三个条件综合分析本案就不难看出：吴某某所评论的环境问题与社

---

① 魏永征、张鸿霞著：《大众传播法学》，法律出版社2007年版，第155页。对这个判决笔者认为，精神值得鼓励，说理却需要进一步丰富：毕竟无法核实不等于不需要核实，而且没有核实怎么就知道无法核实呢？

会公共利益有关；事实是她亲眼所见，自然可靠；没有任何证据表明其具有主观恶意，事实上也不可能有主观恶意，为环境仗义执言，秉持的自然是公正立场。所以，这种评论不构成侵权。

这在法律上也是站得住脚的。最高人民法院1993年发布的《关于审理名誉权案件若干问题的解答》中，对批评文章引起的名誉权纠纷规定了"反映的问题基本真实"和"没有侮辱人格的内容"两项条件，表明评论只要有真实的事实依据，不侮辱他人，单纯的意见分歧不构成名誉侵权。1998年该院发布的《关于审理名誉权案件若干问题的解释》规定："新闻单位对生产者、经营者、销售者的产品质量或服务质量进行批评、评论，内容基本属实，没有侮辱内容的，不应当认定为侵害其名誉权；主要内容失实，损害其名誉的，应当认定为侵害其名誉权。"虽然后一个司法解释仅仅回答的是新闻单位对产品质量或服务质量的批评、评论问题，但其精神却被普遍适用到针对所有对象的媒体评论中，这就是：第一，评论的内容基本属实——这里主要指的是其所依据的内容基本属实，至于评论本身只存在公正与否而不存在属实与否的问题。如果赖以依存的事实不存在，则批评、评论就没有根据，往往得不到法律的保护。当然，如何理解这里的事实，也一直是见仁见智。在本案中，对吴某某而言，其进行评论的事实是剧组是否破坏环境，而对《新民晚报》而言，其评论报道所依据的事实则是吴某某是否做出过类似的表述。第二，不得侮辱生产者、经营者、销售者的人格。当然，在今天的司法实践中，早已不仅仅限于上述几种对象，而是扩大到所有的被评论对象。

本案中吴某某在新闻发布会上使用了一些刺激性的言辞，但这是否构成侮辱、诽谤？还是法院判决回答得好：第一，评论有褒贬，容忍是义务。任何评价均可能或褒或贬，这常常取决于评价者所持的立场和形成的价值观，法律并不禁止人们对事物做出正面或负面的评价。公众事件或公众人物的行为，均可能受到正面或负面之评价，考虑社会结构多元化、公共利益与个人利益冲突、舆论评判角度、价值观不同等诸多因素时，评价不可能仅限于正面或完全一致，对此当事人应当予以理解。第二，名誉权与言论自由权都要进行合理而适度的保护。许多情况下名誉权的主体对自身的评价与社会评价并不一致，尤其对某一行为做出负面评价时，常常因此引发权利冲突导致争诉。对此，法律在保护民事主体的名誉权的同时，亦保护民事主体进行正当的报道、评价这种言论自由的权利。当上述两种权利发生冲突时，法院从私权保护与促进社会进步，维护公共利益的角度综合考虑，对名誉权与言论自由权这两种权利的行使与保护确定合理界限。第三，当事人有权结合亲身经历进行评论，刺耳的言论不等于侮辱诽谤。吴某某作为《惊情神农架》的女主角，参加了电影的拍摄过程，有权对自然环境、动物保护以及剧组行为做出评价，而当剧组确有在自然保护区搭建小木屋等拍摄行为时，其评说自己是"帮凶"，"造了小孽"等语言，并不构成侮辱、诽谤，属于民事主体依自己的价值观、理解、经历、好恶以及其特有语言表达方式等对某事物的评价。第四，面对刺激的外界评价，还是先检讨自己为宜。对被媒体报道和评价的对象而言，做出评价的虽然是他人，却系被评价者自身行为的外部反映。对于《惊情神农架》剧组进入自然保护区拍摄一事，吴某某、相关媒体、社会公众对该行为提出质疑，做出评价，并无不妥。通过这种贯穿整个判决的公正评论思想，法院最终认为：虽然吴某某的评价引起强烈反响，但尚不构成对中影集团与湖北文化厅名誉权的侵犯。非但如此，法院还基于此进一步分析认为：1. 言论自由必须允许公众和媒体开展评论。"公众的评价、新闻媒体的报道均属言论自由的范围，它是维护社会的正常运行、维护国家利益和公共利益的重要措施"，"文汇新民集团客观、真实地对相关问题予以报道、评论，吴某某对相关事实予以陈述和评论，属于正当行使言论自由权利，并不构成侵犯所报道对象的名誉权"。2. 为公益仗义执言尤其值得鼓励。《新民晚报》的系列报道主题围绕受社会关注的环境问题，虽然《惊情神农架》剧组在报道中出现，但其报道系针对当前影视剧组拍摄行为与环境保护问题，报道主旨在于呼吁保护环境。"在环境问题日益成为全社会关注焦点，普遍引发人们思考和讨论时，对于涉及自然生态保护的事件，任何人均有权评论。不仅限于剧组进入自然保护区拍摄的行为，本院认为任何公开的社会行为均可纳入舆论监督、评价的范围之内，公众有权通过新闻媒体了解真相，新闻媒体亦可针对某事做出相应报道和评价。"3. 批评性言辞虽听起来刺耳，但主张侵权的一方要举证证明社会评价由此降低。"文汇新民集团和吴某某对《惊情神农架》剧组的行为做出了报道、评价，但并不能因此推出造成对中影集团和湖北文化厅的社会评价降低这一后果，中影集团和湖北文化厅未提供充分证据予以证明时，本院对两原告诉称名誉受到损害的主张不予采信。"

四、文化厅能不能做本案原告

省政府文化厅能不能做原告？吴某某认为，《惊情神农架》是一部商业片，而湖北文化厅是属于湖北省人民政府下属的文化市场行政管理执法的具体职能部门，其不能从事商业行为，不可能成为电影的拍摄主体。根据原国家广播电影电视总局发布的《电影企业经营资格准入暂行规定》的规定，须是地级以上的工商行政管理部门注册的各类影视文化单位，具有工商行政管理部门颁发的《营业执照》，而湖北文化厅作为政府机构，既不属于在工商行政管理局注册的影视文化单位，又不具备从事商业活动的《营业执照》，不能成为商业片的拍摄主体，不能成为本案的原告。

文化厅作为政府机构是否享有名誉权，历来是一个争议不小的问题。反对者认为，即使政府机构受到错误指责，一般也不会给它履行法定职责带来严重影响，也不会造成经济损失，更不存在什么精神损害；政府机构有能力、有条件回击不实的言论，有机会通过行动澄清人们的认识；根据民主原理，判断有关政府行为的事实是否真实的最终权力不在于政府自身，而在于人民。根据我国宪法所规定的政府机构与公民之间的关系的性质，应根据适当的公法原则来做出解决彼此纠纷的制度安排，而不是走上法庭，禁止言路。所以，论者建议通过公法上的制度安排来代替私法领域的名誉诉讼。

不过，法院认为，中影集团与湖北文化厅属于本案适格原告，可以向文汇新民集团、吴某某提起名誉权之诉。理由是：名誉权属于绝对权，权利人可以要求一般人不为一定行为，义务人为不特定的任何人。中影集团、湖北文化厅作为民事主体享有名誉权，在中影集团、湖北文化厅认为他人实施的行为，如报道评论等侵犯了其名誉权时，有权向法院提起诉讼。同时，中影集团、湖北文化厅作为《惊情神农架》电影的合作双方，在剧组不具备承担民事责任的能力，而报道中又指明两者的投资合作关系时，中影集团、湖北文化厅有权提起民事诉讼。

法院在这个问题上的把握耐人寻味。首先，必须明确的是吴某某批评的是剧组，而不是中影集团与湖北文化厅。虽然剧组是由双方投资合作的，但批评剧组不等于批评这两个独立的法人。这就像批评股份公司不等于批评股东的道理一样。其次，报道中指明的仅仅是两者的投资合作关系，而没有断言在破坏环境上两原告具有共同的授意或共同的过错，通常情况下，个人或下属机构违法违规，并不必然需要"上级"来埋单。再次，判决认为剧组不具有承担民事责任的能力，所以其背后的投资方有权提起名誉权诉讼。这在逻辑上值得推敲：既然没有民事责任能力（其潜台词是没有法人资格），又怎么能对外开展工作？如果公民批评个体或部分群体的行为就得面临集体诉讼的风险，那么宪法第四十一条规定的公民对"任何国家机关和国家工作人员，有提出批评和建议的权利；对于任何国家机关和国家工作人员的违法失职行为，有向有关国家机关提出申诉、控告或者检举的权利"，岂不要沦为空谈，甚至时时都可能被推上法庭？非但如此，按照这个逻辑，对任何一个有"单位"的人（诸如建筑工人等）的职业行为展开批评，都可能面临其所属的"单位"的起诉？果如斯，则令人不寒而栗！

我国《民法通则》第一百零一条规定："公民、法人享有名誉权，公民的人格尊严受法律保护，禁止用侮辱、诽谤等方式损害公民、法人的名誉。"最高人民法院《关于贯彻执行〈中华人民共和国民法通则〉若干问题的意见（试行）》第一百四十条规定："以书面、口头等形式诋毁、诽谤法人名誉，给法人造成损害的，应认定侵害法人名誉权的行为。"这就意味着，只有公民或法人享有名誉权，作为非法人的剧组不能主张名誉权，但类似的组织如果真的名誉受损怎么办？这就要完善法制，规定其他非法人组织如合伙、个体工商户、法人分支机构等，也享有名誉权。否则，法律不完善，类似的尴尬还会难为法院。

其实，享有名誉权不等于名誉权受到绝对保护。正如本文前面所述，本案剧组一系列破坏环境的行为，足以表明本案两被告的言行，并不失实，因而不构成对其名誉权的侵害。在事实不容颠倒的背景下，无论是谁出面维权，结果都是一样的。

启示与建议

对于新闻发布会的内容，是不是都要传播且都能传播，通常由媒体根据法律与判断来把握。按照新闻法治领域的通识，一方面要保护公民的言论自由权利；另一方面同样要保护媒介自主地、负责地报道与评论公共事务和社会生活的权利。这里的自主是指任何单位与个人无权阻挠新闻媒介的合法报道活动，负责是指新闻媒介及工作人员对其采写的新闻作品的真实性及产生的后果负有责任。[①] 通常说来，在"法无禁止即许可"的原则指引下，只要发布的内容不涉及国家秘密、商业机密、个人隐私、淫秽暴力恐怖类有害信息等法律禁止披露的内容[②]，媒体就完全有权利传播发布会的内容。而且，对于类似本案这样带有一定的公益性质的新闻（包括观点），媒体进行及时的报道和传播不仅是一种权利，更是一种责任、一种义务。媒体在类似的信息面前失声失语，反而违背了起码的职业伦理。

主动新闻源应当对爆料的真实性负责。即便事后发现爆料的真实性存在问题，那也不能由媒体承担主要责任。在确信真实的理念主导下，媒体对新闻发布会的内容只负有相对较轻的核实义务。因为通常情况下，对于普通事实、日常生活中的事实，人们已经拥有了丰富的经验，对类似的事实已经有过反反复复的认识，所以，亲眼所见、亲耳所闻的，不违背生活常识的内容，都会自然地被认为符合事实。否则无休无止的核实，容易使媒体噤若寒蝉。

总之，对新闻发布会的内容，媒体只要确信在真实（即承担相对较轻的核实义务）的前提下，完全有权进行监督和报道，而无需重复征求发布者的意见。

---

① [美]唐·R·彭伯著，张金玺、赵刚译，展江校：《大众传媒法》，中国人民大学出版社2004年版，第19页。

② "禁载十条"详见于《出版管理条例》第二十六条、《音像制品管理条例》第三条之规定。（一）反对宪法确定的基本原则的；（二）危害国家的统一、主权和领土完整的；（三）泄露国家秘密、危害国家安全或者损害国家荣誉和利益的；（四）煽动民族仇恨、民族歧视，破坏民族团结，或者侵害民族风俗习惯的；（五）宣扬邪教、迷信的；（六）扰乱社会秩序，破坏社会稳定的；（七）宣扬淫秽、赌博、暴力或者教唆犯罪的；（八）侮辱或者诽谤他人，侵害他人合法权益的；（九）危害社会公德或者民族优秀文化传统的；（十）有法律、行政法规和国家规定禁止的其他内容的。《广播电视管理条例》第三十二条的规定虽然只有七项，但内容与此也大体相同，且该条例制定于1997年，而上述条例在2001年进行了修正。"新法优于旧法"是一项基本的法律适用原则。

10. 艺术创作应把握好尺度

——霍某某诉电影《霍元甲》制片方等名誉侵权案

◇ 刘会民

案例要义

在影视剧创作过程中，经常需要加入一些虚构情节，这也是艺术创作自由的重要体现。但任何自由都不是无限制的，艺术创作同样也要以法为度。如果对这些虚构情节处理不当，很可能会损害到他人的人格尊严。在本案中，霍某某认为电影《霍元甲》中的某些虚构情节侵犯了霍元甲的名誉，故将影片的出品、摄制、发行方等被告起诉到法院。本文从该案出发，通过研究艺术创作自由与名誉权之间的平衡问题，探讨艺术创作中应如何把握自由的尺度。

关键词

艺术创作 名誉权 公众人物 平衡

主要事实

由中国电影集团公司第一制片分公司、安乐（北京）电影发行有限公司等联合摄制、发行的电影《霍元甲》，于2006年1月25日陆续在中国大陆及全球范围内公开放映，影片光盘也由辽宁文化艺术音像出版社等单位出版、发行，在社会上产生了较大的影响。

霍某某是霍元甲在国内唯一健在的孙子。在看到该影片后，霍某某认为，该片将其祖父霍元甲描写成从小生性好斗，成人后为争"津门第一"而好勇斗狠，乱收酒肉徒弟，甚至滥杀无辜的一介江湖武夫，并因此导致霍元甲的老母、独女被仇人残忍杀害，成为一名无父、无母、无妻、无子、无女的落魄流浪汉，这与以往人们印象中的民族英雄形象相差甚远。该影片的这些虚构情节超出了艺术创作的必要限度，侵犯了霍元甲的名誉，故将影片的出品、摄制、发行方以及影片光盘的出版发行方起诉到北京市第一中级人民法院，要求上述10名被告停止影片《霍元甲》的各种发行放映行为，消除影响、恢复名誉，公开赔礼道歉。

北京市一中院经审理认为，影片《霍元甲》为历史人物霍元甲的艺术加工与再现，对于历史人物的艺术塑造应容许在一定程度上和一定范围内进行虚构和夸张，不能要求艺术化了的历史人物等同于历史真实人物。同时，霍元甲作为历史公众人物，对其名誉的保护应该受到一定的限制。影片《霍元甲》虽然在某些细节上与历史不完全相符合，但基调情节依然是褒扬霍元甲的爱国精神及表现中华武术的深刻内涵，对霍元甲的刻画基本符合其经历，对其历史定位也未歪曲。影片未对霍元甲这一特定历史人物有侮辱、诽谤之描写，其夸张和虚构的内容仍在可容忍的范围之内，故该片未对霍元甲的名誉构成侵犯，遂判决驳回霍某某的诉讼请求。[①]

一审判决做出后，霍某某不服，向北京市高级人民法院提起上诉。北京市高院认为，电影《霍元甲》系取材于真实历史人物的故事片。与纪实性的纪录片不同，故事片可以取材于真实的历史人物，但在故事情节、事件安排等方面以虚构为基础，追求的是艺术的真实而非历史真实。因此，不能单纯以历史中真实的霍元甲为标准去评价艺术化了的人物形象。同时，影片《霍元甲》旨在弘扬霍元甲的爱国精神与武术精神，并没有捏造事实毁损他人名誉的主观过错，且通过了广电总局和文化部的审查并经过了修改，因此拍摄行为不具有违法性。在影片设计的虚构情节上，霍氏后人及特定的群体有不同于一般观众的观察视角和特殊体验。普通观众大多是从欣赏和娱乐的角度去观看电影，普遍不会注意霍元甲的生平问题，在观看影片后并不必然得出对霍元甲的负面印象或结论。因此，北京市高院认为霍某某的上诉请求难获支持，维持了原判。[②]

---

① 见北京市第一中级人民法院（2006）一中民初字第14855号判决书。
② 见北京市高级人民法院（2007）高民终字第309号判决书。

☕ 争议焦点

双方的争议在于，电影《霍元甲》中的虚构情节是否超过了艺术创作的必要限度，从而构成对霍元甲生前名誉的侵犯？

📖 法理分析

常言道："艺术源于生活而高于生活。"根据现实生活而创作的艺术作品，经常因作品中虚构、夸大的情节导致名誉权纠纷，这种情况在以特定人物为描写对象时尤为突出。除了本案之外，其他地方也出现过类似案例，比如杨三姐孙子状告新版电视剧《杨三姐告状》发行方侵犯名誉权案、贾某某因《敌后武工队》告北京电影制片厂侵犯名誉权案等。这些案例表面上看只是普通的名誉权纠纷，但实际上涉及的是更根本的宪法性问题，即艺术创作自由与名誉权之间的冲突与平衡问题。

一、艺术创作自由与名誉权之间的冲突与平衡

文学艺术是精神文明的重要组成部分。社会的进步离不开精神文明的发展，也离不开艺术工作者的创作。对于艺术工作者来说，通过艺术的方式抒发感情、表现美感既是个人的创作活动，又可以丰富民众的精神生活，不应该受到非法干涉。对此，我国宪法第四十七条明确规定，公民有进行艺术创作的自由，而且国家对于从事艺术的公民的有益于人民的创造性工作给予鼓励和帮助。可见，在我国，艺术创作自由是宪法赋予公民的基本权利，这也是表达自由的重要体现。

名誉权作为人格权利的一种，同样也受到我国宪法的保护。我国宪法第三十八条规定："中华人民共和国公民的人格尊严不受侵犯。禁止用任何方法对公民进行侮辱、诽谤和诬告陷害。"此外，《民法通则》第一百零一条也规定："公民、法人享有名誉权，公民的人格尊严受法律保护，禁止用侮辱、诽谤等方式损害公民、法人的名誉。"从国际上看，《世界人权宣言》、《公民权利和政

治权利国际公约》、各国宪法和法律中都给予名誉权在内的人格权以肯定与保护。各国普遍重视人格权的保护，主要是因为人格权对个人的生存和发展来说是非常重要的，甚至有人把其看做人的"第二生命"。① 它不仅是公民一项重要的精神权利，对于维护社会秩序的和谐稳定也有重要意义。

可见，艺术创作自由和名誉权，两者都应该受到保护。问题在于，法律中各种权利之间的界限并不是完全明晰的，而是交叉重叠的，因此经常会出现权利相互冲突的情况。随着社会经济的发展，这种权利相冲突的可能性日益增加，使我们经常处在权利冲突的境地。艺术创作自由与名誉权即是这样，当艺术创作自由和名誉权同时存在时，不可避免的会产生权利冲突，因为艺术创作不能完全排除侵犯他人人格尊严的可能性，一方行使艺术创作自由"权利"的产物经常是另一方的名誉受到损害。如何实现两者之间的平衡，就成为法制构建中的重要问题。

当两种权利出现冲突时，确定权利位阶是一种重要解决方式。然而，两者同样是宪法中保护的基本权利，宪法文本并未对各项基本权利设定保护顺序，各项权利的宪法价值并没有优劣与高下之分。因此，平衡艺术创作自由与名誉权的关系，不是要确定哪种权利效力等级更高，而是在具体的情况下，对权利保护的优先性做出权衡和判断。权衡和判断的关键，是分析艺术创作自由是否超出了必要的限度。如果艺术创作自由保持在必要和合法的限度之内，则该自由就应受到优先保护；如果艺术创作自由超出了必要和合法的限度，则公民的名誉权就应受到优先保护。对于"必要的限度"的判断，必须在法律价值体系的框架下，仔细考察具体案件中艺术创作行为的性质、目的以及名誉权主张的内容等相关要素，根据特定价值在社会生活中的相对重要性来最终确定。

本案中，影片《霍元甲》的基调是宣扬霍元甲的爱国精神及表现中华武术的深刻内涵，对霍元甲的刻画基本符合其经历，对其历史定位也未歪曲。由于记载霍元甲的历史典籍较少，而故事片又是以虚构性和表演性为主，这也为艺术家构思、想象该影片中的人物提供了更大的空间。同时，我国法律并未赋予

---

① 法治斌著：《人权保障与司法审查——宪法专论》（二），（台）月旦出版社1994年版，第1页。

电影摄制者以调查史实、走访所描写对象的后人、依据事实编写剧本和拍摄的义务，因此，该影片的文艺创作行为是合法的，主观上也不存在过错，不构成侵害名誉权的构成要件。而且，该影片的艺术创作不仅未对霍元甲的名誉造成侵害，还对于发掘、阐释、传播霍元甲作为一代武术家的事迹与精神，传承民族文化起到了积极的作用，客观上使霍元甲及其后人享有了更多的荣誉。[①] 因此，从该案的具体情况来看，法律保护的天平应该偏向作者，因为在这种情况下艺术创作自由相对于名誉权来说更急迫地需要保护，价值更为明显。

由于各案例具体情况不同，正确处理名誉权与艺术创作自由的冲突时也应考虑实际情况，并没有明确、统一的标准。裁判者对二者进行权衡时，需要有恰当地评判不同利益及相互关系的洞察力和平衡感，既维护个人的价值和尊严，又不损害表达自由的权利。

需要指出的是，在平衡二者的冲突时，还应考虑当时的社会背景，特别是文化发展的相关政策。比如，2000年，党的十五届五中全会第一次在中央正式文件中提出了"文化产业"和"文化产业政策"的概念，吹响了推动社会主义文化繁荣发展的进军号。在经过一段时期的发展后，2011年，党的十七届六中全会审议通过了《中共中央关于深化文化体制改革，推动社会主义文化大发展大繁荣若干重大问题的决定》，提出要加快发展文化产业，并推动文化产业成为国民经济支柱性产业。这进一步提高了文化产业的地位，使其逐渐成为新的经济增长点。可见，文化产业在社会经济发展过程中越来越重要。在此过程中，我们不能忽视艺术创作自由的法律保护的重要意义。在衡量艺术创作自由与名誉权的关系时，法律保护的天平可适当偏向艺术创作者，这也在一定程度上体现出对个人利益与社会公共利益的取舍。具体到本案，霍元甲的后人完全没有必要将电影的出品、摄制、发行方以及影片光盘的出版发行方十家被告均起诉到法院，要求他们停止影片《霍元甲》的各种发行放映行为，而是可以通过接受记者采访，发表回忆文章等方式，将历史真实的霍元甲与艺术创作的霍元甲区别开来。法院最终的判决，不仅是对艺术创作自由的保护，也是为文化产业的发展创造良好的法制环境。

[①] 　上述观点引用的是两审法院的审理意见，笔者对法院的意见是支持的。

二、对公众人物名誉的保护应相对弱化

公众人物，是指在一定时期和一定地域内，众所周知并且与公共利益密切相关的人物。① 从该定义可以看出，社会知名度和公共利益相关性是公众人物的显著特征。一般认为，这个概念起源于美国1964年的沙利文诉《纽约时报》一案。② 该案的判决虽然没有直接提到"公众人物"一词，但提出了"公共官员"（public official）的概念，并确立了审理有关公共官员的诽谤诉讼时适用实际恶意原则，③ 这为"公众人物"概念的提出以及实际恶意原则的扩展做出了铺垫。后来，经过1966年的拜尔诉罗森布赖特案、1967年的巴茨诉柯蒂斯出版公司案等案例后，美国联邦最高法院将实际恶意原则从公共官员逐渐扩展到了公众人物，即对公共事务、公共利益有影响的知名人士，如演员、明星、民间组织决策人等。在巴茨一案中，首席大法官沃伦对公众人物的概念界定为："公众人物是指其在关系到公共问题和公共事件的观点与行为上涉及公民的程度，常常与政府官员对于相同问题和事件的态度和行为上涉及公民的程度相当。"

对于公众人物，美国最高法院认为可以分为两类：完全意义上的公众人物和有限意义上的公众人物。前者指因从事具有强大权力和广泛影响力的工作，比如政府官员、社会知名人士等，经常在媒体上曝光并且家喻户晓的人；后者指那些将自己推到公共争议之前，并试图影响公众意见的人。④

在我国，公众人物还没有成为一个法律概念，但此概念已经出现在法学理论著作和司法判决中。据魏永征、张鸿霞的不完全统计，2000年至2006年，至

① 王松苗著：《自愿成为公众人物岂能忌讳公众批评》，收录于"中国新闻侵权案例精选与评析"课题组编著的《中国新闻（媒体）侵权案件精选与评析50例》，法律出版社2009年版，第237页。

② 沙利文是美国阿拉巴马州蒙哥马利市的市政官员，他认为1960年3月29日《纽约时报》刊登的整版广告是针对他而来，并损害了他的名誉，遂向阿拉巴马州地区法院提起了对《纽约时报》等被告的民事诉讼。该法院认为《纽约时报》的涉案广告损害了沙利文的公共职务，构成了诽谤，遂判决该报向原告支付赔偿。后《纽约时报》不服阿拉巴马州地方法院的判决，将官司打到州最高法院，州最高法院维持了原判决。后《纽约时报》还是不服，将官司打到了联邦最高法院。美国联邦最高法院于1964年以9票对0票的表决，一致推翻了阿拉巴马州法院的判决，并针对公职人员的诽谤案，提出了实际恶意原则。

③ 美国联邦最高法院认为，当公职官员因处理公众事务遭受批评和指责，致使其个人名誉受到可能的损害时，除非公职官员能拿出证据，证明这种指责是出于"实际恶意"，否则不能动辄以诽谤罪起诉和要求金钱赔偿。

④ 同①，第238页。

少有17份判决书提到公众人物。比如，2002年范志毅起诉《东方体育日报》名誉侵权案的判决书中就写道："即使原告认为争议的报道点名道姓称其涉嫌赌球有损其名誉，但作为公众人物的原告，对媒体在行使正当舆论监督的过程中，可能造成的轻微损害应当予以容忍与理解。"这是中国司法实践中第一次提出"公众人物"的名誉权问题。

在本案的一审判决书中，同样提到了"公众人物"的概念。法院认为，霍元甲作为清朝末年的爱国武术家，其生前因"与洋人打擂，为国人争光"及创办精武会而成为公众人物。霍元甲作为历史公众人物，对其名誉的保护范围不同于普通人，应受到一定的限制。需要注意的是，该判决中使用了"历史公众人物"的概念，这一概念在溥仪四弟溥任先生状告历史学家王庆祥侵犯肖像权的诉讼中的判决书也有所体现。[①] 历史公众人物，顾名思义，就是为社会公众普遍知晓的历史人物。他与一般意义上的公众人物的显著区别就是，该人物已经不在人世而成为历史。由于历史公众人物已经死亡，因此，对于历史公众人物的名誉权保护，除了运用公众人物的一般理论外，还需要运用死者名誉权保护的理论，比如起诉主体要受到死者前后三代以内的限制等。

在公众人物的相关概念方面，除了"历史公众人物"外，我国司法实践中还出现过"自愿型公众人物"的概念。在2008年的杨某某诉广州南方某报名誉侵权一案中，[②] 广州市中级人民法院二审后认为，杨某某追星事件被众多媒体争相报道，成为公众广泛关注的社会事件。杨某某及其父母多次主动联系、接受众多媒体采访，均属"自愿型公众人物"。这一概念是指当事人主动将自己置身于公众关注的位置，从而成为公众人物。这与美国最高法院所提出的"有限意义上的公众人物"异曲同工。除了该案，在张某诉中央人民广播电台、张某某、于某等侵害名誉权一案中也体现了自愿成为公众人物，进而影响到对自身

---

① 北京市东城区人民法院在该案的判决书中认为，溥仪是历史公众人物，使用其肖像不构成侵权。见《新京报》(http://oldblog.people.com.cn/blog/template/blog_template.html? log_id=1152961934470987&site_id=1549)，访问时间：2012年4月2日。

② 2007年3月26日，甘肃女子杨丽娟的父亲为圆女儿追星梦，在香港跳海自杀。同年4月12日，广州南方某报第10版刊登了《你不会懂得我伤悲——杨丽娟事件观察》一文。2008年3月10日，杨丽娟和母亲一起状告南方某报，认为该篇报道侵犯了杨父、杨母以及杨丽娟的名誉权。一审败诉后，杨丽娟母女上诉至广州市中级人民法院。

名誉权等人格权保护的问题。

可见，在我国司法实践中，并没有拘泥于国外及学界的相关观点，而是结合具体案例，不断创新和发展着现有的理论体系，这一点是值得肯定的。

不管是"历史公众人物"还是"自愿型公众人物"，二者仍属于公众人物的范畴，受公众人物理论的制约。根据公众人物理论，为了保证公众的知情权，在同等情况下，法律对公众人物名誉权、隐私权等人格权利的保护应相对弱化。当社会公共利益同公众人物的人格权相冲突时，公众人物的权利需进行必要的让渡，以确保公众知情权得到满足。这样，公众人物名誉受损害的标准就高于普通人了。根据美国的公众人物制度，只有证明行为人的行为是由于实际恶意，即明知其陈述虚假或不计后果地漠视事实时，侵权行为才能够成立。

之所以弱化公众人物人格权的保护，是由公众人物本身的特点决定的。公众人物代表和影响着公共利益，因此也应为公共利益所牵制。当言论自由和名誉权发生冲突时，要以公共利益为平衡点来解决冲突和矛盾。同时，相对于普通人来说，公众人物具有更大的社会影响力，利用其权威和声望所造成的后果也更大，其运用自身影响力保护自己名誉的能力也比普通人要强。如果公众人物和普通人享有完全相同的言论自由，这会造成实质的不平等。因此，在名誉权等人格权利的保护方面，公众人物应该比普通人受到更多的容忍，当公众人物的名誉权和他人的言论自由发生冲突时，法律应适当向言论自由倾斜。

具体到本案中，影片《霍元甲》是对历史人物霍元甲的艺术加工与再现，艺术创作遵循的是"源于生活而高于生活"的规律，因此对于历史公众人物的艺术塑造应容许一定的虚构和夸张。历史人物的后代对此应持有一定的容忍态度，不能以自己对影片中主人公的内心感受来衡量真实历史人物的名誉是否受到侵害。同时，该影片旨在弘扬霍元甲的爱国精神与武术精神，并且通过原广电总局和文化部的审查，制片方也根据行政主管部门的意见做出了修改，排除了可能存在的侮辱、诽谤情节，因此主观上并无捏造事实毁损他人名誉的故意和过失。根据公众人物理论，影片创作方更不存在"实际恶意"，因此不构成侵权。

当然，即便是针对公众人物，虚构也不能超过必要的限度，特别是以真实历史人物为原型进行艺术创作时，绝不能以创作自由为借口来规避法律责任。

如果为了片面追求商业利益而肆意篡改历史事实，捏造伤害他人感情的所谓"艺术情节"，是难以摆脱侵权责任的。

启示与建议

1. 在以真实人物为原型创作影视剧时，不能道听途说或凭空想象，而是应该秉承客观的精神，实事求是地对真实人物进行描述

如确实因增强影视剧的可信性、欣赏性而需要对主人公及其事迹进行艺术加工，增加虚构和想象，则要把握必要的尺度，避免侮辱、诽谤或揭露隐私的情节，并尽量取得本人或者亲属的书面同意。如果确有困难，应当去除影视剧中可供辨认的描述，避免虚构和想象的情节引发侵权诉讼。否则，即便是作品中未写明真实的姓名以及住址，但一般公众能够根据作品中的描述确定现实中的人，司法机关依然能够认定上述情节构成对他人名誉的损害。

2. 如果创作的影视剧并非取材于现实生活，应在必要时予以声明

此举虽然不能必然规避侵权风险，但可以提示观众避免将作品中的人物同现实生活中的人物"对号入座"，从而在一定程度上降低作品引发侵权诉讼的风险。

11. 艺术创作自由与名誉权的冲突与平衡
——评电视剧《敌后武工队》引起的名誉权侵权案

◇ 徐 明

案例要义

北京电影制片厂等单位根据同名小说改编制作的电视连续剧《敌后武工队》，剧情与原著内容不同的是主人公在与日寇战斗中被炸牺牲，小说原型贾某某因此提起名誉权诉讼。电视剧的改编行为是否侵犯了小说原型的名誉权？本文以此为例评析相关艺术创作自由与名誉权问题。

关键词

艺术创作自由 名誉权

主要事实

1999年北京电影制片厂（以下简称北影厂）等单位联合将冯志所著长篇纪实小说《敌后武工队》改编、制作成二十集电视连续剧。与小说内容有所不同，电视剧剧情中，武工队队员"贾正"在与日寇战斗中被炸牺牲。该剧在河北省保定市电视台播放后，引起当地村民对依然健在的小说原型贾某某当年是否是武工队员产生怀疑。贾某某认为电视剧的改编和播出侵害了自己的名誉权，在与保定电视台和北影厂协商未果之后，2001年12月16日，贾某某以北影厂、北京电影制片录音录像公司及保定电视台侵害自己名誉权为由，向保定市中院提起诉讼，要求三被告停止侵害、消除影响、赔礼道歉，并赔偿经济损失及精神损害赔偿费100万元。

2004年3月24日河北省保定市中级人民法院做出一审判决，主要内容为：北影厂将《敌后武工队》改编制作成二十集电视连续剧,在场面上给人印象是贾正在与日寇战斗中牺牲,其结果与事实不符,有失实之处,在原告所在地影响很大,给原告本人造成精神上很大的痛苦,北影厂、录音录像公司是以盈利为目的,客观上造成了原告的名誉下降和精神上的损害,被告的行为与原告的损害结果有必然的因果关系,因此北影厂、录音录像公司对原告的损害应承担民事赔偿责任。保定电视台不是播映单位,不应承担责任。故判决北影厂、录音录像公司连带赔偿原告20万元;北影厂、录音录像公司向原告赔礼道歉;驳回原告其他诉讼请求。一审判决之后,原被告双方均不服,向河北省高级人民法院上诉。

2005年3月28日河北省高级人民法院做出二审判决,主要内容为:本案中,改编和录制行为本身并不违法,同时行为人北影厂主观上没有侵害贾某某名誉权的故意,改编行为使剧中人物更为英勇和壮烈,且改编初衷也无意(事实上也没有)给剧中人物带来不良影响,也无意伤害原型。本案上诉人贾某某是一位敌后武工队队员,是一位抗日英雄,其历史事迹并不会因为文学作品的改编而被否认。最高院《关于审理名誉权纠纷案件的解答》第九条规定:"描写真人真事的文学作品,对特定人进行侮辱、诽谤或者披露隐私损害其名誉的;或者未写明真实姓名和住址,但事实是以特定人或特定事实为描写对象,文中有侮辱、诽谤或者披露隐私的内容,致其名誉受到损害的,应认定为侵害他人名誉权。"本案中,北影厂虽将文学作品中的贾正改编为壮烈牺牲,但没有侮辱、诽谤或披露个人隐私的情节,所以,本案不构成侵害名誉权。北影厂虽不构成侵犯名誉权,但客观上使周围有些群众对剧中人物原型贾某某产生误解。这些误解给贾某某带来一些影响,对此北影厂应给予适当补偿。因北影厂不构成侵权,且原告所主张的100万元数额过高,故不予支持。录音录像公司、保定电视台未实施改编行为,不承担责任。故判决如下:撤销一审判决;北影厂补偿贾某某5万元;驳回贾某某其他诉讼请求。

☕ 争议焦点

本案反映了艺术创作自由与名誉权之间的冲突。在公民权利意识觉醒和文化成为产业的今天,日益增加的、多元的艺术作品出现也使这种冲突愈来愈凸显,法律需要对此做出评价和指引,而本案两审判决则体现出法官不同的选择。

法理分析

这是一个反映了艺术创作自由与名誉权之间冲突的典型个案。相关行为是艺术创作自由的正当行使，还是对名誉权的侵犯，并不十分清晰。在权利冲突中，是向艺术创作自由还是名誉权倾斜，两审法院不同的判决代表了两种不同的看法。两种看法孰优孰劣，同样难以判断，虽然二审判决是更高级别法院的终审判决，但并不意味着其论证就当然正确。甚至似乎可以这么说，如果从民法理论，严格以侵权构成要件进行分析，一审法院所做出的判决更为恰当，相反二审法院的判决却难以经得起推敲。而如果跳出民法范畴，将艺术创作自由和文化产业发展等纳入视野，似乎二审法院的判决结果更让人满意。

一、从民法侵权构成理论角度分析

按民法理论以及《最高人民法院关于审理名誉权案件若干问题的解答》（1993年），是否构成侵害名誉权，应当根据受害人确有名誉被损害的事实、行为人行为违法、违法行为与损害后果之间有因果关系、行为人主观上有过错这四个方面来认定。而具体到大众传播过程中的作品侵权，则体现在以下四个要件：即作品已经发表；作品有侵害他人人格权的违法性质；有关的内容是指向特定人的；行为人主观有过错。[①]

应该说本案是符合前述四个要件的。首先，北京电影制片厂等将冯志所著长篇纪实小说《敌后武工队》改编、录制成20集电视连续剧，并通过全国多家电视台播出，作品已发表无疑。其次，电视剧的剧情中，武工队队员"贾正"在与日寇战斗中牺牲，而实际上当事人并未牺牲，这引起当地村民对依然健在的小说原型贾某某产生怀疑，认为他的英雄事迹是假的，有人甚至当面就这么说。基于其英雄事迹所发出的各种邀请也明显减少。而北影厂在电视剧宣传上却强调此剧是"反映燕赵儿女深入敌后，浴血奋战的真实故事"。原告提交的证据包括原武工队队员杨寿增、马金池证言、冯志遗孀苑沙证言均证明敌后

---

① 魏永征著：《新闻传播法教程》，中国人民大学出版社2006年版，第147页。

武工队并无人牺牲，被告的改编与事实不符。另外王村小学证明、王村村委会证明及证人证言等证据，证明了原告名誉受到侵害，原告所居住的社区对其评价显著降低。可见，由于内容失实，北影厂等改编的影视作品具有侵害他人名誉的违法性质。第三，该内容有特定指向。原告贾某某通过尚健在的原武工队队员杨寿增、马金池及《敌后武工队》小说作者冯志遗孀苑沙出具的证明，均证实其本人就是小说中贾正的生活原型。最后，在主观过错方面，北影厂等在对小说《敌后武工队》进行改编时，明知该作品取材于真人真事，但对于涉及剧中人物生死的关键问题上，未加考虑地做出了完全不同于实际情况的再现。显然，制作者对于这样的情节可能会给当事人带来的不利影响漠然处之，对给当事人带来的不利后果属于应当预见而未预见，因此主观上具有疏忽大意的过失。

前述判断也符合相关司法解释的规定，《最高人民法院关于审理名誉权案件若干问题的解答》（1993年）就对因文学作品引起的名誉权纠纷，如何认定是否构成侵权上，明确"描写真人真事的文学作品，对特定人进行侮辱、诽谤或披露隐私损害其名誉的，……应认定为侵害他人名誉权"。

这么看来，本案一审法院所作的判决并非没有依据和道理。虽然二审法院后来进行了改判，作出了完全不同的判决。但是即便如此，二审判决书中也承认"北影厂……客观上使周围有些群众对剧中人物原型贾某某产生误解。这些误解给贾某某带来一些影响，对此北影厂应给予适当补偿"[1]，判决由北影厂补偿贾某某5万元。这从另一个方面也说明了一定程度侵害的存在。

二、从艺术创作自由等角度的分析

分析到此为止，似乎过于简单。二审法院为何会做出完全不同的判决，并且判决似乎还获得了较高的评价[2]，这固然与法官会同县镇领导们前往村里看望原告等做法有关，与现阶段极具中国特色的审判理念相契合；但笔者相信，可以"带着感情工作"，但"感情"无论如何替代不了法律，二审法院的判决并

① 见河北省高级人民法院民事判决书（2004）冀民一终字第108号。
② 主审该案的河北省高级人民法院民一庭的赵树经法官，曾被评为河北省第二届"十佳审判长"，其在《带着感情工作 不动感情判决》，对该案审理进行了总结，见《人民法院报》2009年11月6日。

非在法律上站不住脚,甚至如前所言,与一审判决相比较,其似乎更让人满意。

分析之前,我们再看近年发生的几个类似案例。由电影《霍元甲》引起的,霍元甲之孙霍某某诉电影集团、李连杰等10名被告一案,也是由于电影《霍元甲》中虚构了霍元甲一家惨遭灭门等剧情,引起了霍家后人不满。该案后经天津市第一中级人民法院判决,认为影片虽有夸张与虚构之处,但并未对霍元甲有侮辱、诽谤之描写,也未对霍元甲的在世后人构成现实的不利影响,故判令原告败诉。[①] 再如,杨某某以电视剧《林海雪原》虚构情节,侵犯杨子荣名誉权为由诉总政话剧团,后经北京市第一中级人民法院终审裁定,以杨某某不具备诉讼主体资格为由在程序上驳回了起诉。[②] 另外,还有杨三姐之孙某某以电视剧《杨三姐告状》捏造杨三姐卖身妓院等剧情,侵犯杨三姐名誉,将制片方告到法院。该案后经调解结案。[③]

这一类由影视剧制作播出引发的名誉权诉讼,基本存在着这样的一些共同点:有原型,这些影视剧都是根据真人真事创作,甚至影视剧中基本上用的都是当事人的真名(即具有特定指向);有出入,即影视剧部分内容与当事人真实情况存在较大偏差,特别是在生死、婚恋、贞节、品德等方面事关(至少当事人本人或亲属认为)当事人的声誉;有影响,影视剧涉及的主人公,如霍元甲、杨子荣等基本上都属知名历史人物或革命英雄等,其人其事家喻户晓,也颇受关注;无恶意,即影视剧中虚构的情节内容主要为艺术加工,目的在于强化主题和增强剧情的观赏性,并非出于对当事人的恶意侮辱或诽谤;少支持,即从这几个案件来看,法院判决基本上较少支持对名誉或名誉权的保护。当然,由于材料所限,更准确的归纳还有赖于对更多更全面的同类案例的实证分析。

可以说,随着影视产业的蓬勃发展,更多元的文艺创作涌现,以及渐已苏醒的公民权利意识,这样的案例还会出现更多。法律必须对此做出评价和指引。这不仅仅在于某个个案本身的解决,更在于案件审理所形成的规则及对文艺创作和产业的影响。这类侵权案件反映的实质是艺术创作自由与人格权的

---

① 人民网天津视窗 "霍家后人怒告《霍元甲》" 专题, http://www.022net.com/2006/2-19/463353292363973.html。

② 人民网(http://legal.people.com.cn/GB/42733/3613577.html)。

③ 千龙网(http://beijing.qianlong.com/3825/2008/02/18/3363@4308340.htm)。

矛盾冲突。仅仅从传统民法的角度理解和解决问题，限于名誉权侵权的经典领域，可能是不够的。问题的分析和解决，必须把另外一种存在着相互冲突的权利，即艺术创作自由纳入考量的范畴，在事实存在的动态的权利冲突中，进行权利的配置和恰当限制。

法律经济学家科斯对权利冲突进行过经典的阐述，他发现，权利和权利之间，并非传统法学理论认为的那样可以泾渭分明。权利存在着相互性，"当甲伤害乙时，人们通常认为必须决定的问题是，我们应如何限制甲？但这是错误的。我们所处理的问题具有一种相互的性质。要避免损害乙就要损害甲。真正有待解决的问题是：应当让甲损害乙呢，还是应当让乙损害甲？这个问题是如何避免更严重的损害……" [1] 也就是说，在《敌后武工队》和《霍元甲》案中，我们面对的并非仅仅是一个名誉权是否被侵犯的问题，同时也是影视剧创作的自由是否应受到保护的问题；面对着并非仅仅是感觉到受伤害的贾某某老人或是霍家后人，也同样面对着影视剧创作者可能受到的束缚和损害。

可以想见，判决如果要求《敌后武工队》和《霍元甲》的制片方为虚构情节承担责任，那将可能带来两种结果：一是，未来此类影视剧的创作者必然谨慎行事，小心求证，对于涉及此类真人真事的影视剧事事都要有权威的出处，断不能出现虚构的情节。另一种结果就是创作者为了避免侵权诉讼，不再染指此类题材。我们相信，后一种结果显然不是法院的本意，对创作进行限制，肯定不是要创作者因噎废食，将一种文艺创作形式和相关产业扼杀殆尽。如果是第一种结果，那也势必导致创作者为满足真人真事的严格要求，不得不额外支付大量成本去寻访当事人和获取可靠资料，而在大量成本增加之外，影视剧依赖着有限的事例和材料，将很难保证其感染力和观赏性不会大打折扣，最后此类影视剧创作可能将不得不沦为另一种形式的史学研究。

通过考虑这个案子的裁决将会产生哪些效应，对类似情形中所涉及的各方施加何种影响，以及对权利相互性以及某种处理方式的后果的前述分析，可以看出对此类真人真事所创作的作品，简单地对虚构情节的创作者课以严格义

---

① [美]唐纳德·A·威特曼编，苏力等译：《法律经济学文献精选》，法律出版社2006年版，第4页。

务并不明智。那如何协调两个权利之间的冲突，或者说在此类名誉权案件中，对艺术创作自由恰当的限制又应该是什么呢？

我国宪法第五十一条规定："中华人民共和国公民在行使自由和权利的时候，不得损害国家的、社会的、集体的利益和其他公民的合法的自由和权利。"这是处理权利冲突的最基本原则。该条文中的"损害"应做何解释？是否影视剧中的艺术创作导致他人的不快就是对他人人格权的损害，就是可能构成名誉侵权？笔者认为，考虑到表达自由（艺术创作自由可以被认为是采取艺术形式的表达自由）对公众在增进知识与获得真理、维持与健全民主政治、实现个人价值等方面的重要意义①，以及允许一定程度的虚构，应是影视剧这种艺术创作形式与其他表达形态（如新闻报道就对真实性有极端要求）的重要区别之一，相关解读还应该在艺术创作自由的相对重要性的前提下。这里的"损害"应是一种达到一定严重程度的不当行为。因而在这种语境下，对宪法第五十一条的解读应为，只要公民在行使自己的权利和自由时，没有对他人的权利和自由的侵害达到一定限度，就不应当进行限制。这里对限度的界定应本着保护权利行使方而进行考虑，不应理解成只要权利或自由的行使造成他人的利益受损就予以限制。

具体到这类以真人真事改编的艺术作品侵权问题上，如何判断行为是否达到一定的严重程度，重要的考量依据应该是相关改编虚构内容是否存有恶意，以及该内容是否会导致背离主人公的社会评价。相关改编虚构内容如并非出于对事主的恶意侮辱或诽谤，影视剧中虚构改编的内容主要是为增加内容的可观赏性，比如，电影《霍元甲》中虚构霍元甲年轻气盛以及招来几乎灭门的惨祸的剧情，就并非出于创作者对霍元甲或其后人的恶意诽谤，而是为与后面剧情形成呼应，是情节跌宕起伏的艺术加工需要；同时相关改编虚构内容，也并没有背离对主人公的社会基本评价，就不应被认为是侵权行为。同样，电视剧《林海雪原》虽然塑造出的杨子荣角色匪里匪气，存在一些小的缺点，但也是出于对角色塑造的需要，并非出于恶意诽谤，虽然颠覆了我们固有的对英雄人物的高大全的刻画，但并没有背离对主人公的社会基本评价，甚至反而让英

---

① 侯建著：《舆论监督与名誉权问题研究》，北京大学出版社2002年版，第19页。

雄形象更饱满，故事更有感染力。该案虽然并未进行实体审理，但即便是原告杨某某养子身份成立，具备诉讼主体资格，恐怕也难以在实体上取得胜诉。

启示与建议

　　根据真人真事创作的影视剧，特别是所涉及的主人公颇受关注并具有一定影响力的影视剧，为避免相关名誉侵权纠纷应注意两个主要方面：一是避免严重失实，即在改编过程中，应尽可能避免在关于生死、婚恋、贞节、品德等方面有较大出入；二是主观无恶意，即相关虚构的情节内容主要为艺术加工，目的在于强化主题和增强剧情的观赏性，而非出于对当事人的恶意侮辱或诽谤。

12. 对号不必入座，虚构如何担责

——评电视剧《宦官小章子》引起的名誉权侵权案

◇ 徐 明

案例要义

中国电视艺术家协会（以下简称电视协会）制作的电视连续剧《宦官小章子》，招致了清末太监小德张之孙的不满，其认为剧中内容失实，严重侵害了小德张的名誉。制片方的行为是否如原告所诉侵犯了小德张的名誉？下文将以此为例，讲述影视剧侵权所涉及的特定指向及其他问题。

关键词

艺术创作 特定指向 名誉权

主要事实

1997年6月至12月间，电视协会以编剧刘某某创作的《皇城圆梦》为蓝本，拍摄了电视连续剧《宦官小章子》。该剧制作播出招致了清末太监小德张之孙即两位原告的不满。他们认为该剧采用了捏造、编造等手法，丑化了剧中主人公小德张。尤其是剧中小德张学猫叫、狗叫、逛妓院、娶妻，供王公大臣淫乐、逼死妻子、迫害光绪和珍妃等处，内容失实，严重侵害了其祖先小德张的名誉。因此向法院提起诉讼，要求判令二被告在《中国电视报》、《天津日报》、天津有线电视台上公开道歉；电视艺术家协会赔偿原告经济损失、精神损失共20万元；刘某某赔偿原告经济损失、精神损失共10万元。

被告电视协会辩称：《宦官小章子》是我中心摄制的作品。此剧中没有任何

"小德张"的提法。原先拟使用的剧名《京城小德张》仅为拍摄时考虑使用的名称，拍摄完成以及公开播放时均使用《宦官小章子》一名，且剧中"小章子"与历史上的小德张非同一人，因此谈不上侵权。

被告刘某某则辩称：剧中的主人公"小章子"是集合了历史上多位太监的经历所创作的文艺作品中的典型形象。二原告的祖先小德张仅为原型素材之一，因此不能把剧中人物与小德张等同。小德张是清末著名的大太监，他的经历有许多独特之处，如自己净身，这些特殊之处是具有排他性的。而电视剧中并未表现这个方面，因此不能认为剧中人物就是小德张。而且，小德张在历史上是以反动、丑陋面貌所表现的，这在众多的历史资料中均有印证。因此，即使电视剧中的人物就是小德张本人，也没有什么恢复名誉之说，不同意原告的诉讼请求。

北京市朝阳区人民法院经审理查明，清末大太监小德张本名张祥斋，生前曾收养亲侄张彬茹为养子。张彬茹生有多位儿女，现在世的仅剩下原告。电视连续剧《宦官小章子》，以清末宫廷当中的太监生活及历史事件为主线，揭露了封建宫廷生活的黑暗，以及对太监人性上的摧残。该剧主题是积极的。根据电视剧中的事件和人物可以确定主人公"小章子"基本上是以清末大太监小德张为生活原型所进行的艺术加工和创作，但在丰富人物形象上也借鉴了多位太监的生活经历。电视剧中确有主人公太监"小章子"学狗叫、迫害光绪和珍妃、与某郡主发生恋情、逛妓院，逼死妓女，骗娶妻子供王公大臣淫乐、逼死妻子等情节。但在被告方向本院提供的文史资料出版社出版的《晚清宫廷生活见闻》等书籍当中，对以上情节均有一定的文字描写。

法院认为，无论历史上曾经处何种角色的公民，其个人的人身权利均平等地受国家法律的保护。从电视剧《宦官小章子》所反映出来的历史事件和历史人物可推断出，剧中主人公"小章子"基本上是以清末大太监小德张为生活原型，但此时剧中人物"小章子"已不仅仅是现实生活中的某个人，而是太监这一群体的艺术缩影。因此，将剧中人物与现实人物简单等同、对号入座的做法是欠妥的。电视剧中表现主人公卑劣行为的情节，因在历史题材的文字作品中均有登载，故原告所称被告捏造、编造该情节的主张，本院不予支持。判决如下：驳回原告的诉讼请求。

一审判决后，未见有原被告提起上诉的相关报道。

☕ **争议焦点**
....

判断是否具有特定指向，即涉案电视剧《宦官小章子》的主人公小章子是否就是小德张，是本案侵权成立与否的关键所在。

📖 **法理分析**
....

这是一个经典的案例。该案的判决对"生活原型"（"现实人物"）与"艺术缩影"（"剧中人物"）有很好的区分，对处理该类艺术创作与名誉权的冲突有很好的指引，因此也成为教科书的经典案例。① 十多年过去了，此类影视作品对号入座的侵权案例仍然层出不穷，现在看来，该案例所提出的区分和处理原则，仍具实际操作价值。

一、特定指向是影视剧名誉侵权的首要条件

对号入座本意是指影剧院里观众按票上的座位号就座，也有把人或物放到应该放的位置上去的意思。另一个常用的意思是形容有人沉不住气，对于未点名的批评自己跳出来认账。本案就是一个对号入座的例子。而相反，如果可以证明自己就是被论及的对象，排除了他人的可能性，这就属于有特定指向。

为避免因虚构的故事内容被对号入座，惹来麻烦，影视剧开头经常会以"本片纯属虚构，如有雷同纯属巧合"提醒观众，不要信以为真，将剧情与现实生活进行联想和猜测。当然这句话的实际作用有限，出现侵权并不能因此免责。

我国《民法通则》第一百零六条第二款规定侵权行为一般条款的内容是："公民、法人由于过错侵害国家的、集体的财产，侵害他人财产、人身的，应当承担民事责任。"这个对侵权行为（过错责任的侵权行为）最主要的定义，表明侵权行为必然造成受害人的损害，侵权行为与受害人的损害之间存在因果关

---

① 魏永征著：《新闻传播法教程》（第二版），中国人民大学出版社2006年版，第153页。

系。具体在文艺创作活动中的名誉侵权，就一定要有特定指向，即可以被指认（identification）为某一特定人，而如果只是某些方面的雷同或相像而无法证明文艺作品中的就是某特定人，则并不侵害特定他人的权益，不属于侵权作品。

因此，就影视剧创作所涉及的名誉侵权，判断是否具有特定指向就成为侵权是否成立的首要条件。《最高人民法院关于审理名誉权案件若干问题的解答》（1993年）第九条规定，撰写、发表文学作品，不是以生活中特定的人为描写对象，仅是作品的情节与生活中某人的情况相似，不应认定为侵害他人名誉权，或者虽未写明真实姓名和住址，但事实是以特定人为描写对象，文中有侮辱、诽谤或披露隐私的内容，致其名誉受到损害的，应认定为侵害他人名誉权。可见是否为"特定的人"或"特定人"是关键所在。就本案来说，《宦官小章子》剧中"小章子"虽然是以小德张为生活原型，但也集合了历史上多位太监的生活经历，该剧中人物不仅仅是现实生活中的某个人，而是太监这一群体的艺术缩影。因此法院做出了"将剧中人物与现实人物简单等同、对号入座的做法是欠妥的"的判断。近年来的几起案例，如赵一曼后人诉电视剧《大宅门里的女人》侵权案，法院也是以原告提供的证据不能证明该剧中的人物原型是赵一曼烈士和其丈夫，缺乏特定指向，驳回了原告的全部诉讼请求。[①] 另一起因电视剧《傻儿司令》引起的名誉权纠纷案件，也主要围绕着该剧主人公樊鹏举是不是历史上的范绍增将军而展开。[②]

作品中如果指名道姓地指向某个特定的人，指向性自然容易判断。很多作品并没有指名道姓，"而是通过叙述特定人在特定事件和特定环境中的特定身份，描述特定人的相貌、行为、语言的特征以及经历、嗜好、代表作等等，或者采取各种排他性的标识足以将指向对象与他人区别开来"[③]，这种情况下也可

---

① 原告认为电视剧《大宅门里的女人》杜撰捏造烈士及其亲属的私生活，侵犯了赵一曼及其丈夫的名誉权，状告制片方。2009年年底海淀法院一审判决，以原告提供的证据不能证明剧中人物原型是赵一曼烈士和其丈夫，驳回原告全部诉讼请求。新闻报道见http://culture.people.com.cn/GB/22219/10390168.html。

② 本案原告范某某等认为，《傻儿司令》是以其父亲范绍增为原型，采用极不恰当的方式胡编滥造出来的。剧中有多处情节严重歪曲历史，损害了其父亲名誉。被告辩称，该作品并非人物传记作品，樊鹏举并不等于范绍增。无资料显示判决结果如何。新闻报道见http://ent.sina.com.cn/s/m/2002-02-05/72057.html。

③ 魏永征著：《新闻传播法教程》（第二版），中国人民大学出版社2006年版，第151页。

以确认内容的特定指向。有学者提出，在法律上认定作品与现实生活中的人物的牵连或者相同、相似性之存在，应满足两个条件：即特定人自己的认同，特定人认为作品中的人物是以自己为原型的或者与自己有牵连；以及特定人的朋友、同事等熟悉其生活经历的人认定该作品中的人物是以特定人为原型或者与特定人存在牵连。[①] 笔者认为，涉案特定人自身与周围熟悉其生活经历的人的意见固然重要，但如仅以此作为确认的依据尚不全面，诚如一位小说作家所言："虚构和生活的关系，我想，大概就如孙猴子的跟斗和如来佛的手掌心的关系，你翻吧，看你能翻到哪里去。"[②] 生活大于虚构，一些虚构的人或事在生活中就可能恰巧存在或可以找到原型，当事人自身或周围的人据此认为当事人就是作品中的人物则是不恰当的，"《黑记》写的是一个姑娘，她乳房上长有一块黑记……这完全是个幻想加幻想的东西，但也有人来对号，找到当事医生，指控他泄密。真是对不起那位医生了，他连我是男是女都不知晓，怎么跟我泄密呢？"[③] 在特定指向的认定上还应充分考虑到文学作品的特殊性，充分尊重艺术来源于生活的艺术创作规律，对特定指向的认定进行综合全面客观的考量。

二、影视剧的特性决定名誉侵权主观故意不可或缺

特定指向是第一步，明确了影视剧与特定人的关系。但仅仅只是第一步，如同很多以真人真事为题材的传记类影视剧，特定指向明确并不必然得出侵权成立的结论。法律并没有限制影视剧的创作不能根据特定人的经历进行。因此，影视剧名誉侵权在明确作品内容有特定指向之外，还必须证明有关侵权内容的违法性和创作者的主观状态。

就名誉侵权内容的违法性而言，主要体现为侮辱、诽谤和披露隐私。而就侵权主观状态而言，主要体现为故意或过失。具体到影视剧创作上来，考虑到影视剧的特性，侵权故意应只存在故意的情况，而不存在过失的主观状态。所

[①]　杨立新：《发表小说与名誉侵权侵害》，载中国民商法律网：http://www.civillaw.com.cn/article/default.asp? id=9996。

[②]　麦家著：《风声》，浙江文艺出版社2009年版。

[③]　同②。

谓影视剧的特性即主要在于其虚构性,即影视剧本身就是一种艺术创作形式,这种艺术形式本身就表明了作品具有一定的虚构性,而这也应是一个理性观众可以自主判断的。故影视剧只有在主观故意的情况下,对特定人进行侮辱和诽谤,才能构成名誉侵权。托尔斯泰说:"没有虚构,就不能进行写作。整个文学都是虚构出来的。"某种意义上说,文学作品中强调内容叙事的小说、戏剧,其本质就在于虚构。而建立在小说、戏剧等文艺创作形式基础上的影视剧同样如此。影视剧剧本大多根据小说改编,影视剧本身甚至可以说就是戏剧的一种,任何一个理性的观众都应该对此十分清楚,银幕或屏幕上的表演,并不是生活本身。不考虑影视剧的虚构特性,僵化地理解民事侵权及责任构成,那任何一点艺术加工,特别是可能被特定指向者认为是负面的内容,都需要影视剧对其真实性进行充足的证明,不然就要民事侵权甚至是刑事责任。这等于是将小说、戏剧、影视剧与新闻报道等同,将所有文字作品混为一谈。无疑,这是不懂得或是不尊重艺术创作规律,是对艺术创作自由的损害。

就电视连续剧《宦官小章子》案来说,虽然法院认为,剧中主人公"小章子"不仅仅是现实生活中的某个人,而是太监这一群体的艺术缩影。但同时也承认,"小章子"基本上是以清末大太监小德张为生活原型。电视剧中虽然有"小章子"学狗叫、迫害光绪和珍妃、与某郡主发生恋情、逛妓院,逼死妓女,骗娶妻子供王公大臣淫乐、逼死妻子等情节,但这些情节在《晚清宫廷生活见闻》等出版物中均有一定的文字描写。因此,法院对原告所称被告捏造、编造该情节的主张,没有支持。这意味着,即便是特定指向得到一定明确的情况下,影视剧中存在相关负面情节,但影视剧创作者缺乏侮辱、诽谤的主观故意,所创作内容多有历史记载可供印证,并非刻意编造杜撰,并不构成名誉侵权。

这方面的其他典型案例并不是很多,一些小说侵权案与此类似。如王某某诉古鉴兹、中国作家出版社名誉权纠纷案[①],法院认定小说"《穷棒子王国》中的人名、地名与王某某当年工作的遵化县及西铺村多处雷同,对小说主人公殷大龙的描写与当年王某某的装束及个人经历的主要情节相同,认识王某某的人看过《穷棒子王国》后均认为该书写的是王某某",这是明确了人物的特定指

---

① 参见北京市朝阳区人民法院民事判决书(1991)朝民字第628号。

向。但法院据此认为小说《穷棒子王国》是对王某某的丑化、贬低，在社会上造成不良影响，则有失偏颇。小说中虽有涉及原告个人道德品质、生活作风的描写，但被告提出了20余份证据材料，特别是党组织处分原告的材料对此予以证明，但法院并没有做出认定和采信，甚至没有说明任何理由。但这些材料的认定其实更为关键，如果这些事实是有据可查的，则可以证明并非被告的刻意捏造，因此并不存在侮辱和诽谤以及主观故意，因而不应认定为被告侵权。

小说《太姥山妖氛》案也有类似之处[①]，作家唐某的小说《太姥山妖氛》中使用真实姓名描写知识青年插队太姥山地区，与当地农民发生的故事。其中夹杂了很多对编造的荒诞事件和行为的描写，被描写人提起刑事自诉，法院最后以诽谤罪判处唐某有期徒刑一年。就笔者看来，如果被告可以证明涉案的荒诞事件，确是流传一时的传说，并非杜撰，则诽谤罪不应成立，甚至民事侵权都不应成立。还有一起因小说《人殃》引起的刑事诉讼案件[②]，原告方认为《人殃》的某些"反面人物"就是影射自己。一审法院认定作者涂某某犯有诽谤罪，判处拘役六个月，二审判决尚未做出。笔者认为，即便是明确了特定指向，也要对小说情节进行一一查明，作者编造的不实情节是否出于故意侮辱和诽谤。这两个小说侵权都是刑事自诉案件，与民事侵权的认定有质的不同。因言治罪，相关认定更应谨慎和细致。

如果能够证明创作者确实存在侮辱、诽谤的主观故意，则名誉侵权成立无疑。如小说《荣誉的十字架》名誉侵权案，作者张士敏就曾说："我这部小说有些地方写的就是杨怀远……就是要惹惹他，让他跳出来。"小说《周西城演义》名誉侵权案，作者刘守忠也曾扬言："他们搞了我油印的，我是要还情的，要搞个铅印的。""这么多人我为什么没有写，单单写他们三个，这是有原因的。"《好一朵蔷薇花》名誉侵权案，作者刘珍撰写"及时纪实小说"《特号产品王发英》，声称"要展览一下王发英"，并使用"小妖精"、"大妖怪"、"流氓"、"疯狗"、"政治骗子"、"扒手"、"江西出产的特号产品"、"一贯的恶霸"、"专门的营私者"、"南方怪味鸡"等语。这些作者的言行，已经证明存在侮辱、诽谤的主观故意，其文艺作品无疑构成了名誉侵权。

---

① 福建省厦门市思明区人民法院刑事判决书（1988）厦思法刑字第4号。

② 人民网（http://edu.people.com.cn/GB/3953469.html）。

因此，综合来看，影视剧侵犯名誉权，应明确人物的特定指向、存在侮辱、诽谤等违法行为以及主观故意。特别是侵权的主观故意，这是充分考虑文艺创作的特殊性，尊重艺术来源于生活高于生活的艺术创作规律，在保护公民的名誉权和保障公民创作自由之间找到的较恰当的平衡点。

启示与建议

该案启示我们：此类影视剧为避免诉讼纠纷，虽然在创作上避免不了有生活原型，但可考虑在生活原型的基础上，集合同类型的不同人生活经历，使生活原型能够上升到某一群体的艺术缩影，从而使剧中人物避免存在特定指向问题。

13. 无偿委托合同与名誉侵权的认定
——郭某某诉湖南经济电视台侵害名誉权案

◇ 朱　莉

案例要义

近年来,电视情感类节目在热播的同时,屡陷名誉权和隐私权纠纷。究其原因,情感类节目对私人事务的过分透视、对电视戏剧化效果的过度追求以及制播人员对法律认识的淡薄,往往背离了其追求平民化、真实和温馨的节目初衷。本案正是一起典型的电视情感类节目侵害名誉权的案件。审判一波三折,历时三年终于尘埃落定。值得注意的是,终审判决用被告违背"无偿委托合同"的诚信原则和告知义务来评定名誉权诉讼,其法律适用的恰当性值得研究。下文将以此为例,探讨电视情感类节目面临的名誉侵权问题。

关键词

电视情感类节目　名誉权　无偿委托合同

主要事实

2006年7月初,郭某某因丈夫的兄弟之间为照顾父亲问题无法沟通,便通过电话委托被告湖南经济电视台的《寻情记》栏目组进行采访,以解决兄弟间的分歧。栏目组接到委托后,于次日派记者前往郭某某家采访。

采访中,郭某某向记者介绍其公公李某某老人共有5个儿子,其丈夫系老人的二儿子,老人90多岁高龄一个人独居,生活无人照顾。郭某某已为老人准备了单独的房间,想接老人到家里住,且不收老人一分钱,老人也想住过来,但以"没办法"为由拒绝住过来。故寻求《寻情记》的帮助。记者听取完介绍之后，先后走访了李某某及其大儿子家，并对李某某的第四、第五个儿子及附近的居民进行了采访。李某某及其第四、第五个儿子在被采访过程中对记者分别讲了一些指责郭某某的过激语言和不满语言。

其后，湖南经济电视台将上述采访过程编辑成"儿女啊，让92岁老人安享晚年吧！"专题，于2006年7月29日晚在《寻情记》节目中播出。主持人在本期节目中引出"几十年兄弟之情，却为了父亲的决定相互争论"、"由赡养变成房产纠纷"，并在末尾做了1分零30秒的综合评述，主要内容如下："两天的时间，前前后后对李老一家的采访，让我们感受很多，隐藏在晚辈之间的争执，体会了老人内心的无奈……在父亲年华消逝的时候，在一家人面对着老人永远也带走不了的财产面前，可惜他们却在自己人生道路的十字路口迷失了自己。作为儿女，父母在世时，让他们生活得开心安逸，让父母生活得健康快乐，这才是真正的为子之道，我们没有理由拒绝去为父母做什么，更没有理由为了自身利益索取什么，任何为了其他目的而虚伪尽孝的行为将受到道德、良心、周围人的谴责。"

2006年8月21日，郭某某以名誉侵权为由，将湖南经济电视台告上法庭。长沙市开福区人民法院和长沙市中级人民法院两审均判决[1]驳回郭某某的诉讼请求。

郭某某不服，申请再审。长沙市中级人民法院再审认为，郭某某通过电话口头委托《寻情记》栏目组进行采访，郭某某与湖南经济电视台之间建立了无偿委托合同关系。郭某某委托湖南经济电视台的目的是希望通过电视台的调解，解决其丈夫兄弟之间因照顾父亲产生的分歧，虽然双方未就权利义务做具体约定，但湖南经济电视台作为一家知名电视台，应当事先将节目播出后可能会对郭某某造成的负面影响进行告知。尤其是制作后的节目与郭某某委托初衷有冲突甚至相违背时，应在节目播出前主动与郭某某沟通并听取其意见。湖南经济电视台疏忽了上述义务，对节目播出审查不严，导致播出的节目不仅背离了郭某某委托的目的，也使社会对郭某某的评价降低。对于郭某某名誉的受损，湖南经济电视台有重大过失，应承担民事侵权责任。[2]

---

[1] 湖南省长沙市开福区人民法院民事判决书（2006）开民一初第1672号；湖南省长沙市中级人民法院民事判决书（2007）长中民一终字第1105号。
[2] 湖南省长沙市中级人民法院民事判决书（2009）长中民再终字第0117号。

争议焦点

被告湖南经济电视台与原告郭某某之间是否存在无偿委托合同关系？其都市频道《寻情记》栏目组的采访报道行为是否构成名誉侵权？

法理分析

一、无偿委托合同与名誉侵权的悖论式结合

侵权纠纷由侵权行为法予以调整，违约纠纷以合同法予以调整，这是法律的基本原理。但本案终审判决却以被告"违背无偿委托合同的诚实信用原则和告知义务"导致"原告郭某某名誉受损"为由，判决被告媒体侵权成立。这在名誉权判决中极为罕见。那么，什么是无偿委托合同？该合同理论又能否作为判决本案名誉侵权的适当理由呢？

委托合同属于民事合同，在《中华人民共和国合同法》第二十一章中有详细的规定："委托合同是委托人和受托人约定，由受托人处理委托人事务的合同。"各国立法及学说均认为，委托合同的目的是处理或管理委托人的事务。它是一种典型的提供劳务的合同。合同订立后，受托人应当严格按照委托人的指示、亲自处理委托事务。[①] 也就是说，无偿委托合同法律关系的成立，至少应该具备两个要件：

其一，法律意义上可供委托的事项，必须是委托人自己的事务；

其二，受托人履行委托合同应当严格按照委托人指示、在委托人规定的权限范围内来处理委托事务。

然而，从本案审判所认定的案情来看：

首先，原告委托的事项是进行电视采访，而电视采访作为新闻单位及其从业人员专属的一项工作，显然不是可供委托的原告自己的事务。即，作为委托

[①]　最高人民法院经济审判庭编著：《合同法释解与适用》。新闻出版社1999年4月版，第1831～1865页。

人的原告郭某某，根本不具备将电视采访工作委托给被告湖南经济电视台处理、双方成立无偿委托合同关系的法律资格。

其次，即使原被告之间确实建立了无偿委托合同关系，作为受托人的湖南经济电视台也无法按照原告郭某某的指示、在郭某某规定的范围内来开展采访工作。众所周知，采访自由是国际新闻界公认的新闻工作者的一项基本职业权利，而承担社会责任、保持客观独立的报道立场更是新闻职业伦理的不变法则。也就是说，郭某某和湖南经济电视台之间的法律关系不符合委托合同中受托人应当严格按照委托人的指示处理委托事务的这一基本特征，因此，无偿委托合同不具备履约的现实基础。

笔者认为，对于此案"委托"二字所表达的真正含义，应当区分法律语境和一般语境两个层面来理解。在本案以及同类电视情感类节目中，我们经常看到当事人一方"委托"媒体单位前往采访。此处所说的"委托"，其实更接近于请求、帮助的含义。新闻单位并不必然承担委托合同的法律义务。因为新闻单位最重要的职责是揭露真相、服务人民和推动社会进步，它们可以依据请求提供帮助，但却难以根据指示忠实地服务于个体。

二、试论运用侵权原理如何评判此案

一起本可以运用侵权原理进行判决的案件，却牵强地与合同原理"捆绑"，这既显得本末倒置，更似乎是画蛇添足。事实上，本案一审、二审判决都已经运用侵权原理进行了某些颇具说服力的法律论证。笔者不妨再通过下面的分析来进一步梳理，看看依据侵权原理和相关法律法规应如何评断此案。

（一）侵权四大构成要件的认定

根据我国《最高人民法院关于审理名誉权案件若干问题的解答》中第七条的规定："是否构成侵害名誉权的责任，应当根据受害人确有名誉被损害的事实、行为人行为违法、违法行为与损害后果之间有因果关系、行为人主观上有过错来认定。"本案的审判当然也应该首先对上述构成要件做出评判。

以节目内容是否虚假、媒体是否存在侵权违法行为为例。真实是媒体赖以生存之本，也是法律认定名誉侵权的首要标准。本案的被告电视台在采访报道的过程中，仅仅是呈现了李某某老人的几位子女接受采访和他们发表的某些过激性指责语言，对事件的真相却未进行调查。虽然说清官也难断家务事，但媒体既然来当了"清官"，就应该对真相的揭露尽最大的努力。特别是当接受采访的当事人面对大量的电视观众情绪化地发表自己的观点或者说为了自身利益做有利于自己的陈述时[①]，媒体更要坚守真实的底线。倘若本案中李某某老人的几位子女对原告郭某某的指责都是无中生有或妄自夸大，媒体的传播让更多的观众误认为郭某某就是虚伪尽孝、争夺财产的人，致使其名誉受损，那么电视台恐怕也难辞其咎了。

再以被告电视台的主观过错要件为例。行为人的主观过错直接影响侵权是否成立的认定，也将一定程度上左右侵权责任承担的程度。本案一审的判决认为："记者或主持人在公开报道的本期节目中，未对郭某某或对方当事人的人品和是非曲直进行明确评价，也未发表侮辱、毁损郭某某人格、名誉的点评，没有恶意。"[②] 但终审判决则认为："节目背离了郭某某委托的目的，也使社会对郭某某的评价降低，湖南经济电视台有重大过失。"[③] 这些归根结底都是对主观要件的论证。只是终审判决是以违背了委托合同目的为标准来认定侵权重大过失的存在，逻辑上恐怕难以成立。

（二）侵权抗辩事由是否存在

根据《新闻侵权法律辞典》的解释，新闻侵权民事责任抗辩事由，是指新闻侵权诉讼中被要求承担民事责任的当事人在承担损害事实的情况下，针对对方当事人的诉讼请求而提出的证明其诉讼请求不成立或不完全成立的某种相反事实。[④] 侵权抗辩事由通常被认为是名誉侵权案件被告的保护伞和免责金牌。而报道真实、公正评论、有限特许权、公众人物等抗辩事由均在媒体侵权

---

① 正如社会学家戈夫曼（Erving Goffman）的"拟剧理论"所说："社会是一个由多重剧幕组成的大舞台，而人们在社会舞台上的角色行为与他们'表演'的区域、社会情境有很大的关系。"欧文·戈夫曼著，黄爱华、冯钢译：《日常生活中的自我呈现》，浙江人民出版社1989年版，第102～114页，转引自陈力丹、王辰瑶：《"舆论绑架"富人与媒体逼视——试论公共媒体对私人领域的僭越》，载《新闻界》2006年第2期。

② 湖南省长沙市开福区人民法院民事判决书（2006）开民一初第1672号；湖南省长沙市中级人民法院民事判决书（2007）长中民一终字第1105号。

③ 湖南省长沙市中级人民法院民事判决书（2009）长中民再终字第0117号。

④ 王利明主编：《新闻侵权法律辞典》，吉林人民出版社1994年版，第288页。其中指出，成立任何一种抗辩事由都必须具备以下两个条件：（1）对抗性。即能够导致对方的诉讼请求在法律上不成立或者不完全成立。（2）客观性。抗辩理由必须是积极事实，即表明某种情况客观存在的事实。

案件中得到普遍适用。①

报道是否平衡、真实？平衡的报道往往可信度、真实性更高。平衡报道原则对于电视情感类节目尤为重要。因为面对一起又一起情感冲突时，新闻单位一旦忽视了平衡原则就很容易变成一方的代言人或传声筒，乃至进一步激化当事人的矛盾，酿成恶果。

本案被告湖南电视台的《寻情记》栏目组在采访过程中分别走访了原告郭某某、李某某老人及其大儿子、第四、第五个儿子和附近的居民，做到了采访当事人各方的情况和观点，但实际报道内容是否较为平衡地反映了争议各方的观点，还值得法院进一步考证。

评论是否公正、是否依据了真实可信的事实？"公正评论"原则是普通法诽谤的三大抗辩理由之一，它保护观点的自由表达。中国虽然至今没有完全确立类似"公正评论"的专门规定，但这些原则也多次出现在我国的司法解释和判决文书当中，②成为判定名誉侵权的重要依据之一。

本案中《寻情记》的主持人在节目结尾综合评述说："在一家人面对着老人永远也带走不了的财产面前……迷失了自己……任何为了其他目的而虚伪尽孝的行为将受到道德、良心、周围人的谴责。"从法院认定的案情来看，电视台的评论虽然泛指儿女，并不带有恶意。然而，一方面，评论的依据——郭某某虚伪尽孝、谋夺老人财产——并非确证的事实；另一方面诸如"迷失、谴责"等用词也有欠妥当，这对原告郭某某的社会评价都可能构成潜在危害，也有可能成为认定名誉侵权行为构成与否的主要指标之一。

公众人物抗辩能否成立？"公众人物"是一个舶来词，在其发源地美国，公众人物因其与公共利益、公共议题的紧密相关性，他们的名誉权通常会受到一定程度的弱化保护。近年来，学术界屡屡提出将公众人物纳入我国法律规定

---

① 杨立新：《新闻侵权抗辩22个关键词》，载《检察日报》2008年7月23日版。

② 比如最高人民法院《关于审理名誉权案件若干问题的解释》（1998）第九条："新闻单位对生产者、经营者、销售者的产品质量或者服务质量进行批评、评论，内容基本属实，没有侮辱内容的，不应当认定为侵害其名誉权；主要内容失实，损害其名誉的，应当认定为侵害名誉权。"而广州华侨房屋开发公司诉中国改革杂志社一案的判决也明确指出："衡量新闻机构的评论是否公正，应当从其评论的对象是否与社会公共利益有关、评论依据的事实是否真实存在、评论是否出于诚意来考量。"参见广东省广州市天河区人民法院民事判决书（2003）天法民一初字第1832号。

的司法建议，① 而实际的司法实践也对公众人物的相关理论逐步有所接纳，并出现在范志毅诉《东方体育日报》名誉侵权案等十余份案件判决中。②

本案的一审判决曾经指出："郭某某主动通过电话委托《寻情记》栏目组进行采访，从而将其丈夫兄弟之间因照顾父亲产生的分歧或矛盾置于公众关注的位置，因此其应当预料、容忍乃至接受对方当事人及公众，基于一般的社会道德评论标准对此进行的各种评价。"③ 实际上，这是将郭某某认定为"自愿公众人物"④。倘若报道对象积极主动地追求进入公共视野，就应该对其名誉造成负面影响有所预期和忍受。此抗辩事由能否成立，直接关系案件审判结果，本案终审法院应当给予正确的回应。

三、反思：电视情感类节目缘何屡陷"诉讼门"?

现如今，无论是在名誉侵权还是隐私侵权的诉讼中，电视情感类节目成为被告已经不再是新鲜事。2004年湖南电视台《真情》栏目组因为播出节目《寻根的渡船》，披露了当事人在插队下乡期间被强奸而生下私生女的隐私，被法院判决赔偿精神损害抚慰金50万元⑤；2007年上海电视台生活时尚频道《大话爱情》栏目因为当事人过度披露前夫的隐私，歪曲事实，而被要求公开赔礼道歉、赔偿精神损害抚慰金5万元⑥；而正是同一档节目《寻情记》，2008年在没

---

① 徐迅、黄晓、王松苗等：《新闻侵害名誉权、隐私权新的司法解释建议稿》（依据部分·续三），载《新闻记者》2008年第2期。另外，2007年5月底中国民商法律网发布的《中华人民共和国侵权责任法草案专家建议稿》第六十六条【公众人物】前段规定："为社会公共利益进行新闻宣传和舆论监督等目的，公开披露公众人物与公共利益相关的以及涉及相关人格利益的隐私，不构成侵权。"该建议稿由杨立新教授等负责起草。

② 据魏永征、张鸿霞统计，剔除赵忠祥案等，自2000年至2006年，共有17份判决提到公众人物。范志毅案判决指出：即使原告认为争议的报道点名道姓称其涉嫌赌球有损其名誉，但作为公众人物的原告，对媒体在行使正当舆论监督的过程中，可能造成的轻微损害应当予以容忍与理解。

③ 湖南省长沙市开福区人民法院民事判决书（2006）开民一初第1672号；湖南省长沙市中级人民法院民事判决书（2007）长中民一终字第1105号。

④ 我国司法审判中已有先例。参见张某诉中央人民广播电台、张某某、黄某某、于某侵害名誉权案，北京市海淀区人民法院民事判决书（2005）海民初字第17200号。该案认定原告"将自己置于公众关注的位置"，一旦主动引起公众关注，就应当对各种后果有所预见，容忍乃至接受对方当事人基于一般的社会道德评价标准对此"事件"进行的各种评价。

⑤ 北京市高级人民法院民事判决书（2006）高民终字第97号。

⑥ 《前妻录节目倾诉婚姻不幸　前夫一怒索名誉权》，见中国法院网：http://www.chinacourt.org/html/article/200803/31/294393.shtml。

有征得当事人张琛同意的情况下，暗中拍摄当事人的活动，并将其描述为"一个事业如日中天的女干部沦为他人情妇"，结果也引起一场法律纠纷，电视台不得不公开进行道歉①……究竟什么原因导致电视情感类节目屡屡成为诉讼的被告呢？

媒体角色错位，过分涉入私人事务。俗话说："清官难断家务事。"而电视情感类节目目前却越来越热衷于扮演"清官"的角色来：可以为子女辗转寻找亲生母亲，可以帮积怨多年的邻居化解矛盾，可以帮父亲去当面质问与自己形同陌路的儿子，甚至可以为妻子追拍暗访出轨的丈夫与"小三儿"……诚然，电视情感类节目提供了一种情感宣泄的渠道，某种程度上帮助当事人缓解了内心的情感困惑，甚至解决了家庭纠纷，有利于社会的和谐稳定。然而，媒体的角色始终只是一个客观的记录者，而非积极地"参与者"、"策划者"、"调停人"或"裁判者"。这种对私人领域过度介入的报道行为，被学者评价为媒体僭越私人领域的媒体逼视表现。不仅给被报道的个体带来了他们本不应该承受的压力，同时也造成了大众传媒的功能失调，是新闻媒体社会角色的错位。②

过度追求收视率，渲染戏剧化冲突。电视情感类节目主要的素材都是老百姓身边的故事，平民化的视角和叙事方式通常容易赢得观众的欢迎。但往往在追求收视率的利益驱动之下，一些电视情感类节目开始过度渲染煽情效果和戏剧化冲突：扇耳光、揪头发，拳脚相向、吵得面红耳赤的画面，扛起摄像机和当事人一起冲入房间"捉奸"的场景，当事人面对镜头声泪俱下、哭天抢地的特写，只要骂得"精彩"、打得"过瘾"，一切似乎都可以无所顾忌地向观众呈现。2004年《寻情记》主持人在接受《南方周末》记者采访时，还曾经这样说道："Drama（戏剧性）是永远放在第一位的。所以我们一般都会选择那些有讲述能力，也愿意表达的采访对象。"……"我们同时段节目竞争非常激烈，我们要跟黄金档的电视剧竞争，要跟同类节目竞争……还要拼收视率！"③ 什么

---

① 《湖南经视真人秀把女干部描述成为情妇》，载《南方周末》，转引自大河网（http://www.dahe.cn/xwzx/sh/qwqs/t20080307_1266792_3.htm）。

② 陈力丹、王辰瑶：《"舆论绑架"富人与媒体逼视——论公共媒体对私人领域的僭越》，载《新闻界》2006年第2期。

③ 同①。

名誉权、隐私权恐怕早已经抛到了九霄云外!

制播人员法律意识淡薄。电视情感类节目所涉足的私人事务本身就是权利敏感地带(名誉权、隐私权、肖像权等),而制播人员法律意识的淡薄更加重了涉讼的风险。一方面,某些节目组的记者缺乏专业的新闻训练和法律素养,出差几天拍些素材就急忙回来交差,也不注重采访资料的保存,一旦纠纷产生很难对自己进行有效抗辩;另一方面,很多节目组对于剪辑播出环节如何合理地保护当事人的私人信息、个人形象等,也缺乏切实有效的指导规则,或者说存在某些误解。以隐私权为例,节目对他人隐私事项的披露必须经过隐私权利人本人同意,他人不可以代为放弃隐私。然而现实的情况表明:一是编导或主持人以为公开隐私事项只要不导致当事人社会评价的降低或名誉受损,就没有问题;二是主持人以为家庭或情感纠纷中的任何一方都有权利谈论另一方的隐私问题。这两点都是法律认识的严重误区。[①]

启示与建议

面对日益火爆的电视情感类节目,诚如学者所呼吁的,节目制作人员应该要"催情"更要"催思"。[②]对于新闻媒体及其从业人员而言,本案的启示包括:

1. 以人文关怀的视角回归理性,避免过度追求收视率和戏剧化冲突

尽管追求收视率在当今竞争激烈的电视行业也属理所当然,但作为一名资深电视人的《实话实说》前主持人崔永元曾经的一句"收视率是万恶之源"[③],正可谓一语中的地道出了如今电视节目评价标准的扭曲及其给整个电视行业带来的根本性伤害。毕竟,电视栏目与戏剧还有着本质的区别。法律不允许前者脱离现实、逾越真实的底线,但后者却可以竭尽夸张、虚构之手法以实现最大程度的轰动效应。倘若电视节目也过度地追求戏剧化冲突,不仅模

---

①　陈堂发:《情感类节目如何采取隐私保护》,载《视听界》2007年第2期。

②　钱斌、韩可:《电视情感类节目如何避免低俗化》,载《当代电视》2007年第4期。

③　《央视保持沉默 崔永元:收视率是"万恶之源"》,见新华网: http://news.xinhuanet.com/ent/2009-09/24/content_12104519.htm。

糊、跨越了节目类型之界限，更重要的是，还可能因为最终无法证明内容的真实性而面临败诉风险。

2. 尊重节目中涉及的各方当事人，避免进行没有事实依据的结论性评判

如前所述，评论必须以事实为依据，并且言辞公正，这在世界上许多普通法国家以及我国部分司法判决中都已得到认可。事实上，本案原告郭某某提起名誉侵权诉讼的其中一项重要理由，正是被告"在节目末尾的评论带有明显的讽刺意味，严重损害了郭某某及家人的人格尊严和名誉权"①。新闻媒体及其从业人员在做出任何结论性评价之前，都应当先停下来仔细思考一下：其一，是否已经具备了可靠的事实依据并且留存了相关证据材料；其二，评论是否站在尊重各方当事人的公正立场，而不是情绪化地充当一方的"传声筒"。

3. 提高相关人员的法律素养，避免引发新闻侵权纠纷

无论是电视台的主管领导还是节目的制播人员，都应该有意识地了解我国新闻侵权的重要法律法规，向法律专业人士学习如何规避、应对新闻侵权的相关知识。更好的做法，是在电视台内部制定出一套新闻从业人员的职业操作规范，定期开展普法培训，让各级工作人员都清楚地知道法律的界限何在，以达到防患于未然的目的，避免新闻单位因为成为诉讼被告而遭受巨大的人力、物力以及时间成本的损失。②

---

① 湖南省长沙市开福区人民法院民事判决书（2006）开民一初第1672号；湖南省长沙市中级人民法院民事判决书（2007）长中民一终字第1105号。

② 一项根据800例媒体侵权案件的统计研究表明，相比于普通侵权案件而言，媒体侵权案件的平均结案时间长（平均时间为12个月，而最长的达12年零3个月），平均赔偿数额高（平均赔偿额为70963元人民币，而最高赔偿额为500万元），并且被告到原告住所地应诉的比例是原告到被告住所地应诉的将近两倍。由此可见，新闻侵权诉讼往往带给媒体的是超出案件本身的整体成本损失。参见朱莉、杨慧臻著：《中国媒体侵权案件统计报告》，收录于《新闻（媒体）侵权研究新论》，法律出版社2009年版，第29～92页。

14. 准确理解媒体特许权才能正确适用

——刘某某诉河南省遂平县广播电视局等侵害名誉权案

◇ 徐　迅

案例要义

侵权责任法中，对于新闻媒体的特许权只有一项，然而司法与媒体对它的理解与应用却有程度不同的差别。本案生效判决是对这项唯一的特许权的经典诠释，比较那些性质类似而结论不同的案例，更显出本案判决难能可贵。新闻媒体则可以从生效判决中获得指引。

关键词

相对特许权　中国特色　媒体审判

主要事实

原告刘某某于2000年7月被河南省遂平县公安局以涉嫌诈骗犯罪刑事拘留，同年8月被遂平县检察院批准逮捕。后经驻马店市人民检察院复查，该案于2001年11月20日撤销，并由遂平县检察院对刘某某被错误逮捕、羁押123天予以国家赔偿。

2000年7月21日、22日，就在刘某某被羁押期间，遂平电视台在晚间新闻中播放了他被警察讯问的录像以及记者到石寨铺乡李集村进行采访、群众给县委送匾等镜头。在这些新闻报道中，刘某某被称为是危害一方的"南霸天"，存在对他人敲诈勒索等不法行为。受该报道的影响，刘某某后来到某建筑公司应聘、托熟人外出打工以及在外做生意等均遭到拒绝，家庭生活亦受到影响。他先后向遂平县广播电视局、遂平电视台要求赔礼道歉，恢复名誉，未果。

2002年3月22日，刘某某向法院起诉遂平县公安局、遂平县广播电视局侵害名誉权，请求判令被告赔偿精神损失费2万元，并在电视台赔礼道歉，恢复名誉。此案经过两审，被二审法院发回遂平县法院重新审理。该法院于2003年5月28日依法追加遂平电视台为被告，并另行组成合议庭，于同年7月15日公开审理了此案，并于同年9月4日出具了判决书。

法院认为，在本案中，作为新闻单位的遂平电视台报道的是国家机关（遂平县公安局）公开的文书和职权行为（对刘某某实行刑事拘留），这种报道是否构成侵权，要看该报道的内容是否客观准确。"客观"是指公正，不偏向任何一方；"准确"是指报道与文书、职权行为的内容一致，不失实、不歪曲、不添枝加叶。根据《最高人民法院关于审理名誉权案件若干问题的解释》第六条的规定，新闻单位报道国家机关的职权行为在以下两种情况下构成侵害名誉权：其一，报道失实，致使他人名誉受到损害的；其二，国家机关公开的文书和职权行为有错误已公开纠正，而新闻单位拒绝更正报道，致使他人名誉受到损害的。

本案中，遂平电视台根据遂平县石寨铺乡李集村群众的反映，对群众进行采访以及公安干警对刘某某进行讯问的情况予以报道，因刘某某当时确实因涉嫌敲诈勒索犯罪被遂平县公安局依法刑事拘留，就其报道而言，是客观、真实的。但遂平电视台在该报道中使用了"南霸天"一词，众所周知，"南霸天"是指电影《红色娘子军》中那个欺压百姓、鱼肉乡里、与反革命势力沆瀣一气的土匪、恶霸，该报道中使用该词显然对刘某某具有贬低之意。另外，刘某某涉嫌诈骗一案经驻马店市人民检察院、遂平县人民检察院做出撤销，并予以国家赔偿，说明遂平县人民检察院对错误地将刘某某当做犯罪嫌疑人予以逮捕的职权行为已公开纠正，嗣后，遂平电视台即有更正报道的义务。2003年3月，刘某某曾向遂平电视台要求赔礼道歉，恢复名誉，意即要求其做出更正报道，但遂平电视台却未做更正报道。由此可见，遂平电视台于2000年7月21日、22日把刘某某称做"南霸天"的报道及国家机关的职权行为有错误已公开纠正之后而拒绝做出更正报道，致使原告刘某某的名誉持续受到损害，此行为已构成对刘某某名誉的侵害，遂平电视台应当承担民事责任。

法院判决：遂平电视台连续两晚在该台晚间新闻节目后播报对原告刘某某的

致歉词；同时赔偿原告刘某某精神抚慰费3000元。驳回原告刘某某对遂平县广播电视局、遂平县公安局的诉讼请求及其他诉讼请求。

☕ 争议焦点

媒体对犯罪嫌疑人给予负面评价有什么法律风险？媒体在何种情形下不得拒绝更正？

📖 法理分析

本案是一个适用中国新闻侵权法中特许权制度的案例，堪称经典诠释。由于把握得相当准确，令败诉的电视媒体无从辩驳。作为研究者，我们从若干案例中发现，不论由于什么原因，我国法院对特许权制度的了解与运用都存在一些值得研究的问题，而媒体对这一制度的理解也存在诸多偏差，这就更显出本案判决的研究价值。

一、《解释》第六条——中国媒体唯一的特许权

"特许权"是国际通行的诽谤法理论中的概念。学者认为它是指："为了公众利益或保护个人合法权益，可以做诽谤性陈述而不需要承担法律责任。"[①] 但是我国法院对"特许权"这一概念的界定与学术界有所不同，表述为："特许权，是指新闻单位根据国家机关公开的文件和其他职权行为，进行客观（公正）而准确的报道，应免予承担侵权的责任。"[②] 显然，上述两种对"特许权"概念的定义是有差别的，而学者所持概念的范畴更为宽泛。这是因为，各国法律给予媒体特许权的范围并不一致，比如渊源于英国诽谤法的香港《诽谤条例》[③] 以附表的形式，列明了媒体特许权的保障范围，共有15条。而按

---

① 魏永征著：《新闻传播法教程》，中国人民大学出版社2006年版，第182页。
② 梁书文著：《〈关于审理名誉权案件若干问题的解释〉理解与适用》，收录于梁书文、杨立新、杨洪逵编著：《审理名誉权案件司法解释理解与适用》，中国法制出版社2001年版，第43页。
③ 见香港政府网站http://www.hkrr.org。

照目前我国新闻侵权法相关规定，媒体的特许权只在《最高人民法院关于审理名誉权案件若干问题的解释》（以下简称为《解释》）第六条中有所规定。因此可以说，这一规定也是目前中国媒体唯一的一项特许权。由此看来，我国司法界对这一概念定义范围很窄也就不足为奇了。

关于特许权制度的意义，我国媒体法学家魏永征先生认为："特许权的实质是为新闻记者和媒介对新闻的调查核实设置一条底线，因为要求记者对新闻全都从事实发生的源头进行核实几乎是不可能的。官方正式提供的信息就应由官方负责，记者只需公正准确地予以报道。"[①] 显然，这是一个对信息传播有利、进而对媒体有利的制度。我国最高法院在《解释》第六条中规定特许权，是因为"公众有权了解国家机关为公众利益而从事公共事务、国务活动的情况，而新闻报道正是公众了解这种情况的根本途径"[②]。

与某些发达国家数百年的诽谤法历史相比，我国的新闻侵权法只有二十几年的历史。如果说法律确认媒体应当享有某些特许权，那么从传播国家机关的文书及其行为开始是最正常不过的。但是，进入互联网时代，不仅政府信息公开、立法公开、司法公开已成为不可阻挡的潮流，其他如煤、水、电、交通、通讯、教育、卫生等与公共利益有关的信息公开也日益为公共生活所必需，媒体特许权的扩大已成为必然。在这方面，研究者已经提出了具体建议。[③]

二、中国媒体的特许权是有条件的

特许权大体可分为两类：一类是毋须解释和反驳的"绝对特许权"（Absolute Privilege）；另一类是必须允许解释或反驳的"有限特权"（Qualified Privilege）。[④] 根据《解释》第六条的规定，我国新闻单位享有的特许权是有限的，即是有条件的。这些条件可归纳为四条：第一，新闻单位报道所依的文书及国家机关的行为必须是"依职权"的，也就是说对出自个人的、非依法定程

---

① 梁书文著：《〈关于审理名誉权案件若干问题的解释〉理解与适用》，收录于梁书文、杨立新、杨洪逵编著：《审理名誉权案件司法解释理解与适用》，中国法制出版社2001年版，第43页。

② 香港政府网站（http://www.hkrr.org）。

③ 由中华全国新闻工作者协会委托的一项科研课题——《新闻侵害名誉权、隐私权新的司法解释建议稿》中提出了可以确认为媒体特许权的四项具体建议。载《新闻记者》2008年第1期。

④ （港）刘进图、黄智诚著：《传播法手册》，香港新闻行政人员协会出版2006年版，第14页。

序而产生的文书和行为的报道均不受特许权保护。第二，新闻单位所报道的国家机关的文书和行为必须是"公开"的，因此对内部的文书和行为的报道不受特许权保护。第三，报道内容要"客观准确"，因此新闻单位添枝加叶、添油加醋的部分不受特许权保护。第四，国家机关的文书和行为已公开纠正，新闻单位负有更正报道之义务，拒绝更正报道的不仅不受特许权保护，而且要承担侵权责任。

在本案中，遂平电视台对刘某某的相关报道符合特许权的前两个条件，即刘全景因涉嫌犯罪被羁押，这是公安机关依职权而做出的公开行为，报道内容基本真实。但在第三个条件"客观准确"方面存在问题。判决解释道："'客观'是指公正，不偏向任何一方；'准确'是指报道与文书、职权行为的内容一致，不失实、不歪曲、不添枝加叶。"报道中将原告比为一个众所周知的坏人"南霸天"，不仅不可能与公安机关依职权做出的公开文书内容相一致，属于新闻单位的"添枝加叶"，并且被法院认定为有"贬低之意"，因此应当自负其责。本案中，令电视台败诉最重要的原因在于未能满足第四个条件，即国家机关的文书和行为已公开纠正，进而做出了国家赔偿，但当原告要求遂平电视台赔礼道歉，消除影响时，该台并未履行更正报道的法定义务。法律规定如此明确，作为被告的电视台只有自行承担侵权责任，不会有、也不应有其他的结论。

三、具有指引意义的理解与适用

在本课题组收集到的资料中，有若干案例涉及《解释》第六条的理解与适用。研究法院对这些案例的判决，可以令我们体悟到法院在保护信息传播自由方面的真切努力。

在李某某诉深圳商报社侵害名誉权纠纷案的二审判决[①]中，深圳市中级人民法院指出：虽然作为被告的深圳商报社在报道中使用"歹徒"、"主犯"等词语形容李某某，给李的名誉造成损害，但由于报社在李某某被公安机关羁押后的报道仍属"较为客观"，而在李某某被公安机关释放并与报社交涉后，报社"进行了更正"，消除了影响，其用语不当造成的影响已经挽回，因此李某某

---

① 找法网（http://china.findlaw.cn/）。

"请求赔礼道歉,赔偿损失的理由不充分",法院未予支持。显然,由于媒体在得知国家机关对其职务行为已经做出了公开纠正后即主动履行了更正报道的法定义务,因此虽然深圳商报社与河南遂平电视台在前期行为几乎相同,但在判决中却收获了不同的命运,其关键在于是主动更正还是拒绝更正。而只要主动履行更正的法定义务,也就当然地获得了以特许权抗辩的机会。即使报道用语有所不妥,也会获得司法一定程度的宽容。

而在彭某某、刘某某、肖某某等与佛山晚报社侵犯名誉权一案的二审判决[①] 中,广东省佛山市中级人民法院也明确指出,由于媒体"报道依据是生效的裁判文书,其报道基本属实",因此不构成名誉侵权。这一判决更是将新闻真实性与司法裁决的终局性统一了起来。我们完全可以做出这样的理解:即使媒体的报道对原告人做出了诽谤性陈述——是不真实的,出现了损害原告名誉的后果,但由于报道所依据的是法院的生效判决,属于国家机关依职权做出的公开的文书,媒体应当享有特许权——不承担侵权责任。此时,可以使原告获得救济的渠道是其依法提出申诉以及争取法院改判,而媒体的义务是据法院依职权做出的公开行为及依职权制作的公开文书及时做出更正报道。

四、不准确的理解与适用

刘某某诉遂平电视台一案的重审表明,这一生效判决的产生并非一帆风顺。事实上,不能正确理解并适用特许权制度的判决并非个别。如,邵某某诉《新安晚报》等媒体侵害名誉权一案,其案情与本案几乎完全相同——原告因涉嫌投毒犯罪被羁押,后并未被认定有罪。但在侦查期间,原告被各媒体报道为"挟私下毒手"的惨案制造者。不过原告要求恢复名誉的诉讼请求并未获得法院的支持,判决理由是"报道真实、客观、准确,属正当的新闻舆论监督"[②]。相同的情形还出现于赵某某诉大石桥市电视台侵犯名誉权案的两审判决中。虽然判决书认定,本案原告赵某某确被公安机关行政拘留15天,但公安机关的行政拘留裁决已被法院裁决撤销。在这种情况下,赵某某被媒体报道为一个"不顾群众生命安全,强迫指使机动车驾驶员违章驾驶,煽动部分群众闹事"

---

① 广东省佛山市中级人民法院民事判决书,(2003)佛中法民一终字第403号。
② 安徽省黄山市屯溪区人民法院民事判决书,(2000)屯民初字第21号。

的人，显然不够公正。但上一审的判决书却认为，这一"新闻评述内容属实，属国家宣传部门的权利，二被上诉人（作者及媒体）制作及播放属正常行使职责，且播放并无失实和不当"①。显而易见，上述两案的判决存在明显的矛盾：如果原告邵某某被报道为一个"挟私下毒手"的惨案制造者是"真实、客观、准确"的，那么司法机关为什么不做追究？如果赵某某"强迫指使机动车驾驶员违章驾驶"的报道"内容属实"，那么法院又为什么要撤销公安机关对他的拘留裁决？此时，报道内容和国家机关的执法行为只能有一个是客观准确的。法院对这两起案件的判决实在难以自圆其说。

在笔者看来，以上两案的判决不仅直接违反《解释》第六条的规定，也违反《刑事诉讼法》第十二条关于"未经人民法院依法判决，对任何人都不得确定有罪"的规定，属于较为典型的媒体审判行为。考虑到赵某某一案还存在报道与评论不分这一违反新闻职业伦理规范的情形，其违法性质更为严重。但令人遗憾的是，在《刑事诉讼法》修改四年后、《解释》出台两年后的2000年，还连续出现这样的不当判决，不能不让人感叹：法治的进步确实是一个艰难的历程。

五、司法判决对遏制"媒体审判"行为应当有所作为

所谓"媒体审判"最早是西方国家新闻传播法中的概念，它是指媒体在报道和评论是非时，对正在审判中的刑事案件失去客观公正的立场，以明示或暗示的方式，主张或反对给嫌疑人定罪，主张或反对给被告人判处某种刑罚，其结果是或多或少地影响公正审判。它的本质是报纸指导法官审判。②与此内容相近的概念还包括"媒介审判"、"报纸审判"、"电视审判"、"媒体审判"等。这一概念最初是指刑事诉讼报道中的现象，但目前在我国，它是指包括刑事诉讼在内的所有诉讼报道现象。我国新闻传播学界认为，"新闻审判"是指新闻报道凌驾于司法之上，干预和影响司法的行为。③

---

① 辽宁省营口市中级人民法院民事判决书，（2000）营民终字第368号。判决书认定，本案原告赵某某被媒体报道为"不顾群众生命安全，强迫指使机动车驾驶员违章驾驶，煽动部分群众越级上访闹事"，因此被公安机关行政拘留15天。但公安机关的这一裁定被法院的行政判决撤销。

② （台）尤英夫著：《新闻法论》（上册），台北世纪法商杂志2000年版，第86页。

③ 魏永征著：《中国新闻传播法纲要》，上海社会科学出版社1999年版，第158页。

据笔者的观察与研究，在我国法学界，少有否定存在"媒体审判"问题的学术观点，法律界对此的指斥之声更是不绝于耳，但我国新闻理论及实务界对此均存在争议。① 因此在实践中，法院未判，媒体先判；媒体给被告人定罪，媒体给案件定性的情况时有发生。本文上述几起名誉侵权案例中都有媒体审判的烙印。在这种情况下，法律的规定及法院的判决无疑将对媒体产生巨大的指引作用。

资料表明，② 我国最高法院在制定《解释》第六条时，最初的出发点是为媒体报道诉讼案件确立规则，后来扩大到对整个国家机关的职权行为和文书的报道规则。这一特许权的确立与1996年全国人大修改刑事诉讼的基本精神完全一致。可以说，刑诉法的修改及《解释》第六条关于特许权制度的规定其基本精神是一以贯之的，二者相配合，在公共信息传播与保护人权两个重要价值间划出了可供操作的边界。可以认为，新闻理论与实务界争论不休的"媒体审判"问题至此（1996～1998年）应当有了明确结论。但从本文所列各项判决可见，即使到了2000年，我国司法实践对此问题发出的声音仍不一致，既有如刘某某诉遂平电视台案一样准确适用特许权制度的判决，也有将媒体审判行为定性为"新闻舆论监督"的错误判决，不仅未对媒体的不当传播加以制止与引导，甚至将不法传播认定为"属国家宣传部门的权利"，客观上支持了媒体拒不履行更正义务的侵权行为。这种从法院生效判决中发出的混乱信息就像交通信号指挥系统出现故障一样——红灯绿灯任意闪烁，合法非法界限模糊，一定程度上加剧了媒体在诉讼报道中的横冲直撞现象，"媒体审判"行为禁而不止也就不足为奇了。

启示与建议

对于新闻媒体而言，可以从本案中获得一些启发。

首先，对于进入司法程序的案件，法律要求媒体的报道要客观准确，因此

---

① 魏永征、张鸿霞主编：《大众传播法学》，法律出版社2007年版，第76页。

② 梁书文著：《〈关于审理名誉权案件若干问题的解释〉理解与适用》，收录于梁书文、杨立新、杨洪逵编著：《审理名誉权案件司法解释理解与适用》，中国法制出版社2001年版，第41～42页。

下笔用词应谨慎克制，特别是少用形容词，多个类似判决中对此均有提示。本案被判构成侵权的原因之一是媒体将犯罪嫌疑人指为"南霸天"。但嫌疑人最终获得国家赔偿的事实表明，他是一个无罪之人。显然，在刑事司法程序中，任何一个嫌疑人的最终命运都有两种可能，有罪或无罪。媒体将嫌疑人形容为"南霸天"，根子是有罪推定。要想从根本上避免这种非法治的、最终败诉的报道出现，核心的预防措施是媒体从业者将"无罪推定"的原则根植于心，即当一个人未被法庭宣判为有罪之前，他应当被视为一个无罪之人。

其次，当国家机关对其行为已经公开纠正后，媒体应做更正报道。根据特许权的制度安排以及司法实践的结果，当国家机关公正纠正了自己的行为后，媒体主动（或者在知道国家机关纠正后及时）报道了这一信息，意即更正报道，即使当初的报道存在某些瑕疵，由于更正报道在一定程度上消除了对原告的不良影响，也有可能获得原告的谅解及司法审判的宽容。因为司法解释的规定十分明确，只有拒绝更正报道的，才符合构成侵权的条件。所以，媒体拒绝更正报道，除了在公信力方面会大受损害外，对于应对诉讼的被告而言也是自寻死路的方案，不可选择。

15. 媒体善用"特许权"合理规避诉讼风险

——郑某某诉中国广播网、某法制报社名誉侵权案之比较

◇ 陈　华

案例要义

中国广播网在2004年7月23日刊载一篇以《辽宁首例损害商业信誉案嫌犯被捕》的报道，原告郑某某认为该报道侵权其名誉权，诉至法院。下文将以此为例分析新闻报道中合理运用"特许权"制度应当注意的问题。

关键词

名誉权　特许权　权威消息来源　更正性报道

主要事实

原告郑某某系北京金华汉新技术有限责任公司总经理，2004年6月29日因涉嫌损害商业信誉、商品声誉罪被大连市公安局逮捕。后因证据不足，大连市人民检察院于2007年12月20日撤销了案件，并对原告郑某某给予人民币4183元的国家赔偿。

2008年5月，原告郑某某因某法制报社于2004年7月27日刊登了一篇题为《"教授发明家"行恶终落法网，"辽宁第一案"警世违法竞争》的文章中使用大量的形容词语，原告郑某某认为侵犯其名誉权诉至法院，经北京市第二中级人民法院终审查明：2004年7月27日，某法制报社在其报纸总第1232期《生活周刊》栏中刊登文章，文章称："华汉针神"发明人郑某某被大连警方逮捕，标志着辽宁第一例损害商业信誉、商品声誉罪得以告破，给人们带来的思索意义深远。在法院

一审期间，应某法制报社申请，曾至大连市公安局调查核实涉案文章登载事宜，有关人员答复：郑某某涉嫌侵害商业信誉一罪原由大连市公安局经侦一队办理，后因证据不足等原因未能进入诉讼程序，并因档案卷宗管理原因，无法提供进一步情况。某法制报社未能提供涉案文章的具体来源。终审判决被告某法制报社败诉。

2011年5月5日，原告郑某某认为中央人民广播电台门户网站——中国广播网，在2004年7月23日刊载一篇以《辽宁首例损害商业信誉案嫌犯被捕》为题的报道，以其被逮捕为新闻由头，不调查研究，核实真实情况，进行渲染不实报道，对其及公司进行了"媒体审判"。该报道刊登了上述内容，颠倒是非，混淆黑白，做出了与事实真相完全相悖的报道，并对原告进行了人格攻击和侮辱，其行为严重损害了原告的名誉，侵害了原告的名誉权。上述内容被新浪网（已诉至北京市东城区法院，法院已受理）转载，其相关内容网页从2004年一直保存至今，历时七年之久，给原告声誉造成的损失无法估计，并使原告经营的北京金华汉新技术有限责任公司蒙受了6000万元的经济损失。

原告郑某某认为中国广播网的报道侵犯其名誉权，于2011年5月向法院提起诉讼。提出三项诉讼请求：1. 判令被告中国广播网构成对原告名誉权侵权；2. 判令中国广播网删除侵权网页，并在其侵权网站上以相同版面、相同大小，相同位置刊登致歉公告（内容需经执行法院审核），公开向原告赔礼道歉，并将致歉公告在网上保留与侵权持续时间相同的时间；3. 判决中国广播网赔偿原告精神损害抚慰金人民币两万元，并承担本案全部诉讼费用。中央人民广播电台在收到起诉状后立即核实事实，在获知国家机关行为变更（即公安机关已于2006年撤销了追究郑某某刑事责任的立案，郑某某也已因被错误羁押50多天而获得国家赔偿），在第一时间采取的第一项应对措施是及时删除原报道。进而对诉讼案情做出了判断，认为中国广播网的原报道基本客观真实，只是国家机关对原行为做出了变更，中国广播网没有及时获知并对新的案件事实做出报道。中央台于是采取了第二项应对措施：及时做出更正报道。由于本案被告方在开庭前履行了媒体的法定义务，为应对诉讼创造了有利条件，促使原告主动撤诉。

2011年5月25日被告方接到法院通知：郑某某诉中央人民广播电台门户网站——中国广播网名誉侵权案，原告已撤诉。

争议焦点

中央人民广播电台的报道是否构成名誉侵权，是否可以利用媒体唯一的"特许权"赢得胜诉的机会？

法理分析

本案留给我们许多值得思考的问题。概括起来，有以下几点。

一、应在报道中交代消息的合法来源

正如郑某某诉某法制报社二审判决书中指出："……涉案文章虽然登载于撤案之前，但该文章部分内容没有事实依据，且某法制报社未能提供涉案文章的具体出处……"司法实践中，界定新闻报道是否失实，应当以其所报道的内容是否有合法的消息来源为依据。因此，交代消息的合法来源显得非常必要。

有合法、权威消息来源的新闻报道更容易得到人们的关注与信任，有利于树立媒体的公信力。通过交代消息来源，体现出媒体尊重消息源，有助于保证新闻的真实性和准确性。一旦新闻失实或产生侵权责任时，有可能多一个共同责任人，甚至由于新闻材料的提供者的权威性，有关当事人有可能不选择以记者或媒体作为被告，从而放弃诉讼。而媒体可以依有合法、权威的消息来源为主张，最终减轻或免除侵权责任。在我国法律与司法实践中，新闻媒体在面临侵害名誉权纠纷时，其中一个抗辩理由是：内容真实。证明传播内容是否真实一般应对消息来源进行交代。依新闻工作者的职业道德，新闻单位对于新闻消息负有核实的责任。如果媒体对消息源失之考察，那么就有可能与消息源提供者构成新闻侵权的共同被告；反之，则可化解法律风险。

二、不能超越法律规定对案件进行定性

新闻媒体虽然有舆论监督的职责，但新闻报道应当客观真实，不能虚假片面、"添油加醋"，带有个人主观倾向。中央人民广播电台能够胜诉的一个重要

原因是原报道基本客观真实。而某法制报社的报道中却使用了大量的形容词，如"'教授'发明家、'盗版'竟理直气壮打'原版'"、"违法竞争，手段卑劣，假的竟把真的搞垮了"、"十二年恶意侵权有增无减，逐步升级，最终害人害己"、"终落法网、疯狂拒捕，更显'教授发明家'卑劣原形"①影响公众的判断力，甚至可能造成"媒体审判"。既然公权力机构对案件尚未定性，那么郑某某仅是损害商业信誉案的犯罪嫌疑人，某法制报社的做法就存在着隐患，也是导致其败诉的一个重要原因。反观中央台的报道，陈述比较客观，立场较为中立，没使用那么多的形容词，特别是没有给嫌疑人定罪定性，这也给本案被告的事后补救留下了空间。

新闻媒体报道正在审理的案件时，超越法律规定对案件进行定性，影响司法的独立与公正，也损害了公民获得公平审判的权利。司法独立是国际上公认的基本法律原则。司法独立的目的是保障每个人获得公开而公正审判的基本人权，这包括民事和刑事②。在我国，人民法院独立行使审判权、人民检察院独立行使检察权，不受任何行政机关、社会团体和个人的干涉。依我国1996年《刑事诉讼法》第十二条规定："未经人民法院依法判决，对任何人都不得确定有罪。"也就是说，确定一个人犯罪与否必须经法院判决。而"媒体审判"往往表现在：未经法院审判或案件尚未定性前，媒体对案件先定性，其报道中多采用单方的、片面的、夸大性甚至失实或使用法律所禁的其他内容，引起公众对所涉案件的人产生不好的评价。由于媒体对案件进行单向的宣传，有意无意压制其他相反意见，无视被告人的辩护权。其结果是形成一种足以影响法庭判断的舆论环境，从而在不同程度上影响判决的公正性，损害被告人自我辩护的权利，导致错判、误判。其不利后果是：使公众对于司法的公正产生怀疑，认为媒体比司法更管用。而司法机关作为国家机关，必须接受人民的监督，这种监督就包括新闻舆论监督。司法与媒体应当各司其职，舆论监督固然是新闻媒体的职责，媒体在行使这一职责时，应当客观公正，而不是通过"添油加醋"的方式去找噱头，影响公众的判断、公权力机关对案件、涉案人员的定性甚至影响法院的公正审判。

---

① 北京市东城区人民法院（2008）东民初字第03609号。
② 魏永征著：《新闻传播法教程》第二版，中国人民大学出版社2010年版，第96～97页。

编辑、记者应当树立正确的新闻观和法治观，在报道此类涉案题材时应当秉持客观、公正的原则。在处理此类报道稿件时，应力求严谨。把握不准时，可以请具有相关法律背景的人士或媒体内部的法律部门对报道的内容、措词等方面可能产生歧义的部分，进行法律风险评估。趋利避害，消除可能存在的隐患，以最大限度保护媒体的权利。

三、合理运用媒体"特许权"

1. 特许权概述

依国际诽谤法理论，特许权是指为了公众利益或保护个人合法权益，可以做出诽谤性的陈述而不需承担法律责任。我国媒体法学家魏永征先生认为："特许权的实质是为新闻记者和媒介对新闻的调查核实设置一条底线，因为要求记者对新闻全都从事实发生的源头进行核实几乎不可能的。官方正式提供的信息就应由官方负责，记者只需公正准确地予以报道。"这是利于媒体信息传播的一项重要制度。

特许权大体可分为两类：一类是绝对的特许权，另一类是有限特许权。依我国《宪法》第七十五条规定："全国人民代表大会代表在全国人民代表大会各种会议上的发言和表决，不受法律追究。"这是一种免受诽谤指控的特许权，其目的是消除人大代表因害怕承担政治、法律责任而真实的表达、反映人民的意志[①]。这是一种绝对的特权。在我国，新闻媒体作为信息的发布者，享有的是相对特许权。1998年《最高人民法院关于审理名誉权案件若干问题的解释》第六条明确规定了大众传播机构报道国家机关行为的"特许权"，也是目前我国媒体唯一的"特许权"："新闻单位根据国家机关依职权制作的公开的文书和实施的公开的职权行为所做的报道，其报道是客观准确的，不应当认定为侵害他人名誉权。其报道失实，或者前述文书和职权行为已公开纠正而拒绝更正报道，致使他人名誉受到损害的，应当认定为侵害他人名誉权。"这些条件可归纳为四条：第一，新闻单位报道所依的文书及国家机关的行为必须是"依职权"的，也就是说对出自个人的、非依法定程序而产生的文书和行为的

---

① 孙旭培著：《新闻传播法学》，复旦大学出版社2008年版，第217—218页。

报道均不受特许权保护。第二，新闻单位所报道的国家机关的文书和行为必须是"公开"的，因此对内部的文书和行为的报道不受特许权保护。第三，报道内容要"客观准确"，因此新闻单位添油加醋的部分不受特许权保护。第四，国家机关的文书和行为已公开纠正，新闻单位负有更正报道之义务，因此对国家机关的文书和行为报道失实，或者拒绝更正报道的不仅不受特许权保护，而且要承担侵权责任。[1]

2. 合理利用特许权的重要性

郑某某案就是因媒体善于运用"特许权"制度或不懂得运用"特许权"制度所产生的不同诉讼结果。中央人民广播电台及时删除原报道并做更正报道。为原告郑某某澄清了事实，挽回了名誉损失，诉讼的目的已经实现，因此其主动撤回起诉。而某法制报社未及时做出跟进报道，丧失了主动依法了结诉讼纠纷的机会，以终审判决败诉的方式结案。

四、及时做出更正性报道

从上述两起案件的诉讼结果来看，对不实报道进行更正，是新闻媒体的一项法定义务。也是认定为免除被告侵权责任的抗辩事由。在我国，更正分为两种情况：第一，对报道的事实未尽审查义务，导致报道失实，新闻媒体应当承担相应的更正义务；第二，新闻媒体的报道行为本身依法不构成侵权，但由于事实的结论出现了根本性的改变，而产生更正的义务。郑某某案的报道就是属于后者。具体来说，如果被告的涉诉报道符合1998年《最高人民法院关于审理名誉权案件若干问题的解释》第六条的规定，即"根据国家机关依职权制作的公开的文书和实施的公开的职权行为所做的客观准确的报道"，那在"前述文书和职权行为已公开纠正"的情况下，被告只有"拒绝更正报道"，才可能构成侵权；只要被告"已经做出了更正报道"，就不可能构成侵权。不管该更正报道是被告主动履行的，还是应原告的要求被动做出的更正行为。这就不难理解，两家被告媒体均在当年做出了郑某某涉嫌犯罪被逮捕的报道，但原告郑某某在名誉权诉讼中撤销了对中央台的起诉，而某法制报社以终审败诉收场。

---

① "中国新闻侵权案例精选与评析"课题组编著：《中国新闻（媒体）侵权案例精选与评析50例》，法律出版社2009年版，第207页。

启示与建议

新闻媒体从业人员对涉案事件进行报道时，常常没有及时对案件进行跟进报道，这不符合诉讼案件程序性强的特点，可能导致侵犯名誉权等相关纠纷。特别是被诉后新闻媒体没有依法采取正确的应对措施，以至处于被动的状态，甚至承担败诉的后果。为规避上述风险，建议如下：

1. 对涉案事件进行报道后，编辑记者应当及时追踪案件的进展情况，对案件事实变化进行报道。

2. 报道应当交代消息的合法来源。

3. 报道应当客观、真实，不能超越法律规定对案件进行定性。

4. 出现纠纷时，依照事实及时做出更正性报道。

16. 特许报道关乎公共利益

——赵某某诉大石桥市电视台、大石桥市广播电视新闻中心侵害名誉权案

◇ 杨慧臻

案件要义

原告被当地公安局予以行政处罚的事情被大石桥市电视台进行了报道，本文将以此为例，对特许权及其运用进行分析。在原告的行政处罚被法院撤销之后，原告以侵害名誉权为由起诉了电视台。

关键词

有限特许权 核实责任 公共利益 更正和答辩

主要事实

1998年8月21日，因被认为煽动部分群众越级上访闹事，原告赵某某被大石桥市公安局处以治安拘留十五天的行政处罚。8月30日、31日，大石桥市电视台连续两天在新闻时间向全市播放了该事件，具体内容为："近日，市公安局对旗口镇曾屯村村民赵某某不顾群众生命安全，强迫指使机动车驾驶员违章驾驶，煽动部分群众越级上访闹事的违法行为进行了依法裁定治安拘留十五天，并将进一步调查其他违法行为。"次日上午，原告即找到被告大石桥市电视台，要求停止播放，被拒绝。同年11月23日，大石桥市人民法院判决撤销该行政拘留裁决，限期重裁。原告以名誉侵权为由，向大石桥市人民法院提起诉讼，要求被告连续四天为其恢复名誉，并赔偿精神损失5万元。

大石桥市人民法院认为，新闻评述内容属实，公安机关确实做出对原告拘留的裁决，至于最后被人民法院撤销，属公安机关执法问题，二被告报道的是公安机关做出裁定拘留，并非执行拘留，并无歪曲事实、诽谤、污辱原告内容。另新闻评述属国家赋予宣传部门的舆论监督权利，系二被告正常行使职责，且宣传内容意在维护社会安定，并未失实和不当。法院做出一审判决，驳回了原告的诉讼请求。

后原告赵某某不服一审判决，向营口市中级人民法院提起上诉。二审法院认为，被上诉人大石桥市电视台及大石桥市广播电视新闻中心依据大石桥市公安局的治安管理处罚裁决播放新闻评述内容属实，属国家宣传部门的权利，二被上诉人制作及播放属正常行使职责，且播放并无失实和不当。至于大石桥市公安局的裁定被人民法院撤销，属公安机关执法问题，且限期重裁。由此，营口市中级人民法院最终驳回了赵某某的上诉。

争议焦点

公安机关做出的行政处罚决定被法院撤销，媒体在撤销前所做的报道是否侵权？

法理分析

本案中，大石桥市电视台播出赵某某被公安局予以行政处罚的新闻，是依据1998年《最高人民法院关于审理名誉权案件若干问题的解释》（以下简称"解释"）第六条免责条款①的典型报道，然而，判决书没有直接引据该款内容，而是从其他路径去论证，间接地体现了特许权的原则，同时也出现了适用上的缺憾。

---

① 新闻单位根据国家机关依职权制作的公开文书和实施的公开的职权行为所做的报道，其报道客观准确的，不应当认定为侵害他人名誉权；其报道失实，或者前述文书和职权行为已公开纠正而拒绝更正报道，致使他人名誉受到损害的，应当认定为侵害他人名誉权。

一、媒体报道客观、准确，不承担核实责任

媒体享有有限特许权，其有限性在于报道应当满足一定的条件：首先，报道的官方文书和行为必须是公开的、依职权制作的，而国家机关非依职权制作的、非公开的文书和实施的非公开的、非职权行为不在新闻媒体特许报道权行使的范围之内。其次，报道应当客观、准确。客观是指公正、不偏向任何一方，准确是指报道与文书、职权行为内容一致，不失实，不歪曲，不添枝加叶。[①] 除此之外，媒体还承担着连续报道的义务，如果国家机关的行为发生变更或者纠正，媒体也应该进行后续报道。

本案中法院认为大石桥市电视台的报道"并无歪曲事实、诽谤、污辱原告内容"、"新闻评述内容属实"，而"至于最后被人民法院撤销，属公安机关执法问题"，可见在新闻真实的认识上，法院分清了媒体和公安局应承担的不同责任。赵某某是否违法的事实不同于公安局在违法认定基础上进行行政处罚的事实，前者是公安局调查核实的事实，后者是媒体报道的对象，而对于赵某某是否违法，媒体不必也不可能进行调查核实，因为：其一，确定某人是否存在违法行为，是否应受到法律处罚，是公权力机关的职责，媒体没有权力依据自身的调查采访确定一个公民的罪与罚，否则，就可能成为"媒体审判"的失范表现；其二，对案件事实的认定，需要公权力机关利用国家强制力通过一系列严格的程序才能实现，更何况许多案件事实连公权力机关也无法调查、核实清楚，相形之下，要求媒体对特许事项本身承担核实责任，显然超越了媒体的能力范围。因此，媒体只需对报道本身的客观性、准确性负责，而对被报道的事实本身，不必承担核实责任。即使被报道的官方文书、官方行为后来被认定是错误的，做出客观、准确报道的媒体也不应成为责任的主体，而是由做出事实认定的国家机关或其工作人员承担。正如在何某诉当阳广播电视台侵害名誉权案中，法院认为"被抓获的犯罪嫌疑人是否为犯罪嫌疑人，审查权在当阳市公安局，当阳市广播电视台无义务对此进行核实。何某的人格尊严虽在该报道中受到损害，但责任不在当阳市广播电视台，而是当阳市公安局自己的工作失

---

① 梁书文、杨立新、杨洪逵著：《审理名誉权案件司法解释理解与适用》，中国法制出版社2001年版，第42页。

误所致"①。

要免除侵权责任，媒体需要承担客观准确报道的义务，即做到立场公正，报道内容与官方文书、行为相一致。而歪曲、失实、添枝加叶的内容，不属于免责的范畴。以刘某某诉遂平县广播电视局、遂平县公安局、遂平电视台名誉侵权案件为例，遂平电视台报道了公安干警对刘某某的讯问情况以及对群众进行的采访，该报道被法院认为是"客观、真实的"，然而，遂平电视台在该报道中使用了"南霸天"一词，该词被认为有侮辱之意，成为了遂平电视台败诉的原因之一。②

二、特许权关涉公共利益

特许权的价值在于使媒体有条件的免除核实责任，那么在媒体和报道对象的利益天平上，法律为何要倾向媒体？

因为媒体对于某些事项（特别是公共利益相关事项）的报道，不仅仅是为了满足本体的物质和精神利益，而且还为公众实现对公共事务的知情权、监督权提供了信息基础。在公共利益与个人利益发生冲突时，法律往往要求后者予以退让。有学者发现："近几十年来发达国家的制度调整，其主要方向之一是逐步减轻媒体对真实的证明责任，鼓励媒体在符合公共利益的前提下积极传播信息。"③

官方文书、官方职权行为作为重要的公共事务，关系到政府信息公开的职责、公众的知情权和监督权。媒体对官方文书、官方职权行为进行报道，既是政府信息公开、满足公众知情权的要求，也是中国特色环境下，媒体履行"喉舌"义务、发挥舆论监督作用的体现。

---

① 具体案情为：1999年8月2日，当阳市公安局在破获一起抢劫案中，将何某连同其他犯罪嫌疑人一并拘留。经审查，何某未参与抢劫，当阳市公安局于同年8月4日将何某释放。在何某被关押在当阳市看守所期间，当阳市广播电视台应当阳市公安局的邀请，将此次行动制作成新闻并在电视上播放。为此，何某于2000年8月11日诉至法院。经过两审判决，法院驳回了何某的诉讼请求，但要求电视台进行更正报道。参见刘卓彬：《电视台是否侵犯受害人的名誉权》，见法律教育网：http://www.chinalawedu.com/news/2003_6/5/0936326574.htm。

② 河南省遂平县人民法院民事判决书，（2003）遂民初字第64号。

③ 徐迅：《中国媒体侵权法制亟待发展——建立在若干统计数据基础上的研究报告》，参见徐迅编：《新闻（媒体）侵权研究新论》，法律出版社2009年版，第8页。

公共利益是特许权的价值追求。而特许权的理论依据，也被认为是"为了公共利益"，"以公众对公正而真实的报道司法、立法机构以及其他官方机构和政府官员行为的了解权为依据的"。[①] 在英国诽谤法中，法律确定的特许权范围比较广，这些免责情形背后存在的基本原则是："在自由而坦诚的交流中存在公共利益，此种交流事项关系到为法律认可的、需履行的义务或受到保护的利益。"[②] 在美国，即使记者可能怀疑官方言论是虚假的，但是公众要求获知官员如何履行任务的知情权优于言论相对人提起诽谤诉讼的能力，因此媒体可以自由报道这种可能虚假的官方言论。[③]

本案判决书论及了媒体报道赵某某被行政处罚的公共价值："新闻评述属国家赋予宣传部门的舆论监督权利，系二被告正常行使职责，且宣传内容意在维护社会安定"其意有三：第一，对于媒体而言，该报道是媒体的宣传职责所在和舆论监督权利的体现；第二，对国家机关而言，是接受媒体舆论监督的义务体现；第三，对社会公众而言，该报道有利知晓政府机关的运作和政府官员的作为，有利于对国家机关及其工作人员的职务活动进行舆论监督。

然而本案在关涉公共利益的论述中，存有缺憾。首先，没有对公共利益实际实现的价值进行评价和论证，而仅仅以"正常行使职责"和"宣传内容意在维护社会安定"的理由，要求弱化对公民人格权的保护。由于目的、动机不等同于结果，法律除了考虑主观要件，更需要关注实际利益的损益情况，从引发诉讼的源头定纷止争。在个人利益实际损失和公共利益实际收益的反复权衡中，从而确定是否有必要弱化保护个人利益。反之，如果忽略对公共利益实际损益的评价，而仅以被告一方的公共利益目的一笔带过，则无疑陷入了只问动机、不问结果的歪理之中。这种逻辑的危险之处在于，无论媒体如何践踏公民名誉权，只要拿出"为了公共利益"的"尚方宝剑"，就可以免除侵权责任，而公民的名誉权保护则陷入岌岌可危的境地。

其次，判决书中的政治色彩表达使法律文书的专业性和严谨大打折扣。"宣传"一词是典型的政治词汇，将媒体的报道视为"国家宣传部门的权利"、

---

① 梁书文、杨立新、杨洪逵著：《审理名誉权案件司法解释理解与适用》，中国法制出版社2001年版，第43页。
② [英]萨莉·斯皮尔伯利著，周文译：《媒体法》，武汉大学出版社2004年版，第97页。
③ [美]约翰·D.泽莱兹尼著，张金玺、赵刚译：《传播法》（第四版），清华大学出版社2007年版，第140页。

"属正常行使职责",有将媒体等同为国家机关之嫌。事实上,我国的媒体不掌握公权力,不是政府的一个"部门",报道案件新闻是实现言论自由、舆论监督权等宪法权利的表现,这是宪法平等赋予每个人的权利,并非国家宣传部门所特有。更何况,权利的行使与否有选择性,职责不能像权利那样可以选择或放弃,媒体报道什么不报道什么,有筛选的自由,不是不得不为的职责或义务。

三、特许权体现主观过错推定方式

在我国的民法体系内,对媒体侵权问题主要适用过错责任原则,本案判决在对被告的主观过错进行考量时称"宣传内容意在维护社会安定",这种表述的背后是法院以推定的方式判断被告没有主观过错。

虽然在98"解释"的特许权条款中,并没有明确将主观无过错列为免责条件,但实际上,该条款发展了过错责任原则,体现了过错推定的思路。使用无过错推定的方法,其合理性在于符合社会一般理性人的判断和认知。

在新闻侵权案件中通常要考察被告是否具有主观过错,过错包含故意和过失,在新闻真实的问题上,衡量被告是否故意,需要以被告是否明知不实报道会带来损害后果而持希望或放任的态度为依据;衡量被告是否过失,需要以被告应该注意、能够注意而不注意为依据。特许报道所涉及的官方公开的行为、文书、言论,往往具有较高的社会公信力,具有被一般人信以为真的权威度。通常情况下,媒体无法明知官方材料中的错误,或很难对其中的错误负有注意义务,即往往不存在预知失实而为之的故意或预知可能失实而为之的过失。加之树立和维护公权力公信力、权威度的需求,和满足公众知情权、监督权的公共利益因素,对于准确、客观报道此类官方消息来源的媒体、记者,通常可以推定其没有主观过错。

上世纪90年代就有研究者提出将"依据有足够权威度的消息来源进行及时报道"作为媒体侵权的抗辩理由,他提出,新闻媒介和记者的核实责任在于:新闻的事实材料只要得到具有一定权威性的人或机关的证实,就应认为尽到了审查核实的责任。[1] 虽然该研究者提出的权威消息来源和特许报道的范

---

① 王晋闽:《新闻侵权的责任分担》,载《新闻记者》1991年第7期。

畴存在差异，① 但是从内在逻辑上，都体现了以推定的方式判断主观状况的思路。

过错推定的方式对于媒体的积极意义在于，如果原告不能证明媒体主观上存在过错（比如官方材料本身存在明显具有诽谤或侮辱性质的内容，媒体明知可能造成损害后果而进行了转述和传播），那么就可以推定媒体主观上没有过错。这免除了媒体报道官方消息后遭遇诉讼纠纷时的举证难题，因为依照常理，要证明自己没有主观过错，即证明一件事实的不存在，是比较困难的；此外，还免除了媒体的一部分注意义务和审核义务，因为很难要求记者具有超出一般人的理性，对官方消息源保持谨慎怀疑的态度而反复核实。从这个意义上，有利于维护媒体的权利。

四、更正缺位是缺憾

本案中，对赵某某的行政处罚下达后、法院撤销前，赵某某就要求电视台停止播放，电视台拒绝了赵的要求，可以说有着充分而合理的理由：其一，赵虽然名誉受损，但没有证据说明电视台播放的新闻是失实的；其二，电视台对于行政处罚的报道无需承担核实义务，而且即使报道事件后来被证明失实，也不应由电视台承担播放失实新闻的侵权责任。

然而，行政处罚被撤销后，直至本案判决，媒体既没有主动更正，法院也没有判决要求媒体更正，这不得不说是本案的一处缺憾。98"解释"第六条规定了媒介"拒绝更正"的侵权责任，也就是说更正是媒体享有特许权同时应承担的一项法定义务。虽然媒体不一定能对所有报道的后续发展情况予以关注并能及时主动更正，但司法解释划定的一条界线是"拒绝"，言下之意是明知应更正而故意不更正。由于真实报道的义务处于动态过程中，如果后续事实推翻了先前的事实，那么媒体就负有更正的义务，以保证作为过程存在的新闻的真实。但是如果明知应更正而拒绝更正，则意味着主观上的过错，需要为法定义

---

① 许多学者将"权威的消息来源"抗辩等同于媒体特许权抗辩，"权威"一词也被有的学者用于解释特许权的内涵，如王军将有限特许权解释为："媒介准确报道权威消息来源提供的新闻材料可以不负诽谤责任。"但笔者认为，权威消息来源比媒体特许报道范围更宽泛，并非所有的依据"权威消息来源"进行的报道都属于法律明文免责的范畴。

务的不作为承担侵权责任。

本案中，虽然没有理由要求大石桥市电视台满足赵某某第一次停止播放的要求，但是如果赵某某提出对行政处罚存有异议，需要在媒体上表达异议，那么电视台应该本着公正、客观的态度，为赵某某提供答辩的机会，使存有争议的双方有一个表达观点、自我辩解的平台。其次，后来法院撤销了对赵某某的行政处罚决定，说明之前的官方行为得以纠正，那么电视台应该及时进行后续报道，即使电视台记者不知道法院撤销行政处罚的事实，也应该最迟在诉讼发生后，原告诉求明确、事实清楚的情况下，及时更正。虽然最终电视台胜诉，然而并不意味着电视台一次次的不作为就是正确的。

结局与本案相反的何某诉当阳市广播电视台侵害名誉权案中，原告没有能够提供当阳市广播电视台拒绝更正报道内容的证据，于是法院认为当阳市广播电视台未构成对何某名誉权的侵害。但当阳市广播电视台仍有义务对何某是犯罪嫌疑人的报道进行更正。[①]

启示与建议

1. 从公共利益出发拓展特许权空间

特许权对媒体的重要意义在于，"给新闻媒体的核实留出一个空间"[②]。只需要做到报道与官方文书、官方行为的内容一致，而至于事实的本来面目，不必承担核实责任。然而我国特许报道的范畴仅仅限定于"国家机关依职权制作的公开文书和实施的公开的职权行为"，范畴远远窄于英国、香港的法律规定。为此，学界呼吁扩大新闻报道的特许权范围，有学者还从立法的角度提出若干可行性建议。[③]

从哪些角度拓展特许报道的范畴呢？从本案反映出来的司法判决思路来看，公共利益抗辩可以视为一种开拓，从而原则性地引出其他一些豁免报道的

---

① 刘卓彬：《电视台是否侵犯受害人的名誉权》，见法律教育网：http://www.chinalawedu.com/news/2003_6/5/0936326574.htm。

② 魏永征：《假定利彪真的讲过——从陆俊名誉权案说到新闻特许权》，载《中华新闻报》1999年2月22日。

③ 在徐迅等人起草的《新闻侵害名誉权、隐私权新的司法解释建议稿》和王利明主编的《中国民法典学者建议稿及立法理由·侵权行为编》中都有关于新闻媒体在报道何种消息来源时受到特许豁免的建议。

情形, 不无可能。

公共利益是许多国家法律经常使用的正式概念, 是有限特许权的理论基础和价值追求, 在我国媒体侵权的司法实践中也具有相当高的认同度。以公共利益为基础扩大有限特许权的范围, 有较好的实践基础和法制基础。

从统计数据来看, 公共利益抗辩在目前司法判例中具有很高的使用率和采纳率,[①] 表明公共利益抗辩受到被告和法院的青睐。这与我国媒体的定位——"党和政府的喉舌"不无关系, 媒体承担着一部分的公共职能, 特别是党报党刊, 曾一度被视为"准机关"。而在以国家机关的行为和文书为传播对象的报道中, 其公共性尤为突出。被告的使用率和法院的认可率相对较高也在情理之中。

至于什么是公共利益, 法律虽没有做出明确界定, 但并不影响在具体案件中描绘和列举具体的公共利益。比如, 英国的李启新法官在雷诺兹案的判决书中写道: "公共利益是一个著名而实用的概念, 将当然的被赋予实际内容。"[②]他列举了符合公共利益原则的言论包括: "关于社会及其成员的公共生活的事件……包括政府行为和政治生活, 选举……和公共管理……以及公共机构、有揭露价值的公共公司的管理等, 个人和私人事项除外……"[③]

以公共利益为出发点扩大有限特许权, 有一定的可行性, 是未来有限特许权理论和实践拓展的一个重要方向。但是公共利益不是空洞的、口号式的, 不是什么都可以装的筐, 需要结合具体的情境, 对公共利益的目的、实现过程和效果进行具体的考量, 将公共利益和个人利益放在平等的位置上进行谨慎权衡。

2. 广电系统应建立更正和答辩机制

作为被告的大石桥市电视台两审均胜诉, 也无需被强制要求履行更正义务。这份带有缺憾的判决书折射出广电系统普遍缺乏更正与答辩机制的现实。

广电媒体更正与答辩机制缺失的原因, 除了立法的缺位, 还有长久以来媒体缺乏主动更正与答辩的意识。时至今日, 新的社会形势要求媒体实现更多的

---

①　在媒体侵害名誉案件中, 公共利益抗辩理由被法院采纳的比例最高。见徐迅主编:《新闻(媒体)侵权研究新论》, 法律出版社2009年版, 第73页。

②　"And what is in the public interest is a well-known and serviceable concept. It will, of course, have to be given practical content." From Albert Reynolds v. Times Newspapers Ltd. [2001] 2AC 127 (HL).

③　Albert Reynolds v. Times Newspapers Ltd. [2001] 2AC 127 (HL).

社会功能，需要转变观念，建立积极应对侵权纠纷的更正与答辩机制，变被动为主动，尽量消除侵权报道对受害人带来的负面影响、挽回受害人的声誉、平复受害人的心理伤害，争取将纠纷解决在诉前阶段，从而避免诉讼风险，节省应诉的人力物力投入。虽然即便更正之后，诉讼也依然有可能发生，被判败诉的结果也可能会出现，但是更正还能作为一项不完全抗辩理由，在一定程度上能作为减轻侵权责任的依据。此外，更正和答辩还有利于树立负责任的媒体形象，是新闻专业主义的体现。

更正还是一项公认的职业道德。在《国际新闻自由公约草案》、《国际新闻道德信条草案》以及《记者行为原则宣言》等国际文件中均有体现。我国针对广电媒体的《中国广播电视编辑记者职业道德准则》第十二条做出了这样的表述："报道一经发布，如果发现错误，应立即公开更正。"可见，应要求而更正是媒体的法律底线，如果拒不更正就涉嫌侵权，但是作为职业道德意义上的更正，有着更高的要求标准，媒体也应发挥主动性，只要发现报道出现了误差，即使无人要求，也应当主动更正。

广电媒体具体该如何进行更正和答辩？笔者认为应在同一栏目同等时间段内尽快播出，以便在最短时间内遏制损害后果的出现和加剧，而不是等传播范围进一步扩大，损害结果无法控制的时候，才做消除影响的努力，那时的更正道歉可能都很难弥补已然造成的损失，所以更正与答辩应当越快越好，将影响置于可控范围；此外，还便于针对固定的受众群消除先前侵权内容带来的不良影响，而不是在其他栏目其他时段甚至是其他媒体上播出，因为在同时间同栏目内的受众最接近于接触到侵权信息的那部分受众，针对相似度最高的那部分受众播出更正和答辩内容，消除影响的效果才能达到最好。

17. 报道官方新闻通稿不受特许权保护

——何某某等诉北京电视台侵害名誉权案

◇ 杨慧臻

案例要义

北京市丰台公安分局在调查处理一起"骑抢"案件过程中，向媒体提供了新闻通稿，在新闻通稿中将孙某某之子认定为犯罪嫌疑人。不久，丰台分局出具情况说明否定了通稿的内容。由于新闻通稿的不可靠内容而引发了这起名誉权侵权诉讼。此案两审法院均判媒体败诉，案件的判决明确了新闻通稿不属特许报道范畴，提醒媒体谨慎处理某些看似"权威"的信息。

关键词

新闻通稿　特许权　消息来源失实

主要事实

2006年8月15日，何某某、孙某某之子遭遇车祸身亡。事故发生后，北京电视台、北京日报社、法制晚报社、京华时报社、华夏时报社取得了公安机关的通稿，通稿中描述了2006年8月15日晚上22点52分，丰台公安分局张郭庄派出所接"事主马京会在丰台区大灰场村步行回家时遭一骑摩托车男子抢劫"报案，以及当晚23点20分，丰台公安分局云岗派出所接"一司机驾车在丰台区大灰场东路辛庄南路路口与驾驶两轮摩托车的男子发生交通事故"案的部分情节及相关疑点，并说明"目前，此案正在进一步调查中，抢劫嫌疑人何某正在医院进行抢救"。8月17日，北京电视台以《骑抢十元钱 逃跑奔黄泉》为题做了晚间新闻报道。

9月7日，丰台公安分局张郭庄派出所出具了情况说明，指出："事主被抢的物品是在孙某某之子身边地面上发现，并非孙某某之子身上查获，且事主供述的嫌疑人特征与孙某某之子不完全相符，作案用的摩托车颜色也与被撞的摩托车不相符，同时因孙某某之子已死亡，无法获取该人口供，因此目前无法认定孙某某之子是否为抢劫马京会的犯罪嫌疑人。"

2007年5月，何某某、孙某某以名誉侵权为由将报道此事的多家媒体诉至法院，要求公开更正、消除影响、公开赔礼道歉，并赔偿精神损失费10万元。

北京电视台辩称：我台的报道遵循了丰台公安分局的通稿，我台对事件没有定性，也没有指向何某某、孙某某之子，丰台公安分局张郭庄派出所的情况说明不符合法定形式，不同意何某某、孙某某的诉讼请求。

一审法院认为，北京电视台虽取得了公安机关通稿，但在未有公安机关等国家机关以公文形式定性的情况下即将孙某某之子认定为"骑抢"的犯罪嫌疑人，在审查上存在过失，且2006年9月7日丰台公安分局张郭庄派出所的情况说明亦说明"目前无法认定孙某某之子是否为抢劫马京会的犯罪嫌疑人"。由此，一审法院认为北京电视台等媒体报道失实，侵犯了孙某某之子的名誉权。判决各媒体更正报道，消除影响，赔礼道歉。

判决后，何某某、孙某某坚持要求赔偿精神损失费10万元，提起上诉。二审法院认为，各媒体新闻报道的素材虽来源于丰台公安分局投送的新闻稿件，但该稿件并非公安机关的公文文书，在没有核实公安机关是否已对抢劫案和交通事故案的关联性做出认定的情况下，各媒体便以结论性标题将两案主要情节联系起来报道，致使读者在看到报道后产生抢劫者即是交通事故死亡者何某的理解，故原审法院认定的媒体报道失实，对死者孙某某之子名誉构成侵权，并根据侵权人的过错程度、侵权行为的情节和后果判令进行更正报道，消除影响及赔礼道歉是适当的。终审判决，驳回上诉，维持原判。[①]

---

① 北京市第二中级人民法院民事判决书，（2007）二中民终字第14833号。

争议焦点

媒体是否需要核实政府机关提供的新闻通稿? 如果新闻通稿反映的事实与实际情况不符, 媒体需要承担侵权责任吗?

法理分析

法制题材以其重要性、冲突性等特有的新闻价值而备受媒体追捧, 有的广电媒体除了有法制栏目, 还设置了专门的法制频道。法制新闻报道需要经常与公检法机构打交道, 需要接触大量形形色色来自于官方的信息。本案的纠纷缘起于一则新闻通稿, 案件的前前后后折射出法制新闻报道常见的一些法律问题。

一、官方新闻通稿不属于特许报道的法定范围

本案媒体败诉的关键事实是报道所依据的新闻通稿在公安机关没有经过严格侦查、论证的情况下, 草率地将孙某某之子称为"抢劫嫌疑人", 致使媒体的报道也延续了这一称呼, 并将此作为对孙某某之子定性的结论, 最终被法院认为报道失实。媒体做到了如实报道官方提供的信息, 却为何没有受到《最高人民法院关于审理名誉权案件若干问题的解释》第六条有限特许权的豁免呢?

按照司法解释的表述, 媒体享有有限特许权的前提是报道依职权制作的公开文书或公开职务行为。其中, 文书应具备以下特点: 第一, 公开。不予公开或保密的文书是限制进入传播领域的, 传播意味着泄密。第二, 依职权制作。这意味着文书应体现本部门职能, 遵循一定制作的程序, 在本部门的权限内完成。

北京电视台的报道内容主要来源于"公安机关投送的新闻稿件", "投送"可视为主动公开行为, 满足公开的特点。然而新闻通稿是不是依职权制作的呢?《中华人民共和国人民警察法》明确了公安机关的十四项职责范围, 但

制作新闻通稿不在任何一项职责范围之列。按照公安部制定的《公安机关刑事法律文书格式(2002年版)》,在公安机关参与刑事诉讼的不同阶段分别存在:立案、破案、管辖、回避文书;律师参与诉讼文书;强制措施文书;侦查取证文书;看守、执行文书等五部分,同样其中没有一种文书是新闻通稿。

因此,新闻通稿与司法解释中所述的"国家机关依职权制作的公开文书"在内涵上存在不小的差异,虽是官方提供的材料,但是公安机关的身份仅仅是新闻稿的撰稿人而非国家机关,新闻稿件依据的并非公开的官方文献,也没有遵循正式的官方程序,所以这种新闻稿件也并非司法解释中媒体免责报道的对象——依职权制作的文书。正如二审法院认定的"但该稿件并非公安机关的公文文书",也就是说北京电视台对孙某某之子"骑抢"的报道不在免责范畴,不属于特许报道。

二、报道不完整、立场偏颇有损新闻的真实、公正

虽然本案媒体在报道警方提供的通稿时,基本准确地反映了通稿的内容,但是如果对报道的完整性、报道的立场两个层面进行考察,让人不禁要提出疑问:这样的报道实现了新闻真实吗?

公安机关认定本案的关键事实——孙某某之子是否"骑抢",经历了一个变化的过程:从通稿透露孙某某之子是犯罪嫌疑人的信息,到"情况说明"中否认该结论并给出一个含糊其辞的说法。随着当事人的死亡,真相已经无法还原,然而在警方的"情况说明"公布之后,作为一个负责任的媒体应该主动、及时地进行连续报道,将此事件视为一个连续变化的过程,实现整体上的真实。

因为媒体表现的对象总是处于不断地变化过程中,而每则报道就是对处于特定时间空间的报道对象的定格,实现新闻真实首先是保证每个阶段、每个时空节点上事物的真实,同时,也应将事物的变化发展视为一个完整的过程,将事物后续的变化也表现出来,从而从整体上实现真实。因此连续报道符合新闻的规律,是新闻真实性的体现。

司法解释第六条规定:"或者前述文书和职权行为已公开纠正而拒绝更正报道,致使他人名誉权受到损害的,应当认定为侵害他人名誉权。"规定了媒体做连续报道的义务。虽然媒体不一定总能注意到事物的变化,从而进行主动

的、及时的更正。然而在当其发现或者被告知变化出现的时候，就应当主动进行后续报道，从整体上保证报道的真实性。然而遗憾的是，在本案中，从警方的"情况说明"公布，到司法裁判结束，媒体已经明知之前通稿认定的事实发生了变化，都没有进行主动的后续报道。

除此之外，媒体的另一失误是报道立场上存在偏颇。新闻的公正性要求报道对争议的双方提供平等表达的机会，而不是片面报道某一方的声音，忽略或弱化另一方的声音。作为控方的公安局出具了"犯罪嫌疑人"孙某某之子"骑抢"的新闻通稿，那么"犯罪嫌疑人"的态度和声音是什么？有没有辩解意见？媒体只传播检控一方的声音，忽略了来自"犯罪嫌疑人"方面的声音，有失平衡和公正。

媒体虽然客观准确地报道了来自警方的新闻通稿，但是没有做到平衡公正，立场上有偏颇，而且没有完整地报道处于变化中的整个事实经过，没有实现过程意义上的新闻真实。因而，两审法院都认为媒体报道失实。

三、消息来源失实，媒体承担有限责任

对于积极主动向新闻机构、记者提供情况的消息源，或者虽是被动提供新闻材料，但发表时得到消息源同意或者默许，因其提供的事实材料失实引起名誉权纠纷，消息源应当承担侵权责任。但《最高人民法院关于审理名誉权案件若干问题的解答》规定："因新闻报道或其他作品发生的名誉权纠纷，应根据原告的起诉确定被告。"现实中，原告往往倾向于选择新闻媒体作为被告。既然原告不告，法院不理，本案中提供问题信息的公安机关避免了成为被告，那么是否就应该由媒体承担全部责任呢？

虽然媒体报道了什么与消息源说了什么并不是一回事，这两个主体看似独立的不同行为却又相互关联。消息源向第三人（即媒体）传播了不实信息，而媒体又将这种不实信息传播到公共空间，共同构成了新闻传播的完整过程。如果消息源明知自己的言论会经过媒体予以传播，那么主观上就能预见在不特定的大多数人中产生新闻侵权的损害后果，而不仅仅是针对媒体或记者等有限的主体产生一般侵权的损害后果，从而可以推断消息源对新闻侵权的后果负有主观过错。司法解释对消息源的责任进行了清楚的规制：如果主动消息源提

供了不实信息，或者被动消息源明知而默许了不实信息的传播，都需要承担责任。即使消息源没有被起诉，也不等于说没有侵害他人名誉权，只是原告放弃向消息源主张权利，从而免除了消息源的责任，这正是民事权利自主自治的特点。

媒体由于消息源失实而导致报道失实，如果原告只起诉媒体，那么应该根据媒体或记者的主观过错程度酌定是否需要承担侵权责任和承担多重的责任，而不是将消息源的那部分责任也一并承担。通常情况下，消息来源的权威程度越高，提供的消息就越可信，进行如实转述的媒体主观过错程度也就越低。比如公开的官方文书、官方的职权行为拥有最高的权威度，一旦提供了失实内容，通常由提供信息的部门承担侵权责任，而进行如实报道的媒体则被推定无过错而得到豁免。

对于消息源失实造成的侵权，要区分消息源媒体的不同责任，媒体只应承担与其主观过错对应的那一部分责任，即承担有限的责任。首先，这样有利于平衡不同主体的责任，如果原告选择媒体做被告，一旦媒体被认为没有主观过错，那么法院会做出驳回诉讼请求的判决，而为了主张权利、希望弥补损失的原告则会转而要求消息源承担责任，从而扭转只告媒体不告消息源的失衡局面；其次，有利于媒体与消息来源的良性互动，不至于使媒体怕担全责而怀疑一切消息源；再者，还有利于规范新闻爆料行为，使每个消息源都能意识到对所言负责，避免虚假信息的泛滥。

从本案两审的结论来看，法院似乎有让媒体承担相对有限责任的考虑，只判决媒体更正报道，消除影响，赔礼道歉，而无需赔偿损失。至于两原告坚持要求媒体赔偿精神损失10万元，并在一审胜诉后依然提起上诉，却始终没有得到支持，两审法院都只是将媒体责任限定在非财产的责任方式上。可见，法院在责任承担的考量上，考虑到了被告的过错程度，表现出了一定的宽容。

启示与建议

1. 媒体需谨慎对待官方消息来源

由于我国的特殊国情，政府部门向新闻机构提供新闻通稿的现象较为普遍，特别是在司法系统这个新闻频发、信息集中的领域，媒体的信息需求量大、需求频度高，一方面为记者报道提供便利，另一方面为本组织的工作成绩进行宣传，在国家机关内部设立专门的部门、人员负责向媒体提供新闻通稿也成了公权力与媒体关系中一道独特的风景。近年来，随着《政府信息公开条例》撼动了长久以来政府信息闭锁的旧状，"公开是原则，不公开是例外"的法治理念逐渐被政府官员了解并承认。当与日俱增的政府信息袭来，面对纷繁复杂、形式各异的信息，媒体在核实义务、失实责任的问题上该何去何从？

本案判决为媒体敲响了警钟：法律只认可法定的豁免情形，除此之外，任何来自官方的消息，只要不是依职权制作的文书或官方职务行为，媒体都无法推卸核实的义务和证明真实的责任。即使将本案放到在西方诽谤法的背景下，新闻通稿也未必能得到特许权的保护。约翰·D·泽莱兹尼在《传播法》一书中列举了一个案例：宾夕法尼亚州的一家联邦地区法院审理了一起因根据外国政府新闻稿撰写的报纸报道而引发的诽谤诉讼，这份外国政府新闻稿和据此写就的新闻报道称，某人"涉嫌在以色列境内开展非法活动"。法院认为，新闻稿概括了公众关注的以色列政府官方行为，因此报纸公正报道新闻稿内容的行为应享受特许权。但法院警告，并非复述外国政府机构发布的所有陈述都能享受公正报道特许权。[①]

所以，面对官方提供的信息来源，只要不属于官方文书和官方职权行为，就需要提高警惕，不可偏听偏信。有学者总结了需要特别注意的消息来源："（1）慎重对待新华社、《人民日报》等具有较大社会影响力的媒体所发布的信息，最好作为引述而不作为事实进行转载；（2）慎重对待公安机关、检察机关、纪检监察部门提供的案件记录、情况说明等非正式材料，将该材料中的信息最好不作为事实在报道中描述；（3）内部文件不宜直接采用，若要采用，最好由该文件所在机构正式授权，并在报道中交代信息来源。"[②] 此外，媒体还需要尽可能寻找多个消息源予以核证，尽量避免单一消息源，如果实在无法核实，而又确有播发的需要，那么相对保险的做法是注明消息来源，公布消息来

---

① ［美］约翰·D·泽莱兹尼著，张金玺、赵刚译：《传播法》（第四版），清华大学出版社2007年版，第142页。

② 陈力丹、周俊：《论新闻侵权防治的职业规范》，载《西南民族大学学报》（人文社科版）2008年3月期。

源的背景资料,让公众去判断是否相信该消息来源。

2. 法制报道应避免"有罪推定"、"媒体公诉"

本案中,媒体最大的失误在于以结论式的口吻、站在偏颇的立场报道了一起尚处调查阶段的刑事案件。这也是我国法制新闻报道领域的通病:有罪推定和媒体公诉。

"未经法院判决,任何人不得确定有罪"不仅是我国刑诉法的基本理念,也是法制新闻报道需要把握的重要尺度。只要法院没有做出最终判决,媒体就不宜超越司法程序,以结论式的语言向受众明示或者暗示某人有罪。特别是在我国司法机关普遍进行有罪推定的现实背景下,媒体需要特别慎重地对待来自检控方提供的新闻通稿。如果只传播检控一方的声音,容易使受众认为该犯罪嫌疑人确实具有犯罪情节,应当被绳之以法,在舆论上营造了对犯罪嫌疑人不利的氛围,进而可能影响犯罪嫌疑人获得公正审判的权利。而且这种做法实际是充当了检控一方的代言人,实行"媒体公诉"[①]。

要避免有罪推定和媒体公诉,平衡报道是相对保险的做法。在刑事案件新闻领域,平衡和公正的报道不仅是职业道德的基本要求,更是促进司法公正,落实无罪推定原则,保护犯罪嫌疑人司法权利的重要影响力量。

媒体需要摆正自己的立场,不把自己当成检控方,也不做检控机关的代言人,尽量平衡报道,注明消息来源,平等地对待控辩双方,给予被指控的嫌疑人更多的关注和表达机会,给公众留下判断是非对错、真假虚实的空间。

---

① 作者注:媒体公诉的概念最初见于陈杰人的《媒体公诉——一个危险的信号》,载《法律与生活》2002年10月。他认为:媒体将公诉机关指控某人犯罪的意见公诸社会,实际上就是对公诉机关公诉意见的舆论支持,社会各界因此很容易形成某人"犯罪"的概念。媒体公诉最典型的事例是2009年12月14日《中国青年报》对李庄案的报道《重庆打黑惊曝"律师造假门"——律师李庄、马晓军重庆"捞人"被捕记》,基本采用的是警方提供的新闻通稿,该报道以其偏颇的立场、"文革式"的语言而备受批评,被称为"奇文"。

18. 媒体报道司法活动的原则与规范

——徐某某诉河南省南阳电视台名誉侵权案

◇ 陈　华

案件要义

电视媒体主持人主观臆断正在审理阶段的案件结果，且言辞激烈地怒斥了案件被告人。被告认为主持人的言论对其名誉造成了侵犯，向法院提起维护名誉权的请求，未获得法院支持。但案件的背后有更多的问题值得关注，如媒体报道司法案件是否应当合理地避让；媒体的报道自由应当受到哪些限制等。

关键词

舆论监督　公正原则　媒体审判

主要事实

2009年12月，河南省南阳电视台（以下简称电视台）的新闻热线接到电话，称市民徐大伯因房产纠纷与其二儿子徐某某长期闹矛盾，电视台认为这是一个社会新闻素材，随即调派记者去采访徐大伯本人及其子女、邻居，详细了解了情况后，电视台以《白发老人的伤心事》为标题制作了三期节目，于12月25日在《宛都播报》栏目播放。节目中介绍：徐大伯老人原来有一处房产，其二儿子徐某某拿走其房产证把房子变更登记在自己的名下。之后在徐大伯及亲属强烈要求下徐某某签订协议，同意将房产证重新过户给徐大伯，但却没有了下文。万般无奈的徐大伯唯有诉至法院，要求徐某某履行协议，并承担赡养父母的责任。节目中，85岁的徐大伯及其儿女情绪激动，愤慨地诉说了长期以来徐某某夫妇的种种不孝行为。记者徐某和主持人白某的解说词中使用了"一场家庭房产之争,孝与不孝显而易见。父将子告上公堂,在财产面前且看人性善恶、儿女孝道如何演绎"等词语。节目最后,主持人说道:"据说,现在徐大伯想要回自己的房子希望还很大,这点呀,咱们大家不用担心。不过呢,房产恢复认定以后,我看徐大伯应当对二儿子说一句话:快滚,马不停蹄地滚,想滚多远就滚多远。我在这儿还想补充一句:什么玩意儿,甭说对不孝子眼不见为净了,对影响到咱正常生活的噪音也必须毫不犹豫地请它走。"

节目播出后,徐某某夫妇以主持人的言论侵犯其名誉权为由,向南阳市卧龙区人民法院提起诉讼,要求电视台及徐某、白某公开赔礼道歉、消除影响,恢复名誉并赔偿精神损失1万元。

卧龙区人民法院审理认为,电视台制作播放的《白发老人的伤心事》节目,其内容所反映的事件、人物客观真实。节目主持人白某在节目最后所做的评述,其言辞也来源于原告徐某某父亲徐大伯本人的诉讼文书中,表达了一个新闻记者对事件中人物的义愤,言辞虽过于激烈,确有不妥之处,但并未达到能够造成侵害原告名誉权的程度。

卧龙区法院判决:驳回徐某某夫妇的诉讼请求。

徐某某夫妇不服,提起上诉。南阳市中级人民法院经审理认为,电视台通过热线,对市民徐大伯因房产争议与其二儿子徐某某有矛盾的新闻素材进行了采访,制作播放了《白发老人的伤心事》,节目中主持人言辞的表达来源于徐某某之父徐大伯本人及诉状中,其言辞及证据来源真实,在播放采访节目中显现徐大伯及其子女、邻居的言辞,并对徐某某所作所为的看法和评论。在节目结尾处,主持人白某添加了自己对事件的评论,用词过激,甚至使用了不当的语言确有不妥。但电视台在针砭时弊、弘扬社会正气方面进行宣传报道,主观上并非故意,客观上虽然对当事人有一定影响,但尚达不到侵害名誉权的程度。故上诉人的上诉理由不能成立,法院不予支持。原判认定事实清楚,处理适当。

2011年3月17日,南阳中院判决:驳回上诉,维持原判。

争议焦点

虽然徐某某的诉讼请求没有得到法庭的支持,但主持人的评论言辞过激的事实客观存在。从本案引申出的问题包括:媒体报道司法活动中应注意哪些问题,应当遵守哪些原则与规范,以及如何防范侵权法律风险等。

法理分析

看似简单的案件,却有更深层次的价值内涵值得探讨。对于大众传播而言,有关司法案件的报道是最有理由被称为"专业报道"的领域,在这里除了要掌握新闻传播的基本技能,还应当掌握相应的法律知识和规避风险的技巧。具体到本案,有以下几点值得我们思考。

一、已进入诉讼程序的案件应由法院裁决,媒体过多发表观点与意见可能妨碍司法公正

衡量新闻媒体报道的内容是否构成侵权,首先区分事实与观点十分重要,二者在法律评价标准上是迥异的。就事实而言,公众对于公开审理的案件享有知情权,媒体客观报道诉讼中发生的事实(案情)并交代消息源符合新闻传播规律,在法律上不构成侵权;但发表观点时,特别是有明显倾向性结论意见是为不妥。

记者不是法官,媒体也不是法院,在案件判决前,媒体不应当对案件做定罪、定性式的报道。其后果将会严重影响到公众对案情的判断,影响法院的权威性,最终妨碍当事人获得公平审判的权利。这也是媒体与司法关系的根本问题。本案中南阳电视台在法院未审理完结前,在节目中发表了大量定性式语言,如"孝与不孝显而易见……且看人性善恶、儿女孝道如何演绎"、"据说,现在徐大伯想要回自己的房子希望还很大……"除了对案件性质的评价,主持人还对当事人的家庭关系指指点点:"我看徐大伯应当对二儿子说一句话:快滚,马不停蹄地滚,想滚多远就滚多远……什么玩意儿……对不孝子眼不见为

净……"等。

我国《宪法》第一百二十六条规定："人民法院依照法律规定独立行使审判权，不受行政机关、社会团体和个人的干涉。"依照《刑事诉讼法》第十二条规定："未经人民法院依法判决，对任何人都不得确定有罪。"也就是说，只有法院才有判决权，定罪权；法官应当按照法定程序，根据自己对案件事实的判断、对法律的理解，独立做出裁决，不受任何限制、影响、诱导、压力或威胁。《中国新闻工作者职业道德准则》中明确规定："新闻工作者必须在宪法、法律范围内活动……维护司法尊严，依法做好案件报道，不干预依法进行的司法审判活动，在法庭判决前不做定性、定罪的报道和评论。"也就是说，既然案件已进入诉讼程序，就应当将事实（案情）的定罪、定性问题交由法院来裁决。由于对案件过多的观点和评价，会干扰司法的独立和公正，影响到司法秩序和审判活动的顺利进行，最终影响案件当事人的合法权益，因此媒体对于案件的观点和意见应当自觉加以限制。

二、公正原则在媒体与司法关系中的体现

这里所谈到的公正涉及三个层次：

1. 司法的公正

社会生活的方方面面都有公正，但是公正对司法有着特殊的意义。公正是司法的生命。人们之所以委托司法机关裁决纠纷并信任其决断，是因为期待或相信其公正和不偏不倚。公正，是法律的精髓。不论哪个国家的法律，都确定了公正的基本精神。法律天平象征公正，公平。天平中间一个支撑点，各方与中心点距离一样，只有公平对待，天平才能维持平衡，也就是法律的作用，法律面前人人平等。法院审判案件适用法律，并将确立在法律中的公正在实际生活中体现出来并发挥功效。法院审判如果不公，法律就毫无尊严与价值。如果说立法中的公正是一种静态的公正，那么司法公正则是一种动态的公正，法律中蕴含的公正期待着通过司法行为体现出它的价值。

法庭是当事人主张自己权利，得到公正判决的地方。本案中，南阳电视台对该案进行报道时，案件已进入诉讼程序，显然裁判者应当是法庭而非媒体——徐大伯与其子徐某某谁对谁错，理应当交由法院依据法律来评判，媒体

对案件事实及判决可能性的过度渲染有可能妨碍司法的独立审判,因此应当克制与收敛,只发表案件事实,少发表、不发表观点。

2. 媒体的公正

本案中,南阳电视台在节目中对诉讼案件的报道大多依据道德、伦理的标准加以评价。道德与法律的标准不同。道德是关于人们思想和行为的善恶、美丑、正义与非正义、公正与偏私、诚实与虚伪、荣誉与耻辱等观念以及同这些观念相适应的由社会舆论、传统习惯和内心信念来保证实施的行为规范的总和[①]。由于信念和良心是道德的存在方式,因而道德本质是自由、多元、多层次的。而法律在国家的体系结构基本是一元的,法律上的决策一致是基本性的要求,而这种决策的一致是通过程序上的正统性达到的。法的一元化存在形式,也使它具有统一性和普适性。也就是说,道德存在于人们的思想意识中,其判断标准是多元化、不统一的。法律是一元的,只有依法律的标准对案件进行判断才能使当事人的权益得以保障,司法公正才能得以体现。媒体以道德为标准的庭外评价在一定程度上破坏了法律的这种一元化存在形式,使一个案件的是与非出现了多元评价体系。虽然出发点具有一定的正当性,但其对法治的破坏作用不能不加以重视。尤其是针对涉案报道而言,法庭依法律标准做出的判决才是唯一的公正。

针对正在审理的案件进行的报道,媒体应当仅就已认定的事实部分进行报道,避免加入媒体及主持人的个人意见;同时理性判断,对案件当事人的任何一方都不偏袒,平衡各方利益,避免成为侵犯他人名誉权的被告方。媒体只有在公正报道的原则下,才能在公众面前树立权威媒体的形象,更好地扩大其影响力。

3. 公正的价值取舍问题

要讨论价值取舍问题,在这里不得不先谈到媒体与司法的关系,媒体对于司法的影响具有两面性。有利的一面是:专业的媒体报道有助于司法公正的实现。由于媒体对案情的披露,一定程度上使案件事实提前为公众所知,其公众对潜在的法律价值产生了合理期待,有助于司法机关抵制其他行政、社会组织

[①]　刘金国、舒国滢主编:《法理学教科书》,中国政法大学出版社2004年版,第392页。

或个人的干预，提高司法的公开性和透明度。不利的一面是：媒体对司法案件的过多观点、评论不当，冲击司法独立，最为突出的表现就是"媒体审判"；媒体对于司法审判的抨击使司法权威受到影响，使公众误认为媒体比司法更管用，舆论的力量强于法律，最终妨碍司法对当事人权益的公正裁决。

可见，媒体对于司法影响有利弊，如何正确处理好媒体与司法的关系显得十分必要。笔者认为，媒体对于新闻素材的采集，应从有利于社会安定团结、弘扬社会主旋律的角度进行选材；新闻报道中涉及利益相冲突时以何利益优先？特别是针对专业性报道，即涉案报道时，媒体可以对案件的事实（案情）进行报道，而对于案件结果的处理定性、定罪问题应当以法律标准为优先。媒体与司法理应各司其职，媒体在新闻报道时行使舆论监督权利的同时，也要履行相应的义务，尊重司法的独立。媒体对于案件的评论应当谨慎，遵循法律规律，尤其对案件的定性、定罪不得先于法庭判决，应当让位于司法审判，待法庭对案件审判后再对案件结果进行评论。

三、司法对媒体报道应当有统一标准

1. 制止"媒体审判"，法院可以采取措施

我们讨论媒体不应当违反法律规定，对案件进行定性的同时，是否也可以提高司法机关应对媒体种种行为所能采取的措施呢？

如《刑事诉讼法》第十二条规定："未经人民法院依法判决，对任何人都不得确定有罪。"也就是说，法律仅赋予法院审判权，其他任何机关、组织和个人都无权干涉，而干涉法院审判权是违法的行为。《民事诉讼法》第十章中专门规定了针对妨害民事诉讼的强制措施，具体为五种：拘传、训诫、责令退出法庭、罚款、扣留。采取强制措施均由人民法院决定。上述法律条文赋予司法机关对妨害司法采取措施的权力。但现实中，很少见到司法真正采取措施用以制止媒体对诉讼案件的不当干预。目前法院对"媒体审判"等干预司法的行为大多采取比较宽容的态度。本案中南阳市中级人民法院的判决就是一个例子。

需要特别指出的，本案中，南阳中级人民法院确定侵权的主观标准是：无故意。而法律裁判侵权主观状态的标准是过错，包括故意和过失。目前，大量新闻媒体侵权的判决往往强调"没有故意"，却不提过失，一定程度上忽略了

媒体的注意义务。由于法院对于媒体干预司法、"媒体审判"等行为没有统一的标准，一定程度上纵容了媒体的行为。事实上，法院完全可以通过法庭、判决指引的作用，引导媒体正确处理与司法的关系，使媒体知道妨碍司法独立的后果，从而在一定程度上限制或制止"媒体审判"行为。

当然，如果时机成熟，立法机关和司法机关可以出台限制媒体干预司法的统一规范，从根本上实现媒体与司法的长期和谐共存。

2. 媒体应以客观公正为己任，不偏不倚

表达自由的权利主体是人人，即每一个人。所有人不分性别、年龄、种族、财产地位、知识水平等，在自由行使表达权利方面，一律平等[1]。在我国《宪法》中有关于表达自由的规定，如第三十五条规定："中华人民共和国公民有言论、出版、集会、游行、示威的自由。"又如第四十一条规定："中华人民共和国公民对于任何国家机关和国家工作人员，有提出批评和建议的权利；对于任何国家机关和国家工作人员的违法失职行为，有向有关国家机关提出申诉、控告或者检举的权利，但是不得捏造或者歪曲事实进行诬告陷害。"还包括公民进行艺术创作、进行科学研究的自由（四十七条）等。但权利和义务是相对的，没有无权利的义务，也没有无义务的权利，表达自由不是无限制的自由，也需要在法律范围内行使。对于媒体而言，表达自由具有天然的张力，由于媒体传播的广泛性特点，其表达更是影响整个社会。表达自由具有重大的价值和利益本身就说明存在着滥用这种自由的可能性，存在着对社会和他人发生损害的可能性。表达并不一定都有益的，对于有害于他人、社会等的表达，并须予以限制。[2]

媒体在报道正在审理的案件时应当自律，对于未确定的案件事实、可能影响公正判决的观点，应当自觉加以限制。必须认识到，当一个纠纷被当事人诉至法院后，由法院来行使审判权是当事人及整个社会的最高利益。法庭是双方当事人进行诉讼的"唯一战场"。媒体应当避免在法院以外开辟舆论的"第二战场"，以确保司法公正。

---

[1]　魏永征、张鸿霞主编：《大众传播法学》，法律出版社2007年版，第4页。

[2]　魏永征、张鸿霞主编：《大众传播法学》，法律出版社2007年版。

启示与建议

该案留给我们许多值得思考和讨论的问题，同时也给了我们一些启示：

1. 已进入诉讼程序的案件应当尊重法院裁决，避免"媒体审判"。

2. 新闻报道应当客观、公正。避免媒体利用自身传播优势影响受众对案件性质及是非的判断，进而影响司法裁判的结果。

3. 媒体应当公正、平衡地报道，不做诉讼一方的代言人。

4. 针对涉案报道媒体应当自律；法院可以通过对特定案件的判决指引媒体的报道。

19. 更正报道是媒体承担责任的一种方式

——邬某某诉奉化广播电视中心侵害名誉权案

◇ 吉　倩

案例要义

本案被告奉化广播电视中心因为一期节目成了被告。被告认为，节目是根据公安机关的行政处罚决定制作的，并非失实报道。本案例涉及新闻媒体所享有的特许权——根据国家机关公开的文书进行如实报道是媒体免责的理由。本案例中，电视台的报道行为本无错误。但是在知道所报道的事实已经发生改变之后，电视台不主动纠正，被法院判决进行更正报道。

关键词

权威消息源　主观恶意　更正与答辩

主要事实

2005年5月22日晚，原告邬某某所在的奉化市西坞街道庙后周村进行村委会选举。原告作为工作人员在场，在检票人对全部选票计数时发现总票数比发出的选票多了六张，原告因此欲将选票扔掉、撕毁。其他人也先后介入，致使整个选举工作被迫中断。

当晚，公安机关对此事进行调查，并于第二天对原告进行行政拘留。同日，被告奉化广播电视中心派记者去实地采访并制作节目，于24日晚在奉化电视台《奉化新闻》中进行播放，25日中午12时予以重播。奉化有线电视台亦在5月24日晚9时予以播放。

电视节目中出现了原告的户籍证明（上有原告照片）的镜头，节目的中心内容是原告等人"因对选举中出现的一些问题有意见，但不是通过正当途径解决，而是采取捣乱会场、扔掉选票的过激、违法行为，致使选举被中断，造成严重后果，原告因此被治安拘留，是自食其果"。

原告郈某某认为，被告的报道是失实的。因为早在羁押期满后，奉化市公安局已经认识到对原告的行政处罚存在法律适用上的错误，向原告及其家属赔礼道歉并进行了经济补偿。

原告认为，奉化广播电视中心的行为已严重侵害了自己的肖像权和名誉权，遂于8月31日将其告上法庭。

庭审中，原告郈某某诉称：　5月23日下午，自己已经拒绝了被告的采访。但在当天晚上及第二天晚上7时左右，被告未了解真相的情况下，在新闻节目中失实播放报道并将自己的肖像清晰示众。为此，原告要求被告在市电视台新闻时间为原告恢复名誉、消除影响、赔礼道歉，并连播三日；赔偿给原告侵害肖像及精神名誉损失费8.5万元，并承担由此造成的车旅费、律师费7500元。

被告广播电视中心则辩称："被告是根据奉化市公安局于2005年5月23日对原告做出的行政处罚进行报道的，不存在失实报道。为了节目需要播放了公安机关提供的有原告照片的户籍证明，并不构成侵犯原告的肖像权。故原告的诉讼请求缺乏事实和法律依据，请求法庭予以驳回。"[1]

奉化法院经审理后认为："原告郈某某在村委会选举过程中，对选举中出现的问题不是采取正确的方法来要求纠正，而是采取扔选票（被劝阻未成）的行为要求终结选举，这一行为是错误的。在原告的影响下，出现了其他村民扔、撕选票，致使选举被迫中断。事后，被告对此事进行采访并制成节目进行播放，主观上并不存在故意诋毁原告的名誉权，播放的内容也基本属实，并不构成侵权。"[2]

同时，法院认为："鉴于奉化市公安局因对原告的行政处罚在适用法律上错误，而与原告达成谅解并给予经济补偿，并向原告及其家属赔礼道歉，可以认定

---

[1][2]　《奉化广电中心未做后续更正报道被判道歉》，http://www.chinacourt.org/public/detail.php?id=180111。

公安机关实际上已经撤销了对原告的行政处罚, 被告当然也应该对以前的报道予以更正。" ①

争议焦点

根据公安机关的行政处罚决定进行的报道, 如果失实, 媒体是否应承担责任? 媒体在报道之后, 是否有义务进行跟踪报道或更正报道? 本案是否存在侵犯名誉权的行为?

法理分析

一、唯一的特许权

本案例涉及媒体的特许权问题。《最高人民法院关于审理名誉权案件若干问题的解释》规定: "六、问: 新闻单位报道国家机关的公开的文书和职权行为引起的名誉以纠纷, 是否认定为构成侵权? 答: 新闻单位根据国家机关依职权制作的公开的文书和实施的公开的职权行为所做的报道, 其报道客观准确的, 不应当认定为侵害他人名誉权; 其报道失实, 或者前述文书和职权行为已公开纠正而拒绝更正报道, 致使他人名誉受到损害的, 应当认定为侵害他人名誉权。"

该司法解释是我国媒体 "特许权" 的法律来源, 所谓 "特许权", 是指 "新闻单位根据国家机关公开的文件和其他职权行为, 进行客观 (公正) 而准确的报道, 应免于承担侵权的责任" ②。与法律的规定相比, 学者对 "特许权" 的定义就宽泛许多: "为了公共利益或保护个人合法权益, 可以做诽谤性陈述而不

① 《奉化广电中心未做后续更正报道被判道歉》, http://www.chinacourt.org/public/detail.php?id=180111。

② 梁书文:《〈关于审理名誉权案件若干问题的解释〉理解与适用》, 在于梁书文、杨立新、杨洪逵:《审理名誉权案件司法解释理解与适用》, 中国法制出版社2001年版, 第43页。转引自徐迅:《中国新闻 (媒体) 侵权案件精选与评析50例》, 法律出版社2009年版, 第206页。

需要承担法律责任。"① 造成二者较大差距的原因之一,在于对于"客观准确"的理解不同。

在新闻传播学界和业界,对于"客观准确"的理解较为宽泛,只要"能够证明自己是确实地、真诚地相信自己文章的内容是真实的,那么即使不能证明真实或证明失实,就不承担新闻侵权责任"②。"我们认为,'确信真实'的确是一个值得借鉴并可在我国适用的标准,除了理论层面的阐释外,'在常人看来是不是合理可信'也不难操作。"③

即使是在法律规定较为严格的情况下,我国司法实践中也出现过援引"特许权"规定判决媒体胜诉的案例。因此,"特许权"抗辩是媒体免责的有力理由之一。

本案例中,原告认为电视台制作并播出的节目失实,损害了自己的名誉权。被告则认为,节目系根据公安机关的行政处罚决定制作的,并非失实报道。法院则认为:"被告对此事进行采访并制成节目进行播放,主观上并不存在故意诋毁原告的名誉权,播放的内容也基本属实,并不构成侵权。"

虽然被告电视台被判并不侵权,但是它的做法也并不妥当——直到诉讼产生,即知道曾经报道过的事实已经出现了变化——国家机关已经公开纠正,也不主动做更正报道,这说明电视台存在一定过错。本案判决,体现了法院对媒体的宽容。

二、媒体应增强"更正与答辩"意识

虽然法院判决电视台不构成侵权,但是"鉴于奉化市公安局因对原告的行

① 魏永征著:《新闻传播法教程》(第二版),中国人民大学出版社2006年版,第182页。转引自徐迅:《中国新闻(媒体)侵权案件精选与评析50例》,法律出版社2009年版,第206页。
② 魏永征、张鸿霞著:《大众传播法学》,法律出版社2007版,第156页。
③ 王松苗著:《有"事实根据"不等于有"客观事实"》,收录于徐迅:《中国新闻(媒体)侵权案件精选与评析50例》,法律出版社2009年版,第111页。
④ 广州华侨房屋开发公司诉中国经济体制杂志社民股权纠纷一案,判决书中:"界定新闻报道的内容是否严重失实,应以其所报道的内容是否有可合理相信为事实的消息来源证明为依据。只要新闻报道的内容有在采访者当时以一般人的认识能力认为是可以合理相信为事实的消息来源支撑,而不是道听途说甚或是捏造的。那么,新闻机构就获得了法律所赋予的关于事实方面的豁免权,其所报道的内容即使存在与客观事实不完全吻合之处,也不能认为是严重失实。"转引自王松苗:《有"事实根据"不等于有"客观事实"》,载于《中国新闻(媒体)侵权案件精选与评析50例》,法律出版社2009年版,第111页。

政处罚在适用法律上错误，而与原告达成谅解并给予经济补偿，并向原告及其家属赔礼道歉，可以认定公安机关实际上已经撤销了对原告的行政处罚，被告当然也应该对以前的报道予以更正。"①

"新闻是对变动中的客观世界的反映，所以新闻真实是一种动态的真实，过程的真实，阶段性的真实。从一个阶段来看，它是真实的，但在总体上看又可能是失实的——特别是需要通过连续报道来弄清事实真相的时候，阶段的不准确甚至失实在所难免。"② 所以对于新闻媒体而言，由于新闻报道阶段性的特点，在事实发生改变后，应当及时更正，以免发生类似本案的情况。

国内媒体对"更正与答辩"制度较为陌生，这与法律在该制度上的缺陷也有关。

"新中国成立后，法律中只有《出版管理条例》对更正与答辩有所规定，《广播电视管理条例》中全无规定，而新闻职业道德中只对'更正'有所表述，显然对'答辩'制度有所保留。"③

如今与媒体对"更正与答辩"制度的忽视对比鲜明的，是法律制度完善和传媒环境的改变。

早在1999年，新闻出版署《报刊刊载虚假、失实报道处理办法》第二条就规定："报纸、期刊刊载虚假、失实报道和纪实作品，有关出版单位应当在其出版的报纸、期刊上进行公开更正，消除影响；致使公民、法人或其他组织的合法权益受到侵害的，有关出版单位应当依法承担民事责任。"

2011年修改后的《出版管理条例》第二十七条规定："出版物的内容不真实或者不公正，致使公民、法人或者其他组织的合法权益受到侵害的，其出版单位应当公开更正，消除影响，并依法承担其他民事责任。报纸、期刊发表的作品内容不真实或者不公正，致使公民、法人或者其他组织的合法权益受到侵害的，当事人有权要求有关出版单位更正或者答辩，有关出版单位应当在其近

---

① 《奉化广电中心未做后续更正报道被判道歉》，http://www.chinacourt.org/public/detail.php?id=180111。
② 王松苗：《有"事实根据"不等于有"客观事实"》，收录于《中国新闻（媒体）侵权案件精选与评析50例》，法律出版社2009年版，第109页。
③ 徐迅等：《新闻侵害名誉权、隐私权新的司法解释建议稿》，http://news.eastday.com/eastday/xwjz/node275238/node275239/u1a3774942.html。

期出版的报纸、期刊上予以发表;拒绝发表的,当事人可以向人民法院提起诉讼。"

除了法律之外,记协作为行业协会对更正制度也有规定。2009年修订的《中国新闻工作者职业道德准则》第三条规定:"坚持新闻真实性原则。要把真实作为新闻的生命,坚持深入调查研究,报道做到真实、准确、全面、客观……刊播了失实报道要勇于承担责任,及时更正致歉,消除不良影响。"

法律和道德,对于该制度已有明确规定。本案中法院判决,被告电视台采用更正的方式,消除给原告造成的负面影响,实际上也给了媒体一个指引。在所报道事实有新进展的情况时,要实时跟进,通过连续报道或更正答辩来不断向事实靠近,也是减小媒体败诉风险的有效做法之一。

三、法院判决逻辑牵强

法院判决被告电视台不侵犯原告名誉权,要求以更正报道的方式进行弥补。但是从电视台的角度看,不侵权表示没有过错,却要承担责任进行更正,这似乎存在着一个悖论。

本案中,被告电视台根据公安机关的行政处罚决定制作并播出节目,本身无可厚非。但是在事实发生改变之后,电视台没有进行跟进报道,属于失职。虽然"连续报道不是新闻侵权的'免罪金牌'"[1],但在报道事实出现变化(尤其是本案中,公安机关处罚撤销的情况)的情况下,媒体有义务进行更正,这也是媒体所追求的"新闻真实"的表现。

笔者认为,虽然本案中法院判决被告电视台不侵犯名誉权,体现了司法对媒体的宽容,但是如果能在媒体进行更正报道之后,再判决不侵犯原告名誉权,从逻辑上更合理。而且,对于媒体而言,也能得到"由于进行了更正报道,而免于受到法律惩罚"的启示,对于未来类似事件的处理,也是一个很好的指引。

---

[1] 李国民著:《连续报道不是媒体侵权的"免罪金牌"》,收录于徐迅:《中国新闻(媒体)侵权案件精选与评析50例》,法律出版社2009年版,第128页。

启示与建议

名誉权纠纷占新闻媒体被诉案件的绝大多数，如何降低媒体在名誉权方面的法律风险，应该注意以下两点：

1. 根据国家机关依职权制作的公开的文书和实施的公开的职权行为所做的报道，应当及时跟进事态发展。一旦了解到国家机关产生了新的结论，媒体有义务做更正报道。

2. 出了错误，要及时补救，建议以连续报道或更正答辩的方式，消除对被报道对象的负面影响。

20. 侵权责任可免除，更正义务不可无

——何某诉当阳广播电视台侵害名誉权案

◇ 杨慧臻

案例要义

原告何某被当阳市公安局当做抢劫案的犯罪嫌疑人予以拘留。拘留期间，当阳市广播电视台受当阳市公安局邀请，制作了公安局破获劫案行动的节目。后被释放的何某认为当阳市广播电视台侵害了他的名誉权，而本案的两审判决均不认为被告构成侵权，主要的差别在于二审法院还判决当阳市广播电视台在当地的报纸进行更正报道。本文以此案为例，分析媒体进行特许报道时的更正义务。

关键词

有限特许权　更正义务　新闻过程真实

主要事实

1999年8月，当阳市公安局在破获一起抢劫案中，将何某连同其他犯罪嫌疑人一并拘留。拘留期间，当阳市公安局邀请当阳市广播电视台对此案进行了报道。后经审查，何某并未参与抢劫，当阳市公安局随即将何某释放。

2000年6月，何某与当阳市公安局在当阳市人民法院行政审判庭主持下达成由当阳市公安局赔偿其2000元经济、精神损失的和解协议，何某放弃对当阳市公安局的其他诉讼请求及诉权。

2000年8月，何某将当阳市广播电视台诉至法院。原告诉称：1999年8月20日晚，当阳市公安局误将其作为犯罪嫌疑人抓获，并关押了三天。其间，被告当阳

市广播电视台在未经核实的情况下,将此事制作成新闻在该台连续播放达一周之久,致原告人格形象在社会上严重受损。为维护原告合法权益,现诉至人民法院,要求当阳市广播电视台为原告恢复名誉,赔礼道歉并赔偿其精神损失费2万元。

被告辩称:我台是受当阳市公安局的邀请制作的新闻。原告是否构成犯罪,我台没有义务核实。原告诉称我台侵害了其名誉权,没有法律依据,请求人民法院驳回原告的诉讼请求。

当阳市人民法院认为:当阳市广播电视台根据当阳市公安局邀请,将当阳市公安局抓获数名犯罪嫌疑人的行动制作成电视新闻在该台进行报道,主观上无过错。该新闻材料的提供者为当阳市公安局,被抓获的犯罪嫌疑人是否有非犯罪嫌疑人,审查权在当阳市公安局,当阳市广播电视台无义务对此进行核实。何某的人格尊严虽在该报道中受到损害,但责任不在当阳市广播电视台,而是当阳市公安局自身的工作失误所致。故本院对何某要求当阳市广播电视台为其恢复名誉、赔礼道歉并赔偿损失的请求不予支持。

2000年11月8日,当阳市人民法院依照判决如下:驳回何某要求当阳市广播电视台恢复名誉、赔礼道歉、赔偿损失的诉讼请求。

后何某上诉,何某认为,当阳市公安局只是新闻线索的提供者,当阳市广播电视台是新闻报道的制作者,对报道内容进行审查应是制作者的责任,而不是线索提供者的责任。当阳市广播电视台的行为已经侵害了何某的名誉权。请求二审法院依法改判或发回重审。

宜昌市中级人民法院审理认为,当阳市广播电视台是根据当阳市公安局的委托及提供的相关资料(该局依职权抓获的数名犯罪嫌疑人)制作成电视新闻在该台报道。当阳市广播电视台有对新闻报道的真实性进行审查的职责,但其并无对何某是否犯罪嫌疑人进行审查的职权。当阳市广播电视台对何某所受损害,主观上无过错。但在当阳市公安局纠正了对何某的职权行为后,若当阳市广播电视台拒绝做更正报道,则将构成侵权。由于何某不能提供当阳市广播电视台拒绝更正报道内容的证据,故本院认为当阳市广播电视台未构成对何某名誉权的侵害。但当阳市广播电视台仍有义务对何某是犯罪嫌疑人的报道进行更正。

宜昌市中级人民法院于2001年2月14日做出二审判决:一、撤销湖北省当阳市人民法院(2000年)当民初字第00115号民事判决。二、当阳市广播电视台在判决书送达之日起15日内进行更正报道。逾期未更正报道,本院则将本判决书登载于《宜昌日报》上,所需费用由当阳市广播电视台承担。三、驳回何某的其他诉讼请求。

☕ 争议焦点

已经制作新闻报道的官方职权行为出现新情况,媒体是否要承担侵权责任?

📖 法理分析

一、报道官方职务行为,媒体可获有限豁免

本案主要依据的是1998年《最高人民法院关于审理名誉权案件若干问题的解释》(以下简称98"解释")第六条之规定:"新闻单位根据国家机关依职权制作的公开文书和实施的公开的职权行为所做的报道,其报道客观准确的,不应当认定为侵害他人名誉权;其报道失实,或者前述文书和职权行为已公开纠正而拒绝更正报道,致使他人名誉受到损害的,应当认定为侵害他人名誉权。"即媒体只要满足三项条件:1. 报道的是官方公开文书和职权行为;2. 报道客观、准确;3. 不拒绝更正,即使报道的内容跟实际情况有差距,媒体也无需为失实承担侵权责任。

该条规定被认为是新闻报道有限特许权的法条依据。有限特许权的概念来源于英美诽谤法,由于有限特许权能直接有效地减轻媒体在核实方面的责任,通常与真实、公正评论的抗辩理由并称为新闻报道的"三大免责金牌"。

媒体得以直接免责的合理性在于特许报道符合公共利益的要求,符合一般人的认识特点,也符合新闻传播的规律。首先,官方文书、官方职权行为作为重要的公共事务,关系到司法及政府信息公开的职责、公众的知情权和监督权。媒体对官方文书、官方职权行为进行报道,既是司法及政府信息公开、满

足公众知情权、监督权的要求，也是推动司法公正，建立阳光政府，推进民主政治，体现主权在民的重要力量。其次，从人的一般认识特点来看，司法解释涉及的官方公开的行为、文书、言论，往往具有较高的社会公信力，具有被一般人信以为真的权威度。通常情况下，媒体无法明知官方材料中的错误，或很难对其中的错误负有注意义务，即往往不存在预知失实而为之的故意或预知可能失实而为之的过失。再者，由于新闻报道是一种客观见之于主观的认识活动，主观与客观总是存在差距，决定了新闻真实与客观真实总是存在差距，同样，依照证据规则确认的法律真实也不能等同于客观真实。① 那么就应当允许新闻真实、法律真实与客观真实存在不一致。司法应当容许新闻报道与客观事实有一定的出入，让媒体承担相对的核实义务，而非强求新闻从业者从源头上无休止的一一核实，实现绝对的真实。因为核实需要一定的时间投入，而新闻的及时性特点不允许媒体花费大量的时间对事实的本源进行调查核实；此外，对某些信息的核实超出了媒体的权限，比如，侦查结论、判决书，媒体的调查行为和调查结果并不天然享有法律上的效力，不像公权力机关那样行使以国家强制力保证实施的调查手段，更何况，有些事实真相即便是公权力机关也无法调查清楚，如果要求媒体对这些信息进行核实，保证报道内容与客观情况一致，那么无疑是苛求媒体承担不可能实现的义务。

而1998年司法解释的第六条有利于这类问题的解决，列举若干特殊的报道领域，并将媒体的核实责任限定在一定范围之内，即只要准确、客观的报道官方公开文书和官方行为，就可以认为尽到了核实责任，该报道就可以认为是真实的。即使由于官方公开文书和官方行为存在不实内容，导致了报道与客观情况不一致，也并不意味着媒体要为先前的失误承担责任。这为媒体核实责任留出一个空间②，减轻了媒体的责任，有利于媒体传播信息。

本案被告当阳市广播电视台报道的是公安机关破获案件的职务行为，原告何某被当做犯罪嫌疑人予以拘留，是公安机关公开职权行为的一部分。这条新闻明显属于1998年司法解释划定的特许报道范畴。而且，作为侦破刑事案件

---

① 周泽：《新闻官司媒体为何多喊冤》，载《民主与法制》2001年第22期。
② 魏永征：《"权威度"与"特许权"》，http://weiyongzheng.com/archives/29971.html，1999年8月15日。

的专门机关,当阳市公安局做出关于何某是犯罪嫌疑人的认定具有一定的可信度,媒体不同于公安机关,对劫案的真实情况难以进行调查,也难以得出与公安机关相反的结论。

因此,媒体只需做到有限意义上的真实——客观、准确报道公安机关的职务行为,即便是有差错的职务行为导致了新闻报道与事实不符,媒体也无需承担侵权责任。在这一点上,本案的两审法院均达成了共识。一审法院认为:"被抓获的犯罪嫌疑人是否为犯罪嫌疑人,审查权在当阳市公安局,当阳市广播电视台无义务对此进行核实。"二审法院认为:"当阳市广播电视台有对新闻报道的真实性进行审查的职责,但其并无对何某是否犯罪嫌疑人进行审查的职权。"这一共识体现了对司法解释的准确把握。

二、侵权责任可免除,更正义务不可缺

本案的二审法院认为:"由于何某不能提供当阳市广播电视台拒绝更正报道内容的证据,故本院认为当阳市广播电视台未构成对何某名誉权的侵害。但当阳市广播电视台仍有义务对何某是犯罪嫌疑人的报道进行更正。"该判决的可圈点之处在于,分清了媒体的更正义务和拒绝更正的侵权责任。

更正是实现新闻过程真实的要求。世界总在不断变化,每则新闻报道就是对处于特定时间空间的报道对象的定格,实现新闻真实首先是保证每个阶段、每个时空节点上的真实,同时,也应将事物的变化发展视为一个完整的过程,如果后续事实推翻了先前的事实,那么媒体就负有义务将事物后续的变化也表现出来,以保证作为过程存在的新闻的真实。因此连续报道符合新闻的规律,是新闻真实性的体现。

虽然目前只有《出版管理条例》第二十七条对纸媒的更正义务做了规定:"报纸、期刊发表的作品内容不真实或者不公正,致使公民、法人或者其他组织的合法权益受到侵害的,当事人有权要求更正或者答辩,有关出版单位应当在其近期出版的报纸、期刊上予以发表;拒绝发表的,当事人可以向人民法院提起诉讼。"而广电媒体的更正义务,在法律上尚为空白。但可以明确一点,当新的事实发生,基于新闻本身的规律和新闻真实的要求,媒体有义务做连续报道,不断接近真相。因此,二审法院要求被告进行更正,从客观上维

护了新闻真实。

由于媒体报道的新闻非常多，并不一定能时刻关注事件的新动向，存在不知情的情形比较正常。而如果有相对人提出更正要求，媒体不得拒绝。1998年司法解释第六条规定了媒体"拒绝更正"的侵权责任，如果拒绝更正，那么就得不到特许权的保护。"拒绝"的言下之意是明知应更正而故意不更正。媒体需要为这种具有主观恶意的不作为承担相应责任。

而如果没有相对人提出更正的要求，就是说没有权利主体主张权利，那么媒体当然不用承担侵权的责任。或者即使有相对人提出要求，但不能证明媒体拒绝更正，那么媒体同样不应被认定为侵权。这种情形下，媒体是不是可以对显而易见的新进展置之不理呢？当然不是。记者有真实报道的义务，自然就应当及时报道新进展以保障动态的真实。没有相对人要求，仅仅是说明相对人放弃主张权利，媒体无需承担侵权的责任；原告无法举证媒体拒绝，只能说明原告主张难以成立，而法律和新闻规律所要求的更正义务却不可抛之脑后。

本案的二审判决为普遍漠视更正义务的广电媒体提出警示——即使没有相对人提出更正要求，或者媒体没有认定为侵权，但更正依然是一项不可忽略的义务。另一方面，也为法院适度裁判提供指引——不能将媒体没有更正的情形一刀切地认定为侵权。

三、媒体拒绝更正，由谁举证

何某的诉讼请求没有得到法院支持的理由之一是"不能提供当阳市广播电视台拒绝更正报道内容的证据"。为什么法院将拒绝更正的举证责任分配给原告？

按照"谁主张谁举证"的民事诉讼法原则，原告主张被告侵权，一般情况下，应当举证证明侵权行为的存在。而媒体报道官方职务行为时，构成侵权的情节包括报道不准确不客观，以及拒绝更正。因此，拒绝更正的侵权行为应当由原告举证证明。

司法解释将拒绝更正作为认定侵权的重要依据，其合理性在于可以从拒绝行为推定出主观过错。拒绝的前提就是已有相关人向媒体提出更正要求，媒体也已经知道报道与客观实际不符，也可以预见之前的不实报道将扩大损害后果。媒体当然需要为自己的主观过错①承担责任。

这种过错推定的方式对于媒体的积极意义在于，如果原告不能证明媒体主观上存在过错，那么就可以推定媒体主观上没有过错。这免除了媒体报道官方消息后遭遇诉讼纠纷时的举证难题。试想，如果当阳市广播电视台被要求承担证明自己没有拒绝更正的举证责任，无异于要求一个人证明自己没有做某件事情，这种举证是难以完成的。相形之下，由原告举证证明被告"拒绝"，则现实得多。

四、"连续报道"的表述或更准确

二审撤销一审判决的主要考虑是，二审法院认为："当阳市广播电视台仍有义务对何某是犯罪嫌疑人的报道进行更正。"但是笔者认为，要求被告"更正"的表述不如使用"连续报道"的表述更准确。

因为更正的前提是之前报道存在错误或失实，但是如果之前的报道与官方公开文书和职务行为的内容一致，没有不客观不准确的地方，就应该视为报道本身达到了新闻真实。当文书和行为发生了变化（比如认定的事实发生了实质性的逆转），依然不能否认之前报道的真实性，更不能因此就简单地认定媒体需要承担侵权的法律责任。②

由于新闻真实的要求是动态的，不仅需要在某个时间点实现阶段真实，更要将事物置于变化发展的过程，实现过程上的真实、整体意义的真实。因此媒体应该有义务对已经纠正的官方文书和官方行为做出后续报道，从这个意义上讲，这种后续报道的行为并不是对之前报道真实性的否定，而是在动态的过程中不断地推进新闻真实的步伐。

因此，不管是本案的判决词，还是1998年司法解释第六条，对于"更正报道"的表述存在缺陷，相形之下，"连续报道"的表述或更为恰当，侧重指在之前准确报道基础上进行追踪报道的情形，更切合新闻报道的规律。

---

① 这种主观过错与不作为的过错有区别，因为不作为过错的前提是存在某种作为义务。但是在1998年司法解释第六条中，并没有将更正规定为一种义务，只是将拒不更正认定为侵权行为，言下之意是媒体不得拒绝更正（有人提出更正要求，媒体被动更正），这与媒体负有更正义务（不管有没有人提出更正要求，不管媒体更正是主动还是被动）有差别。

② 由于在此情况下，媒体承担责任的法律底线是拒绝进行后续报道。

启示与建议

一、实现新闻过程真实亟须行业自律

如果报道不准确、客观，那么媒体应当主动进行更正；如果官方文书或行为进行了公开纠正，那么媒体需要进行跟踪报道。但是令人遗憾的是，个案反映出的现实是，由于没有相对人提出要求，或者没有证据证明媒体拒绝更正，不用为侵权责任担忧的媒体对新的事实置之不理。

对于这种行为，无法进行法律制裁（因为没有相对人主张权利或者权利人无法举证），有的法院只是在判决媒体胜诉后，附带提出更正的要求。如本案的二审法院注意到媒体的更正义务，以司法判决的形式强制要求被告做出更正。有的法院却忽略了这一点，对更正与否不做任何回应。比如，在赵某某诉大石桥市电视台、大石桥市广播电视新闻中心侵害名誉权案中，原告的行政裁决被判撤销，媒体没有做连续报道，法院的判决也没有要求做连续报道，两审均驳回了原告的诉讼请求。①

在司法裁判存在弹性、法律法规缺位的背景下，要唤醒广电媒体对更正义务的重视，行业自律不可或缺。在国际新闻界，新闻报道更正差错的做法早在19世纪末就被公认为媒体的自律行为，并在后来被写入《国际新闻自由公约草案》、《国际新闻道德信条草案》以及国际新闻工作者联合会制定的《记者行为原则宣言》。然而，我国新闻行业自律机制十分疲软，需要走的路更长。广电媒体内部、行业组织需要逐步树立意识、建立制度，将实现新闻过程真实内化为职业准则和行业共识。令人欣慰的是，有部分媒体建立内部自律规范，比如开设专门的栏目进行纠错；进行系列跟踪报道，及时播报新进展。行业协会也在研究制作职业手册，加强自律规范，这或许会成为行业自律向前推进的一线曙光。

---

① 见辽宁省大石桥市人民法院民事判决书（1999）大民初字第2208号、辽宁省营口市中级人民法院民事判决书（2000）营民终字第368号。

二、报道坚持中立立场，不做官方发言人

本案的当阳市广播电视台是受当阳公安局邀请而制作新闻的，这折射出中国新闻领域的特殊现象：政府部门基于宣传的需要，经常邀请媒体对本部门的工作情况进行报道；而具有官办背景的媒体时常与政府部门保持着合作的默契。这种特殊的互动关系很容易造成新闻报道表现出明显的倾向性，背离了新闻报道中立、客观的要求。

《广播电视管理条例》第三十四条规定："广播电视新闻应当真实、公正。"在媒体报道刑事案件时，由于检控机关的法定职责是追究犯罪，是诉讼中的一方，如果媒体充当检控一方的代言人，无异于陷入"有罪推定"的泥淖，危及被告人获得公平审判的权利。因此，中立报道不仅是法律的要求，也是新闻公正、客观、真实的体现，还意味着避免"媒体审判"，维护司法独立与公正，保障公民接受公正审判的权利。

司法程序中的许多言论都可能存在诽谤的内容，而记者不是法官、不是警察、也不是检察官，难以对争议双方的言论做出准确判断，所以，中立报道也是规避诽谤风险的保险做法。将"谁说了什么"与"事实本身是什么"两层事实分开，记者或媒体的个人观点不介入其中，不对事件本身的是非对错做判断。不仅报道检控方提供的信息，还提供案件当事人或辩护人的意见，尽可能多的捕捉背景资料，将案件的争议点毫无偏颇地展示给受众，让公众评判是非对错，避免将自己等同于检控方，或者只做检控一方的"扩音器"和"发言人"。

21. 以答辩方式消除影响的积极价值

——呼某某诉安阳人民广播电台侵害名誉权案

◇ 徐　迅

案例要义

更正与答辩制度是世界新闻界普遍而有效的纠错机制。本案中，广播电台的一次可能属实也可能失实的直播节目令原告感到有损人格尊严，进而对败诉深感冤枉。但深入研究后却可发现，在现行法律的框架里，本案中的电台及法院均远未达到山穷水尽的地步。电台避免侵权，需要熟知相关制度设计，也需要高超的操作技巧；法院做出公正的裁判，需要知识，也需要智慧。

关键词

联办节目　评论的免责条件　更正与答辩

主要事实

安阳人民广播电台与安阳市交通警察支队于2002年联合开办交通热线节目，采用直播方式播出节目，宗旨为积极宣传公安交通管理法规，监督交警警容警纪，促进交警执法工作，并定期向支队反馈热线投诉信息，由交警支队政工科负责对安阳经济广播电台交通热线所反映投诉交警的热线问题进行调查落实处理，之后通过交通热线向听众做热线答复。

2002年5月27日早8：10，交通热线节目中有一司机向主持人投诉称：2002年5月24日上午早9：00左右，在第五人民医院附近，交警支队一名姓呼的民警把我的驾驶证扣了，最后给他买了两盒红旗渠香烟，才把驾驶证还给司机。主持人问投诉司机"香烟是红盒的,还是黄盒的",司机说"是红盒的",之后主持人挂断了电话。

原告呼某某认为,司机投诉与事实不符,在发现该司机违章后即带到交通岗由负责民警处理,事后其他的事情并不知情。电台的这次热线直播节目在未经核实的情况下播出了听众投诉,使成千上万的听众误以为本交警有向违章司机索取财物的行为,使我在精神上受到极大压力,严重影响了我个人的声誉和前途。呼某某遂提起侵犯名誉权之诉,要求法院责令被告停止侵害、恢复名誉、消除影响、赔礼道歉,赔偿精神损失1元。

而被告答辩称:在热线节目最后,主持人曾表示在节目结束后派记者调查落实之后再做答复,随即将电话挂断。因此本案中被告广播电台无过错,即使侵权事实存在,也应由投诉司机承担责任。据悉,投诉司机已不知下落。[①]

法院认为,交通热线节目是由被告与安阳市交通警察支队联办的,其最主要宗旨是监督交通警察的警容警纪,采用直播方式播出。本案中主持人问投诉司机香烟是红盒的,还是黄盒的,是为了问清投诉司机反映问题的基本事实,被告主观上不存在诋毁原告的故意和过失,客观上也并未发表评论以引导听众对原告做出不当评论而降低其社会地位从而侵害名誉权,因此原告的诉讼请求法院不予支持。

法院判决驳回原告的诉讼请求。

另据报道,上诉期内,原告老母去世,无暇上诉,原告的领导也不支持他上诉。但时至今日,这名交警仍觉得自己窝囊,还想"讨个说法"。[②]

☕ 争议焦点

在广播电视播出机构与其他机构"联办"的节目中,播出机构对新闻真实性的核实责任是否应当减轻或免除?"未发表评论"是否是减轻或免除失实责任的理由?广播电视节目如果报道不真实或不公正应当采取何种措施消除影响?

---

①② 《公权私权孰轻孰重 热线直播遭遇两难》,载《中国青年报》2003年1月15日。

法理分析

这是一个极富中国特色的判例，所涉及的问题大到中国媒介体制以及改革过程中的特有现象，小到广播电视媒体如何在直播的热线节目中维护真实性原则的制度与规范，甚至是技巧，当然最重要的是司法判决如何保持公正性。

一、电台与公安机关联办节目的性质

法官在判决理由中首先陈述了安阳广播电台的这档节目的性质："交通热线节目是由被告与安阳市交通警察支队联办的，其最主要宗旨是监督交警警容警纪，采用直播方式播出。"

关于联办节目，判决书在证据部分指出，安阳市广播电台向法庭提供了安阳市公安交通警察支队与安阳市人民广播电台节目联办费发票，表明电台开办这档节目收取了公安机关的资金。这种情形在今天可能已经较少了，但却是当年的现实。

大的背景是改革开放以来，中国共产党一直强调新闻舆论监督的重要，而交通警察作为公权力机构中与百姓关系最为密切的部分，也曾一度成为公众批评的焦点。在这种情况下，媒体和公权力机构都在探索监督的形式，联办节目——由公安局出钱，由媒体提供投诉平台的"联办节目"应运而生。这与公安部门的监督机制、广播电视媒体的财政状况密切相关。

警察方面"出钱买投诉"的选择难能可贵，而这种选择可能酝含着某些风险或代价——作为被投诉者的交警呼某某显然没有获得任何救济，因此会感到"跳到黄河也洗不清了"，[①] 这当然不符合法治原则。可见这种公安交警接受公众投诉的机制有待完善。

需要重点讨论的是被法院支持的电台的做法。法院的判决理由中首先认定这档热线直播节目是联办的，主旨是积极的，因此电台主观上不存在过错。

---

① 《公权私权孰轻孰重　热线直播遭遇两难》，载《中国青年报》2003年1月15日。

问题在于，对于联办节目，法院是否可以免除电台对真实性所承担的责任？我们在法律中找不到任何类似依据。相反，原告人呼某某在起诉书中列举了相关法律依据，并且对电台不利：《广播电视管理条例》第三十四条规定："广播电视新闻应当真实、公正"；第三十三条规定："广播电台、电视台对其播放的广播电视节目内容，应当依照本条例第三十二条的规定进行播前审查，重播重审"；第三十二条规定禁止播放的内容，其中第（五）项为"诽谤、侮辱他人的"。显然，上述行政法规规定新闻的真实与公正、应当播前审查（实际否定直播）、不得诽谤侮辱等，条条均指向电台，说明保证真实性是电台播放新闻的法定义务。法院认定，根据联办节目的安排，电台定期向交警支队反馈热线投诉信息，由交警支队政工科负责调查落实和处理。这里的潜台词是说，法院认同因"联办节目"而将电台对其播出内容真实性的核实责任做出转移，这是公安机关自愿的。这种对媒体的宽容实在令人匪夷所思。对于电台而言，联办节目既可以收钱，又可以对内容的真实性不负责任，这样的好事，全世界没有。

毫无疑问，作为公仆，执法者应当受到公众的监督。广播电台给公众提供了一个表达意见的平台，这是宪法四十一条关于公民对国家机关及其工作人员批评权、监督权的直接体现。但是法律同时也规定，公民的人格尊严受法律保护，执法者首先是公民，也不应例外。即使他们对来自公民的批评与监督应当适度容忍，但批评与监督也应当是负责任的，诬陷他人也要承担法律责任。但是法院的判决似乎传递给大众一个信号：公众批评执法者时，尽管被批评者可能"跳到黄河也洗不清"，但作为大众传媒的广播电台只要主观上不具有诋毁原告的故意（在这里，判决书将名誉侵权构成的要件"过错"改变成了"故意"），[①] 客观上不发表任何评论以引导听众，就不必承担任何责任。果真如此，这与给大字报、小字报提供发表阵地有何不同？

其实，作为被告的广播电台实际存在过错。他们应当预见热线投诉内容可能不真实，但却没有采取措施（如延时播出、导播核对并记录来电者身份等）加以避免。但这种过错被法院宽容了。笔者并不将这种宽容看做是法院对宪法

---

① 1993年最高人民法院发布《关于审理名誉权案件若干问题的解答》，对"侵害名誉权责任如何认定"问题的解答中指出："是否构成侵害名誉权的责任，应当根据受害人确有名誉被损害的事实、行为人行为违法、违法行为与损害后果之间有因果关系、行为人主观上有过错来认定。"

四十一条的执行,在电台对真实性的责任、公安机关对电台的承诺和一名普通警察的人格尊严之间,将其视为一个困难的、迫不得已的选择可能更为符合审判时的实际情况。

二、"未发表评论"不是免责条件,而公正评论应成为法定免责条件

电台在"客观上没有发表任何评论以引导听众对原告做出不当评价而降低其社会地位"是法院判决驳回原告起诉的第二个重要理由。这里涉及事实与观点,或者报道与评论的法律标准问题。

新闻报道,传达的是事实,它是客观的,事实真相具有唯一性,评价事实(报道)的标准是真实;新闻评论,表达的是观点与意见,它是主观的,具有多元性,评价观点(评论)的标准是公正与公允。"公正评论免责"是各国诽谤法的通例,其原理是保障民公民言论自由的宪法权利。我国有关名誉权的司法解释中虽然没有"公正评论免责"的制度性安排,但司法实践中,适用该原则判决作者或媒体免责的判例已有多起。

有意思的是,本案中电台获得胜诉,其原因不是因为公正评论,而是因为"没有发表评论以引导听众对原告做出不当评价"。但在笔者看来,恰恰是因为电台没有发表公正评论引导听众,才令败诉的交警呼某某大呼冤枉,以至产生了这起诉讼。判决过于消极地肯定了电台不发表评论的意义,而未通过司法判决对电台的行为给予积极引导。

当然,期冀由司法判决解决所有的问题是过于天真的追求,许多经验教训需要媒介自身来总结与吸取。具体到本案,主持人在接听了这个投诉电话时,应当及时判断是否存在投诉不实的可能,同时发表如下评论对听众加以引导:"这位听众朋友,感谢您直言不讳地对交警的行为提出了批评。我要说的是,作为一名执法者,借执法之机向公民索要财物是不能原谅的行为。这一情况如果属实,将实实在在地影响他的社会评价。那么您是不是有证据支持您的投诉呢?如果您有证据,我们愿意替您转交给公安机关,请他们深入调查,并且向广大听众做一个负责任的交代。如果没有证据,我劝您要谨慎为上,毕竟我们要靠事实说话。"这样的评论,立场公正、公允,对听众投诉的真实性问题留有余地,既表示期待投诉人进一步提供证据的态度,也表示等待公安机关进一

步调查并做出结论的立场，使各方均处于一个可回旋的状态，使电台真正处于"媒介"而非"裁判"的定位。

三、法律应进一步完善更正答辩制度

任何媒体在传播新闻事实时均可能出现失误，即所谓新闻失实。新闻失实可能导致公民法人的名誉受损或信誉下降，而必要的补救措施可以实现民法通则要求的"消除影响，恢复名誉"的目标。这种补救措施就是更正及答辩制度。

目前，中国并没有《新闻法》来实现对新闻界行为的直接规范，行政法规和司法解释扮演着重要角色。当我们审视行政法规中对于新闻失实现象的补救措施时，会发现《出版管理条例》与《广播电视管理条例》中的重大不同。

《出版管理条例》第二十七条第二款规定："报纸、期刊发表的作品内容不真实或者不公正，致使公民、法人或者其他组织的合法权益受到侵害的，当事人有权要求更正或者答辩，有关出版单位应当在其近期出版的报纸、期刊上予以发表；拒绝发表的，当事人可以向人民法院提起诉讼。"在这里，公开的更正和答辩是作为公民、法人及其他组织的法定权利以及报纸、期刊的法定义务加以规定的。这一规定与民法通则第一百二十条关于侵害人格权应当以"停止侵害，消除影响，恢复名誉"等方式承担民事责任的规定精神相一致。

《广播电视管理条例》虽然在第三十四条规定"广播电视新闻应当真实、公正"，但并未规定一旦出现失实或不公正时应当如何承担责任。当然，由于民法通则并未规定"公开消除影响"，"公开恢复名誉"，因此一旦发生诉讼纠纷，人民法院在引用民法通则要求广播电视播出机构做出公开的更正或答辩应当是存在一定的困难。

由于有关当事人的人格尊严，有关媒体的公信力和社会责任，出现新闻失实或不公正时，以公开的更正或答辩消除影响是世界各国广播电视播出机构共同遵循的规则。比如，澳大利亚广播公司在其编辑政策中指出："错误有时难免发生。当出现错误时，ABC承担应负责任并根据《编辑实践章程》及时而适当地做出回应。将会以及时的方式以及最合适的形式予以更正，对犯的错

误要进行解释，更正应该是清楚明确的。"① 又如《韩国广播电视节目审议规则》规定："如果发现报道不正确，或广播媒体自己意识到错误，媒体应及时发布更正说明。"② 加拿大广播公司（CBC）规定："如果素材确实存在失误，CBC应毫不犹豫地承认并更正所犯的错误。在一些情况下，更正可能会包括含有法律意义的撤销节目或者道歉。"③

由于新闻失实常常导致公民、法人的名誉受损，广播电视播出机构应通过自律机制或行业规范加以改进，而人民法院通过司法裁判对广播电视播出机构做出积极指引当然也是重要的法治手段。

具体到本案，如果主持人在通过评论引导听众等待调查结果后，还安排让被投诉的交警呼某某同样在直播节目中介绍事件经过，也就是通过让其运用答辩方式来平衡听众投诉可能造成的失实情形，即使公安交警支队不再对此事做进一步调查，甚至电台的直播节目因投诉的交警不知去向而不再报道或评论此事，被投诉的呼某某也不会再感到"跳进黄河也洗不清"了。

启示与建议

首先，新闻真实性原则始终是媒体坚守的底线，除法定的免除责任④ 外，不应因合作者的承诺而放弃对新闻事实的核实责任。

其次，一旦不真实、不公正的情况发生，广播电视播出机构应当主动采取措施消除影响，其中更正与答辩的方式最具价值。这不仅有关媒体的公信力，也有关播出机构的运行成本——事后不论是否产生诉讼，均可使媒体处于较为主动的地位。

最后，建议《广播电视管理条例》修订时，增加有关更正与答辩的制度。

---

① 《澳大利亚广播公司编辑政策》，2002年版。
② 韩国广播电视委员会《关于广播电视播出的审议规则》第十七条。
③ 《加拿大广播公司新闻实践标准概要》，2001年版。
④ 免除媒体核实责任的主要法律依据是1998年生效的《最高人民法院关于审理名誉权案件若干问题的解释》第六条："新闻单位根据国家机关依职权制作的公开的文书和实施的公开的职权行为所做的报道，其报道客观准确的，不应当认定为侵害他人名誉权；其报道失实，或者前述文书和职权行为已公开纠正而拒绝更正报道，致使他人名誉受到损害的，应当认定为侵害他人名誉权。"

22. 新闻报道不能简单删除

——寇某某诉中央人民广播电台名誉侵权案

◇ 陈　华

案例要义

自《侵权责任法》规定了网络服务商对网站中侵权内容的删除义务后，新闻媒体及网站接到要求删除报道的投诉及律师函越来越多。虽然删除报道可以降低或者防范新闻媒体及网站的法律风险，但一味使用删除手段也会阻断合法新闻信息的传播，损害公众获取公共信息的权利。本文结合中央人民广播台的一起名誉权诉讼，提出了批评性报道删除与否的参考标准以及网站新闻侵权的应对措施。

案情简介

2012年2月，原告寇某某起诉中央人民广播电台侵害名誉权，涉案报道共两篇。2011年8月19日，该台在"中国之声"先后播出了《河北黄骅畜牧局"一女两嫁" 2000亩优质牧场荒废三年》、《河北黄骅畜牧局"一物二卖" 时任局长副局长说话"打架"》的报道，并登载在中国广播网上。原告请求法院判决中央人民广播电台删除中国广播网这两篇报道。

2009年3月9日，原河北黄骅市畜牧局（现已更名为：黄骅市农业局）与承包商胡庆治签订了畜牧局所属东牧场的《联合开发协议》；同年3月16日，黄骅市畜牧局又与本案原告寇某某签订另外一份《联合开发协议》；2009年3月18日，承包商胡庆治作为畜牧局授权的代理人，与原告寇某某签订了400万元利益分配的《补充协议》；2009年4月29日，畜牧局又与原告寇某某单独签订了承包款为200万元的

《联合开发协议》。由此，承包商胡庆治与黄骅市畜牧局、本案原告寇某某三方产生土地承包合同纠纷，当事人曾就土地承包合同纠纷向当地法院提起诉讼，经过两审均未能解决这一矛盾。

中央人民广播电台记者采写了关于这片约2000亩的国有土地30年的承包经营权纠纷的报道，在"中国之声"的新闻节目中播发，而后在中国广播网刊登，并被各大媒体转载。报道认为，因河北黄骅市畜牧局对土地经营权处理不当，引发了土地承包商（原告是其中一家）之间的纠纷。由于该纠纷长期未得到解决，导致该片国有土地一直处于闲置状态。

原告寇某某认为：两篇标题中提到的主旨是说河北省黄骅市畜牧局对所属牧场存在的"一女两嫁"、"一物二卖"的行为，文中点明了第二嫁和第二卖的主人即原告，这严重侵犯了原告名誉权，且该报道与事实严重不符，混淆了视听，对于正在履行合同的原告造成了重大损失。原告要求法院判令被告删除两篇涉案报道。

2012年4月20日，北京市西城区人民法院开庭审理本案。法庭审理认为：中央人民广播电台记者根据涉及河北省黄骅市畜牧局所属牧场土地承包经营权的当事人提供的合同和事实材料，在多方询问相关当事人，调查了解事实的基础上采写了两篇批评性报道文章，文章批评的对象主要是河北省黄骅市畜牧局，文章反映的问题基本真实，没有侮辱寇某某人格的文字内容，故不认定为侵权。一审判决：驳回原告的诉讼请求。

原告不服一审法院判决，向北京市第一中级人民法院提起上诉，经法院开庭审理后，于2012年7月19日做出终审判决：驳回上诉人寇某某的诉讼请求，维持原判。

☕ 争议焦点

中央人民广播电台的批评性报道是否构成名誉侵权？是否应当删除？

法理评析

一、新闻侵害名誉权的分水岭：基本属实

名誉权，是指公民或法人保持并维护自己名誉的权利。它是人格权的一种。在实践中，要判断新闻报道是否侵权，首先必须确定所报道的内容是否属实。真实历来被新闻界看重，因为真实是新闻的生命。根据1993年《最高人民法院关于审理名誉权案件若干问题的解答》第七条的规定："因新闻报道严重失实，致他人名誉受到损害的，应按照侵害他人名誉权处理。"第八条又规定："文章反映的问题基本真实，没有侮辱他人人格的内容的，不应认定为侵害他人名誉权。"在这里，司法解释提出了"严重失实"、"基本真实"的标准，这表明，法庭并不要求新闻报道绝对真实，被认定侵权的失实报道应当符合"严重"、"基本"的标准，而轻微失实、局部失实等失实情况有可能获得司法宽容。这体现出司法审判对言论自由的保护。

二、新闻报道删除与否有门道

新闻媒体接到相关人员的侵权投诉或诉状，要求媒体删除可能存在侵权报道时，有的媒体采取置之不理的态度，错失了第一时间采取措施维护自身权益的机会，导致败诉的后果。而另外一些新闻媒体包括网站，在接到名誉侵权投诉时，则会在第一时间采取删除、断开链接等方式进行处理，这已经成为一般商业网站处理此类投诉的惯常做法。事实上，这两种方式均非应对新闻报道名誉侵权投诉的最佳方式。

对权利人的投诉、通知置之不理，既是对权利人正当合法权利的漠视，也使网络媒体失去了避免侵权诉讼、免除侵权责任的法定机会。这是许多网络媒体在侵权诉讼中被动挨打、败诉频频的重要原因，当然十分不可取。

而删除报道的做法虽然能够在一定程度上减轻甚至是避免承担侵权责任，对媒体以及网站来说可能是较为有利的，但是也不可不加区别，一概而论。因为一味采取删除报道的做法不仅可能阻断合法新闻信息的传播，损害

公众获取公共信息的正当权利，也会在一定程度上鼓励当事人滥用《侵权责任法》第三十六条规定的通知制度进行过度"维权"。

新闻报道是否要"删除"，应以报道是否构成法定的侵权标准来判断。在《侵权责任法》生效之前，相关司法解释已经为处理媒体侵害名誉权案件成功确立了一系列细化的标准，构成新闻侵权的标准是侵权构成的四个要件，即主观过错、行为的违法性、存在损害事实、损害事实和违法行为间存在因果关系。新闻报道没有达到"严重失实"、"基本内容失实"，不符合这一标准的不构成侵权。《侵权责任法》生效以后，最高法院有关处理名誉权纠纷的司法解释并未做出修改，更未宣布无效。也就是说，认定新闻侵权的标准并未改变，因此"删"与"不删"首先要看是否构成法定的侵权标准，不符合侵权构成四个要件的，没有达到"严重失实"、"基本内容失实"的就不能轻易删除。对那些轻微的、局部的失实，新闻机构可以按照新闻工作的规律，以更正报道、连续报道等报道方式弥补原报道的不足，使新闻报道进一步接近事实真相。

启示与建议

从近几年新闻侵权诉讼情况来看，新闻报道失实主要有以下几方面的具体的表现形式及应对策略：

1. 消息源提供素材有误

消息源是获取新闻素材的来源，新闻单位获得可靠、有效、合法的消息源至关重要。一般官方、权威机构的消息来源可信度较高，除此以外的消息来源，尤其是单一来源，比如听众报料等等可信度较低，是导致新闻失实的主要原因。因此，单一来源虽然可以获取新闻信息，但必须多方面、多渠道核实，以了解事件的全貌，切忌把单一消息源当做新闻事实报道。

2. 原新闻报道所依据的客观事实已经发生改变

新闻机构依据国家机关公开的文书和职权行为进行报道，而前述文书和职权行为已公开纠正，导致原报道与现在的事实不符。比如，法院对某一案件的审理，新闻机构对一审的情况进行了报道，而二审法院对一审进行了改判，新闻机构未做跟进报道。这种情况下，新闻机构在获知新的事实后及时做报道即可。反之,新闻机构故意不作为,在明知相关事实发生重大改变,而不做报道,甚至在案件当事人已经提出诉求的情况下,仍然以各种理由拒绝做出新的报道,新闻机构将承担侵权的法律后果。

3. 新闻标题与内容不符

这种情况通常发生在网站刊载广播或纸媒的信息,原报道没有标题或标题并不吸引人,网站根据其自身的传播特点,设计出能吸引眼球的标题,而往往夸大事实,并与新闻内容严重不符。虽然此种标题能获得网络高点击量,但仅因一个标题已经严重脱离新闻事实,潜伏着巨大隐患。我国法律并未免除转载者的侵权责任,每一家媒体都要为自己刊发的内容负责。如果说未加任何改动而转载还可当做一个酌定的、不完全抗辩理由的话,那么修改标题者来承担因修改而造成的侵权责任便是顺理成章的了。

4. 新闻内容与图片内容不相符

这种情况通常出现在报纸、杂志、电视、网站及相关新媒体业务中,新闻报道的内容应与所采用的图片内容相一致,包括时间、场合、人物、事件等一致。将与新闻内容无关的照片用于新闻事件的报道,特别是用于可能损害相关人社会评价和人格尊严时(如无关者的照片给负面新闻压题等),特别容易导致侵害名誉权的纠纷并承担侵权责任。还要注意的是,引用他人图片往往涉及著作权问题,应当事先获得图片著作权人的许可;在未经著作权人许可的情况下使用图片后,应与著作权人协商,以支付一定补偿等方式获得著作权的事后许可。

5. 转载其他媒体报道

《侵权责任法》的出台,对于网络服务提供者、网络用户规定了严格的法定责任。尤其对于新闻网站,稍不注意就随时面临侵权纠纷的危险。因此,转载其他网站的信息,最好与相关信息提供方签订新闻信息的转载协议,明确各方的权利义务,并履行法定审查义务。

第三编

隐私与肖像

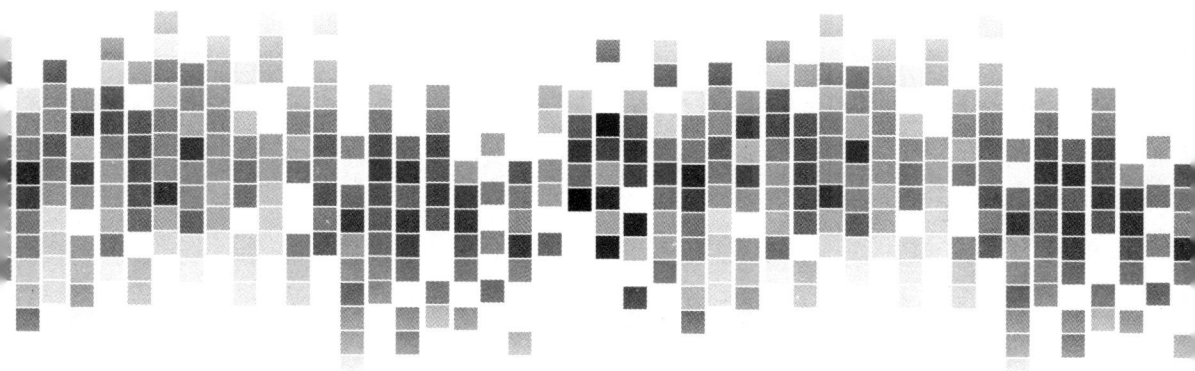

1. 情感类节目要注意隐私权保护

——林某某诉江西电视台公共频道和刘某某名誉侵权案

◇ 周　冲

案例要义

　　在无关公共利益的情况下，在未经本人允许情况下，在"情感类"电视节目中将没有必要为世人所知的"家丑"予以"外扬"，且未采用任何必要保护手段，使得原告为社会伦理道德所不容，不仅降低了节目的格调与品位，也与大众传播媒体的"公共属性"相悖。从本案案情来看，对其隐私权的侵犯要比一般名誉侵权的后果严重得多，需要得到法律的独立保护。

主要事实

　　被告刘某某与其丈夫长期感情不和，又因其夫常年在外不归，遂怀疑其夫与本案原告林某某（化名）有染。2006年8月10日，刘某某猜测其夫在林某某家，便要求江西电视台公共频道派人与其去林某某家跟踪采访。当日上午10时许，刘某某同该频道的记者来到林某某家后，与林某某发生吵打，记者未经原告的同意对吵打现场进行拍摄。后该频道将刘某某与其丈夫的婚姻破裂情况制作成了《百万富翁的情变》录像片，该片中采用了刘、林二人发生吵打的镜头。2006年8月29日晚，该频道又将此录像片在该台《有理你就说》栏目中播出。经统计，该片中出现林某某肖像画面共九次，仅有一次进行了马赛克处理，片中画外音中还伴有林某某的名字，出现过"非法同居"字幕等。节目播出后，林某某的亲朋纷纷询问她是否与刘某某有不正当男女关系，给她造成极大的困扰，遂以名誉权遭到侵害为名将江西电视台公共频道和刘某某告上法庭。

此案由江西省吉水县人民法院开庭审理,根据已查明的事实,法院认为:江西电视台公共频道在制作刘某某夫妇婚姻变化的录像片中,将林某某作为主要人物之一摄入录像片中,并对多次出现林某某肖像的画面和"不正当关系"、"非法同居"的字幕未做适当处理,足以让他人误认林某某就是刘某某夫妇第三者。该频道在没有证实林某某与刘某某之夫有不正当关系的情况下,擅自播放录像,内容严重失实,极大地损害了林某某名誉,刘某某给江西电视台公共频道提供新闻线索,其与江西电视台公共频道构成了共同侵权,遂判决两被告向原告公开赔礼道歉,并赔偿精神抚慰金2万元。

争议焦点

本案涉及的争议焦点主要集中在两个层面:一是隐私权与名誉权的联系与区别;二是媒体与司法对自愿披露隐私行为的理解,特别对知情权与隐私权二者之间的比较与平衡。

法理分析

如果将"情感类节目"这个词拆分,它包括了两个核心概念:"情感"与"节目"。所谓"情感",就是人最本质、最真实也是隐藏最深的那一部分精神所在,因而具有天然的私密性特征,一般不为公众所知晓;而节目特别是电视节目,本身就以媒介为载体且具有公开放大效应,"情感类节目"中存在的"贩卖隐私"问题,实际上就是"秘密"与"公开"的一种矛盾。如何做好"情感类节目"中的隐私权保护问题,可以简化成如何实现二者的平衡,即在当事人隐私权得到基本保护的前提下做出具有正面意义的电视节目。

一、对媒体侵犯隐私权相关困惑的解读

在众多隐私侵权纠纷中,媒体往往并非有意披露公民隐私,只是由于缺乏对隐私权相关法律概念和规定的正确认识,在追求节目效果和保护公民隐私

之间,很难找到一个平衡点。

(一)隐私权与名誉权的区别

在本案中,法官并没有将原告林某某的名誉权和隐私权区别开来,只是将焦点集中在"不正当关系未经证实,内容严重失实,损害了原告名誉"上,言外之意"经过证实,内容属实",就不损害名誉,这确实可惜。实际上,胡良光诉湖南经济台一案的法律文书中所出现的"未得到本人同意或有关部门证实的情况下播出",也暗含了"披露内容真实就不侵犯隐私权"的意思,这些都反映出媒体侵权问题在司法实践中的一个重要命题,即隐私权与名誉权之间的混同。

由于我国长期以来一直未将隐私权规定为独立的民事权利,而是将对隐私利益的保护纳入名誉权保护法律体系中,这就容易造成人们对二者的混淆,在制作情感类节目时,一些媒体从业人员认为,只要主持人、记者或者嘉宾在采访、评论时保持公正客观,保证披露内容的真实性,力求不对当事人造成负面的社会影响,就不会涉及侵犯隐私权问题。在司法实践中经常出现这种偷换概念的情况,将侵犯隐私权等同于侵犯名誉权,从而误将名誉侵权案件中"真实性"抗辩理由移植到隐私侵权诉讼中。实际上,"真实性"并不构成对侵犯隐私权行为的阻却事由,在特定情况下还有可能成为证明侵犯隐私的有力证据。

本案在审判时,《侵权责任法》还未生效,法官对于侵犯名誉权的认定并无不当。但必须明确,事实上导致被告被判败诉的最重要原因是江西电视台未经林某某许可,便将出现其名字、肖像以及与刘某某吵打画面的节目公布于外,已经侵犯了原告隐私。针对二人之间存在的"不正当关系",如果该关系为假,则构成了名誉侵权;如果该关系属实,则侵犯的是原告的隐私权。

(二)隐私信息"共有"并不是隐私权"共有"

隐私虽然是自然人不愿公开的个人秘密,但隐私信息却不一定只为个人一人所知,特别是在夫妻之间,由于相互负有婚姻忠诚义务,一些为夫妻一方所享有的隐私往往与另一方密切相关,甚至一些私密信息是夫妻双方共同知晓并维持的。那么,这种貌似"共有"的隐私利益是否真的能使用财产权上的"共有理论"呢?答案显然是否定的,隐私权属于人身权,为个人所独立享有,虽然隐私信息为双方"共有",但具体到法律层面上则只能为权利人享有和处分,夫妻任何一方都不得代为处分隐私权,类似情况还包括公民的通信秘密,比如邮件、短信等。媒体对家庭、夫妻情感纠纷中隐私内容的披露，只要涉及其他家庭成员或者夫妻一方的，就必须经过其允许方可，切忌"只听一面之语，而放弃对另一方是否愿意公开谈话内容的意见征询，因为只有他本人才有权利决定是否公开这些隐私的事项"[①]。

本案中，两个被告都存在这种法律认识上的误区：一方面，刘某某将夫妻之间因忠诚义务而产生的"知情权"绝对化，并完全"凌驾"于隐私权上，不仅侵犯了其丈夫的隐私权，甚至"衍生"到原告林某某身上；而媒体则只听一面之词，在刘某某其夫与原告可能存在不正当关系未经证实的情况下，主观臆断"道德瑕疵"能够成为其侵犯他人隐私权的抗辩理由。

1. 夫妻间的"知情权"必须与"隐私权"相协调

隐私权本身是一种带有"克减"性质的相对性权利，在特定关系情况下往往需要受到一定程度上的限制，比如夫妻。属于一般公民隐私权内容的一些私密信息，具体到夫妻生活中，基于配偶身份而衍生出来的"婚姻忠实义务"使得另一方"有权"知晓，这时候就容易出现夫妻"知情权"与"隐私权"的冲突问题。而事实上我们经常听说以下类似情况：一方在家里安装摄像头偷窥他人隐私，或者雇佣私家侦探秘密调查，甚至像本案中刘某某直接"邀请"电视台对其丈夫与他人的隐私进行"现场直播"。

权利的冲突往往体现了法律价值的矛盾，"隐私权"和"知情权"都体现了一定的法律价值，隐私权肯定了对个人隐私的自由处分权，侵害配偶的隐私其实也是对自己隐私权的放弃；而知情权则是夫妻生活信任的基础，是维护婚姻、家庭乃至社会秩序的重要手段。我国目前立法并没有对夫妻间"知情权"和"隐私权"的边界有一个明确划分，在司法实践中往往以公序良俗、诚实信用的民法原则为指导，体现了一种"协调"意识，当夫妻一方的私密对另一方没有任何影响时，应优先保护隐私权；当夫妻一方对隐私权的利用违反了公序良俗的社会道德，甚至给另一方造成身心伤害时，则优先保护知情权。但即使如此，知情权主体也必须在合理、有限程度内行使，不得侵犯第三方的合法权益。知情权的主体也应当受到严格限制，除非出于诉讼之需要，即使对于过错

---

① 陈堂发：《情感类节目如何采取隐私保护》，载《视听界》2007年第2期，第57页。

方,也不能将其隐私信息对外公开。在本案中,无论刘某某的丈夫是否给其造成身心侵害,其通过电视节目追踪丈夫出轨的行为,都侵犯了原告林某某的隐私权益,已经严重违背了"不得侵犯第三方合法权益"的指导原则,实际上法院的最终判决也正是基于此情况。

2. 原告的道德瑕疵不能成为侵犯隐私权的抗辩理由

本案中,在江西电视台看来,其之所以能够"理直气壮"地披露原告林某某的隐私,很重要的一个原因就是刘某某和江西电视台都认为林某某与刘某某丈夫存在"婚外情"这种道德瑕疵在先,这从节目中不断出现的"不正当关系"、"非法同居"等字幕也可以看出来。也许刘某某是为了挽回危机重重的婚姻,也许江西电视台只是试图通过对这种当代社会普遍存在的"婚外情"案件的生动报道和无情揭露,来唤起社会的关注和思考。

假设案件中的林某某与刘某某丈夫确实存在"不正当关系"这种道德瑕疵,那么是否就可以对抗其侵犯原告隐私权的事实呢?对此,笔者不敢苟同。道德与法律是两种不同的社会规范,婚外情虽然违反了夫妻忠实义务,背离了道德标准,但并不等于当事人就丧失了法定权利。隐私权属于人身权,由宪法和法律所赋予,对于公民隐私权的侵犯,非法定事由不能免责。很显然,任何人都不能以违反道德为由去践踏他人合法权益。实际上,即使是在有关披露普通人隐私诉讼中对媒体最宽容的美国,道德瑕疵也不能成为侵犯隐私权的正当抗辩理由。

当然,并不是在未经本人同意的情况下,公民的隐私内容一概不能予以披露。最明显的,当其与公共利益相冲突时,"对整体中所有个人权利的捍卫必然要求对每个人的个人权利加以各自的限制"[①]。由于在新闻侵权领域公共利益涉及内容复杂,且争议较多,且本案判决并没有涉及,在此笔者不再予以论述。

二、理性对待自愿披露隐私行为

从上述案例来看,原告的诉讼理由都是对其个人隐私的公开未经本人同意,那么对于经过当事人同意或者是当事人主动请求公开隐私的情况,媒体是

---

① [美]马克斯·韦伯:《论经济与社会的法律》,中国大百科全书出版社1998年版,第47页。

否就一定拿到任意披露传播的"免责金牌"呢?

根据民法一般理论,只要权利人有明确的意思表示,其处分自身民事权利的行为是为法律所承认的。隐私权是民事权利,属私权范畴,经过权利人允许,媒体的公开披露就不会构成隐私侵权问题。实际上,法律对于民事法律行为的保护也是有其基本前提的:第一,该行为不涉及公共利益,符合诚实信用、公序良俗等民法基本原则;第二,行为人具有相应的民事权利能力和行为能力;第三,法律规范没有对此行为予以禁止性规定。因此,在特定情形下,对于公民的隐私权益给予特殊保护的情况是可能存在的。

(一)情感节目的示范效应对公共利益具有一定程度的"间接"影响

公共利益可以作为侵犯隐私权的抗辩理由,即出于公共利益的需要可以将个人隐私披露于众。但是反过来讲,如果公开披露隐私的行为可能损害公共利益,那么是否可以同样以此为由禁止披露隐私呢?

情感类节目以其浓厚的人文关怀宗旨和社会情感共鸣满足了社会公众需求,反过来,又会对广大受众起到示范和引导效应。在社会转型阶段,大众的人生观、价值观都处在一种变量状态,迫切需要一个了解和沟通的途径,个人的情感和精神状态经过媒介的放大效应,往往会成为公众了解社会世情的重要渠道,改变人们的认识,指导人们的行动。这就要求情感类节目对普通民众情感生活的报道,"不能仅仅满足于个别的真实、表面的真实,它还应当尽可能的反映整体的真实、本质的真实",使得受众能够从节目中获得潜移默化的道德熏陶和人格升华,否则"就会偏离现实生活中人们真实的情感状态,进而对人们的情感认知、情感判断产生负面影响"[1],甚至影响整个社会价值观念和道德水准,而现实节目中,一些鸡毛蒜皮、痴男怨女的媚俗甚至低俗故事由于难以传递健康的生活理念,又易误导社会舆论,其所造成的负面影响是显而易见的。从这一层面上说,对普通百姓生活隐私的披露,即使不直接涉及公共利益,但也至少包含社会民生中共有的情感元素,并不完全独立于公共生活之外。法律是道德的底线,对于可能突破道德底线的行为,法律有必要进行干预。从理论上说,对于那些危害公共伦理道德的披露隐私行为,即使是经权利

---

[1]　刘嘉:《广播情感类节目的运作模式》,载《新闻前哨》2009年第12期,第73页。

人同意,法律也应给予一定的限制。

(二)披露隐私可能有违当事人的"真实"意思表示

民法并非对任何公民对于自身权利的自由处分都没有限制,民事法律行为人必须具有一定的权利能力和行为能力,即处分人必须对行为可能产生的后果具有预见并承担相应责任,法律之所以这样规定,实际上是对无民事行为能力人和限制民事行为能力人的保护。在情感类节目中同样存在类似的问题,媒体应对某些当事人的隐私权益必须给予充分的尊重并尽到严格的注意义务。一些具有完全的民事权利能力和行为能力当事人愿意"放弃"隐私可能仅仅是出于宣泄情感的需要,由于认知差异或者情绪冲动而对放弃隐私权可能产生的后果估计不足,往往因为节目本身造成个人生活更加困扰,甚至产生纠纷。例如在李某某诉郝冬白、兰州晨报社、现代妇女杂志社侵害隐私权案①中,原告李某某因不能承受隐私公开后产生的舆论压力而将记者和媒体诉至法院,理由是对披露的具体内容、程度和可能产生的负面影响并不知晓,从结果看其诉讼请求也基本得到法院认同,并确立了对媒体侵犯隐私权案件具有普遍性意义的"明示许可"原则②。这实际上就要求对于自我保护意识较弱的特定当事人,媒体必须严格履行提醒义务,事先将说什么、怎么说、说到什么程度以及可能产生的不利后果等信息充分告知当事人,并对当事人的"真实"意愿有一个基本把握,披露隐私必须得到其"明示许可"方可为之。

广电媒体对媒体注意义务的严苛要求在某种程度上可以视做是对相对处于弱势地位的个人的尊重和保护。法律并不禁止公民自愿或者主动公开披露自己的隐私,但司法实践指引媒体必须经过一个"明示许可"程序,一方面是对公民真实意愿的必要鉴别,另一方面也是对媒体滥用言论、出版自由的有效约束。

(三)披露隐私可能违反法律的特殊规定

法律对于隐私信息往往具有倾向性的保护,主要包括两个层面:一是对特

---

① 详见"2010年北大法宝数据库"中的"中国法院裁判文书数据库"。

② 所谓"明示许可"原则,简而言之,是指媒体对当事人隐私的公开披露之前,必须得到当事人对披露内容、程度和可能产生不利后果等充分了解的"明确意思表示",否则就可能构成对隐私权的侵犯。详见徐迅:《披露隐私需要权利人明示许可——在李某某诉郝冬白、兰州晨报社、现代妇女杂志社侵害隐私权案》,收录于《中国新闻(媒体)侵权案件精选与评析50例》,法律出版社2009年版,第358页。

定信息的禁止性规定,比如,涉及国家秘密、商业秘密的信息,或者当事人主动公开的信息涉及淫秽、色情、暴力等情形,对属于这类范畴的隐私,即使当事人愿意,媒体也不得公开披露或者至少必须对特定人群(如未成年人)禁止[①];二是对特定权利人的禁止性规定,比如,《未成年人保护法》第三十九条第一款规定:"任何组织或者个人不得披露未成年人的个人隐私。"在这种情形下,无论是未成年人自己,还是其监护人,都不能将其隐私对外披露或者传播。

此外,由于许多情感类节目的素材都取决于司法裁判,特别是对像虐待家庭成员、重婚、财产分割等需要等待司法裁决的生活纠纷问题,"只有对于如果来自国家有关机关依据职权制作的公开材料,或者有证据证明隐私行为是违法或犯罪,媒体才可以自行决定做公开披露"[②]。除此之外,媒体不得超越司法程序予以公开,更不能利用媒体宣传效用对司法机关施加舆论压力,因为这已经是对《宪法》权威性的挑战了。

启示与建议

从本质上说,情感类节目"都是通过建立一种全国性或者地域性的谈话系统来实现它作为公共领域的功能"[③],"人文内涵"是该类节目的灵魂,通过将普通民众那种健康的生活理念、高尚的生活品味和正确的审美价值传递于公众,是体现情感类节目"人文内涵"的基本手段,而不是对老百姓隐私的窥探和贩售。除了法律法规的外部性规制和节目受众本身心理调适以外,作为公共信息平台,媒体的自律在避免对公民隐私权的侵犯方面,极其重要。从本案的主要事实和司法判决中,媒体也可以收获到很多启示:

1. 增强法律意识,将维护他人隐私权益放在优先地位

保护隐私权的目的是为了实现个人权利,而不是公共利益和社会公德。对于普通公民,只要对其隐私权的保护不与法律相冲突,就必须无条件地将个人隐私利益放在第一位进行考虑,未经当事人允许,不得将权利人的隐私对外公

---

① 淫秽信息属于法律普遍性禁止传播的内容,而色情、暴力等一般情况下要对未成年人禁止。
② 陈堂发:《情感类节目如何采取隐私保护》,载《视听界》2007年第2期,第58页。
③ 孙宝国著:《中国电视节目形态研究》,新华出版社2007版,第121页。

开披露。即使需要报道，也应当进行一些"去识别性"的技术处理，以使人不可辨认或推断出采访、报道对象。比如，不使用真实姓名，对头像、身形、声音等进行模糊处理，略去不具有新闻价值的个人信息等。

2. 具体情况具体分析

对于那些具有新闻价值同时又符合公共利益、社会公德需要的隐私信息，如果符合法定的抗辩情形，特别是涉及公共利益时，在尽到合理的审慎义务后，可以披露。同时应避免对公共利益的泛化理解，即使是与公共利益密切相关的内容也存在与公共利益无关的细节，因此不应简单等同，一概而论。

3. 必须严格把握"隐私权"与"名誉权"之间的联系和区别

特别是在《侵权责任法》实施以后，不能泛泛地将侵犯隐私权与侵犯名誉权等同起来，二者之间最大的区别，对隐私权的侵犯只要是未经权利人同意的公开披露就基本可以认定，而侵犯名誉权则需要捏造事实进行侮辱诽谤的披露。因此，不能将侵犯名誉权的"抗辩理由"适用于隐私侵权案件。

4. 严格遵循"明示许可"原则

只有向当事人充分提醒并得到明确允许后，方可视为当事人的"真实"意思表示。在某些发达国家，媒体常常以合同的方式对采访、报道隐私的问题做出具体安排。一般情况下，非经本人允许而披露，非经本人同意而使用其真实姓名，非经本人对最终披露细节进行确认，均有理由视为"未经许可"的情形。

2. 擅自公布他人隐私应承担侵权责任

——评王某诉大旗网、天涯网、张某某侵害名誉权隐私权案

◇ 杨慧臻

案例要义

　　因为披露了原告王某的个人信息和婚外情故事，大旗网的运营商北京凌云互动信息技术有限公司(以下简称凌云公司)、天涯网的运营商海南天涯在线网络科技有限公司(以下简称天涯在线)和"北飞的候鸟"网站注册管理人张某某被诉侵权。法院判决认定凌云公司和张某某侵犯了王某的隐私权和名誉权，需承担侵权责任，而天涯在线因为及时删帖，最终判定不构成侵权。

关键词

　　法定隐私　公共利益　善良管理人　人肉搜索

主要事实

　　2007年12月29日晚，王某的妻子姜岩跳楼自杀。姜岩生前注册了"北飞的候鸟"的个人博客，自杀前，姜岩在博客中以日记形式记载丈夫王某出轨后的心路历程，并将王某与一名女性东某的合影照片贴在博客中，博客还显示了王某的姓名、工作单位地址等信息。2007年12月27日，姜岩第一次试图自杀前，将博客密码告诉一位网友，并委托该网友12小时后打开博客。当月29日姜岩跳楼自杀死亡后，该网友将博客密码告诉了姜岩的姐姐，姜岩的姐姐将博客打开。姜岩的博客日记被一名网民阅读后转发在天涯网的社区论坛中，后又不断被其他网民转发至不同网站上，引起了网民的关注。

2008年1月10日，天涯网刊出《大家好，我是姜岩的姐姐》一帖，帖文讲述了姜岩死亡事件的发展经过，引来了大量点击和跟帖。姜岩的大学同学张某某于2008年1月11日注册了"北飞的候鸟"非经营性网站，张某某称此网站是"祭奠姜岩和为姜岩讨回公道的地方"。张某某、姜岩的亲属及朋友先后在该网站上发表纪念姜岩的文章。张某某还将该网站与天涯网、新浪网进行了链接。2008年1月14日，大旗网制作了标题为《从24楼跳下自杀的MM最后的BLOG日记》的专题网页，其中使用了当事人真实姓名、照片等。

一些网民在进行评论的同时，在天涯论坛、大旗网等网站上发起对王某的"人肉搜索"，使王某的姓名、工作单位、家庭住址等详细个人信息逐渐被披露；一些网民在网络上对王某进行谩骂；更有部分网民到王某及其父母住处进行骚扰，在王家门口墙壁上刷写、张贴"无良王家"、"逼死贤妻"、"血债血偿"等标语。

随后，王某将大旗网的运营商凌云公司、天涯网的运营商天涯在线和张某某诉诸法庭，起诉他们侵犯了自己的名誉权和隐私权。要求三被告立即停止侵害、删除侵权信息，并在各自网站上为其恢复名誉，消除影响，赔礼道歉，并索赔工资损失7.5万元、精神损害抚慰金6万元及公证费用2050元。

北京市朝阳区人民法院审理了此案。经历了三次庭审以及法院组织的专家研讨会和高级法官联席会之后，一审认定凌云公司和张某某侵害了王某的名誉权和隐私权，天涯在线因为及时删帖，尽到了监管义务，不构成侵权。一审后，大旗网服判，张某某提出上诉。2009年12月23日，北京市第二中级人民法院进行了终审判决，驳回上诉，维持原判。

☕ 争议焦点

凌云公司、天涯在线以及张某某的传播行为是否侵犯了王某的名誉权和隐私权？

法理分析

一、隐私权与名誉权应分别保护

本案被称为"人肉搜索第一案"，反映在此案中的突出现象是：王某的婚外情、真实姓名、照片、住址、工作单位等信息在网上披露，王某的个人身份被确定，致使网络暴力的侵害从虚拟世界延伸到现实生活。

本案争议的焦点涉及两个权利：名誉权和隐私权。法官的判决主要围绕这两种权利展开。然而长期以来，民法没有将隐私权作为一项独立的权利予以确立，对隐私权的保护主要纳入名誉权的范畴。直到2010年7月1日生效实施的《侵权责任法》才在民法范畴内明确了隐私权的地位，承认隐私权是与名誉权并列的一项民事权益。[①] 然而，本案的两审均发生于《侵权责任法》颁布实施之前，法院在审判过程中已然将隐私权与名誉权并提，分别论证了被告是否侵犯了原告的这两项人格权，在实践上肯定了隐私权的地位。

隐私权之所以是不同于名誉权的人格权，是因为两种权利在保护客体、保护范畴、侵权构成要件、责任承担方式等方面均存在差异。[②] 最主要的差异在于：首先，名誉权无法涵盖隐私权的全部内容。名誉权是受到他人正当评价的权利，关乎个人的社会评价；隐私权是个人生活不受侵扰的权利，关乎个人秘密，并不必然与社会评价挂钩。其次，侵害名誉权的方式往往是侮辱和诽谤，传播的事实通常是虚假的，而侵害隐私权的方式往往是侵入和披露，传播的事实通常是真实的个人隐私。因而，面对侵害隐私权的指控，真实的抗辩理由会不利于被告。如本案的被告张某某笼统地将"相关文章对事件经过的陈述符合事实"作为名誉权和隐私权的共同抗辩理由，显得不太恰当。再者，隐私是易碎品，隐私被披露后，往往难以通过恢复名誉、消除影响的方式弥补损

---

①　《侵权责任法》第二条第二款："本法所称民事权益，包括生命权、健康权、姓名权、名誉权、荣誉权、肖像权、隐私权、婚姻自主权、监护权、所有权、用益物权、担保物权、著作权、专利权、商标专用权、发现权、股权、继承权等人身、财产权益。"

②　魏永征：《新闻传播法教程》第1版，中国人民大学出版社，第166～168页。

害,而恢复名誉、消除影响却是侵害名誉权的主要的责任承担方式。此外,隐私权的侵权责任也不宜采用公开赔礼道歉的方式,因为越是公开,隐私越会被更多的人知晓。相反,公开道歉对挽回名誉有着重要意义。本案中王某虽然在法律上获得上胜利,得到了公开道歉和精神抚慰金,但是他的婚外情事实已广为人知,受损的隐私权已难以修复。

基于隐私权与名誉权的种种差异,在某种意义上,以披露隐私的方式致使个人名誉受损,实际上侵害的是隐私权。但囿于长期以来的立法局限,实践上只能将这类隐私权案件当做名誉权案件来处理。虽然在本案中,法庭在形式上将隐私权和名誉权并提,然而遗憾的是,在实质上,并未真正将隐私权视为不同于名誉权的独立人格权,依然将隐私权归入名誉权的范畴。

原告王某提出张某某的文章含有侮辱和诽谤的内容,但因为王某未能就真实情况予以举证且文字无过激之处,法院认为不构成侮辱和诽谤。本案的关键是法庭对被告披露王某婚外情和个人资料的行为如何定性。法庭认为,凌云公司和张某某不仅侵害了王某的隐私权,而且"以披露王某隐私的行为"侵害了王某的名誉权。按照这样的逻辑,意味着以披露隐私的方式损害他人名誉的行为,同时侵害了名誉权和隐私权。这种认定,不管较之现有的法律规定,还是较之法理理论,都加重了被告的侵权责任。

二、婚姻情感问题是法定隐私

何为隐私?"隐"者,不愿为他人知晓或干涉;"私"者,与公共生活无关。所以隐私是关乎个人意愿的私人信息、私人空间、私人活动。个人想不想"隐",是隐私权能否得以保护的前提,如果是自愿披露,或者对自己的隐私不加保护,任由他人随便获知,那么实际上是自愿放弃了权利。"隐"的自主性决定了隐私内容的相对不确定性,处于不同社会风俗中的不同的人对隐私的界定有所差异。而有一类私事在社会公众看来普遍有着"隐"的意愿或必要,于是出现法律将这类私事明确列为他人不可擅自触碰的禁区,也就是"法定隐私"。比如公民的住宅、^① 通信、^② 疾病、^③ 犯罪的未成年人身份、^④ 收养、^⑤ 离婚案件^⑥，等等。

本案中，被告在互联网上传播的主要内容是王某的婚姻家庭问题。而此类问题在民事诉讼法领域属于依申请不予公开审理的范畴，只要当事人一方提出申请，法庭就不能将两人婚姻关系纠纷向外公开。这一程序法规定将婚姻纠纷纳入法定的保密范畴。而这一理念在国际上亦有共识。比如，《公民权利和政治权利国际公约》第十七条规定"任何人的私生活、家庭、住宅或通信不得加以任意或非法干涉，他的荣誉和名誉不得加以非法攻击"，美国的一个判例认定"性关系通常就是绝对私人的事情；还有许多家庭纠纷、很多令人讨厌和本人感到丢脸或羞耻的疾病、大部分隐秘的私人信件、个人家居生活的大部分细节以及一些他宁可忘记的往事，亦属此类"^⑦。

而本案的三个被告将王某婚外情的事情放到网上，显然不恰当，触碰了法定隐私的禁区。与此案类似，2003年上海某报以《疑云重重的"特大婚内盗窃案"》为题，以"丈夫在外有了第三者，妻子愤而窃其保险柜"为副标题，刊登了杜某夫妇的真实姓名、照片以及杜某与其他女性的照片。法院审理认为"关于夫妻关系方面及与其他异性的关系问题，属个人隐私范畴"，判决报社败诉。^⑧将婚姻家庭问题这种公认的隐私公之于众，主观过错也不难推定：明知是普通人都不愿透露的私事，且公布后会给当事人带来尴尬和伤害，却未经同意擅自

---

①　《宪法》第三十九条："中华人民共和国公民的住宅不受侵犯，禁止非法搜查或非法侵入公民的住宅。"

②　《宪法》第四十条："中华人民共和国公民的通信自由和通信秘密受法律的保护。"

③　《侵权责任法》第六十二条："医疗机构及其医务人员应当对患者的隐私保密。泄露患者隐私或者未经患者同意公开其病历资料，造成患者损害的，应当承担侵权责任。"《传染病防治法》第十二条："疾病预防控制机构、医疗机构不得泄露涉及个人隐私的有关信息、资料。"《执业医师法》第二十二条规定医师应当："关心、爱护、尊重患者，保护患者的隐私"。

④　《刑事诉讼法》第一百五十二条第二款："十四岁以上不满十六岁未成年人犯罪的案件，一律不公开审理。十六岁以上不满十八岁未成年人犯罪的案件，一般也不公开审理。"《未成年人保护法》规定："任何组织和个人不得披露未成年人的个人隐私。"该法还规定："对未成年人犯罪案件，在判决前，新闻报道、影视节目、公开出版物不得披露该未成年人的姓名、住所、照片及可能推断出该未成年人的资料。"

⑤　《收养法》规定："收养人、送养人要求保守收养秘密的，其他人应当尊重其意愿，不得泄露。"

⑥　《民事诉讼法》规定："离婚案件，当事人申请不公开审理的，可以不公开审理。"

⑦　转引自魏永征、张咏华、林琳：《西方传媒的法制、管理和自律》，中国人民大学出版社2003年版，第116页。

⑧　（2003）润民一初字第251号。

公开传播，主观上具有明显的侵权故意。

三、个人信息是否为隐私

在一审法院针对此案召开的专家研讨会上，有的专家认为，姓名、家庭住址、电话号码等是公民在社会交往过程中用来主动向外界披露的信息，不属于隐私。有专家则认为，凡是一切不愿为外界所知的信息都可以属于隐私。[①] 而法院的判决却认为："这些个人信息的披露、使用等行为是否构成侵犯隐私权，应当视行为人对这些信息的取得方式、披露方式、披露范围、披露目的及披露后果等因素综合认定。"

不同于人们总是倾向于保守婚外情这种敏感的秘密，处于社会交往中的人会在一定范围内向他人介绍自己的姓名、住址、单位等个人信息，比如发放名片、填写表格等。这种非敏感的信息兼具个人属性和社会属性的双重特征。一方面，个人信息具有一定的私人属性，向谁公开、公开哪些信息，人们有着一定的自主性，体现的是对信息的控制支配权——或公开，或保密，自己有一定的抉择空间。另一方面，此类个人信息是社会交往不可或缺的内容，将个人与社会连接，是人们公共生活的一部分。如果总是需要获得许可才能公布个人信息，显然不利于集体生活、社会活动的展开，有碍信息流通。因此不宜简单地将个人信息定性为隐私或者不是隐私，披露个人信息是否就构成侵害隐私权还应结合具体情境综合判定。

美国的侵权法这样描述隐私的特点："1. 所公开的材料对一个理性人构成极大冒犯。2. 所公开的材料与合理的公众关注或公众兴趣无关。"[②] 也就是说，一方面，隐私虽然与个人的主观预期密切相关，但个体的预期应该与具有一般常识的社会多数人的预期一致，而且公开这类隐私通常在普通人看来是很大的冒犯。披露特定语境中的个人信息，会不会给常人带来尴尬和不安，是确定个人信息是不是隐私的第一个问题；另一方面，隐私虽然总会挑起人们的好奇心和窥私欲，但人们的兴趣应当是合理的，如果个人信息对公共生活而言没

---

① 徐娟：《我审理的"网络暴力"第一案》，载《法律与生活》（半月刊）2009年1月下半月刊。
② [美]唐·R·彭伯著，张金玺、赵刚译：《大众传媒法（第十三版）》，中国人民大学出版社2005年版，第266页。

有任何价值，就不宜成为公开的对象。

本案中，王某的身份信息处于特定的情境，即王某的婚外情隐私被披露。个人身份成为确定侵权行为和实际损害后果之间因果关系的重要一环。被告披露王某的姓名、单位、住址，在披露目的上，并非出于公共交往的需要，也不是满足公众的合理兴趣，而是为了进一步谴责不忠于婚姻的原告，使其陷入社会舆论的漩涡，满足为死者报仇的快感；在披露后果上，并非舆论监督的必要内容，反而将网民的愤怒从虚拟世界引向现实生活，加剧了损害后果，这在常人看来具有很大的冒犯性；在披露范围上，使原本只是与王某身边特定人知晓的信息被不特定的多数人知晓，违背了作为社会普通人的王某对披露范围的合理预期，有悖于王某对个人信息自主支配的自由。因此被告对王某个人信息的披露，构成侵权。

四、未经允许，再次传播已公开的隐私也是侵权

在名誉权案件中，转载侵权信息并不能免责，因为转载扩大了传播范围，对权利人的名誉造成了二次伤害，如果行为人主观上又存有过错，那么即使是忠实转载，依然构成侵权。而如果隐私已经在一定范围内被披露了，媒体或者个人对此予以转载、转述，是否会侵犯隐私权呢？正如本案案情，王某的婚外情、姓名、单位、照片等信息是在死者姜岩的授权下在博客中首先被披露的，而后才被网民、网站转帖，那么天涯网、大旗网和张某某转载已经公开的隐私，是否构成侵权呢？

隐私还有没有被遮蔽的可能，是需要考虑的首要问题。如果先前的传播已让隐私广为人知，就无法要求人们对众所周知的秘密保持缄默，此时的隐私已经失去了被遮蔽的可能，更谈不上权利保护了。如果隐私的传播范围还未达到众所周知的程度，仅仅是一定范围有限的人知晓，那么二次传播已经公开的隐私是否侵权，还要视公开的原因而定。如果隐私是权利人自己公开的，那么意味着权利人已经放弃隐私权，他人予以转述转载不构成侵权；而如果没有获得权利人的同意，隐私在被他人擅自披露之后被二次传播，按照构成侵权的四要件，二次传播行为仍然构成侵权。在英国的一件判例中，第二被告未经允许向第三被告的某电视公司提供了原告公司产品信息，而在此之前，该信息已经公

开了,审理该案的法官依然认为:"从该信息首次被公开到相关行为再次被重复实施期间,相关行为对原告人造成了进一步伤害,相关内容仍然包括了对原告人造成损害的信息。"①

虽然姜岩在博客中披露了王某的一些隐私,也有一定的浏览量,但是知晓王某隐私的人群相对有限,且隐私没有因为公开而失去其自身的私密特征。王某的起诉行为说明他不希望隐私被公开,况且婚外情这种公认的隐私在社会一般人看来都是不适宜公开透露的,凌云公司和张某某的二次传播行为显然违背了王某的主观意愿,法院认定其构成侵权不无道理。

五、如何平衡个人隐私和公共利益

对于侵权的指控,被告张某某提出了"公共利益"的免责理由。在上诉状中,他提出"王某就其违法背德行为不享有隐私权"、"姜岩事件已成为公众事件,对该事件的披露符合公众利益"。②

"公共利益"的抗辩理由经常在媒体侵权案件中被使用,其存在的合理性在于当个人权利与公共利益冲突时,为了保护更大价值的公共利益,要求个人权利予以退让。大众媒体上进行的传播行为有一定的公共性,但并不是任何传播行为都必然与公共利益关联。什么是公共利益?我国的法律只是原则性地提出公共利益的概念,而至于其具体内容具体范围,在具体操作上却存在很大的解释空间。

在隐私权的有关问题上,西方对公共利益有三种不同的解释:公众感兴趣的事情;公众有正当理由关注的事情;与大众福利相关的事情。③ 由于公众感兴趣的对象林林总总,千变万化,如果按照第一种解释为理由要求让渡隐私权,结果可能是隐私权得不到保护。英国Calcutt委员会认为:"那些关于一般人私生活的报道如果只是为了满足公众的好奇心而对于民意表达没有任何意义的话,就不应当以所谓公共利益的理由予以保护。"④ 按照第二种解释,可以

---

① [英]萨莉·斯皮尔伯利著,周文译:《媒体法》,武汉大学出版社2004年版,第169页。
② 《"人肉搜索第一案"二审:双方争议背德行为是否有隐私权》,见中国法院网:http://www.chinacourt.org/public/detail.php? id=365248, 2009-07-13。
③④ 魏永征等:《西方传媒的法制、管理和自律》,中国人民大学出版社2003年版,第121页。

认为公众有正当理由关注的事情才不受隐私权保护，强调了公众兴趣符合社会公德、与社会的公共生活相关。此外，从是否触犯公共福利出发也可以判断是否关系公共利益。

从舆论监督的角度，王某的出轨行为固然违背了婚姻法的要求和社会普遍道德。然而在法律层面，哪怕是婚姻存在不忠行为，处理纠纷的法庭都无权随意公开；道德层面上，婚外情反映的是个人的家庭责任感，属于私德，而非危及社会公众生活的公德。个人道德上的瑕疵不应成为限制其个人人格权利的理由。

从公众兴趣的角度，王某与姜岩的婚姻问题也不是公众有正当理由关注的事情。俗话说"清官难断家务事"，婚姻家庭纠纷中的谁是谁非，恐怕一般的旁观者很难做出准确认定。婚姻问题并不是公共讨论的恰当议题，也不宜将这种本与公共生活无关的婚姻问题置入公共领域。姜岩在博客中表现出对婚姻的绝望和最终选择自杀的惨剧，使网民的愤怒被迅速引爆，引发了广泛的关注。然而这起自杀事件具有多大的公共价值？公开王某的个人私生活对社会生活而言有多大的意义？恐怕很难将姜岩事件定义为一场公共事件、将公共利益作为公开王某隐私的有力理由。虽此事的关注者众，但并非源自网民对公共道德的维护，而仅仅是在个人道德、家庭道德问题上的情绪宣泄。

六、为何两家网站的判决结果截然不同

同样是传播了王某的婚外情事实和个人信息，大旗网和天涯网得到的判决结果却截然不同：因为天涯网及时删除了被诉侵权的帖子和相关回复，被认为"履行了监管义务"、"符合有关规定，不构成侵权"；而没有删除有关内容的大旗网却被认定构成侵害名誉权和隐私权，被判停止侵权、公开道歉、赔偿精神抚慰金。

法院认定天涯网不构成侵权，主要依据《互联网信息服务管理办法》和《互联网电子公告服务管理规定》中关于网站在发现侵权信息后"立即删除，保存有关记录，并向国家有关机关报告"的监管义务。法院认为这种事后补救措施能完全免除网站的责任，更是考虑到网络传播海量、及时的特征，网络媒体不可能像传统媒体那样，在信息发布之前尽到事先核实的义务。

事实上，这一理念在随后的《侵权责任法》中被确定。《侵权责任法》第三十六条第二款规定："网络用户利用网络服务实施侵权行为的，被侵权人有权通知网络服务提供者采取删除、屏蔽、断开链接等必要措施。网络服务提供者接到通知后未及时采取必要措施的，对损害的扩大部分与该网络用户承担连带责任。"这一规定被誉为网络侵权的"避风港原则"，即给了网络媒体一个规避风险的空间：即便传播了侵权信息，当有权利人主张权利时，网站及时采取措施控制侵权后果的扩大，也可以完全免除侵权的责任。这一原则充分考虑了网站面对海量信息的有限核实责任，又顾及了公民权利保护的需求。

启示与建议

1. 隐私权的法律保护应具体化

将隐私权纳入名誉权保护范畴的"1988年民法通则意见"和"1993年解答"至今仍然是生效的法律文件，指导着审判实践活动。然而事实上，不少司法实践已经将隐私权视为一项独立的权利予以保护。《侵权责任法》的出台更是从立法上明确了隐私权具有与名誉权同等的地位。由于多部生效法律规定同时存在，对隐私权的规定又有所差别，按照新法优于旧法、上位法优于下位法的原则，《侵权责任法》应当成为隐私权保护的"尚方宝剑"。

在《侵权责任法》生效后，对隐私权的保护还有赖于立法的进一步具体细化。比如像名誉权问题一样，出台专门针对隐私权的司法解释，或者在其他法律中充实隐私权的内涵，丰富隐私权保护的内容。

2. 网络管理者应尽善良管理人义务

在一个向发言者开放的网络平台，网站与网民的信息互动模式决定了网站需要承载双重责任：一方面作为传播者核实刊载的信息，力求真实；另一方面作为把关人，对网络用户的言论进行"善良"管理。

配备了自己的采编队伍、传播原创内容的网站，运作模式类似于传统媒体，对原创信息的核实义务也类似于传统媒体。对事实类信息要多方求证，反复核实，力求客观真实；对评论类信息要注意避免侮辱，保持公正中立；谨慎对待他人隐私，未经许可，不得随意披露。

而允许网民发言的网站,如论坛、博客、微博,则负有善良管理人的责任。所谓善良管理,就是将别人的事当做自己的事情来管理。① 在网络管理中,网站不仅要主动限制侵权信息的传播,比如利用信息过滤技术,自动屏蔽某些包含侮辱性词句的信息;而且还要对有关侵权的投诉予以积极回应,依照《侵权责任法》给网络媒体划定的责任义务:应被侵权人的通知,及时采取必要措施。

为了最大可能保障言论表达自由,网站不必逢投诉就删除,而是应该针对投诉内容、投诉理由和投诉人的身份,进行谨慎的权衡:如果投诉指向可能存在的诽谤内容,网站需要投诉人提供身份证明以及事实真相的证明,以确定真实的权利人身份和真实情况;如果投诉指向可能存在的侮辱内容,网站无需要求投诉人提供身份证明,而是仅凭借普通人的一般常识,就能判断相关内容是否具有侮辱性质;如果投诉指向可能存在的隐私内容,且该隐私被现有法律列入保护范畴,那么网站应立即删除该内容,而如果是法定隐私之外的酌定的隐私,则需要投诉人证明自己的权利人身份,确为权利人,又与公共利益无关的,应应其要求对隐私内容进行处理。

投诉并非被侵权人提起诉讼的前置程序,因而"未接到投诉"并不是网站得以免责的抗辩理由。在被侵权人直接向法院提起诉讼的背景下,如何处理被控侵权的内容,考验着网站的责任感和应诉智慧。本案中,天涯网在王某起诉后删除了涉嫌侵权内容的行为,值得效仿。即在知道权利人的主张后,不论主张采用的是何种形式,网站都应及时采取补救措施,或删除或更正或道歉,以防止损害后果的进一步扩大,在诉讼中争取减轻或免除侵权责任。

3. "人肉搜索"参与者应慎对他人隐私

网络世界已成为隐私泄露的重灾区,本案中出现的"人肉搜索"现象受争议,称赞者赞赏人肉搜索发挥的舆论监督作用,而反对者的主要理由之一就是威胁个人隐私。如果作为网络信息的发布者,不管是普通网民,还是专业的网

① 在媒体侵权案例中,"善良管理人"概念出现在陈某某诉杭州博客技术有限公司侵害名誉权案件中,法院认为作为被告的杭州博客技术有限公司在接到原告关于发现侮辱内容的电话通知后,未采取任何措施,"未尽到'善良管理人'的注意义务,应承担相应的法律责任"。见南京市鼓楼区人民法院判决书(2006)鼓民三初字第9号。

站采编人员,都应该谨慎对待他人的隐私,使人肉搜索这种新型的信息搜索模式更大限度地发挥其积极作用。

除了故意为之的侵害隐私权,比如,用黑客手段侵入他人设密的信息系统,或者在网络上披露明知仅限于少数人知悉的私人信息,不少参与人肉搜索的网民对有关搜索对象的信息不予分析判断,对他人的信息持无所谓的态度,轻率发布的后果是很容易造成对他人隐私权的侵害,带来侵权风险。

面对一条信息,考虑要不要发布时,需要对信息可能具有的隐私特质进行判断。从隐私定义的两个层面出发,首先,要判断特定人的主观预期。对于法定隐私,如果没有充分的依据表明权利人(未成年人除外)明确放弃了隐私权,比如主动将隐私示人,则不得披露。而如果是未成年人的隐私,法律给予了绝对保护,哪怕获得了监护人的许可,也不能公开。对于酌定的隐私,应从合理人的角度判断披露这样的信息是否会给特定人带来尴尬和不安。其次,要判断信息与公共利益的关联度。区分公德与私德,公共事件与个人、家庭事件,公众人物和普通人,公共场所和私人场合,如果不是公众合理关注的对象,不符合公众合理的兴趣,披露这样的信息对权利的伤害甚于对公共利益的正面价值,那么作为理性的网民应当谨慎对待这类信息,不宜轻易公布。

而如果确有披露的必要,为了平衡公共利益和隐私权,最大程度的发挥"人肉搜索"的总体正效应,信息传播者可以采取模糊权利人身份的方式,让被人肉的对象不可辨认,引导舆论监督的矛头指向特定事件而非特定人。

本案被告全部是网站管理者,其实从一个侧面反映了权利人的无奈:参与人肉搜索的网民成千上万,而且身份虚拟,很难将实施实际侵权行为的网民列为诉讼被告。难以追究侵权者责任的现实,纵容了网络言行不受约束的观念。每个人要对自己的言行负责,这条现实生活法则同样需要引入虚拟的网络世界。目前,有的网站尝试采用网络实名制:网民发言需要事先在后台登记真实信息并通过信息审核。[①] 这种做法试图平衡网民的言论自由和尊重他人权利的义务,引导网民谨慎对待网络言论。其效果如何,还有待实践的尝试和经验的总结。

---

① 比如微博的部分用户可以申请进行实名认证(俗称"加v")。通过实名认证,既可以避免匿名发言的弊端,又能增加"加v"用户的可信度,获得更多的关注。对网络管理者和用户双方,都是有所裨益的。

3. 电视节目侵害隐私的三重误解及其分析
——周某某诉长沙电视台女性频道侵犯名誉权纠纷

◇ 范　娇

案例要义

被告长沙电视台女性频道以《残酷救赎》为题报道了原告周某某（未成年人）在被告淘思中心接受特殊辅导和教育的故事，其中大量使用了原告及其母亲、妹妹及部分其他亲属的影像（仅在原告影像的近镜头中对其眼部做了马赛克处理），再现了原告接受特殊教育的过程及其家庭背景环境，且使用的化名正好与原告的真实姓名一致，原告认为两被告共同侵害了其名誉权。本文通过对案例的分析，指出在电视节目侵害隐私问题上存在三种典型的误解：节目内容完全属实就可以规避侵犯隐私权的风险；取得监护人同意就可以随便披露未成年人隐私；以及对姓名修改和肖像局部处理就等于"不可辨认"。在对这些问题一一做出法理分析后，提出了解决问题的具体建议。

关键词

未成年人　隐私与名誉　监护人同意　不可辨认

主要事实

2007年2月23日，原告周某某在成长过程中遇到困惑，产生了沉迷网络、夜不归宿、不尊重长辈等不良行为，原告之母冷某某与淘思青少年成长辅导中心（以下简称淘思中心）签订委托书，委托淘思中心对原告进行15天封闭辅导和教育，并交纳6500元辅导费，委托书上将原告化名为"周某"。原告在淘思中心的训练过程中，受到基地教官虐待，包括面壁罚站三夜二天，不准吃饭，不准休息，不准上厕所，捆绑在木棒上站军姿，罚跑等，结果造成身体损伤。原告于2007年4月2日至9月15日在医院多次治疗，以外伤转感染、胃炎、急性淋巴结炎等病症为主，未见明显精神障碍，用去医疗费3782.36元。

被告长沙电视台女性频道将上述情节录制成节目《残酷救赎》，在《女人故事》栏目中播出。节目清晰地展现了原告及其母亲、妹妹及部分其他亲属的影像，再现了原告的家庭影像、生活环境，淘思中心的教育环境以及原告受虐待、体罚的完整镜头及过程，仅在原告影像的近镜头中对其眼部做了马赛克处理，又将原告化为"周某某"，正好与其真实姓名一致。

原告认为，淘思青少年成长辅导中心和长沙电视台女性频道的行为严重诋毁了其名誉，使其精神上受到极大打击，造成心理障碍，侵害了其名誉权，请求人民法院判令被告在法院指定的媒体上赔礼道歉、消除影响，赔偿医疗费3927元、精神损失费5万元。因淘思中心没有民事主体资格，原告申请将被告淘思中心变更为被告毛某某（淘思中心创办人）。

被告女性频道的答辩意见：1. 女性频道制作播出的节目没有给原告造成损害。首先，病历证明原告均是治疗胃炎、急性淋巴结炎、外伤感染等，原告没有精神障碍；其次，节目表现的是原告曾是一个品学兼优的孩子，在成长过程中遇到困惑，经过淘思中心的特别教育后，对生活有了新的体会，进入了新的、正常的生活轨道。客观上没有降低原告的社会评价。2. 女性频道客观上没有实施侵权行为。首先，节目内容完全属实；其次，女性频道将原告在淘思训练营的培训历程制作成节目取得了原告法定监护人的同意和配合；第三，将原告登记的姓名"周某"改为"周某某"，法定监护人"冷某某"改为"冷素芳"，对原告的影像采取远镜头拍摄、背影拍摄、近镜头马赛克技术处理等措施予以保护。3. 女性频道制作、播出涉案节目是出于对青少年成长问题的关注，真实记录特色培训机构对困惑孩子的教育过程，并将这种教育方式展示给公众，引起社会的关注，主观上没有侵权的故意。因此，女性频道的行为不构成侵权。

法院审理认为，女性频道传播周某某受体罚、虐待的行为，淘思中心体罚、虐待周某某并配合女性频道将体罚、虐待过程公开的行为，明显降低了周某某的社会评价，并对周某某以后的学习、生活产生长期的不良影响，损害了周某某的名誉。淘思中心与女性频道不但不制止对方违法行为，反而相互配合，致使周某某受体罚、虐待的行为转化为侮辱，其主观上均有过错。双方虽无明显意思联络，但二个行为结合一起，共同造成同一损害后果，应认定共同侵权。[①]

☕ **争议焦点**

从新闻报道角度来看，本案所涉新闻事件属于"舆论监督"的范畴；从法院判决的角度来讲，由于原告是未成年人（属于法律特别保护的对象），所以两被告主观过错明显，应承担相应的法律责任。本案的纠结之处在于：电视媒体影像报道的尺度及范畴是否超过了被报道对象可以承受的预期。

📖 **法理分析**

女性频道作为电视媒体，在策划和制作节目中，应该考虑电视媒体自身的技术属性和报道特点，明确哪些内容应该直接播出画面，哪些内容应该剪辑之后播出，涉及个人隐私的内容应该如何播出等等。从被告答辩意见来看，女性频道对侵犯未成年人名誉权的认识存在以下误区。

误解一：节目内容完全属实就可以规避侵权风险

电视媒体的报道手段以图像为核心，并附有声音、文字等其他能够被人体感官识别的符号系统。图像一般包括图片、照片、录像、摄像以及其他视觉符号；声音通常包含解说、旁白、画外音、音乐、背景声响等；文字则是指出现在电视屏幕上的语言符号、标记、数码等可以出现在纸质媒体上的符号系统。声音和文字依附于图像系统，作为电视媒体的内容介质传播信息。"影像符号的直观性、影像信息展示的同时性等，使得影像成为最能表现自然和社会'真实面目'的符号，现代影像也是能够最直接、最明确地传达意义的视觉符号系统。"[②] 正是电视媒体的这种媒介属性使得新闻业报道出现了变革。新闻媒

---

① 湖南省长沙市开福区人民法院民事判决书，（2007）开民一初字第1841号。
② 王长潇主编：《电视影像传播概论》，中山大学出版社2006年版，第6页。

体真实报道、客观描述的有力手段就是"克隆"现实的画面。电视媒体用镜头语言来报道新闻和传播信息，"使大部分媒介消费者都相信他们所看到的照片，因为大部分人都以为自己的眼睛不会欺骗自己"①。电视媒体的图像报道无疑增加了观众对新闻真实性的满足感，但如果涉及被报道对象个人隐私的问题时，那么镜头语言的优势就会转化为劣势，因为节目中被报道者图像越是清晰，事件越是真实，情节越是明朗，越能够使观众辨认出画面人物的真实身份，从而产生对现实中人物的判断和评价。

本案中，被告女性频道在节目播出中完整披露了原告个人的成长问题、"培训经过"、原告的肖像及家属的一些信息，尤其是把原告被虐细节也制作成新闻节目在媒体上传播，依照正常人的理智判断，被告电视台即使不存在主观恶意，但法院仍然指出其过错：在播出时忽略了对原告及其家属身份的模糊处理，"仅对周某某近镜头的眼部做了马赛克处理，其他影像未做任何技术处理，同时随意地将委托书上周某某的化名'周某'改为'周某某'，致使化名与原告的真实姓名完全一致"，使周围熟悉的人能从电视上辨认出原告的真实身份，无异于使原告痛苦的经历在更大范围"示众"，间接产生"侮辱"后果。

真实是新闻的生命，也是媒体对侵犯名誉权诉讼有力的抗辩理由，但这一抗辩理由却不适用于侵犯隐私权的诉讼。电视媒体往往认为：对被报道对象的情况越是完整披露，越是真实的，就越是不会造成侵权风险。但是，受虐经历对任何人而言无疑都是令人尴尬且难忘的痛苦记忆，是人的内心情感，当属隐私范畴。对隐私报道得越真实，越完备，就越容易使报道对象被指认，在涉及报道对象隐私或者其认为不能公开的私人事项时，媒体应该在尊重事实的基础上同时也尊重报道对象的意愿，并把握好对私人空间的报道尺度。

误解二：取得监护人同意就可以随便披露未成年人隐私

未成年人作为法律关系中的特殊主体，身体、智力都未臻成熟，对一些问题缺乏足够的认识、理解以及判断能力，难以预见行为后果，欠缺积极的民事行为能力，需要监护人予以指导和约束。法律规定监护人对未成年人的人身、

---

① [美]菲利普·帕特森、李·威尔金斯著，李青藜译：《媒介伦理学——问题与案例》第四版，中国人民大学出版社2006年版，第219页。

财产和其他一切合法权益负有监督和保护责任,并作为未成年人的法定代理人代理各项法律事务。但是,监护人或法定代理人的身份并不意味着他有权代表未成年人放弃某些人格权利。《未成年人保护法》第三十九条规定,任何组织或者个人不得披露未成年人的个人隐私。因此可以认为,法律对未成年人隐私的保护是绝对的,无条件的。任何人(包括本人)决定披露未成年人隐私均属无效。

学理认为,按《刑事诉讼法》、《未成年人保护法》以及《预防未成年人犯罪法》有关规定的精神,"实际上把未成年人的罪错视为隐私"[①]。从司法上保障未成年人健康成长的环境,以适应未成年人成长和发展的规律。所以,电视媒体在制作关于未成年人的节目时,无论是在采访阶段还是在报道阶段,只要有涉及未成年人的"出镜"和"报道",在征得其法定监护人的同意后,还必须以不披露未成年人的隐私为前提。电视媒体为了吸引受众,使画面剪辑具有引人入胜的效果,节目编辑方通常把"怪诞"和"冲突"作为故事的"诱饵",而这些情节往往涉及未成年人的人格尊严、私密的内心世界和原本不想为他人尤其是大众媒体知晓的个人隐私。被告女性频道以"残酷救赎"为噱头,"清晰地再现了周某某及其家人的影像和生活环境、受体罚的完整镜头和过程",显然就是把原告的隐私作为"诱饵",追求"怪诞"和"冲突"视觉效果,女性频道以为征得原告监护人同意就可以毫无顾忌地报道未成年人隐私的看法显然是错误的。

误解三: 对姓名修改和肖像局部处理就等于"不可辨认"

使图像"不可辨认"是电视媒体在新闻报道时为避免侵权采取的画面处理措施。这些措施包括:修改姓名、模糊头像、背影采访、声音处理等等,目的是使播出的新闻人物不能被观众辨识,以达到保护人物隐私与名誉的效果。但在实际操作过程中,电视媒体却经常由于疏忽大意或者认识偏差而使得新闻人物遭到曝光,引起名誉权纠纷。

电视媒体有自己独特的媒介属性和传播特点。报道载体的直观性、报道内

---

① 　魏永征著:《新闻传播法教程》,中国人民大学出版社2006年版,第197页。

容的视觉性是电视媒体区别于报刊、广播等媒介载体的根本属性。电视媒体的镜头影像、文字说明、音响效果等给观众一种逼真的现场感，不像读报纸通过文字来想象人物事件，也不像听广播那样通过声音来联想人物事件。著名传播学者麦克卢汉根据媒介属性不同、公众参与程度不同，把媒介划分为热媒介与冷媒介。[①]他认为广播属于热媒介，而电视属于冷媒介。媒介内容的清晰度越高，受众的参与积极性越低。电视以画面叙述为主，声音、文字讲述为辅，这就要求观众运用各个感官沉浸其中，理解和接收传播内容。所以，电视节目直观的视觉性再加上观众高度的参与性，除非电视画面、声音经过处理，模糊不清，否则观众很容易根据背景资料和直观感受识别画面中的人物和故事情节。

本案中，女性频道虽然有意识地对原告近镜头肖像的眼部做了马赛克处理，但却"弄巧成拙"暴露了原告的真实姓名，再现了原告家人的清晰图像，使熟悉原告的观众能通过节目中展示的家庭环境与背景资料推断原告的真实身份，造成原告实际上可被辨认的播出效果。可见，司法裁判对权利人的保护标准并非被告电视台所做的影像模糊处理，而是权利人的不可辨认。不论媒体的表达方式是文字、照片、声音、影像或者其他，也不论媒体采取的措施是化名、打马赛克、模糊声音还是其他，只要权利人仍可辨识，就没有达到保护标准。这种保护标准在未成年人方面把握最为严格。

启示与建议

一、对未成年人隐私的依法保护是无条件的，不因公共利益而退却

在电视媒体新闻报道导致的名誉权纠纷中，有一个问题非常值得关注，就是电视节目制作播出的内容关乎公共利益或有利于提供公共服务。比如，本案中女性频道答辩声称："制作、播出涉案节目是出于对青少年成长问题的关注，真实记录特色培训机构对困惑孩子的教育过程，并将这种教育方式展示给

---

① 麦克卢汉著：《理解媒介：人的延伸》，商务印书馆1964年版。

公众，引起社会的关注。"从节目播出目的来看，关注未成年人成长问题，帮助公众了解特色培训机构等都是为公众提供帮助，但却忽略了"所报道的对象是未成年人"这个至关重要的因素，《未成年人保护法》第三十九条规定，"任何组织或者个人不得披露未成年人的个人隐私"，可以理解为：即使是出于公益目的的新闻报道也概莫能外。

这样，在新闻价值取向与个人隐私保护之间，新闻媒体通常会遇到伦理选择的困境，尤其是电视媒体。比如，摄影记者在灾难现场出现，拍到的照片残酷而血腥，能不能不考虑受害者亲人的感受和家人的隐私而直接在新闻节目中播出？经验丰富的摄影记者总是在关键时刻把第一手资料准备好，然后根据报社的编辑方针和伦理考量，选择适合的照片刊登或播出，在公共利益与个人权益之间取得平衡。总之，电视媒体在新闻报道中不能宣扬别人隐私赚取收视率；不能过度煽情报道损害他人尊严；不能随意披露与公共利益无关的个人隐私满足公众的猎奇心。

二、把具体人物身份抽象为一个类型，揭露问题的同时规避侵权风险

在涉及人物隐私和名誉事项的报道时，电视媒体应该坚持从个别到一般的原则，即把具体的人物身份模糊或抽象为一个类型，或者叫"靶子式人物"，因为名誉权的侵权诉讼必须是特定人的名誉权遭到侵犯，那么电视媒体在报道中只要把特定人的特征剥去，抽象为一类人，这样个别事件转化为类型事件，抽象出的典型就成为新闻报道的"靶子式人物"，而观众可以通过对节目出现的"靶子式人物"进行评价，做出回应，并影响自己的行动。而不必真的与现实人物相对应，去评价和影响现实人物的正常生活，以实现"对事不对人"的效果。

但前提是节目报道的内容必须是现实中真实发生的，新闻人物必须是现实中客观存在的。剥去特定人的特征并不会损害新闻的整体真实性，而是在真实呈现原貌的基础上淡化或模糊涉及个人隐私的某些细节问题。如更改报道对象的姓名、对报道对象的图像打上马赛克，配上清晰准确的文字说明和公正恰当的解说评论等，尤其是在法制新闻述评栏目中，这些技术措施要非常到位。

应当承认，这样做可能会被受众误以为是虚构的故事，但这是媒体在确保新闻真实与避免侵权纠纷之间做出权衡后的迫不得已选择。这样既有利于保障新闻报道的整体真实，也有利于保护报道对象的合法权益，同时还有利于健康舆论环境的形成。

4. 转播已公开的隐私内容须尽法定义务

——南京姐妹状告当地某电视台侵害隐私纠纷案

◇ 范　娇

案例要义

央视《道德观察》栏目采访并播出了一起强奸案受害者的新闻事件, 在节目中采取技术手段保护受害当事人的隐私。后南京当地某电视台在受害人不知晓的情况下, 重新剪辑播出了该节目, 结果被诉侵权。该地方电视台感觉很困惑:"为什么央视能播, 我们就不能?"这涉及法律对隐私权利人保护的力度以及媒体披露相关信息需要遵循的法定义务。下文将以此为例, 具体讲述强奸案受害者新闻报道的相关法律问题。

关键词

未成年人　强奸受害者　隐私　公开与转播

主要事实

家住南京市某区的未成年少女小凤(化名)曾多次遭其姐夫强奸, 2005年初的一天, 姐夫又想在小姨子身上作恶, 姐姐及母亲为取证除凶竟劝小凤"再忍一次", 后来由于家人举报, 姐夫被判处有期徒刑9年。中央电视台《道德观察》栏目获悉这一案件后赶到南京采访, 在答应了受害人对隐私保护的相关条件后, 受害人一家接受了采访, 节目也在央视如期播出。然而央视节目播出后不久, 南京当地一家电视台于2005年7月27日至8月1日, 以《姑息的后果》为题, 先后四次播放了经过剪辑的央视节目片, 被告播出的电视节目未做任何技术处理, 毫不掩饰地将强奸犯罪的受害者小凤的形象和原告姐姐小丹（化名）及其母亲的形象公诸电视屏幕上，较详细地报道了两原告的家庭隐私。小凤及其姐姐均看到了节目内容，周围人也有不少看到了节目，并认出受害的两姐妹。原告小凤因此而不愿意再上学，身心遭受极大伤害。之后姐妹俩以隐私权受侵害为由，找电视台交涉，认为被告既未采访过原告，也未征得原告的同意，私自制作电视节目，多次以播放电视节目的形式向社会公众披露两原告的家庭和个人隐私，以至原告的熟人、邻居等对两原告产生较多地议论，给原告的精神带来痛苦。8月底，两姐妹将地方电视台告上法院，要求判令被告的行为侵犯名誉权，承担消除影响、赔礼道歉的民事责任，并赔偿两原告精神损害抚慰金2万元及经济损失366元。

被告电视台辩称，原告是在自愿的情况下接受了中央电视台的采访，在全国范围里，已经不止一次被公开播报。被告报道的内容都是已公开的，并且是原告自己陈述的内容，镜头也是自曝的。被告在报道中对原告用了化名，播放的内容也没有超出中央电视台的新闻内容、传播范围，全部为中央电视台所播放的原来影像，没有侵犯原告的隐私，要求驳回原告的诉讼请求。

法院审理认为：被告电视台播放的并非一般的新闻，其内容涉及原告的隐私，尤其是未成年人小凤的隐私。被告的播放行为是否合法并不完全取决于其他媒体已经播放，公民的隐私不因曾被公开过而当然认定他人可不受限制地再向社会传播。原告未接受过被告的采访，被告也未经原告同意而播放。因此，被告对涉及两原告隐私的内容再次进行编辑后播出的行为侵害了原告的隐私等人格权益，构成侵权，应承担一定民事责任。法院依据查明的事实，综合被告的过错程度、侵权手段、后果等，根据《民法通则》、《最高人民法院关于确定民事侵权精神损害赔偿责任若干问题的解释》等相关规定，判决被告电视台败诉，赔偿原告10366元。[①]

☕ 争议焦点

强奸案受害者的个人信息能否随意传播？被告电视台重新剪辑播出央视已

---

① http://case.148365.com/5604p2.html，转引自《人民法院报》。

经播出的节目是否构成侵害原告的隐私等人格权益?

法理分析

一、强奸案受害者个人信息是法定的隐私

　　国际社会公认:性侵犯受害者的身份属于最为典型的个人隐私,大众传媒不得随意披露。美国的福罗里达州、佐治亚州、南卡罗来纳州、威斯康星州等4个州通过的成文法规定,禁止新闻界公开强奸受害者的身份;如果受害者的姓名被公开,那么他们有权以侵犯隐私权提起诉讼。[①] 我国法律中个人隐私的概念是从个人隐私转化而来的,1982年《最高人民法院最高人民检察院关于审理强奸案件应慎重处理被害人出庭问题的通知》规定:"强奸妇女和奸淫幼女,属于个人隐私的案件。依照刑事诉讼法第一百一十一条的规定,人民法院对这类案件实行不公开审理。开庭时,除本案的审判人员、书记员、公诉人、律师、值庭人员、司法警察和其他诉讼参与人在场外,不允许其他任何人进入法庭。"也就是说对个人隐私案件的审理要采取不公开原则,既不能对外公开,也不能搞成"内部公开审理",要求"参加开庭审理个人隐私案件的有关人员也不应对外传播审理的情况"。可见,强奸案受害者的个人信息在我国也是法定隐私。

　　我国最高人民法院1993年《关于审理名誉权案件若干问题的解答》还规定:"对未经他人同意,擅自公布他人的隐私材料或者以书面、口头形式宣扬他人隐私,致使他人名誉受到损害的,按照侵害他人名誉权处理。"这里的"他人的隐私材料"显然比"个人隐私"范围更广。但即使在"隐私"概念在我国出现之前,强奸案件受害人个人信息也已经因属于"隐私"而受到法律保护。

　　本案两名受害者一位是已婚妇女,一位是未成年少女。《中华人民共和国妇女权益保障法》第四十二条规定:"妇女的名誉权、荣誉权、隐私权、肖像权

---

　　①　[美]唐·R·彭伯著,张金玺、赵刚译,展江校:《大众传媒法》第十三版,中国人民大学出版社2005年版,275页。

等人格权受法律保护。禁止用侮辱、诽谤等方式损害妇女的人格尊严。""妇女不幸成为性犯罪、性侵扰的受害者,其身体和人格尊严本已遭受摧残,再向社会公开无异于再一次予以摧残。"① 所以,为了保障受害者的名誉和其他人身权利免遭继续侵害,法律要求社会各界对性犯罪、性侵扰的受害者的信息给予严密保护。尤其受害者是未成年人,披露其隐私的问题更应被媒体单独考虑。根据《未成年人保护法》第三十九条规定:"任何组织或者个人不得披露未成年人的个人隐私。"可见在保护未成年人的个人隐私方面没有任何例外,即使征得当事人或者其监护人同意也属无效。

二、因剪辑播出节目惹上官司,责任在谁

电视台在转播其他电视台节目时,如果对原节目重新剪辑播出,应当依照《广播电视管理条例》规定进行播前审查,重播重审。可见,节目播出前应由播出机构按照法律、法规规定认真审核,这既是法定义务,也是每一个广播电视播出机构对播出内容自负其责的依据。笔者认为,播出其他电视台节目构成侵权的一般有以下两种情况:

1. 原节目制作方涉嫌侵权,节目使用方二次或多次传播,致使侵害后果扩大,造成侵权后果的,一般应当按照法律规定、双方合同协议以及受害者的诉讼请求,承担相应法律责任;2. 原节目本身没有法律问题,节目使用方在原节目的基础上做了改动(重新剪辑、编排、录音、改变图像效果等),致使节目内容或播出效果发生变化而造成侵权的,节目使用方应当承担侵权责任。

本案中原节目制作方是中央电视台,该电视台在采访了受害者,征得其同意以及承诺为其保护隐私的前提下,将案件发生的真实情况制作成电视节目,在《道德观察》栏目播出,并在节目中将被报道人物的有关画面做了技术处理。而被告电视台在央视播放不久,就以《姑息的后果》为题,先后四次播放了经过剪辑的央视节目片,虽然基本的故事情节没有变动,但在人物画面上基本没有做任何处理。作为一家当地电视台,根据新闻价值的接近性原则,当地观众对发生在自己身边的事可能更有兴趣,而认识受害者的人群范围更具体化。包

---

① 魏永征著:《新闻传播法教程》,中国人民大学出版社2006年版,第196页。

括受害者的亲属、邻居、朋友以及稍微熟悉她们的人就可能从画面中辨认出二人，并从中获悉发生在她们身上的真实事件，这无疑令她们的隐私遭到了绝对的宣扬。

被告电视台在答辩中声称："被告在报道中对原告用了化名，播放的内容也没有超出中央电视台的新闻内容、传播范围，全部为中央电视台所播放的原来影像。"而法院判决认为："被告的举证不能证明其播放的内容与中央电视台播放的相关内容在有关人物画面的技术处理上一致。"这一说法无疑是法院判决的点睛之笔。通过剪辑播出的节目，由于画面组合次序或技术处理的改变，可能产生不同的播出效果，引起不同的受众反应。不能简单地以为播出内容、传播范围没有改变，就不会产生侵权后果。报纸、报刊等纸质媒介使用化名，在没有具体的形象特征描述和家庭背景介绍的前提下，或许可以使受害者不能被辨认，无法产生对特定人的指认后果。但在电视媒体上，如果没有对受害者画面做技术处理的话，就很容易使观众得以辨认出人物的真实身份，包括其熟悉的人以及虽然不认识但可能会在某个时刻相识的人。比起声音和文字，图像更能直接而迅速地被人接受和理解，"如果我们看到某种东西时引发我们将其与现实事物相联系，那么这个东西的影像就会替代这一现实事物本身，保留我们对它的印象，以便据此恢复对现实事物的认识和辨别"①。

综上所述，当地电视台使用央视节目并重新剪辑播出虽带有社会教化色彩，但明知节目内容涉及个人隐私而没有事前征得当事人同意，也没有与央视保护受害者隐私的画面效果相一致，致使受害者的隐私遭到披露，名誉遭到贬损，应当认定其构成侵权。

三、隐私公开后，能否二次或多次传播

本案法院判决认为："被告的播放行为是否合法并不完全取决于其他媒体已经播放，公民的隐私不因曾被公开过而当然认定他人可不受限制地再向社会传播。"该说法如果仅仅针对本案分析，从对未成年人隐私加以绝对保护的角

---

① 王长潇主编：《电视影像传播概论》，中山大学出版社2006年版，第43页，转引自[美]罗伯特·考克尔著：《电影的形式与文化》，北京大学出版社2004年版，第10页。

度来看是毫无疑义的,但如果以具有完全民事行为能力的成年人为主体来探讨,还值得商榷。除了未成年人,其他人的隐私保护都具有相对性,比如涉及到公众人物、公共利益、本人同意等因素时,隐私的保护范围就会适当缩小,所以不能一概而论。本案被告电视台认为:"报道的内容都是已公开的,并且是原告自己陈述的内容,镜头也是其自曝的。"但被告忽视了一个问题,即原告既不是公众人物,也没有同意该节目在地方电视台播出;再者,隐私一旦遭到宣扬,虽然失去了隐私的属性,但经过大众媒体的再次传播显然会继续扩大侵权范围,对当事人造成持续的、更大范围的影响和伤害。

个人私生活也属于人类生活的一部分,虽然比较私密,但有些与公共利益关系紧密,比如,"私生活中某些应当批评的现象、某些有教育意义或公众感兴趣的事情及其他涉及隐私而又需要报道的事情",[①] 这些都符合公共利益或公众合理兴趣的范围,媒体应当给予报道和关注。本案中未成年人小凤遭到姐夫强奸,不仅违背家庭伦理和社会公序良俗,而且是严重的违法犯罪行为,严重妨碍未成年人的成长,所以该事件确有新闻价值,也符合公众的合理兴趣,新闻媒体应该给予报道和关注。央视采访受害者,征得其同意后在节目播出,用技术处理使画面上受害者的身份无法被识别,虽然事件本身得到公布,但当事人是谁仍无法辨认,根据隐私的依附属性,大众看到的隐私无法直接与现实人物相对应,无法产生对特定人的主观评价,当事人也因为不能被识别真实身份而感觉安全。而当地电视台重新剪辑播出的节目使得受害者的图像和身份遭到曝光,节目播出效果发生改变(如第一部分所述),隐私的再次传播已经"绑架"了当事人,受害者的隐私遭到了高度侵犯。

妹妹遭到强奸、丈夫因强奸入狱以及复杂的家庭伦理关系等都明显属于受害者"姐姐"的隐私;遭到强奸、被姐夫施暴等明显属于"妹妹"小凤的隐私。姐姐作为成年人,对自己的隐私有自行处理的权利,可以选择公开,决定以何种方式公开;也可以选择不公开,并要求他人不得非法公开。而妹妹作为未成年人,对个人隐私的自行处理并不具有法律效力。"《未成年人保护法》、《预防未成年人犯罪法》在禁止披露未成年人的个人隐私、禁止披露未成年人

---

① 魏永征著:《新闻传播法教程》,中国人民大学出版社2006年版,第207页。

犯罪的个人资料方面没有任何例外规定。"① 这是因为，个人隐私一旦遭到宣扬，即使赢得官司得到法律救济，当事人的隐私也不可能恢复原状。未成年人身心、智力尚不成熟，成长还有很大的可塑性，隐私遭到侵犯容易使他们遭到他人歧视，活在过去的阴影里，不利于他们丢开过去重新融入社会。地方电视台以《姑息的后果》为标题重新剪辑播出，选择的角度确实具有社会批判和教化意义，如果能在播出之前征得当事人同意，并做一些技术措施保护当事人隐私，传播效果应该是不错的。征求当事人同意不仅是对当事人意愿和人格的尊重，而且事先使当事人了解节目的内容和形式并给予认可，也有助于保障节目的真实性，是规避侵权风险的必要措施。

启示与建议

影像天然地能够跨越语言、文字和声音的障碍，直接而快速地俘获观众的心，观众也往往相信"眼见为实"，来不及经过大脑思考就形成"刻板成见"。而实际上，这种"成见"背后或隐藏着编辑者的思想。视频节目的主题设置通常要服从编辑者或播出方的指导思想，采取不同的剪辑方法和配音等其他手段会产生不同的播出效果。电视镜头会根据编辑者的构想来讲述故事，"它一方面遮蔽和省略掉某些东西，另一方面又突出和放大某些东西"② 。镜头语言是无声的，它巧妙地把预先设置的画面传递给观众，同时也渗透给观众画面背后指涉的编辑思想。

观众喜欢通过影像镜头获得一种亲临现场体验的满足，而不会考虑这些镜头组合起来的故事是否经过删节或重组。所以，观众收看节目获得的思考很可能与被采访对象表达的意思不一致。美国传播学者格勃纳认为："电视娱乐有助于将涉及暴力的社会问题置于另一个时间、地点，让我们在一个安然远离我们的环境中观看那些角色，寻找解决我们自身问题的办法。"③ 本案中电视节目的策划、采访以及播出无论从什么角度报道都避不开事件的核心"暴力强

---

① 魏永征著：《新闻传播法教程》，中国人民大学出版社2006年版，第207页。
② 赵维著：《隐私，这道甜点——媒介形象与媒介策略札记》，湖南教育出版社2006年版，第226页。
③ 同上，第82页。转引自《国际新闻界》1991年第1期。

奸",所以观众的注意力还是会集中在这个关键词上,如果强奸案受害者的真实身份被指认,那么节目播放产生的媒介效果就背离了启迪大众思考的社会教化意义,而是披上了"揭人伤疤,供人娱乐"的诡异色彩。这才是新闻媒体容易一味迎合大众而背离报道原则以至于造成侵权的内在动机。

由上,笔者拟对电视媒体就报道类似案例提几条具体建议:

1. 对涉及强奸案受害者(尤其是未成年人受害者)的新闻报道要谨慎处理,坚持"不报道、少报道、慎报道"的原则;强奸受害人如果是成年人,其本人可决定隐私信息公开与否,但公开的条件相当严格——须由本人决定公开的方式与范围等(他人无权决定),且必须是明示(默示无效);但如果受害人是未成年人,属于无民事行为能力或限制民事行为能力人,根据法律规定其隐私信息任何人无权决定公开,即使本人同意公开也无效。

2. 事件关乎公共利益、确实需要报道的,一律要采取技术手段使受害者形象不可辨认,不能使之产生与现实人物相对应的后果;要对受害者的真实身份予以严格保密,不要对内或对外肆意传播,更不要详细披露无关紧要的背景资料。

3. 报道立场要积极向上,不违背社会善良风俗;报道策略要灵活有度,对信息是否披露,必须尊重权利人的个人决定;做一个负责任的新闻媒体首先从尊重被采访(报道)对象开始,对未成年人尤其应当如此。

5. 巨额精神抚慰金引发的若干思考

——张某某诉湖南电视台侵害名誉权、隐私权案

◇　徐　迅

案例要义

这是一起判决巨额精神抚慰金赔偿的侵权案件。两审判决涉及了当今中国新闻界所关心的一系列重要问题,包括:性侵犯事件中的受害人的个人身份信息披露问题;以暗访和偷拍方式采访并公开当事人隐私问题;以化名方式隐去当事人姓名的有效性问题;精神抚慰金的惩罚功能问题,等等。两审法院的判决虽然侧重不同,但均以鲜明的立场保护公民的人格尊严。

关键词

名誉与隐私　个人信息　隐性采访　侵权后果

主要事实

2004年10月13日,第1338期广播电视报刊载了一篇标题为《妈,33年了,能见见女儿吗?》的节目预告文章,文章写道:"毛妹来自贵州某市,23岁时被养母告知自己的亲生母亲叫张黎(化名),是上海插队知青,毛妹发誓要找到亲生母亲。2004年5月,毛妹的生父杨书(化名)找到毛妹,但给她带来了一个与生母有关的含泪带血又让她尴尬万分的爱情故事,即:'毛妹的亲生母亲原是上海人,1968年到贵州某市插队,正好在杨书的村子上,当时杨书身为农民,但生活和政治条件非常好。或许是急切想要找一个依靠,张黎与已婚的杨书走到了一起。后来张未婚先孕被发现,一场政治风波掀起,张无奈生下毛妹三天就被带走,而毛妹也被立即

送人。杨书则被控告强奸罪等被判刑15年,最终忍受了7年牢狱之灾。杨出狱后四处寻找张黎和毛妹。'接到毛妹的求助后,湖南卫视《真情》栏目倾力查询,通过查阅户籍档案等材料,并走访当年与张黎一起下乡的知青,最后在浙江某市找到了张黎。调查结果是张目前拥有上千万元的资产,且在当地影响很大,也已为人母。令人费解的是无论毛妹怎样请求,张始终不愿意和毛妹通话见面。"预告文章的末尾注明"详细故事请关注湖南卫视10月14日、21日22:10播出的《真情》"。该预告文章还登载在湖南卫视的网站上。

2004年10月14日、21日,湖南电视台《真情》栏目两次播出了题为《寻根的渡船》的节目,描述了冉青寻母的过程,大致内容是:冉青的养母告诉冉青,其生母是上海知青,冉青开始寻亲。后来找到了生父杨海洋,父女相认。之后栏目组工作人员和冉青到上海市寻找生母"章某某",但没有找到;通过到当地公安机关查阅户籍档案,先后找到章某某的哥哥、嫂子及其母亲,打听到章的下落。虽然章的女儿与冉青见了面,但章对于是否与冉青见面还未决定,冉青最终决定离开。节目中所拍摄和播出的与"章某某"有关的人员身份及地址,与诉讼中的原告张某某现实生活环境中的实际情况完全一致。诉讼中,湖南电视台认可,在节目整个录制过程中,除冉青外,其他被拍摄和通话的相关人员均不知湖南电视台所制作节目的内容及即将播出的情况。

原告张某某于2005年7月向北京市第一中级人民法院起诉称:"1969年3月我从上海到贵州插队,1971年被当地村民强奸并怀孕,罪犯被判刑,孩子未足月即被引产,不知死活。2004年9月,湖南电视台《真情》栏目工作人员找到我的居住地,找到我单位人员及我的女儿、母亲、嫂子,偷拍录像并录音,到处讲我33年前生的女儿来认娘,使我'在贵州有个私生女'的消息传遍了我居住和工作的地方,我本人及我的母亲、哥嫂、女儿四个家庭均大为震惊,我丈夫开始与我分居。""我33年前被强奸、怀孕、引产、孩子生死不明,这是我的个人隐私,我不愿为他人知悉或受他人干涉。"原告请求法院判令湖南电视台承担侵犯其名誉权、隐私权的法律责任,赔礼道歉并赔偿经济损失和精神抚慰金共计251.9万元。

北京市第一中级人民法院审理后确认:湖南广播电视报登载的预告文章部分属失实报道;湖南电视台播出的节目《寻根的渡船》和预告文章中"所称'爱情'、'未婚先孕'、'生女'以及对寻亲子女的态度等内容,无论这些内容是否真实,均属于相关人员的隐私，在未经当事人允许的情况下，他人不应在社会上公开"。

"湖南电视台未尽基本审核义务，有重大过失"，故判决构成侵犯名誉权，除公开赔礼道歉外，判决湖南电视台赔偿精神抚慰金10万元，同时驳回了原告的其他诉讼请求。关于原告提出的赔偿经济损失和精神抚慰金共计251.9万元的诉讼请求，一审判决指出："精神抚慰金意在彰显人格尊重，而非简单的对人格所受损害的经济补偿。故原告要求按广告和赞助费20倍计算经济损失和精神抚慰金，不能得到全部支持。"

原告不服一审判决，向北京市高级人民法院提起上诉，请求二审法院依法改判，支持其全部诉讼请求。

北京市高级人民法院的判决确认：湖南电视台播出的节目《寻根的渡船》造成了有关原告及其家人的种种传言在一定范围传播，使原告及其家人的正常生活均受到严重影响。判决同时确认，湖南广播电视报上有关该期节目的预告文章中所载的一些内容"均没有事实依据"。这些内容包括："或许是急切想找一个依靠，张某与已婚的杨书渐渐走到了一起"、"一场政治风波掀起，张某无奈生下毛妹三天就被带走"、"张某目前拥有上千万资产，且在当地影响很大"、"生母拥有千万资产，近在咫尺却不愿相认，面子与亲情孰轻孰重"、"杨书被控告强奸罪等，被判刑15年，最终忍受了7年牢狱之灾"等。湖南电视台将这些未经核实、没有事实依据的情节串连成故事，在未告知原告及相关人员实情的情况下进行电视节目录制，没有告知原告并征得其同意，即擅自将《寻根的渡船》在全国均可收视的卫星电视台两次播出，直接导致原告的正常社会评价降低，名誉受到极大损害，造成原告夫妇之间出现嫌隙并分居至今，原告家人和亲友不理解以至怀疑猜测。

二审法院在判决中指出："作为大众媒体，所做的相关报道应该对事实、社会承担一份责任，特别是涉及家庭伦理道德及公民的社会道德评价时，更应慎重对待。湖南电视台理应能够预知预告文章和电视节目播出后，会给张某某及其家人造成负面影响，特别是寻找亲生母过程本身可能会披露相关人员的不愿意被他人知晓的隐私生活，而湖南电视台竟擅自刊载和播出，主观过错明显……应承担较重的侵权责任。""原审判决湖南电视台赔偿10万元精神抚慰金，其数额过低"，决定予以改判；同时考虑到侵权和诉讼确实给原告造成了一定的财产损失，二审法院也决定酌情一并判赔。最终，二审法院维持了原审判决中关于赔礼道歉的内容，同时改判精神抚慰金50万元，并判决赔偿原告经济损失2万元，而湖南电视台也承担了全部诉讼费。

☕ 争议焦点

本案争议焦点较多，主要包括：针对一起诉讼案件的报道，一方当事人所陈述的是否就是案件事实；对当事人采用了化名的方式，法庭是否承认其保护隐私的效力；精神抚慰金的功能等。

📖 法理分析

笔者在多年的科研活动中，从各种渠道收集到近千个新闻侵权案例，本案终审判赔精神抚慰金50万元，其数额之巨大是所有精神损害赔偿中罕有的，[①]仅此可见本案侵权性质之严重。同时，本案两审判决中透射出来的法官的一些主张，也给新闻侵权法的理论研究和避免新闻侵权的实践提供了丰富的营养。

一、失实损害名誉，真实侵犯隐私

由于我国的民事基本法《中华人民共和国民法通则》中并未对隐私权加以规定，而隐私权作为一项独立的民事权利现实存在，因此最高人民法院在1993年发布的《关于审理名誉权若干问题的解答》中规定："对未经他人同意，擅自公布他人的隐私材料或以书面、口头形式宣扬他人隐私，致他人名誉受到损害的，按照侵害他人名誉权处理。"据此规定，大量实为新闻侵害隐私权的案件被以侵犯名誉权的性质定性。虽然侵犯名誉和侵犯隐私同有损害他人人格尊严的性质，但具体而言，二者却有诸多不同。其中最重要的区别是，报道越是虚假，越损害名誉；而报道越是真实，越侵犯隐私。我们常常见到某些

---

① 《南京法院判决夏淑琴诉日作者侵犯名誉权胜诉》，中国法院于2006年8月23日对首起涉及南京大屠杀事件的涉外名誉权案件中，判决胜诉的中国原告获赔精神抚慰金160万元人民币。这是目前可查的名誉权诉讼中法院判赔的精神抚慰金中最高数额。见中国法院网：http://www.chinacourt.org。

新闻侵权纠纷出现时，新闻单位以"真实"的理由来回应权利人关于侵犯隐私的投诉，[①] 实际上却可能令自己处于更为不利的境地。因为只有权利人同意公开隐私才是对侵犯隐私指控的有效抗辩，"报道真实"只能是针对侵害名誉权指控的抗辩，并不能成为针对侵害隐私权指控的抗辩理由。

在本案判决中，法院将"失实损害名誉"与"真实侵犯隐私"二者区别得十分清楚，这在一审判决中显得尤为清晰。一审判决确认，预告文章所描述的"张黎与已经婚姻的杨书渐渐走到了一起"、"张无奈生下毛妹三天就被带走"以及"张目前拥有上千万资产"等内容不足以证实有可靠来源，属失实报道。而节目和预告文章中所称"爱情"、"未婚先孕"、"产女"以及对寻亲子女的态度等内容，无论是否真实，其均属于相关人员的隐私，没有证据显示张某某同意播出该节目，属于"未经他人同意，擅自公布他人隐私"。判决明确指出："预告文章有失实报道，《寻根的渡船》擅自公开张某某的隐私。"因此被告应当承担侵权责任。

二、性侵犯受害者个人信息受隐私法保护

与性相关的信息是不少媒体热衷传播的内容，但把握的能力颇能展现一家媒体的格调品位与专业水准。而性侵犯事件受害者的个人信息披露与否，则不仅涉及传媒的职业伦理，它首先是一个法律问题。即使在有宪法第一修正案保护的美国新闻界，虽然强奸案受害者的姓名是否应当公开曾经是一个有争议的问题，[②] 而美国大部分州的法律在这个问题上更倾向于保护新闻自由，但近年来美国的新闻媒体还是自觉减少了此类公开。总的说来，对性犯罪案件受害者的姓名、地址保密是世界各国新闻界公认的准则，一些国家的法律则直接对报道性犯罪案件受害人做了限制，而大多数国家的新闻职业道德准则或广播

① 比如2006年5月，歌手窦唯因不满《新京报》对自己有关隐私的报道而在报社门前烧汽车，一度形成新闻热点，当事记者对此做出回应："卓记者认为，他遵循了新闻的客观事实，撰写的窦唯稿件没有失实成分。"见《窦唯涉嫌放火被刑拘，当事记者首次做出回应》，2006年5月12日《京华时报》。后新京报社就此事件做出声明称："（报道）在主体事实上是准确的，用词上是严谨的，用意是善良的，不存在对当事人权益的侵害。"见《新京报社关于窦唯事件的声明》，网易www.163.com。
② 有些记者认为，报道强奸案件受害人姓名可以增加新闻的可信度，但是另有记者认为，妇女如果不幸成为性犯罪、性侵扰的受害者，向社会公开其个人信息无异于令其受到第二次伤害。见朱颖著《守望正义：法治视野下的犯罪新闻报道》，人民出版社2008年版，第219页。

电视节目标准对此亦加以规范。①

我国三大诉讼法均规定，涉及个人隐私的案件不公开审理。而强奸案件历来被我国司法机构认为属于涉及个人隐私的案件，不仅实行不公开审理，而且开庭时，除本案的审判人员、书记员、公诉人、律师、值庭人员、司法警察和其他诉讼参与人在场外，不允许其他任何人进入法庭。最高人民法院的司法解释还明确规定"参加开庭审理的有关人员也不应对外传播审理的情况"。② 所以，性侵犯案件受害者的个人信息属于法定的隐私保护范畴应当没有异议。

一般而言，湖南电视台的采编人员应当知道擅自披露强奸案件受害人个人信息是违法行为。而这起案件的特殊在于，本案原告张某某是不是一个"受害人"有不同的说法——被告的预告文章中写道：杨书当年被控强奸罪是"政治风波"所致，暗示其与原告存在感情基础，这显然只是来自男方的说法；而女方即原告张某某在起诉状中却明确指出其是"被当地村民强奸并怀孕"。电视编导们不向司法机关核实情况，就听信男方的一面之词，擅自披露了受害人的个人信息。对此，法院判决明确指出："不论是否真实"，"在未经当事人允许的情况下，他人不应在社会上公开"。除了强奸外，本案中涉及的其他相关隐私还包括：爱情、未婚先孕、产女等。判决提示媒体从业者："强奸"或"性侵犯"如同一条高压线，除了受害者本人，任何人无权决定披露其个人信息。又由于我国《未成年人保护法》规定"任何组织和个人不得披露未成年人隐私"，则如果性侵犯案件的受害人是未成年人，其本人决定的披露亦属无效。也就是说，虽然"本人同意"是披露隐私的法定理由，但仅限于完全民事行为能力人，不应包括未成年人。

---

① （台）尤英夫：我国台湾省定有性侵犯犯罪防治法，规定凡涉及强奸、轮奸、强奸杀人、猥亵、奸淫猥亵幼女等案件的报道，均应隐去被害人之相关资讯。《新闻法论》，世纪法商杂志社2000年版，第126页。菲律宾针对妇女儿童暴力案件新闻报道准则规定：要尊重被害人的匿名权；要为受害人和嫌疑犯的身份保密；受害人同意公开身份必须是在知情的情况下自觉自愿。引自《中国妇女报》2001年5月8日。《韩国广播电视播出的审议规则》第二十二条规定：在涉及性暴力犯罪案件时，受害者的姓名、地址面容和其他可以确认的相关信息禁止披露。

② 最高人民法院、最高人民检察院1982年《关于审理强奸案件应慎重处理被害人出庭问题的通知》，见中国法院网：http://www.chinacourt.org。

三、当事人"不可识别"是隐私保护的目标，"化名"不是法定保护方式

一审中，被告电视台自我辩护称："在报纸和节目中我们都进行了技术处理，没有使用原告的真实姓名。"但这一抗辩理由并未获得法院的支持。两审法院均认为：节目内容"足以使认识原告的人确信冉青所寻找的就是原告本人"。

这是因为，"使用化名"并非法定的保护方式，自然不能构成法定的抗辩理由，只有使权利人的身份"不可识别"才是法律追求的结果。类似的表述在我国《未成年人保护法》（1992年）、《预防未成年人犯罪法》（1999年）以及《艾滋病防治条例》（2006年）中先后出现，表达为"未经本人同意，任何组织和个人不得披露权利人的姓名、住址、照片以及可能推断出权利人的资料"。

不少媒体从业者以为，只要报道中不使用权利人的真实姓名即实现了对权利人隐私的保护，这其实是对法律精神的误读。现实中大众传播内容违反"不可识别"原则的情形经常出现，比如，虽然对权利人使用了化名，或模糊其面容，但却披露其亲属信息或生活环境、家庭住址，使周围人足以锁定权利人的身份。一旦形成诉讼，被告同样会因为违反"不可识别"原则而败诉。

四、涉及隐私的报道须经当事人许可，偷拍偷录风险巨大

本案中，被告媒体使用暗访方式获得素材，播出前又未获得权利人的同意，它涉及了近年来新闻界一个争议巨大的话题——暗访与偷拍偷录。虽然新闻媒体因隐性采访产生的异议很多，但真正导致诉讼的案例却并不多见，因此法院判决对这一问题的评说理由成为特别值得关注的问题。

本案原告在起诉状中称：电视台工作人员找到原告亲属，"偷拍录像并录音"；而两审判决中，法院均未使用"暗访"、"偷拍"、"偷录"等概念。一审判决中指出：被告电视台"没有提供证据告知原告将要播出该节目，更没有证据证明原告同意播出该节目"。二审判决中指出："被告认可，在节目整个录制过程中，除冉青外，其他被拍摄和通话的相关人员均不知被告电视台所制作节目的内容及即将播出的情况"。对这些判决理由加以归纳，法院主张：涉及传播被采访人的隐私，媒体应当做到的是：第一，应当明确告知节目内容及播出信息；第二，这种告知应当以证据证明。这实际上否定了以暗访或偷拍方式报道隐私

的可能性。

隐性采访是新闻采访学中的概念，是指新闻记者不暴露记者身份，不透露采访意图，或以被采访人不易察觉的手段如偷拍偷录等方式获取新闻素材的采访方式。自上个世纪90年代中期以来，隐性采访的法律及伦理问题即在中国新闻界争论不休。在2006年出版的一本著作中，两位著名的传播学学者表达的态度是："我们虽然有条件地支持舆论监督中采用隐性采访包括秘拍手法，但也主张对采用隐性采访的过分冲动加以抑制。"因为"隐性采访过多采用，会助长记者偷懒和追求轰动效应的心理"。①

本案所涉内容并不属于舆论监督的范畴，它无关公共利益，而涉及普通公民的私人生活及其秘密，是隐性采访最危险的法律陷阱，本案判决表明：这种隐性采访是应当被抑制的"过分冲动"的典型代表。

五、侵权后果"严重"须承担"较重的侵权责任"

本案二审的改判也是一个值得高度关注的问题。

原告张某某在起诉状中提出四项诉讼请求，包括请求法庭判决赔偿经济损失和精神抚慰金251.9万元，这一数额是按第1338期湖南广播电视报和电视《真情》栏目所收取的所有广告费和赞助费的20倍计算出来的。一审判决被告承担10万元的精神抚慰金。张某某不服，认为其中10万元精神抚慰金"不足以抚慰其身心所受伤害和弥补经济损失"。这一上诉理由得到了二审法院的支持，除判决电视台一次性赔偿张某某经济损失2万元外，精神抚慰金的赔偿数额由10万元改判为50万元。这一改判，使本案成为迄今为止除南京夏淑琴一案之外精神抚慰金赔偿数额最高的新闻侵害名誉权案件。

关于精神抚慰金的判赔数额，我国法学界的主流观点是主张给予一定限制，② 最高人民法院于2001年2月发布《关于确定民事侵权精神损害赔偿责任若干问题的解释》并未明确规定具体数额。对此，作为本案一审的北京市第一中级人民法院曾在2007年2月提出建议："过错较重，并有其他加重情节的，最

---

① 郭镇之、展江著：《守望社会——电视暗访的边界》，中国广播电视出版社2006年版，第68、80页。
② 王利明著：《人格权法研究》，中国人民大学出版社2005年版，第775~756页。

高可定为10万元。"① 本案一审判决显然是依据了这个精神,判决指出:"精神损害抚慰金意在彰显人格尊重,而非简单的对人格所受损害的经济补偿。因此原告要求按照广告费和赞助费的20倍计算经济损失和精神损害抚慰金,不能得到全部支持。"在陈述改判理由时,二审法官在判决中连续运用两个"严重"评价这一侵权事件的后果:"湖南电视台的行为不仅严重损害了张某某的精神和身心健康,给其造成了极大的精神压力,对其家人的精神和身心健康同样造成了严重的不良后果。"二审法院运用自由裁量权做出改判,使这一案件的终审判决趋于合理。

事实上,隐私作为个人秘密,对它最好的保护就是让其永远的成为秘密,不被任何人所知。虽然10万元精神抚慰金确实不足以抚慰精神,难道50万元或500万元就足以抚慰精神吗?在多种权利中,隐私权如同一个"易碎品",破镜不能圆——秘密一旦被公开,没有什么方式可以使已经公开的秘密再重新成为秘密。因此,法律只能在事后惩治不法,法律却难以保护隐私这样的秘密。那么,本文为什么又认为二审法院改判50万元使判决"趋于合理"呢?

从我国最高法院《精神损害赔偿司法解释》第十条的规定来看,确定精神损害赔偿额的因素包括侵权行为人的过错程度,以及侵害的手段、场合、行为方式等具体情节。可见精神损害赔偿的数额不仅与被害人的受害程度有关,也与加害人的主观过错联系密切,具有对加害人主观恶性的惩戒作用。

依笔者看来,10万元赔偿确实数额偏低,除与原告索赔额差距巨大外,还远不足以扼制被告揭人隐私的不良动机——不择手段地追求收视率。由于收视率与广播电视播出机构的广告源及节目制作人员的经济利益密切相关,因此它成为不少从业者的"生命线",被某些业内人士批评为"万恶之源"。② 为了追求收视率,部分从业者不惜撞击底线,侵犯公民的人格尊严。《寻根的渡船》节目内容明显涉及多项当事人隐私,训练有素的广播电视从业者均不难做出正确的判断,仅从法律风险角度考虑,这一节目选题也不应入选。但它不仅入选,而且用最易侵犯隐私的偷拍方式采访,又在覆盖全国的上星台播出,表明本案被告主观过错程度较深,其承担法律责任之重在近年发生的新闻侵权案

---

① 《精神抚慰金 法院认为最高10万》,见北京法院网: http://bjgy.chinacourt.org。
② 《名嘴倡议抵制低俗化 崔永元称收视率是万恶之源》,载《京华时报》2005年7月20日。

件中也十分罕见。二审法院对赔偿额的改判体现了司法重视精神抚慰金制度的惩戒功能，不仅有利于保护公民的人格尊严，对规范媒体的传播行为也具有积极的价值。

启示与建议

作为我国媒体承担精神抚慰金赔偿额最高的一起案件，本案所能提供的启示是多方面的。

首先，作为媒体报道的选题，应当严格把控。这一选题在法律上存在若干难点，除了明显涉及多项个人隐私，还涉及司法裁判的有效性，是否应当入选，应当经过认真论证。如果存在疑问，应当及时咨询专业人士。

其次，涉及一个司法判决公正与否，一个受到司法制裁的人是否属于"政治风波"的牺牲品，并不属于媒体可以决定的事项。尤其是当诉讼双方说法不一时，媒体首先应当查明司法机关的正式结论，切不可听信一面之词，对过往纠纷充当一方的传声筒与代言人，进而丧失媒体客观公正的立场。

再次，隐私并非不可公开，但有权决定其是否公开的只有隐私当事人。未经本人同意，任何其他人决定公开均存在法律风险。由于媒体的巨大影响力，掘人隐私的后果将更为严重。对于那些当事人确实同意公开的隐私事项，应当请其签署书面的同意公开的确认书。

6. 未成年犯罪嫌疑人人格权应保护

——未成年犯罪嫌疑人白某个人信息被公开报道

◇ 吉　倩

案例要义

17岁少年涉嫌参与抢劫、杀人团伙，成为近年公安部A级通缉犯中最年轻的一个。新华社首发该新闻，少年的姓名、年龄、身份证号、照片等一系列详细个人信息被披露。与此同时，各大媒体纷纷互相转载，并做进一步报道。本案涉及未成年犯罪嫌疑人人格权的保护问题，对于媒体如何在进行报道和保护未成年人权益之间进行平衡这一问题有启示意义。

关键词

未成年犯罪嫌疑人　隐私权　知情权　个人信息

主要事实

2010年8月2日，公安部发布A级通缉令，悬赏5万元缉拿在逃犯罪嫌疑人白某①。白某，是贵州的一个17岁少年，涉嫌参与一个抢劫、杀人团伙。该团伙在贵州省内贵阳、安顺、毕节等地连续实施抢劫、杀人作案6起，杀死9人。

白某成为自2006年1月26日以来公安部网上公布的25个A级通缉令通缉的犯罪嫌疑人中年龄最小的，也是唯一的"90后"。媒体将焦点聚焦在这个17岁少年的身上。

---

① 为依法传播，所有被媒体公布的未成年犯罪人白某某的姓名在本文中均称为"白某"。

最先发布消息的是新华社。8月4日，也就是白某被通缉后的第二天，新华社发布了一条通讯[①]："新华法治北京8月4日电 公安部日前发布A级通缉令，悬赏5万元缉拿在逃犯罪嫌疑人白某。通缉令说，近日，贵州公安机关正在侦办何俊、曾祥友、游祥炎、邹泽（均已被抓获）、白某抢劫、杀人团伙犯罪案件。该团伙自今年7月12日以来在贵阳、安顺、毕节等地连续实施抢劫、杀人作案6起，杀死9人。现白某在逃。对发现线索的举报人、缉捕有功的单位或个人，将给予人民币5万元奖励。"

该通讯的配图是公安部网站通缉令的截图，包含白某的姓名、照片、年龄、身份证号、户籍地、被通缉日期等详细个人信息。

此后的媒体报道，主要是采访白某的家人，记录事发后白某家人的反应、追寻白某成长的轨迹，后续报道基本都引用了新华社8月4日的配图。

该案是在当年11月15日判决的，白某被判无期。根据无罪推定原则，在判决之前，白某都还是犯罪嫌疑人，但判决前的新闻报道已然将其视为杀人犯。

至今，百度百科里仍然有以他名字命名的词条，姓名、肖像、籍贯等详细信息能够查询。而媒体的报道，以白某的姓名为关键词，仍然可以搜索到。

争议焦点

通缉令中披露未成年犯罪嫌疑人的详细个人信息是否得当？媒体是否可以发布犯罪嫌疑人照片和姓名？对于公安部通缉令中未成年人的真实姓名、肖像能否直接引用？

法理分析

新闻报道是一种表达行为，记者和媒体的表达是为了满足人们"知"的需求。而隐私权是人们隐瞒某些信息，不为人"知"的权利。在"知"和"不为人知"这对矛盾面前，究竟是偏向于维护受众"知"的权利，还是偏向于维护被

---

① 《公安部发布A级通缉令缉拿贵州9人被杀案在逃嫌犯》，http://news.xinhuanet.com/legal/2010-08/04/c_12408327.htm。

报道者"不被知"的权利,向来是新闻报道的两难选择。

一、隐私权和知情权表达权的平衡

隐私权,"是指公民所享有的个人信息不被非法获悉和公开、个人生活不受外界非法侵扰、个人私事的决定不受非法干涉的一种独立的人格权"[①]。根据该定义,隐私的内容主要包括"个人信息的保密"、"个人生活的不受干扰"、"个人私事不受非法干涉"三部分。

与隐私权的"隐"相冲突的,是公民的知情权和表达权。

知情权包含的范围比较广,公民对于"有关的个人信息、对政府官员的道德品质、财产状况,对社会上出现的新鲜事物,对国家的政治、经济发展状况等等,都有了解的权利"。

表达权包括言论、出版、集会、结社、游行示威的权利,其中言论自由是"最基本的表达权,指公民通过口头或书面以及著作法依法表达自己思想和见解的自由"[②]。

由此可以看出,知情权和表达权是难以割裂的,知情权是表达权行使的前提条件。就我国目前的媒体环境而言,虽然网络媒体的兴盛改变了过去传统媒体统治新闻信息发布渠道的局面,信息的传播过程一改过去的单向性,媒体社会化发展趋势明显。但是网络上充斥着大量虚假信息,容易误导公众。因此,专业新闻媒体在信息传播过程中的地位不是削弱了,而是增强了。作为职业化的信息发布者,传统媒体在信息的质量上仍然更有保证,因此传统媒体仍然是满足公众知情权的主力军。不过,媒体没有超越公民权利的特权,媒体践行新闻自由,实质上是公民知情权和表达权在媒体上的体现。

根据法律规定,公民的隐私受到法律保护。那么,犯罪嫌疑人是否享有隐私权?若有,其隐私权的保护与公众知情权的满足如何排序?

处理这个问题,首先要区分隐私权的主体。通常认为,隐私权的权利主体不包括法人,只包括自然人。那么自然人根据社会关系的不同,可以简单分为"普通人"和"公众人物"。"公众人物"(public figure)是一个美国舶来的词

① 王利明著:《人格权与新闻侵权》,中国方正出版社2010年版,第406页。
② 杨三省著:《科学发展观学习全书》,陕西人民出版社2009年版,第168页。

语,指"在一定范围内为人们所广为知晓和关注,并为社会公共利益密切相关的人物"①。

"公众人物"作为新闻侵犯隐私权的一个抗辩理由,是由美国人创造的,指的是公众人物的隐私应该有相应的克减,对于来自媒体和公众的适当的"侵犯",公众人物应该予以容忍。但是,"公众人物"也包括自愿型和非自愿型两类,要区别对待。对于自愿型的公众人物(如官员、社会知名人士等)而言,对其隐私的保护力度是小于对非自愿型(如被迫卷入公共事件的人)公众人物的保护力度的。不过,作为新闻侵权的抗辩理由,我国部分学者对"公众人物"有不同的理解,认为这个概念并不十分适合我国国情。②

与美国"公众人物"理论不同的是,英国采用"公共利益"理论。功利主义者边沁将公共利益理解为某种"共同体利益",认为共同体是由很多个体虚构而成的,共同体的利益"是组成共同体的若干成员的利益的总和,因此不理解什么是个人利益,谈共同体利益便毫无意义"③。张千帆教授则认为,公共利益"是组成社会后整体突变而形成的利益,具有整体性和普遍性的特点"④。

社会是由无数个体组成的,公共利益作为共同体的利益,也离不开每个个体的需求。根据马斯洛需求层次理论,人类的需要是分层次的,由低到高分别是"生理需求"、"安全需求"、"社交需求"、"尊重需求"、"自我实现"。由此可见,越是基础的需求,就越是社会共同的需求,符合公共利益的要求。人们之所以会恐惧、不安,是由于世界存在"不确定性"。而根据传播学中的"信息论",信息的传播可以消除不确定性。因此,人们会有获取身边信息的需求。

具体到本案例中,对于犯罪嫌疑人的信息公开问题,无论是从公众人物理论,还是公共利益理论考虑,似乎都是无可厚非的。但是作为未判决案件的犯

---

① 郭赫南著:《双重视域隐性采访的法律考察与伦理评价》,四川大学出版社2008年版,第114页。

② 台湾学者李瞻在其《传播法——判例与说明》一书中,将采用了两分法,将公众人物分为"公共官员"和"各类公众人物",据此将官员单列为公众人物的一类。魏永征教授认为,根据我国司法实践,"公众人物"概念并不十分适合我国国情,"公众人物"在我国外延缩小为"官员"。由此可见,李瞻教授和魏永征教授在此观点较为一致。

③④ 余少祥:《什么是公共利益——西方法哲学中公共利益概念解析》,http://www.cssn.cn/news/161342.htm。

罪嫌疑人，而且是未成年犯罪嫌疑人。这就在原本的利益冲突之中，增加了一个需要平衡的筹码。

二、未成年犯罪嫌疑人的特殊保护

《中华人民共和国刑事诉讼法》第十二条规定："未经人民法院依法判决，对任何人都不得确定有罪。"[1] 这就是"无罪推定原则"，即一个人在被法院判定有罪之前，任何人都不得视其为有罪，媒体也不能将其当做罪犯来报道。即使犯罪嫌疑人的人身自由受到限制，但仍然享有包括隐私权在内的公民的基本民事权利。

成年犯罪嫌疑人权利尚且受到保护，未成年犯罪嫌疑人权利更不能忽视。未成年人指的是未满18周岁的人，和成年人相比，未成年人在心理和生理上都还不成熟，对事物的辨别能力较弱，容易受到外界因素的干扰和侵害，因此对未成年人需要特别的保护。

我国《未成年人保护法》第五十八条、《预防未成年人犯罪法》第四十五条均规定："对未成年人犯罪案件，新闻报道、影视节目、公开出版物不得披露该未成年人的姓名、住所、照片及可能推断出该未成年人的资料。"

由上述规定可以了解，第一，在依法被判定有罪之前，应被视为无罪；第二，未成年人犯罪案件，新闻媒体不能披露其姓名、住所、照片等个人信息；第三，对犯罪的未成年人个人信息的保护标准是"不可识别"，任何可"推断出"其身份的信息均不可披露。

实际上，早在上个世纪90年代初，对未成年犯罪嫌疑人的保护就已经在法律中有所体现了。1991年9月颁布，1992年1月1日实施的《未成年人保护法》就已经规定："十四周岁以上不满十六周岁的未成年人犯罪的案件，一律不公开审理。十六周岁以上不满十八周岁的未成年人犯罪的案件，一般也不公开审理。对未成年人犯罪案件，在判决前，新闻报道、影视节目、公开出版物不得披露该未成年人的姓名、住所、照片及可能推断出该未成年人的资料。"[2]

---

[1]　http://www.gov.cn/banshi/2005-05/25/content_887.htm.

[2]　《中华人民共和国未成年人保护法（1991）》，第42条，http://www.anquan.com.cn/law/Class2/200406/6500_2.html。

该法在2006年修订后，在媒体是否能够披露未成年犯罪嫌疑人个人信息的问题的规定上更进一步，取消了"判决前"的字眼，表明不论是判决前，还是判决后，只要是未成年人犯罪，他的个人信息永远不应被公开披露。可以看出，对于未成年犯罪嫌疑人人格权的保护，我国经历了一个从无到有、从宽到严的过程，保护力度只能不断加强，不可能减弱。

此外，对未成年犯罪嫌疑人个人信息的保护不是我国独有的规定，而是世界各国的通识。于1989年联合国大会通过的《儿童权利公约》，是目前世界上参与国家最多、对儿童权利保护最全面的公约。我国作为共同起草国之一，签署并加入了该公约。自此，《儿童权利公约》成为了我国的法律渊源之一。

《儿童权利公约》第四十条规定"1. 缔约国确认被指称、指控或认为触犯刑法的儿童有权得到符合以下情况方式的待遇，促进其尊严和价值感并增强其对他人的人权和基本自由的尊重。这种待遇应考虑到其年龄和促进其重返社会并在社会中发挥积极作用的愿望。2. 为此目的，并鉴于国际文书的有关规定，缔约国尤应确保（B）所有被指称或指控触犯列法的儿童至少应得到下列保证：（一）在依法判定有罪之前，应视为无罪……（七）其隐私在诉讼的所有阶段均得到充分尊重。"

日本《少年法》规定："对于未满20岁的少年犯罪者，禁止报道其姓名、年龄、职业、住所、容貌等可以判别本人的信息。"[1]

除了法律的明文规定，不少新闻行业协会或者新闻媒体内部，对此也有相应的规定。

英国路透社规定："在你拍摄和发表孩子的照片时，应始终保持敏感。在多数司法权中，未成年人属于一种特殊的保护类别，并且他们被裁决为没有能力做出法律上有效的同意。因此，即使你获得孩子的拍摄许可，如果他们的家长或监护人提出异议，这种许可必然不会对侵犯他们隐私权的诉讼有任何保护。"

美国美联社规定："我们一般不指明被控犯罪或是犯罪证人的儿童的身

---

① 张寰著：《当代西方新闻报道规范》，复旦大学出版社2008年版，第181页。

份，不同寻常的情况除外。我们也不播发能识别这些人身份的图片或视频。例外情况必须咨询高级编辑。"

台湾《中华民国报业道德规范》规定："对未成年嫌犯或已定罪之未成年人，不得刊登其姓名、住址或足以辨认其身份之相关资料。"

《台湾公视制作准则》规定："报道从事不法或反社会行为的儿童与少年时，不应将其身份曝光。《根据少年事件处理法》规定，少年事件的审理和调查不公开，以及不得使身份曝光的原则，在报道相关案件应特别注意。"

如果说犯罪嫌疑人，由于其潜在的社会危害性，为了公共利益的安全，其隐私要略作减损的话，未成年犯罪嫌疑人则是一个例外。既然法律明确规定"对未成年人犯罪案件，新闻报道、影视节目、公开出版物不得披露该未成年人的姓名、住所、照片及可能推断出该未成年人的资料。"那么，这就属于媒体报道的禁区，媒体就不应该触碰。但实际上，最先报道的是新华社。新华社的通讯里直接截取了公安部网站公布的通缉令，包括白某的姓名、肖像、身份证号、户籍等所有详细信息。此后，各媒体纷纷报道，文章中少则出现姓名、肖像，多则刊登白某家人悲痛欲绝的照片等。

三、公安机关是否有权公布未成年犯罪嫌疑人的个人信息

本案例中，最早公布白某个人信息的媒体是公安部的网站，其他媒体均引用了该网站发布的信息。来自公安部网站的通缉令里包括了白某的姓名、肖像、身份证号、籍贯等一系列详细信息。那么，公安部是否有权公布未成年犯罪嫌疑人的个人信息？对于未成年犯罪嫌疑人是否有特殊的保护？

笔者认为，法律不但对此有规定，而且非常明确。如前所述，2006年修订的《未成年人保护法》第五十八条规定："对未成年人犯罪案件，新闻报道、影视节目、公开出版物、网络等不得披露该未成年人的姓名、住所、照片、图像以及可能推断出该未成年人的资料。"由此可以看出，法律对于未成年人犯罪嫌疑人个人信息的保护是非常严格的，新闻报道、影视节目、公开出版物、网络等，不论是什么形式地公开未成年犯罪嫌疑人的个人信息均不被允许。修订后的《未成年人保护法》，专门规定了网络不得披露未成年犯罪嫌疑人信息，这与

网络在我国的发展状况相协调① 。

法律面前人人平等, 对上述规定, 公安机关的网站也应当遵守。法律没有给公安机关以特权, 所以亦不应属特许权范畴。公安如有通缉的必要, 亦应将法律保护的未成年人的个人信息披露控制在一定范围内, 如公安机关的内网, 或公安机关内部通报等。

四、对于已经公布过的信息再传播, 还构成侵犯隐私吗

虽然最早发布白某详细个人信息的是公安部网站上的通缉令, 但是通缉令里包含犯罪嫌疑人个人信息, 是不可避免的, 否则通缉令将会失去它应有的作用。但由于《未成年人保护法》第五十八条、《预防未成年人犯罪法》第四十五条都明确指向 "新闻报道" 因此, 一旦成诉, 媒体将没有任何免责的理由。

那么媒体侵犯他人隐私权, 是否因为之前隐私已经被通缉令公开过而免责呢? 江苏教育电视台曾涉及一桩类似案子: 一起涉及未成年人的强奸案被央视报道后, 江苏教育电视台再次报道, 因此被案中受害者以侵犯隐私权为由告上法庭。法院认为 "被告的播放行为是否合法并不取决于其他媒体已经播放, 公民的隐私不因曾被公开过而当然认定他人可再向社会传播。因此, 被告对涉及两原告隐私的内容再次进行编辑后播出的行为侵害了原告的人格权益, 构成侵权, 应承担民事责任"。②

不过, 本案例和上述江苏教育电视台的案子也有不同——本案例中媒体的消息来源是公安部官方网站, 即政府机关等 "权威消息源"; 而江苏教育电视台是对央视已经报道的事件进行二次报道, 其消息源是其他媒体。若涉诉, 两个案子中被告媒体的抗辩理由也不尽相同: 江苏教育电视台选择的抗辩理由是隐私已被公开, "有关内容已在全国范围里被多次播报"③, 法院最终认定被告电视台侵权, 因为被告电视台的消息来源是央视, 原告允许央视制作节目并

---

① 1992年实施的《未成年人保护法》的规定是: "对未成年人犯罪案件, 在判决前, 新闻报道、影视节目、公开出版物不得披露该未成年人的姓名、住所、照片及可能推断出该未成年人的资料。" 1999年实施的《预防未成年人犯罪法》规定: "对未成年人犯罪案件, 新闻报道、影视节目、公开出版物不得披露该未成年人的姓名、住所、照片及可能推断出该未成年人的资料。" 可以看出, 上世纪90年代的法律未对 "网络" 进行单独列举, 相比之下, 2006年修订的《未成年犯罪法》结合时代发展, 对未成年人的保护渠道增多了。

②③ 江苏省南京市鼓楼区人民法院[2005]鼓民三初字第366号。

不代表被告电视台也可以制作播出和原告隐私相关的节目；而本案例中，如果媒体涉诉，则应该用《最高人民法院关于审理名誉权案件若干问题的解释》中第六条，即"特许权"抗辩。该条规定："新闻单位根据国家机关依职权制作的公开的文书和实施的公开的职权行为所做的报道，其报道客观准确的，不应当认定为侵害他人名誉权。"

因为本案例中，所有媒体（尤其是首发媒体新华社）的消息来源都是公安部网站的通缉令，如此看来，非常符合特许权的规定。但上文也提到，对于公安部在发布通缉令时是否对未成年犯罪嫌疑人应该区别对待，即未成年犯罪嫌疑人个人信息是否可以用通缉令的方式公布，这一点在现有法律上有明文规定。

一方面，法律规定要保护未成年犯罪嫌疑人的个人信息；另一方面，对于一些未成年犯罪嫌疑人确实有通缉的必要，而个人信息是通缉令中不可缺少的部分。那么，在保护未成年犯罪嫌疑人和司法办案中就形成了两难局面。

笔者认为，既然法律规定了包括网络在内的任何媒体都不得披露未成年犯罪嫌疑人的姓名、住所、照片、图像以及可能推断出该未成年人的资料，那么公安机关的网站也应当遵守，因为法律并未赋予其特权。如果公安机关确有通缉的必要，亦应将法律保护的未成年人的个人信息披露控制在一定范围内，如公安机关的内网，或公安机关内部通报等。

本案例中，就媒体而言，也有不妥之处：即使消息来源是官方公开的信息，在法律对未成年人有特别保护的前提下，媒体本应该对该未成年犯罪嫌疑人的个人信息加以处理，使之不可识别。

既然我国《刑事诉讼法》、《未成年人保护法》、《预防未成年人犯罪法》对犯罪嫌疑人、未成年犯罪嫌疑人的个人信息有严格的保护要求，那么媒体就应该严格遵守。一旦公安部官方网站成为侵害未成年人隐私权的被告，没有获得免责的法定理由。

正如本案例一样，媒体有时面对法律给予的自由，可以根据国家机关公开的文书进行报道；另一方面又面临披露他人隐私导致的侵权风险。此时，报与不报，如何报道，恰巧是对媒体判断能力与法治水准的一个考验。

启示与建议

弱势群体的保护问题是全社会关注的问题，作为有社会责任感的媒体应该注意：

1. 犯罪新闻报道，在案件未判决之前，媒体也应遵循"无罪推定原则"。不宜对犯罪嫌疑人与该案无关的个人情况做过多报道，也不宜过分侵扰其家人朋友。

2. 对于涉及未成年人的报道，媒体应该谨慎，因为法律对于未成年人的保护严于成年人。不能想当然地用日常经验处理有关未成年人的报道，而应该从法律出发，远离法律雷区。

3. 媒体关注被通缉的犯罪嫌疑人是正确的，这不仅是媒体追逐重要新闻天性的表现，也是媒体承担社会责任的表现。但问题出在如何报道未成年犯罪嫌疑人，需要高超的操作技巧。对于未成年犯罪嫌疑人的保护，抽象说来，应该做到"不可识别"，具体操作中常用的方法有化名、马赛克等。

7. 未经他人允许使用肖像就是侵权
——湖南三外教诉湖南电视台文体频道侵害肖像权案

◇ 吉　倩

案例要义

湖南三外教的肖像被另外一所学校制作招生广告片时使用，三外教认为，发布广告的湖南文体频道和该学校一样应该承担侵犯肖像权和名誉权的责任，因此将其告上法庭。本案例涉及广告发布者的核实责任，以及在播发侵权广告之后如何处理的问题。

关键词

肖像权　损害扩大　媒体审核义务

主要事实

原告彼特等三人是长沙麓山国际实验学校所聘外籍教师，并与长沙麓山国际实验学校签有聘用合同，合同约定："未经聘方同意，不得兼任与聘方无关的其他劳务……双方应信守合同，未经双方一致同意，任何一方不得擅自更改、解除和终止合同。"

2000年6月9日，被告同升湖国际实验学校邀请三原告到该校参观。当时，有人对三原告的参观过程进行了摄影。2000年6月17日、6月18日，被告湖南电视台文体频道在其《新都市》栏目的插播广告中播出了被告同升湖国际实验学校的招生广告片。广告片中有"学校有一流的师资力量"的台词。之后紧接着三原告的肖像。广告播出后，长沙麓山国际实验学校有关工作人员及部分教师、学生知悉了此事，并向三原告提出质疑。

三原告为此向被告同升湖国际实验学校和湖南电视台文体频道进行了交涉，同升湖国际实验学校及时通知文体频道停止了招生广告的播放。

2000年6月21日，三原告致函被告同升湖国际实验学校、湖南电视台文体频道及有关行政部门，要求被告同升湖国际实验学校、文体频道停止播放广告片、书面致歉并赔偿损失。当日，被告同升湖国际实验学校复函三原告，复函称"因为湖南文体频道的意外操作失误，导致你们三位的肖像作为了招生广告的背景。对此，我们表示非遗憾"；"6月17日和18日的两次播出，确实是在我校毫不知情的情况下播出的，6月19日上午知道此事后，我校已立即通知湖南文体频道予以停播了"；"此次采用你们三位的肖像作为我校宣传之用，纯属电视台意外操作失误，与我校无关。如果你们三位还有什么异议的话，请直接与湖南文体频道交涉"。三原告因对被告同升湖国际实验学校的复函有异议，继续与各被告交涉，但未能达成和解，遂以侵害肖像权、名誉权为诉由向法院起诉。

经法院审判，原告胜诉，其肖像权保护请求得到法院支持。

判决书认为，肖像权是自然人对自己肖像依法享有利益并排斥他人侵害的权利，是自然人人格的重要组成部分。《中华人民共和国民法通则》第一百条规定："公民享有肖像权，未经本人同意，不得以营利为目的使用公民的肖像。"三原告作为在我国居住、工作的外国人，其肖像权亦受我国法律保护。

湖南电视台文体频道作为广告发布者，未核实广告内容、也未审查三原告是否书面同意其肖像用于广告片中，而将广告予以发布，构成了对三原告肖像权的共同侵害。事后，被告同升湖国际实验学校、文体频道虽停止了广告片的播放，并向三原告表达了歉意，但其致歉时否认侵害肖像权的基本事实并相互推诿责任，不能消除与减轻三原告所遭受的严重的精神损害。

法院遂判决两被告就肖像的不合理使用向原告公开致歉、赔偿损失。

法院同时认为：本案广告在三原告所在地及其相识的人群中虽然造成了一定影响，即对三原告的名誉产生了一定的损害。但在认定了侵害肖像权的事实及侵权行为性质，判决侵权人承担了相应的民事责任的情况下，三原告关于保护名誉权的请求，不予支持。

☕ **争议焦点**

　　湖南电视台文体频道作为广告发布者,对广告片中存在的侵权行为是否要承担责任?

📖 **法理分析**

一、广告活动中的三种主体

　　《中华人民共和国广告法》第二条规定:"广告主、广告经营者、广告发布者在中华人民共和国境内从事广告活动,应当遵守本法。

　　"本法所称广告,是指商品经营者或者服务提供者承担费用,通过一定媒介和形式直接或者间接地介绍自己所推销的商品或者所提供的服务的商业广告。

　　"本法所称广告主,是指为推销商品或者提供服务,自行或者委托他人设计、制作、发布广告的法人、其他经济组织或者个人。

　　"本法所称广告经营者,是指受委托提供广告设计、制作、代理服务的法人、其他经济组织或者个人。

　　"本法所称广告发布者,是指为广告主或者广告主委托的广告经营者发布广告的法人或者其他经济组织。"

　　通过这条法律规定可以看出,广告活动中有三种主体:

　　第一是广告主,具体到本案中是同升湖国际实验学校,它通过招生广告来扩大学校的影响,增加招生的数量。第二是广告经营者,在本案中是湖南电广传媒股份有限公司。① 第三是广告发布者,在本案中湖南电视台文体频道是侵权广告的发布者。

　　另外,"湖南电视广告制作部和湖南唯楚广告有限公司是广告制作者和代

_____

　　① 文体频道的全部广告由湖南电视广告总公司统一经营管理,后湖南广播电视广告总公司变更为电广传媒广告分公司,为电广传媒公司的分支机构,不具有独立的财产。

理服务者亦构成了对三原告肖像权的共同侵害，但三原告在诉讼中已明确表明不要求二者承担民事责任，也未申请追加二单位为本案的共同被告，故上述二单位可不作为当事人参加本案诉讼"[1]。由此可以得知，该广告活动的广告经营者除了湖南电广传媒，还包括湖南电视广告制作部和湖南唯楚广告有限公司，只是因为原告不要求二者承担民事责任，所以在本案中二者不作为当事人参加诉讼。

在理顺本案中各个被告（同升湖国际实验学校、湖南电广传媒、湖南电视台文体频道）以及涉嫌侵权但没成为被告的（湖南电视广告制作部和湖南唯楚广告有限公司）的关系后，才能进一步做责任分析。

二、作为广告发布者的媒体责任

在我国，广告不允许个人发布，发布广告的必须是依法核准登记，从事广告发布业务的法人或其他经济组织。主要有两类："一类是新闻媒介单位，即利用电视、广播、杂志、报纸等新闻媒介发布广告的电视台、广播电台、杂志社、报社；另一类是具有广告发布媒介的企业、其他法人或经济组织，利用自有或者自制音像制品、图书、橱窗、灯箱、场地（馆）、霓虹灯等发布广告的出版社（杂志、音像）社、商店、宾馆、体育场（馆）、展览馆（中心）、影剧院、机场、车站、码头等。"[2]

在两类发布者中，第一类新闻媒介单位运用本单位的渠道优势，是广告发布的主体。一方面，媒体需要广告来增加运营收入，另一方面，商家需要做广告达到提升销量的目标。因此从我国历史上第一份中文商业报纸《香港船头货价纸》开始，媒体就一直是商业广告发布的重要渠道。但在发展过程中，出现了新闻和广告不分的情况，严重损害了新闻的可信度和媒体的声誉。所以，将新闻与广告分开是必然的选择。目前而言，我国新闻和广告分开的做法有两种，一种是将广告业务完全委托给专门的广告公司，媒体只作为发布平台；另一种是在媒体内部设立广告部，工作和人员均分开。

本案中，文体频道的全部广告由湖南电广传媒公司广告分公司统一经营管

---

[1] 湖南省长沙市雨花区人民法院民事判决书（2001）雨民一初字第1221号。

[2] 吕蓉著：《广告法规管理》，复旦大学出版社2006年版，第43页。

理。也就是说，文体频道只作为广告发布者承担相应责任。

法院认为："被告文体频道作为广告发布者，未核实广告内容、也未审查三原告是否书面同意其肖像用于广告片中，而将广告予以发布，构成了对三原告肖像权的共同侵害。"① 另外，根据我国对媒体广告发布者运营的管理，发布者要执行一定的发布标准。所谓"发布标准"，是指广告活动主体所发布的广告在内容上和形式上应遵守的法律规定的准则和规范，是广告法律法规规定的广告内容和形式上应符合的基本要求，也是判断广告是否合法、能否发布的基本依据。② 具体到实践中，发布者在内容上的核查要求包括"广告不得含有虚假内容，不得欺骗和误导消费者"③ 和要"加强广告审查员的工作规范"④。

对于内容上的核实，媒体作为发布者应当承担怎样的责任？有学者认为："广播电视广告问题既有广告内容问题更有播放问题。"⑤ 也就是说，媒体既然不是广告的设计制作者和经营者，那么作为发布者的媒体承担的更多责任的应该是播放的问题，将内容的问题交给广告经营者更合适。

对于形式上的核实，《意见》⑥ 中指出 ，广告审查程序包括：查验各类广告证明文件的真实性、合法性、有效性，对证明文件不全的，提出补充收取证明文件的意见；检查广告形式是否符合有关规定；审查广告整体效果，确认其不致引起消费者的误解等。

本案中，文体频道被判共同侵权，很重要的一个原因是"未审查三原告是

---

① 湖南省长沙市雨花区人民法院民事判决书（2001）雨民一初字第1221号。

② 郭娅莉、孙江华等：《媒体政策与法规》，中国传媒大学出版社2006年版，第223页。

③ 《中华人民共和国广告法》第一章第四条。

④ 《关于广告审查员管理管理工作若干问题的指导意见（试行）》，2004年10月国家工商总局发布。《意见》中，广告审查员的工作范围包括：一是广告审查范围。广告创意稿、广告设计定稿及制作后的广告品、代理或者待发布的广告样件。二是广告审查程序。1. 查验各类广告证明文件的真实性、合法性、有效性，对证明文件不全的，提出补充收取证明文件的意见；2. 核实广告内容的真实性、合法性；3. 检查广告形式是否符合有关规定；4. 审查广告整体效果，确认其不致引起消费者的误解；5. 检查广告是否符合社会主义精神文明建设的要求；6. 签署对该广告同意、不同意或者要求修改的书面意见。三是审查意见的报告。对于经广告审查机关审查的广告中存在的违反广告管理法规的问题，广告审查员应当签署不同意代理、发布的书面意见，并及时向工商行政机关报告，也可以同时向该审查机关提出意见。四是接受法规培训。

⑤ 鲍金虎、赵媛：《从〈广告法〉看广播电视广告法律问题》，载《中国广播电视学刊》2007年第5期，第25～26页。

⑥ 同④。

否书面同意其肖像用于广告片中, 而将广告予以发布"①。也就是说, 文体频道被判侵权很大程度是因为没有尽到形式上的核实义务——如果文体频道在发布前, 核实一下原告是否书面同意其肖像使用于广告, 就能够发现该广告中存在的问题, 不致因播发该广告导致侵权。

虽然内容的真实性很重要, 但有时媒体很难做到对真实性负绝对的责任, 因此法律要求媒体必须履行形式审查的责任以此确定媒体审查责任的边界, 形式如果有问题 (比如广告公司没有资质、广告宣传的产品未通过法定的质量检验、本案中缺少三原告的书面授权), 内容上就很有可能会出现侵权风险, 所以媒体在广告发布前核实相关证明, 做好形式审查, 是防止侵权纠纷的必要环节。

三、如何认定侵犯肖像权

法院认为, 在本案中广告主、广告经营者和广告发布者共同侵害了三原告的肖像权。针对被告同升湖国际实验学校 (广告主)、湖南电广传媒公司 (广告经营者) 对于该招生广告是否为商业广告的辩解, 法庭指出: 根据《广告法》第二条规定, 商业广告 "是指商品经营者或者服务提供者承担费用, 通过一定媒体和形式直接和间接地介绍自己所推销的商品或者所提供的服务的形式", 认定 "本案所涉广告并非以社会效益为唯一目的, 在于直接推介学校的社会形象, 扩大学校的招生。因此, 不属于公益广告, 而是商业广告, 应受《中华人民共和国广告法》的调整"②。

这里涉及两个问题, 一个是如何认定侵犯肖像权, 另一个是公益广告是否有侵权问题。

(一) 如何认定侵犯肖像权

被告之所以想证明自己的招生广告不是商业广告, 是因为根据《中华人民共和国民法通则》第一百条:"公民享有肖像权, 未经本人同意, 不得以营利为目的使用公民肖像。" 被告想要证明该招生广告不侵犯肖像权, 就要证明它不是商业广告, 不以盈利为目的, 因此以 "公益广告" 做自我辩护, 但并未获

---

①② 湖南省长沙市雨花区人民法院民事判决书 (2001) 雨民一初字第1221号。

法院支持。

法院认为："肖像权所保护的客体是肖像上所体现的人格利益，它直接关系到公民的人格尊严及其形象的社会评价，是一种精神性的人格权。因此，未经本人同意而使用他人的肖像，无论是否以营利为目的，除法律另有规定的以外，均构成对自然人肖像权的侵害。《中华人民共和国民法通则》第一百条为授权性条款，即以营利为目的使用他人肖像，应经本人同意，但不是说'以营利为目的'是构成肖像侵权的必要条件。"[①]

"以营利为目的"是不是构成侵害肖像权的必要条件，是一个有争议的问题。本案法院强调并不以其为必要条件，于是被告关于"公益广告"的自我辩护理由不被支持也就在情理之中了，由此体现了法院最大限度地保护公民肖像权的出发点。

（二）公益广告是否有侵权问题

本案中被告之所以极力想要证明该广告为公益广告，是因为现行《广告法》所称广告，是指商品经营者或者服务提供者承担费用，通过一定媒介和形式直接或者间接地介绍自己所推销的商品或者所提供的服务的商业广告。公益广告不在调整范围内。

那么公益广告中未经允许使用他人肖像，是否侵犯肖像权呢？有学者认为，《广告法》只调整商业广告，没有涉及公益性广告问题。而公益广告是广播电视广告重要组成部分，《广播电视管理条例》第四十二条第二款明确规定："广播电台、电视台应当播放公益性广告。"在《广告法》修订过程中，应该对公益广告侵权问题做出规定。虽然目前广告法未对公益广告做规定，但本着法律面前人人平等的原则，目前制度框架下应当不存在公益广告使用他人肖像不构成侵权的空间。强调公益性，其法定义务人更多的是公权，而非私权。因此，即使是公益广告也要守法。

四、为何法院不支持原告保护名誉权的请求

原告向法院请求肖像权及名誉权的保护。原告诉称："我们任教的单位长

---

① 湖南省长沙市雨花区人民法院民事判决书（2001）雨民一初字第1221号。

沙麓山国际实验学校知悉此事后,向我们提出了质疑,并且我们的同事及学生对我们的信任感因此丧失和下降。"①虽然原告胜诉——法院认为被告确实侵犯了原告的肖像权,但是法院并没有支持原告对于三被告侵害其名誉权的请求。

为何法院不支持原告对于名誉权保护的请求呢?

在民法上,不法行为人实施的某一违法行为符合多种民事责任的构成要件,从而在法律上导致多种民事责任形式,这种现象称为"民事责任竞合"②。本案中,被告用原告肖像制作广告的行为既侵害了原告的肖像权,又侵害了其名誉权,使得其"同事及学生中的信任感下降,进而感到人格尊严及社会形象受到贬损"③。这种情况下,原告可以从中选择一种对自己最为有利的请求权。相比之下,从举证责任上看肖像权的请求权更容易实现,因为名誉涉及无法量化的社会评价。

"名誉"就是社会评价,但这种评价是以他人的心理感受而非自己的感受为标准,而且心理标准无法量化。所以只能推定,假如证明了使你名誉受损的事情是假的,那么名誉也就自行恢复。法院的论断也是依照这个逻辑,即原告名誉之所以受损,是因为他们的肖像被制作成招生广告。一旦证明原告是因为肖像权被侵犯,在不知情的情况下被用做广告,他们的名誉就恢复了。

"责任,不管是民事责任还是刑事责任或行政责任,是行为人在违反法定义务时所承担的法律后果。责任有预防功能、复原功能和惩戒功能。盖责任形式不同,其侧重之功能也有所差别,刑事责任以惩戒为主,而民事责任,以复原之功能最具代表性。"④法院认为:"本案在三原告所在地及相识的人群中虽造成了一定影响,即对三原告的名誉产生了一定的损害。但在本院认定了侵害肖像权的事实及侵权行为性质,判决侵权人承担了相应的民事责任的情况下,三原告的名誉足以得到恢复和维护。"⑤这表明法院认可民事责任以复原功能

---

①③⑤　湖南省长沙市雨花区人民法院民事判决书(2001)雨民一初字第1221号。

②　陆介雄著:《实用民商法学新辞典》,吉林人民出版社2004年版,第259页。

④　王利明著:《合同法要义与案例解析》,中国人民大学出版社2001年版,第494~495页。参见曾世雄:《损害赔偿法原理》第6页。曾先生认为:民事责任,指违反私法之义务,侵害他人之权利或法益,因致必须承担私法关系之不利益之谓。

为主,已经复原的名誉无需另外保护,因为在保护肖像权的同时名誉也得到恢复,因此法院没有支持原告的名誉权请求。

五、侵权媒体的态度与判决结果

如果所发布的广告侵权,媒体理应承担侵权责任。这与媒体是否有主观恶意无关,只要发生了侵权,媒体就应采取积极措施,避免损害范围扩大,这才是一个负责任的媒体应该承担的社会责任和法律责任。但是在本案中,文体频道"虽然停止了广告片的播放,并向三原告表达了歉意,但其致歉时否认侵害肖像权的基本事实并与其他被告相互推诿"[1] 的做法极为不妥。

法院指出:"被告文体频道不能消除与减轻三原告所遭受的严重的精神损害,除依法应停止侵害、消除影响、赔礼道歉和赔偿经济损失的民事责任外,还应当适当赔偿三原告的精神损害抚慰金。"[2]假如在侵权发生之初,文体频道能采取较好的态度,及时采取补救措施,防止扩大损害后果,也不至于如此窘迫。法院的判决,对媒体而言是一个指引:应当承担责任时不要推诿,否则媒体形象被破坏不说,还要承担更严重的法律后果。

新闻媒体是社会公器,是社会的守望者,因此应该树立起负责任的形象。媒体是否负责任不仅表现在能否客观公正地向受众提供资讯,也表现在侵犯他人权利时,不推卸,勇于承担责任。也许侵权的产生是因为疏忽,或客观条件限制,但是这些都不能成为媒体逃避责任的理由。能力越大,责任越大,有着强大能力的媒体理应承担起更大的责任。

启示与建议

广播影视企事业单位在经营中的常会涉及广告侵权问题,在广告侵犯肖像权的问题上,应该注意:

1. 广告发布前,做好审查工作

形式审查必不可少,包括:查验各类广告证明文件的真实性、合法性、有效

---

[1][2]　湖南省长沙市雨花区人民法院民事判决书(2001)雨民一初字第1221号。

性,对证明文件不全的,提出补充收取证明文件的意见;检查广告形式是否符合有关规定;审查广告整体效果,确认其不致引起消费者的误解等。

2. 若发生侵权纠纷,媒体应采取积极措施,避免损害范围扩大

本案中,文体频道"虽然停止了广告片的播放,并向三原告表达了歉意,但其致歉时否认侵害肖像权的基本事实并与其他被告相互推诿"[1] 的做法不妥。一个负责任的媒体应该勇于承担社会责任和法律责任。

---

[1]　湖南省长沙市雨花区人民法院民事判决书(2001)雨民一初字第1221号。

8. 合法使用他人肖像，正确规避法律风险

——韩某某诉中国社会出版社案

◇ 陈　华

案件要义

被告出版社发行的《蓝镜头》一书，刊登了原告为"现行反革命"罪犯的照片。事实上，在出版社出版前，法院就早已撤销了原告反革命罪的认定并宣告无罪。原告认为出版社的行为侵犯其人格权，遂向法院提起诉讼。而法院判决只支持了原告四个诉求中的肖像权侵权。笔者通过对肖像权侵权责任构成问题的理论研究，将肖像权与姓名权、隐私权、名誉权等三项人格权进行比较，指出本案以判决构成侵害名誉权对保护原告人格尊严更为合理与有利，同时给媒体使用他人肖像时应注意的问题给予一些指引与建议。

关键词

肖像权　姓名权　隐私权　名誉权　合理使用

主要事实

中国社会出版社1998年11月第一版，1999年1月第二次印刷的《蓝镜头》一书，第71页处，刊登了版面为"现行反革命韩某某"的照片。

韩某某认为，中国社会出版社未经本人同意和许可，构成对其肖像权、姓名权、隐私权、名誉权的侵害，使其在单位和社会上的形象受到影响，同时也影响其婚姻，对其精神等方面造成了损害。遂向昆明市五华区人民法院提起诉讼，要求判令被告中国社会出版社：立即将已发行销售和未销售的《蓝镜头》一书中，有原

告韩某某照片的一页回收后交由法院统一销毁；被告应在《人民日报》和《光明日报》上刊登致歉声明；由被告赔偿原告精神抚慰金、赔偿金等共计人民币3万元，并承担诉讼费。

昆明市五华区人民法院公开开庭审理查明：1978年3月13日，昆明市中级人民法院以（1978年）昆工判字第7号刑事判决书："判处反革命犯韩某某有期徒刑八年（刑期自1977年11月18日至1985年11月17日止）。"1979年3月21日，昆明市中级人民法院以（1979年）刑申字第50号刑事判决书判决：（1）撤销本院以（1978）昆工判字第7号判决。（2）改判奸污妇女犯罪犯韩某某有期徒刑三年（刑期自1977年11月18日起至1980年11月17日）。1983年7月20日，昆明市中级人民法院以（1983年）刑一监字第12号刑事判决书判决：（1）撤销本院1979年3月21日（1979年）刑申字第50号判决。（2）宣告韩某某无罪。

法院认为，公民享有肖像权，未经本人同意，不得以营利为目的使用公民的肖像，公民的肖像权受到侵害的，有权要求侵权人停止侵害、恢复名誉、消除影响、赔礼道歉，并可以要求赔偿损失。原告韩某某曾经被认定为"现行反革命"而被判刑，在1983年7月20日被依法宣告无罪，但原告韩某某个人的这一历史照片，他人未经韩某某同意不得予以公开和以营利为目的予以使用。被告在其所出版发行的《蓝镜头》一书中，刊登原告韩某某曾经被认定为"现行反革命"的照片，虽然注明是"旧照片"，用于历史再现，但被告的这一行为侵害了原告的肖像权，客观上已给原告韩某某造成伤害，被告应承担对原告肖像权的民事责任。

一审法院判决：（1）由中国社会出版社在本判决生效之日，立即停止《蓝镜头》一书中第71页内容的出版发行，并在五日内销毁未发行和销售的该书第71页的内容。（2）由中国社会出版社在本判决生效之日起五日内，在《人民法院报》上，刊登一篇向韩某某的道歉文章，若逾期不履行，本院将根据判决书的内容自行拟定一份公告，刊登在《人民法院报》上，所产生的费用由被告承担。（3）由中国社会出版社在本判决生效之日起五日内，一次性赔偿韩某某精神抚慰金人民币3万元。

中国社会出版社不服一审判决，向昆明市中级人民法院提出上诉。二审法院对一审期间认定的事实及证据予以确认，于2002年10月17日做出"驳回上诉，维持原判"的终审判决。①

争议焦点

原告向法院提起侵害肖像权、姓名权、隐私权、名誉权四个诉求，法院只满足侵害肖像权一个诉求。

法理分析

笔者从本判决、原告韩某某的诉求及对媒体的建议等三个不同的角度对肖像权问题进行法理分析，分别对肖像权侵权的构成要件、肖像权与名誉权竞合等问题进行的探讨。

一、就本判决而言，侵害肖像权责任构成要件有待探讨

1. 肖像权的定义

肖像在旧版《辞海》的定义为："图像以肖其人者，谓之肖像。即将其人之姿态、容貌、表情等特征，精确表出之也。如绘画、雕刻、塑像、摄影、刺绣等为表出之方法。"法律意义上的肖像，是自然人的一种具体人格利益。肖像权是指未经本人许可，他人擅自将自己的肖像通过绘画、雕塑、相片等形式进行制作和发表时，可以对这种行为加以禁止的权利②。与其他人格权只有精神利益不同，肖像权兼具有精神利益和财产利益为内容的具人格权，自然人对自己的肖像享有再现、使用并排斥他人侵害的权利。

2. 营利为目的并非侵害肖像权的唯一构成要件

在我国侵害肖像权责任构成的要件上，存在不同观点，争议的焦点在于侵害肖像权责任构成是否应以营利为目的为要件。肖像权保护的客体是其所体现出的精神利益和物质利益。一方面，肖像权作为具体的人格权，法律保护肖像权所体现的精神利益。具体表现为：自然人对其形象有权维护其完整的权利，

---

① 案号为：（2002）昆民三终字第535号。

② [日]五十岚清著，[日]铃木贤、葛敏译：《人格权法》，北京大学出版社2009年版，第130页。

有权禁止他人歪曲、毁损、玷污其肖像。另一方面，与其他人格权不同，肖像权所具有的物质利益。这种利益不是肖像权的主要内容，而是由肖像权的精神利益所派生、转化的利益。具体表现为：自然人有权拥有自己的肖像，未经本人许可，不得以营利为目的使用肖像；有权同意他人摄制、写生本人的肖像有权决定是否获得报酬等权利。笔者认为，基于上述肖像权所保护客体的特殊性，法律对于上述两种利益应当全面保护，在侵害肖像权的责任构成要件上适用理论界的主张，即以营利为目的不是侵害肖像权的唯一构成要件，更有利于保护自然人的人格权利。

在我国，侵害肖像权的责任构成的立法、司法中都有其局限性。

首先，从立法上看，我国《民法通则》第一百条规定："公民享有肖像权，未经本人同意，不得以营利为目的使用公民的肖像。"就是说，必须同时具备两个条件：一是未经本人同意，而使用他人的肖像；二是以营利为目的的行为，侵犯了他人的肖像权，即使用者在主观上，希望通过对他人的肖像的使用，获得经济利益。可见，以营利为目的是侵害肖像权责任的构成要件。不当使用分为："以营利为目的"和"非以营利为目的"的使用。我们不能认为只要不以营利为目的，或者虽经肖像权人同意，就可以非营利地任意使用公民的肖像。在非营利为目使用他人肖像的行为中，只有具有阻却违法事由的行为才是合法行为，如为新闻报道，公安机关为缉拿犯罪嫌疑人而发的"通缉令"等。而实践中，其他不具有阻却违法事由的非营利目的使用肖像权的行为却大量存在，如侮辱性使用肖像等。

其次，从司法来看，最高人民法院《关于贯彻执行<中华人民共和国民法通则>若干问题的意见（试行）》第一百三十九条规定："以营利为目的，未经公民同意利用其肖像做广告、商标、装饰橱窗等，应当认定为侵犯公民肖像权的行为。"

综上所述，"以营利为目的"把侵害发生的情形大大缩小了，司法实践中已经有不同的意见。如全国首例病员朱某诉医师陈某某和上海科技报社侵犯病员肖像权纠纷一案中，1990年最高人民法院批复：虽然被告使用肖像不构成侵权，但往后未经被告同意，原告不得再使用其肖像。这个批复具有模棱两可之处。虽然肯定了肖像的使用必须征得肖像权人的同意，但并未判决被告侵权。

这可能也是基于《民法通则》第一百条规定的缘故。

二、从案件诉求而言，判决中只保护肖像权可能有所欠缺

本案中，原告提出四个诉讼请求，即肖像权、姓名权、隐私权、名誉权。法院判决中国社会出版社侵害肖像权，只满足原告一个诉讼请求，可能存在欠缺、不足之处。

1. 本案不构成侵害姓名权、隐私权

姓名权的定义为：自然人的姓名权，就是自然人决定、使用和依照规定改变自己姓名的权利[①]。侵害自然人姓名权的行为主要表现为四个方面：一是不使用他人姓名的行为；二是干涉自然人行使姓名的行为；三是非法使用他人姓名的行为，包括盗用他人姓名和假冒他人姓名的行为；四是姓名的故意混同行为。就本案而言，中国社会出版社使用原告肖像的行为不属于上述侵害姓名权的表现形式，不构成侵害姓名权。

隐私权是自然人享有的对其个人的、与公共利益无关的个人信息、私人活动和私有领域进行支配的一种人格权[②]。与名誉权不同，侵害名誉权是虚假的事实，真实的事实不构成侵害名誉权，因此诉讼中需要证明真伪；而隐私权并不涉及真实与虚假的证明问题，隐私只能是真实的事情，越是真实的就越是隐私。

公民的犯罪记录何时可作为隐私，不对外公开，我国法律有明确的规定，如《刑事诉讼法》第一百五十二条相关规定，人民法院对于以下案件实行不公开审理：案件涉及国家秘密或者个人隐私的案件、审判的时候被告人不满十八周岁的案件。在原告1978年被判"反革命罪"时，《刑事诉讼法》尚未生效。即使到诉讼期间，原审法院对于原告的判决既不属于法律规定的不公开审理的案件，也不属于法律规定的隐私范畴。因为公开的判决书是公开的事实，公开的历史不是隐私。

判决书具有指引的作用，教育和引导当事人及其他自然人、法人在法律的框架下行使权利、履行义务。在本案判决中，法院只判决肖像权一个诉求，对于

---

① 马原主编：《民事审判实务》，中国经济出版社1993年版，第208页。

② 王利民主编：《人格权法新论》，吉林人民出版社1994年版，第487页。

其他诉求，如是否构成姓名权、隐私权侵权问题未进行说理，可能存在着欠缺。

　　2. 名誉权与肖像权的竞合

　　名誉权是指自然人和法人就其自身属性和价值所获得的社会评价，享有的保有和维护的具体人格权[①]。一般侵犯名誉权的基本行为是作为的方式，任何人都负有不得侵犯的不作为义务。行为人违反不作为义务时就构成侵权，例如侮辱、诽谤及其他侵害名誉权的行为等。但在特殊情况下，法律赋予具有特殊身份的人负有作为的积极义务来保护他人的名誉权。如果行为人应采取措施却未尽积极义务时，则构成侵犯名誉权。如新闻媒体负有真实报道事实的职责，在报道事实时必须准确，不能以虚假新闻侵害他人的名誉权，因此，新闻媒体对其报道的真实性具有审查的义务。当新闻媒体未尽到真实性审查义务时，导致新闻失实，就构成不作为的侵权行为。最高人民法院《关于侵害名誉权案件有关报纸杂志社应否列为被告和如何适用管辖问题的批复》[法（民）复〔1988〕11号]指出："报纸杂志社对所发表的稿件，应负责审查核实，因此其稿件如侵害了自然人的名誉权，作者和报纸杂志社都负有责任。"

　　具体到本案，中国社会出版社对于其发行出版的图书所刊载的内容负有积极的核实审查义务。很明显，法院在1983年就已撤销了对韩某某的判决并宣告无罪。中国社会出版社于1998年出版《蓝镜头》一书中仍以"现行反革命"罪犯的方式表述，其文中并未提及原告已被法院宣告无罪，没有尽到注意义务，导致出版物的内容严重失实，在法律上构成侵害名誉权。而依据肖像权侵权的构成要件只有两点：一是未经本人同意；二是不得以营利为目的使用公民的肖像。可见，名誉权的保护范畴要大于肖像权，在名誉权、肖像权两个诉求都存在的前提下，笔者认为，用名誉权进行保护对维护原告人格尊严更为有利。

启示与建议

　　传播媒介（包括出版、个人、新闻媒体、互联网等等）无时无刻不在传播着

---

　　① 杨立新著：《人格权法》，法律出版社2011年版，第507页。

信息，使用他人肖像就是信息传播的一部分。媒体使用他人肖像处理不当，就可能侵害他人肖像权，引发纠纷或诉讼的风险。如何正确处理、使用好他人肖像，防范风险，笔者提出几点建议。

1. 使用肖像时，须事先获得权利人的同意

使用他人肖像时，必须事先获得权利人，即肖像权人的许可。对于媒体而言，最佳的处理方式是事前达成书面约定。由双方当事人协商达成协议，约定肖像使用的时间、范围、方式、报酬等具体权利内容。与传统媒体不同，对于新媒体领域，尤其对于互联网领域，海量信息传播的特点，使用或转载他人肖像，其纠纷风险发生的概率更为集中，事先达成书面约定显得更为必要。

2. 对肖像权的合理使用，应有所了解

合理使用是指使用他人肖像时，无需事先获得肖像权人的同意，也不需要支付任何报酬。这项制度对媒体是一个利好。因此，对于肖像权的合理使用有必要了解。由于我国《民法通则》中关于侵害肖像权以营利为目的规定长期存在争议，哪些情况算是"以营利为目的"，法律也未做出明确的规定。在这种情况下，各级法院在立案手册中除公共利益以外，还列举了有关阻却违法事由而使用的情况，即合理使用，不认为侵犯肖像权[①]。笔者就与媒体有关的四类合理使用范围列举如下：

（1）为维护社会利益需要。如对先进人物照片的展览，自然人实施不文明行为而拍摄、公布予以善意批评而印刷照片的。

（2）为了司法行动需要而使用他人肖像。如公安部门为抓捕犯罪分子而使用其肖像或司法机关在诉讼活动中作为证据而使用他人肖像；再如行政执法部门进行政处分时，有必要公开被处分者的情况而使用肖像等情况。

（3）为维护自然人本人利益的需要。如刊登寻人启事而使用的照片。

（4）为了时事新闻的需要而使用。在新闻报道中使用公众人物的肖像，如党政官员和知名人士等；使用参加会议、集会、游行、庆典或其他公开场合活动的群众集体或个人的肖像。

---

① 魏永征、张鸿霞主编：《大众传播法学》，法律出版社2007年版，第191页。

3. 使用死者肖像，也可能存在风险

媒体做陈述历史性题材的有关报道时，使用死者肖像，也应获得肖像权人的许可。肖像权是一项具体的人格权，人格权具有延伸法律保护的特点，具体包括死者肖像的延伸法律保护。我国法律对于死者的肖像予以保护。自然人在死亡后，其肖像仍然存在，肖像在一定程度上仍能够反映该自然人的形象，影响社会对他的评价。死者没有肖像权，但是，死者的近亲属有死者的肖像利益。如果是未经过死者生前同意或死者近亲属同意，任何人不得侵害死者的肖像利益。也就是说，当死者肖像权受到损害时，其近亲属可以向人民法院提起诉讼并获得支持。

4. 媒体对报道应当尽到注意义务

现实中，媒体的报道往往倾向于文字和图片的混合运用，以增强视觉冲击力。因此，这类报道往往是肖像权纠纷的高发区。我国相关法律、法规、司法解释及其他相关规定就有关于媒体应尽注意义务的规定。比如《著作权法》第三十二条第二款规定："作品刊登后，除著作权人声明不得转载、摘编的除外，其他报刊可以转载或作为文摘、资料刊登……"；最高人民法院《关于侵害名誉权案件有关报纸杂志社应否列为被告和如何适用管辖问题的批复》就明确指出，出版单位对其发表的稿件负有审查的义务；我国信息产业部《互联网电子公告服务管理规定》第十三条规定，电子公告服务提供者发现其服务系统中出现明显属于侮辱、诽谤他人，侵害他人合法权益的信息时，应当立即删除，保存有关记录，并向国家有关机关报告等。

笔者认为，就目前司法实践来说，媒体应当对于报道尽到相对严格的注意义务。具体包括：第一，对于所报道内容的真实性、合法性履行审查、核实责任；第二、转载他人文字、图像、肖像时应标明作者名称、作品来源等信息。

5. 出现过错，及时补救

当媒体的报道出现过错时，许多媒体往往采用消极的态度，疲以应对，最终导致败诉的不利结果。事实上，出现过错时，媒体可以提前与当事人沟通、协商，采取积极有效的方式使风险降到最低。

具体到肖像权问题，媒体使用他人肖像存在的风险具体分为两种情况：情况一，报道属实，但事先未经肖像权人同意。媒体可以与肖像权人协商，通过向

其支付一定数额的报酬，并获得权利人的事后追认，即同意媒体事先使用其肖像的行为有效。情况二，报道失实，事先也未获得肖像权人的许可。建议媒体可主动道歉，以获得权利人的谅解；如造成损害时，以现金方式补偿损失；对报道进行更正等方式，都可以将败诉风险化解到最低。

就本案而言，依照法院的其中一项判决，出版社必须将已发行及未发行和销售书中的第71页的内容销毁。根据我国出版管理相关规定，出版物缺页为出版内容不真实，不能达到出版要求，同时违反《消费者权益保护法》的有关规定，即缺页出版物属于不合格产品，不能销售。所以，第71页内容销毁后该书将无法再行销售了。如果被告出版社发现过错后，主动采取上述补救措施，在判决前主动获得原告的谅解，原告撤诉了，那么被告出版社的损失就可以化解到最低，通过以夹页更正的方式，出版物将可能继续出版销售，为其创造经济利益。

可见，媒体出现过错时，主动承担责任，及时采取有效的补救手段，不失为良策。

第四编

网络侵权

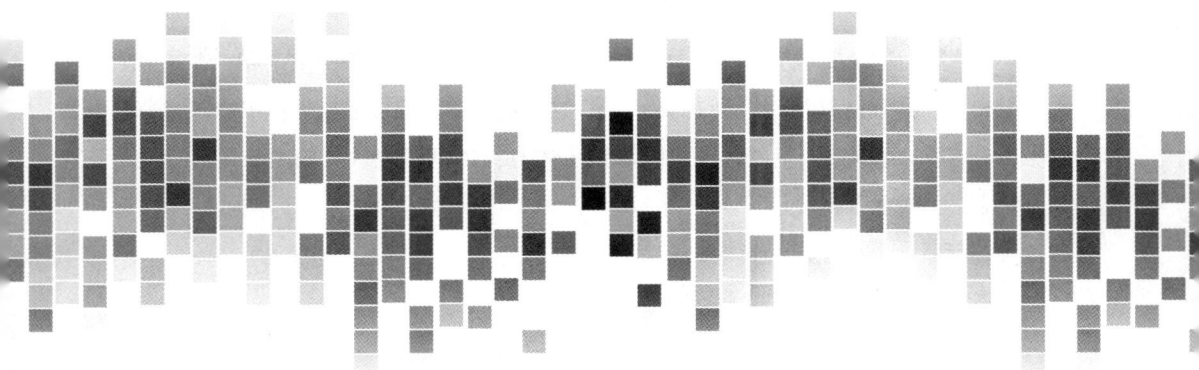

1. 网络虚拟世界中的人格权保护

——"红颜静"诉"大跃进"侵犯名誉权案

◇ 周 冲

案例要义

两名网络爱好者在虚拟世界的纠纷，却引发了现实世界的名誉权诉讼。无论是被告利用"虚拟身份"侵权还是原告的"虚拟身份"遭到侵犯，实际上与现实社会的一般名誉权案件并无本质区别。作为科技发展的产物，ID背后所代表的网络虚拟人格权，并不是"虚拟人"的人格权，而是现实人格权在虚拟空间的一种反映，本案就是典型一例。尽管侵权行为得到判决认定成立，但是关于网络虚拟世界中的人格权的性质界定仍未有定论，审判过程中的诉讼主体与损害事实的认定较之普通诉讼也更为复杂，这些都值得我们深思。

关键词

人格权 虚拟世界 互联网 实名制 诉讼主体

主要事实

原告张某是一名网络爱好者，在南京西祠网站中的网名为"红颜静"，并主持和管理一讨论板块，其真实姓名和网名均有一定的知名度。被告俞某某以"华容道"为网名，在同一网站登记上网，并在e龙西祠胡同网站以"大跃进"为网名登记，其级别为该网站的注册网友。"红颜静"、"大跃进"在西祠胡同网站登记的都是真实网友级别。两人通过聚会互相认识，并且互相知道了对方上网使用的网名。从2001年3月4日到5月31日止，在e龙西祠胡同网站的相关讨论版上，有网名

"大跃进"陆续发表了《记昨日输红了眼睛的红颜静》、《我就是华容道,我和红颜静有一腿》、《红颜静!你丫敢动老子一个指头,一切后果自负!》等文章,在描述"红颜静"时使用了"捶胸顿足如丧考妣耍赖骂娘狗急跳墙"、"中国网友男女比例严重失调的畸形产物——红颜静"等侮辱性言词。

为此,原告以被告的行为侵犯其名誉权为由,向法院提起诉讼,请求判令被告停止侵害、消除影响、赔礼道歉,并给原告赔偿精神损害抚慰金1万元。被告在审理中辩称:注册ID(身份认证)的使用人不存在唯一性。虚拟的ID可以由多个用户使用,任何上网的人,只要凭借密码就可以以其身份登录。以"大跃进"为网名在网上发帖子,不能说明均是被告所为,存在被告的密码被盗用的可能。原告的网名红颜静虽然在西祠胡同网上有知名度,但不代表原告在社会上有影响。网络虚拟主体间的攻击应是道德和网站站规调整的问题。虚拟ID只对虚拟的网络社会有影响,不影响现实社会对真实主体名誉的评价。网络虚拟主体不具有人格权,不受法律保护。被告没有侵犯原告的名誉权。

南京市鼓楼区人民法院经审理认为:网络是科技发展的产物,对人类社会的进步具有不可低估的推动作用。网络空间尽管是虚拟的,但通过网络的一举一动折射出来的人的行为,却是实实在在的。本案原告张某、被告俞某某虽然各自以虚拟的网名登录网站并参与网站的活动,但在现实生活中通过聚会,已经相互认识并且相互知道网名所对应的人,且张某的"红颜静"网名及其真实身份还被其他网友所知悉,"红颜静"不再仅仅是网络上的虚拟身份。知道对方真实身份的网友间,虽然继续以网名在网上进行交流,但此时的交流已经不局限于虚拟的网络空间,交流对象也不再是虚拟的人,而是具有了现实性、针对性。俞某某通过西祠胡同网站的公开讨论版,以"大跃进"的网名数次发表针对"红颜静"即张某的言论,其间多次使用侮辱性语言贬低"红颜静"即张某的人格。俞某某在主观上具有对张某的名誉进行毁损的恶意,客观地实施了侵权他人名誉权的行为,不可避免地影响了他人对张某的公正评价,应当承担侵权的民事责任。

最终,南京市鼓楼区人民法院于2001年7月16日做出判决,认定被告俞某某对原告张某侵权的事实成立,被告俞某某须停止对原告张某的名誉侵害并于判决生效之日起3日内,在某网站西祠胡同版上公开向原告赔礼道歉,并由法院在一家全国性网站上公布判决书。另由被告给付原告精神损害赔偿金1000元,案件受理费

510元、其他诉讼费1200元，由原告负担410元，被告负担1300元。事后双方当事人均未提起上诉，第一审判决发生法律效力。

争议焦点

本案涉及的焦点有二：一是网络虚拟世界是否存在如现实生活中的名誉权等人格权利？如果存在，该如何界定，又怎样保护？二是对诉讼主体和损害事实的认定。本案被告所辩称的主体错误和不存在现实社会评价降低等情况，实际上也是网络侵权诉讼案件中普遍存在的难题，这个问题的解决，无论对实体还是程序都具有重要意义。

法理分析

一、"网络虚拟人格权"的性质与保护

（一）网络世界中侵犯人格权行为的特征

网络虚拟世界中的人格权保护之所以独立于一般人格权，被单独进行论述，并形成所谓"网络虚拟人格权"的概念，这与网络世界中侵犯人格权行为的特殊性是密不可分的。

1. 门槛降低

以网络为中介进行传播，打破了传统媒体对信息传播的垄断地位，也降低了信息传播的门槛与成本。"草根"们发表不满言论的途径更为便利，出现侵权行为的可能性也就增加了。

2. 行为隐蔽

网络主体的虚拟化使得侵权行为更为隐蔽，人们使用各种不真实的用户名称发表言论、与人交流，多次的转发、转载使得寻找侵权行为人更为困难，即使找到了也可能只是一个网名而已。

3. 方式多样

技术的不断进步为互联网应用的快速创新提供了保证，从门户网站、即时

聊天、论坛到播客、博客、微博，发表言论的多种方式也使侵权行为呈现了多样性特征，无论是文字、图片还是音频、视频都成为了现实。

4. 后果严重

互联网打破了传统时间与地域的限制，在实现信息传播快速性和广泛性的同时，也加大了网络侵权行为的风险。言论具有"天然的张力"，本来可能很有限的一点小事，经过网络的无限放大，就会造成非常严重的影响。

(二)"网络虚拟人格权"的性质界定

互联网作为科技发展的产物，在推动人类社会进步的同时，也对传统的社会治理模式与规范提出了一些新的命题甚至挑战，网络虚拟人格就是其中之一。关于网络虚拟人格权，就像本案中的法庭辩论一样，存在争议：一方认为，网上虚拟身份（ID）存在的是一个网络虚拟空间，不具有社会性，通过网络对一个虚拟身份的攻击，仅限于此虚拟身份在虚拟社会声誉的贬低，并不直接会导致她在社会中真实主体名誉的降低，或者社会对她评价的降低；另一方认为，网络ID就如同姓名一样只具有符号意义，其代表的是背后的真实用户，虚拟身份声誉的降低，与其真实用户的人格名誉存在必然联系。

本案法院尽管判决认定被告俞某某对原告张某人格侵权事实成立，但是对于网络虚拟人格权的性质界定并没有给出明确的答案。其虽然承认"网络空间尽管是虚拟的，通过网络的一举一动折射出来的人的行为，却是实实在在的"，但是给出的判决依据却是真实的被告与真实的原告在现实生活中已经认识，并且原告"红颜静"网名及其真实身份还被其他网友所知悉。那么如果双方并不认识，又或者"红颜静"仅仅是一名默默无闻的普通网民，那类似侵权行为是否成立呢？

笔者认为，侵权行为同样成立。

尽管网络空间是虚拟的，但通过网络实施的人格侵权行为及其可能造成的声誉降低，确实存在。正如本案中的当事人一样，"红颜静"、"大跃进"等虽然与法律上的自然人有所区别，是在互联网络上注册而成，但终究也是民事主体借助数字化技术在虚拟空间的再现，其实质仍是民事主体。类似纸媒时代中的"笔名"，也代表了作者本身。从被侵权人角度而言，虚拟主体与现实社会中的自己没有根本区别，虚拟人格评价降低的影响绝不仅限于虚拟世界范围，其对用户的精神伤害，也绝非某些反对者所声称只需重新注册一个账户那么简单。"虚拟人格"存在基础在于网络ID的注册，但其形成又绝非注册这么简单。无论是在论坛还是SNS等其他应用上，就像日常的社会交往一样，任何一个虚拟账户都需要长时间的使用与经营才会争取到其他网友的信任与尊重，费时费力费心。如果人格权受到损害，重新注册便意味着长时间努力化为泡影，所造成的精神伤害也不是更换ID就可以弥补的。

本案发生在2001年，距今已经10年。伴随着技术的不断进步、社会交往的扩大及"实名认证"①、"人肉搜索"、"信息泄露"等客观环境条件下，特别在SNS、博客、微博等互联网新应用上，相较于10年前，网络ID和民事主体之间的紧密性及社会知晓程度已不可同日而语，同时也意味着任何微博账户的声誉降低都可能导致现实注册用户人格权利的损害。而且从性质上说，虚拟身份的每一个行为都是现实生活中某人真实行为的体现，不能将虚拟主体与真实的自然人割裂开来。如果一个人长期在网上极尽攻击、侮辱别人之能事，肯定会对其人格发展带来消极的影响，从而间接地影响到现实的社会秩序。虚拟人格权并不意味着没有人格权，不能直接将"空间虚拟"与"人格虚拟"画为等号。就像普通公民与名人均享有人格权利一样，普通网民与知名版主之间的虚拟人格最多只是"程度之分"，绝没有"有无之别"，双方是否认识也不当然构成是否侵权的根本要件。因此，讨论虚拟身份有无人格权并没有意义，账户有可能是假，但注册账户的人绝对为真，谁都不能保证某个账户所代表的真实身份是否为现实社会永远所不知。

总而言之，这里所提到的"网络虚拟人格权"，不是虚拟人的人格权，而是与其相联系的民事主体的人格权在虚拟世界的反映。无论是利用"虚拟身份"侵权还是"虚拟身份"遭到侵犯，实际上还是传统的人格侵权纠纷，只不过结合了一些网络特性。在这种情况下，将网络虚拟人格权的保护纳入法律范畴，具有广泛的社会基础和重要的社会意义。

（三）"实名制"对网络虚拟人格权保护的影响

2010年7月1日正式实施的《网络交易以及有关行为管理暂行办法》，确立了

---

① 关于实名制对网络人格权保护的影响，将在下一节进行专门论述。

个人网上店铺的实名制度①，也拉开了中国网络实名制的大幕。随后，2011年12月，北京市出台了《微博客发展管理若干规定》，再一次印证了网络"实名制"实施的势在必行。

应当说，一直以来，关于"实名制"就争议不断，支持者多从保护名誉权、隐私权等"私权"角度强调实名的重要性，反对者则从言论自由和舆论监督方面出发，认为实名会导致网络自由的消失。但无论是支持者还是反对者，在"实名制"会对网络虚拟人格权产生重要影响方面，认识都是一致的。

一方面，网络"实名制"通过要求"真实信息注册"的规范模式在将网络虚拟账号与现实民事主体一一对应起来，排除了"一人多号"或"一号多人"的可能性。虚拟主体对其拥有的网名具有专有性和特定性，"转让、更换是真实主体意志的具体化"②。尽管用户依然可以任意修改自己的虚拟名称，但是对应的都只是同一个ID，无论在法律上还是技术上，都可以实现对真实民事主体的"唯一"锁定。

另一方面，网络"实名制"的排他性要求也强化了网络侵权后果的现实性。用户在网络虚拟世界的评价与其在现实生活中的评价密切关联，对网上虚拟主体的言论，必然会影响到现实生活中的对应主体，并被社会所熟知。在这种情况下，像本案被告那样将网络虚拟性作为侵权责任的"挡箭牌"，就显得"不合时宜"了。

（四）当前我国关于网络虚拟人格权的立法现状

除了《民法通则》、《侵权责任法》等规定涉及一般人格权规定的法律规范之外，我国关于互联网中人格权的保护依据主要是2000年连续出台的三个法律性文件。本案审理法院在判决时就参照了其中之一——全国人民代表大会常务委员会于2000年通过的《关于维护互联网安全的决定》，其第六条第二款规定："利用互联网侵犯他人合法权益，构成民事侵权的，依法承担民事责任。"另外两部是《互联网信息服务管理办

---

① 《网络商品交易及有关服务行为管理暂行办法》第十条第二款规定："通过网络从事商品交易及有关服务行为的自然人，应当向提供网络交易平台服务的经营者提出申请，提交其姓名和地址等真实身份信息。具备登记注册条件的，依法办理工商登记注册。"

② 周丽：《网络名誉权的立法现状及建议》，载《盐城师范学院学报（人文社会科学版）》第4期，第31页。

法》①与《互联网电子公告服务管理规定》②。

从总体看，目前我国关于互联网虚拟世界的人格权保护立法还存在很多不足：一是立法层次较低，缺少必要的基本法，《侵权责任法》尽管有涉及"网络侵权"的专门条款，但主要是从网络服务商的角度，缺乏针对"虚拟人格"的定性规定，过于原则化；二是多针对人格权中的名誉权，针对隐私权、肖像权等出现缺位。虽然2010年生效的《侵权责任法》已将"隐私权"作为一项独立权利类型加以规定，但也只能说是为保护网络隐私权奠定了一定基础，仍缺乏涉及网络人格权具体规定；三是立法的零散及间接的保护方式，导致司法的无所适从，特别是在诉讼主体、损害事实的认定等诉讼制度上与互联网人格侵权的不适应性，使被侵权人维护自身合法权益的成本和难度都在增大，笔者将在下一节进行专门论述。

二、网络人格权诉讼中的主要问题

抛开本案中的侵权行为是否成立的问题，原告从起诉到庭审质证都遇到了不同于一般名誉侵权的新障碍，这一方面是网络侵权的隐蔽性、多样性、复杂性所致，同时也反映出我国立法在处理网上纠纷时可能面临的问题，这些都值得我们深思。

（一）诉讼主体的认定

网络世界的虚拟化特征使得诉讼的主体认定变得异常困难，被侵权人不仅要证明某一网络ID就是自己，还要证明实施侵权的ID就是某人，如果存在侵权人以不真实的姓名（名称）、地址、证件号码在网络服务商处注册或登录的情况，被侵权人的真实身份就很难确定，这样一旦被侵权人将案件诉至法院，法院依据民事诉讼法的规定，将以没有明确的被告为由而不予受理，这对被侵权人显然是不利的。

本案中，双方当事人的身份认定就经历了一番周折，但好在被告为原告及

---

① 《互联网信息服务管理办法》第十五条规定："互联网信息服务提供者不得制作、复制、发布、传播含有下列内容的信息：……（八）侮辱或者诽谤他人，侵害他人合法权益的。"
② 《互联网电子公告服务管理规定》第九条规定："任何人不得在电子公告服务系统中发布含有下列内容之一的信息：……（八）侮辱或者诽谤他人，侵害他人合法权益的。"

其他网友所认识,并且是以真实身份注册的账户,原告张某也出具了相应证据。之后被告又辩称"虚拟的ID可以由多个用户使用,以'大跃进'为网名在网上发帖子,不能证明就是其所为"。为此,原告又从网站调取了"大跃进"上线的时段和IP地址,并通过电信部门查明该时段被告系通过拨号上网而登录入该网站,并查明被告所使用之电话号码正是俞某某家中电话,而其家里只有俞某某上网。

事实上,法律并没有对网络服务商苛以向被侵权人提供注册用户相关资料的义务,并且如果本案被告没有使用真实身份注册ID,或者其网络身份并不为他人熟识,对于被侵权人来说,寻找被告的难度和成本就会大大增加。本案中原告并没有论坛网站的网络服务商作为被告提起诉讼,事实上,类似案件中将网站列为共同被告的情况数不胜数,《侵权责任法》也提供了直接依据,笔者不再赘述。

当然我们也可以寻找一些其他途径,但往往会受一些特殊条件限制。比如可以依据《治安管理处罚法》的规定寻求行政救济,申请由公安机关调查取证,但前提条件是申请人需掌握较充分证明损害事实的证据,且"侵权人之侵权行为应达到触犯治安条款甚至刑法条款之程度"[1],否则仍不属公安机关管辖范围。

(二)损害事实的认定

是否存在损害事实是包括名誉侵权在内的所有侵权行为的基本构成要件之一。一般侵害名誉权行为的损害事实认定是以社会评价的不当降低为标准的,而在网络名誉权侵权案件中,造成的损害事实有两种:一是虚拟主体背后的现实主体为他人所知,则对该虚拟主体的侵权行为将直接导致现实民事主体在现实生活中的社会评价降低,自然构成侵权行为的损害事实要件;二是并不为他人所知,那么对该虚拟主体的侵权行为是否当然导致现实生活的评价降低呢?实际上这也是导致一些学者反对将"虚拟人格权"纳入法律保护的主要因素。本案被告在庭审中就辩称"原告的网名虽然在西祠胡同网上有知名

---

[1]　马洪波:《网上纠纷与程序法的尴尬——从"红颜静"诉"大跃进"案谈起》,载《广西政法管理干部学院学报》2002年第8期,第94页。

度，但不代表原告在社会上有影响"，"虚拟ID只对虚拟的网络社会有影响，不影响现实社会对真实主体名誉的评价"。

事实上，笔者在上一节中已就这一问题进行了阐述，该种损害也应该构成损害事实。一般侵害名誉权行为中的损害事实是指受害人在现实社会的评价受到贬损与降低，使其陷于孤立并产生精神痛苦。而"网络上的虚拟人是与特定民事主体相联系的，有些民事主体可能还在上面投入了相当多的人力、物力、财力，那么造成其在网络上的评价降低，也会使其在网络上陷于孤立或处于孤独状态，其他虚拟人不愿与其交往，这同样会给该民事主体造成精神痛苦，甚而影响其财产权益"①，理应受到法律的救济。而且在实名制下，网络虚拟主体的贬损与其在现实社会评价的降低是密切相关的。

本案审理法院在判决时，是以原、被告互相认识并且网名为他人所知作为构成损害的事实依据，而对于"虚拟主体背后的现实人不为他人所知"的情况，从现实判例而言，很难说就能得到司法的支持，一些纠纷都无从起诉，也就无所谓判决，这也是互联网人格侵权保护的一大难点。

启示与建议

本案无论是在实体还是程序上都给了我们很多启示：

1. 要明确所谓的"网络虚拟人格权"其实质就是一般民事主体人格权在网络世界的一种存在，应当受到现有法律的保护，这对于所有"网民"都具有指导意义：发言者应时刻注意自己的言行，不得利用自己的注册账户侵犯他人人格权利；受害者也要学会利用法律武器，保护自己的合法权益。

2. 要学会处理网络侵权中的一些诉讼难点。在主体认定上，对于注册信息不真的情况，一是将网络服务商列为被告，通过网络服务商上寻找侵权行为人；二是在掌握较充分证据的情况下，申请法院或者公安机关调查取证。在损害事实的认定上，不应局限于本案判决中所提到的"张某的红颜静网名及其真实身份还被其他网友所知悉，不再仅仅是网络上的虚拟身份"这一依

---

① 王立海：《浅议网络名誉权的保护》，载《科技资讯》2005年第10期，第147页。

据,即使是默默无闻的普通网友,也有在网络状态下保护自己人格权益的合法权利。

在此案之后,我国在网络世界人格权保护领域出现了一些新情况、新规范,比如实名制规范的出现和《侵权责任法》的颁布,但从持续发生的网络人格权纠纷诉讼中可以看到,被侵权人主张自己合法权益的情况仍不容乐观。比如前面多次谈到的被告认定难的问题,在之后诸如刘晓庆诉宋祖德名誉侵权①等案件中也得到了反映。总而言之,网络虚拟空间的复杂利益关系需要现实的法律来规范,而立法也应当顺应技术进步做出相应调整,无论是实体还是程序,都必须跟上时代发展的潮流。

---

① 在此案中,被告宋祖德一开始也辩称名为"宋祖德"的注册账户并非其本人所有,通过"宋祖德"发表的关于原告刘晓庆的不实言论也不是其本人所说。

2. 网站对博客的监管责任

——陈某某诉杭州博客信息技术有限公司案

◇ 徐　迅

案例要义

作为"中国博客第一案"，本案判决告诫社会：博客不是法律特区，宪法所确立的原则对博客作者和网站都是适用的。本案两审判决对网站如何认定有害信息、如何把握人格权的保护原则与方法做出了一系列指引。

关键词

言论自由　有害信息　善良管理人

主要事实

2005年6月24日，中国博客网注册用户"K007"在自己名为"长套袜"的博客中发表了题为《烂人烂教材》的日记。该日记中描述："陈某某果然是个猥琐人"，在对陈的教材和教学评价一番之后，日记中写道："简直就是流氓。难怪一遍记下来什么都记不住。最烂的教材……"等。

陈某某发现该日记后于2005年10月24日电话联系中国博客网，要求该网删除《烂人烂教材》，该网以日记内容不违反发帖规则为理由不同意删除，同时要求陈提供身份证明。陈以提供身份证明并非法定义务而予以拒绝。

2005年12月20日，陈某某起诉中国博客网的注册公司杭州博客信息技术有限公司侵犯名誉权。请求法院判决被告停止侵害，删除《烂人烂教材》以及中国博客网站上对此事件的评论中所有辱骂原告的言辞，并在中国博客网站首页上刊登致歉声明242天，赔偿原告经济损失1324元，精神损害赔偿金1万元。

被告的辩称主要有两个理由：其一，网络是个特殊空间，网络文化比现实社会更具宽容性。《烂人烂教材》中涉及的"流氓"、"烂人"、"猥琐人"词语虽然不雅，但没有侮辱诽谤的恶意，不构成侵权。其二，即使该内容构成侵权，亦因原告拒绝向被告提供身份证明，证明自己就是被要求删除文章中的"陈某某"，因此被告没有过错，不构成侵权。

2006年2月20日，网络用户"K007"在博客"长套袜"中发表日记《关于这件事的解释》，承认自己是陈的学生，表示日记有时是发泄自己的情绪，尽管有一定的事实基础，但不意味着就是事实。因为《烂人烂教材》已经对老师造成不良影响，最后自己删除了帖子。

作为一审法院，南京市鼓楼区人民法院于2006年7月20日做出判决，原告胜诉。

判决书认为：本案作为网络中介服务的提供者，是否具有过错应当据其法定义务确定。法院援引《全国人大常委会关于维护互联网安全的决定》第七条的规定，认定被告应当承担监督控制、停止传输有害信息的法定义务，而网络信息中的侮辱内容属于有害信息。博客内容一旦对外公开，博客注册用户在网络上承担的法定义务与现实生活中并无区别。在《烂人烂教材》中，"K007"用"猥琐人"、"流氓"等词语评价原告，在通常人看来具有侮辱性质，故《烂人烂教材》因存在侮辱内容构成有害信息。法院认定，原告电话通知被告删除信息可以认定被告此时已经发现有害信息，其应当在合理的时间内采取措施停止传输。但被告仅仅要求原告人提供身份证明而不采取任何措施，未尽到"善良管理人"的注意义务，应当承担法律责任。关于原告是否应当提供身份证明一事，法院指出，有关权利人在主张权利时应当向网络服务提供者提交书面通知的规定针对的是信息网络传播权，本案属于一般人格权纠纷，网络信息服务的提供者可以对存在侮辱的内容直接做出判断，不必依赖于真实权利人的通知或警告。

法院在认定侵权责任时指出：鉴于被告发现有害信息到采取措施之间的时间间隔较短，原告也未举证被告采取措施前该信息对其造成了重大影响，同时本案直接侵权的主体并非被告，被告过错行为发生的主要原因是其对有害信息的判断标准存在失误，在确定原告身份后立即采取措施停止传输，其主观过错程度较轻，因此判决：1.被告在中国博客网首页刊登致歉声明并保留10天；2.赔偿原告经济损失1000元；3.驳回原告其他诉讼请求。

杭州博客信息技术有限公司不服一审判决，提起上诉。其上诉理由共有五条，其中较为重要的理由是：1.网络是个特殊语境，《烂人烂教材》没有侮辱恶意，不属有害信息；2.陈某某不提供身份证明，使该公司无法判断《烂人烂教材》是否侵害了特定民事主体的名誉权，且一审判决未能明确究竟在何种情况下网络服务商有权要求主张权利的人提供身份证明，使该公司无法处理类似情况。

作为二审法院，南京市中级人民法院于2006年11月16日做出终审判决，驳回上诉，维持原判。

法院认为：判断网络上言论是否侵害他人名誉仍应以通常人的认识为标准，认定《烂人烂教材》一文损害了陈某某的名誉。综合本案情况，被告足以认定《烂人烂教材》中涉及的人是特定的主体，博客信息公司所称无法判断特定主体的理由明显与生活常理不符，不予采纳。法院指出：博客信息公司的注意义务主要表现为知悉了存在可能侵害他人权益的言论时及时采取措施，避免加重损害后果。博客信息公司在接到相关权利主张时，只是要求投诉者提供身份证明，未明确给予投诉人提交身份证明的合理期限，在2005年11月3日[①]前亦未采取措施避免《烂人烂教材》一文在网络上的传播，主观上存在过错，客观上加重了陈某某的损害后果，构成侵权，应当承担责任。

争议焦点

博客作者在互联网上表达的法律标准是否不同于传统媒体？"不良信息"都包括什么内容？为什么侮辱性信息可以直接删除，不需要证明投诉人身份？

法理分析

长久以来，有关博客平台提供商（以下简称"BSP"）"免编辑"等自由发表

①　一审判决书认定："中国博客网上一网页自2005年6月24日至原告诉讼时，一直登有《烂人烂教材》的帖子"，"直至原告起诉后，11月3日才被隐蔽"。

又无须管理的荒谬理论在业界广为流传,一度成为中国BSP管理的"圣经"①。人们虽然在现实生活中努力自我约束,注意文明用语,但在网络上却经常可以看到人身攻击的污言秽语被公然发表。有评论作者指出,博客作者们高举"想贴就贴"、"想写就写"的大旗,所向披靡,用"刻薄"赢得点击率,赚足人气,却使博客成为民事侵权的重灾区:姓名权、名誉权、隐私权、肖像权等时刻处在不安全状态。② 2005年10月,原告陈某某对杭州博客信息技术有限公司提起的侵犯名誉权诉讼,被媒体概括为"向网络谩骂宣战"③,引起广泛的关注,也将产生长远的影响。

其实,在本案判决之前,曾经有博客作者沈某诉另一博客作者张某及博客网侵犯名誉权案,由北京市海淀区人民法院审判。法院认为,因"原发布于博客网的侵权文章现均已删除,且现有证据无法印证沈某曾因所诉文章对其名誉权构成侵害向博客网公司进行投诉",所以原告沈某对BSP的起诉被法院驳回。④ 然而,本案原告陈某某并未针对博客作者"K007"提起诉讼,而是直接起诉BSP并最终获得胜诉,一定程度凸显出本案的公共价值。如果说沈某诉张某案还只是博客作者间的较量,那么本案则主要是打破了网络服务商的一段美梦——判决从司法实践的角度⑤宣告了所谓中国BSP管理"圣经"的荒谬理论的终结,对于规范BSP监管博客内容的责任具有开创的意义。因此,本案被舆论界评价为"中国博客第一案"⑥属当之无愧。

一、博客内容一旦公开,其言论自由的边界与现实生活并无区别

信息技术的发展,令人们的表达方式与空间都迅速扩大了,"开放、共享、自由"的互联网精神吸引着无数网民。博客专栏属于开放性信息交流平台,用

---

① 沈阳(网名:sz1961sy):《2006年十大网络纠纷案》,见http://w.org.cn/user1/4/index.html, 2006年12月31日。

② 毛雷:《博客刻薄也得有度》,见《金陵晚报》2006年8月3日A17版。

③ 见《"中国博客第一案":副教授向网络谩骂宣战》,新华网(www.xinhua.net), 2006年2月10日。

④ 见北京市海淀区人民法院民事判决书(2006)海民初字第9553号。

⑤ 因为从立法的角度看,诚如本案判决所指出的,《全国人大常委会关于维护互联网安全的决定》中早已明确了从事互联网业务的单位对网上出现的有害信息有停止传输的义务。

⑥ 这一说法最早出现于《法制与新闻》2006年第1期《中国博客侵权第一案》,此后该案又被称为"中国博客第一案"。

户通过注册申请即可获得独立的信息发布空间,实现自拟图文等内容的公开表达,具有广泛、及时、互动等传播特点,它使网民的个性化表达有了崭新的平台。据2007年12月26日中国互联网络信息中心(CNNIC)发布的《2007年中国博客市场调查报告》,中国博客作者数量已达4698.2万人,拥有博客空间7282.2万个,平均每人1.55个。博客正成为公民表达与信息传播的重要阵地。

本案之前,一些法院的有关判决承认,"当事人在网络上发表的言论不同于现实生活中发表在报纸、杂志等载体上的文章,网络批评的范围更为宽泛",[①] 因此在发生于网络空间的名誉权诉讼中给表达者以较宽容的待遇。但是作为研究者,我们看到法院有更多的相关判决指出:网络空间并不存在法律特区。

比如,2004年7月23日,安徽省高级人民法院对一起网络名誉权案件做出终审判决,判决书[②] 中就网络的虚拟性与社会现实的关系做出解说:网络是人与人之间通过技术手段紧密联系的社会,它本身是现实社会的一部分,需要规范和调整。网络社会或许有虚拟的成分,但网络用户或网民是现实的,其行为也是现实的。用户通过网络建立起来的种种关系,虽有其特殊性,但也是用户的具体行为而产生的后果,应受到相应的法律、法规的规范和约束。

2004年8月26日,北京市海淀区人民法院在一起网络名誉权案件的判决书[③] 中就网络信息的提供者与传播者的关系做出解说:本院认为,计算机世界网作为可向社会公众提供新闻资讯的媒介,在进行新闻报道的过程中有审慎核实的义务,这一义务不应因素材提供者的承诺而免除。本案中该文作者如采用向有关部门或诉讼相对方核实的方法即可发现文中内容与所报道案件本身的出入,因此本院认定计算机世界公司在该文的报道中存在过错。

2006年9月11日,北京市海淀区人民法院对一起有关博客的名誉权案件做出判决,[④] 就博客内容因其开放性而必然承担法律责任的理由做出解说:张某所撰写及转载的文章虽然发布于其本人的博客专栏内,但鉴于博客网系开放性

---

① 见山东省临清市人民法院民事判决书,(2005)临民一初字第393号。
② 见安徽省高级人民法院民事判决书,(2004)皖民一终字第139号。
③ 见北京市海淀区人民法院民事判决书,(2004)海民初字第10661号。
④ 见北京市海淀区人民法院民事判决书,(2006)海民初字第9553号。

网站，文中内容具有广泛传播的客观效果，因此张某应对其所传播内容的真实性及合法性承担相应的法律责任。

本案被告认为："网络是个特殊的空间，长期形成的网络文化比现实社会更具宽容性"[①]；"博客是新生事物，所涉及的许多问题我国法律尚处于空白地带"[②]，但上述各判决虽然都承认网络或博客传播方式的独特性，但均不认为它们在法律上享有特权。而本案两审判决中更是就博客用语的法律责任做出明确的解说：

博客内容一旦对外公开，其不再具有私密性，而成为可以随意浏览的公开网页，此时博客注册用户在网络上承担的法定义务与现实生活中并无区别，任何人不得利用博客侵犯他人合法权益。[③]

网络上的用语虽然可能与日常生活略有不同，上网人群对于网络上的言语容忍度也可能超过一般日常生活，但受到网络上言论影响的并不仅限于上网人群，因此判断网络上言论是否侵害他人名誉权仍应当以通常人的认识为标准。[④]

本案一审宣判后，有报纸以《私人博客不能随意写了》[⑤]为标题做出报道。"随意写"颇能反映出此前社会对博客言论自由度的一般判断标准。其实，凡有自由就有边界，这是法律常识。只要是公开传播，从来都不存在"随意写"空间。利用博客损害人格尊严，与利用小字报、大字报、小说、新闻报道或纪实文学作品损害人格尊严在本质上没有差别。但真正理解并承认这一点，对相当一部分中国网民及BSP而言似乎还需要时间。

二、网络上的"有害信息"不仅指"涉及反动、色情"的内容

传统媒体（指报纸、杂志、图书、广播、电视等）都有一个把关人——编辑，但博客与此不同：每一个博客都既是作者，也是编辑，自己是自己作品的把关人。要求所有的博客作者都像传统媒体的编辑一样训练有素是不现实的。因

[①][③]　见本案一审判决书。

[②]　杭州博客信息技术有限公司：《网站有义务也应有权利》，载《中国审判新闻月刊》2006年第4期。

[④]　见本案二审判决书。

[⑤]　见《南京晨报》2006年8月3日A10版。

此，当博客给所有的博客作者带来自由表达机会的同时，也使博客内容中充斥着消极信息。有作者注意到："不单是博客，就整个网络社会来说，现阶段基本上也是失范的。网络中恶意进行破坏活动、侵犯他人隐私、盗窃他人成果、炮制谣言、人身攻击、散布不负责的虚假信息等等诸多不道德行为时有发生。"①

上述现象的存在与相当部分的博客作者和网络经营者缺乏法律常识有关，一审法院在判决被告败诉时，将这种现象概括为"对有害信息的判断标准存在失误"。

在本案中，这种"失误"主要体现在两个方面。

失误之一，被告认为"只要不涉及到反动、色情内容，网站就没有权利删除"。② 法院在判决中首先引用《全国人大常委会关于维护互联网安全的决定》第十条规定："从事互联网业务的单位要依法开展活动，发现互联网上出现违法犯罪行为和有害信息时，要采取措施，停止传输有害信息，并及时向有关机关报告。"法院据此认定：被告应承担"监督控制、停止传输有害信息的法定义务"。接下来，一审判决着重为"有害信息"做出定义，并指出侮辱性内容属于有害信息。

显然，按照法院的指引，网站负有监管责任的并非只是"反动和色情"的内容，只要属于"有害信息"，网站都负有监督控制、停止传输的责任。

失误之二，被告认为"不雅语言""没有侮辱的恶意"，不构成侵权。宪法保护公民享有言论自由和批评的权利，同时规定公民的"人格尊严受法律保护"。宪法的这两项基本原则适用于所有的表达行为，网络空间也不会例外。其实，将正常的批评和侮辱人格做出相对简单的区分并不困难，笔者将其概括为"有权批评，但骂人不行"。

本案中，中国博客网"长套袜"网页的作者"K007"在名为《烂人烂教材》的日记中指名道姓地谩骂原告为"烂人"、"猥琐人"、"流氓"等，这显然不是讨论问题或正当批评所使用的语言，与街头骂架并无二致。

原告在法庭上特别强调，以语言文字侮辱的方式侵害他人合法权益与诽

---

① 《自律与他律，"中国博客第一案"拷问网络文明》，见《半月谈》，http://www.fubusi.com，2006-6-13。

② 2005年11月4日《东方早报》报道：被告客服主管孙金峰接受记者采访时的谈话。

谤侵权存在着明显的不同,侮辱的形式是可以直观判断的,《烂人烂教材》中使用的"烂人"、"猥琐人"、"流氓"等词语具有典型的贬义特征,侵权表征明显。如果这类词语都不具备贬义性,那么学校正规的语言教学与人们的社会交往习惯用语将被彻底颠覆。①

两审法院在判决中均对"侮辱"的判断标准做出解说:

侮辱的判断标准不能因人而异,而应当以善意的普通人的判断作为标准……在《烂人烂教材》这篇日记中,"K007"用"猥琐人"、"流氓"等词语评价原告,而这些评价在通常人看来明显具有侮辱性质,故《烂人烂教材》因存在侮辱原告的内容构成有害信息。②

这些言辞明显带有人身攻击的性质,既不是对陈某某学术水平的客观评价,也超过了宣泄心情的合理限度,这些言辞足以使不了解实际情况的受众对陈某某的能力、品质等方面产生怀疑,影响对其客观公正的评价。③

最高人民法院《关于审理名誉权案件若干问题的解答》第八条规定:"因撰写、发表批评文章引起的名誉纠纷,人民法院应根据不同情况处理:文章反映的问题虽基本属实,但有侮辱他人人格内容,使他人名誉受到损害的,应认定侵害他人名誉权。"依照这一规定,侮辱可以单独构成侵权,行为人是否同时伴有失实或诽谤,是否具有主观恶意,都不是构成侵权的必要条件,这与《宪法》第三十八条关于"禁止用任何方法对公民进行侮辱"的原则是一致的。

在我国司法审判实践中,只因侮辱人格而被判侵权的案件早已经不乏其例,仅就涉及博客的名誉权纠纷而言,北京市海淀区法院审理的博客作者沈某诉另一博客作者张某案中,也做出了类似的认定:

就特定事件、特定人物所公开发表的讨论、争鸣、评价等亦应保持在合理的限度内,诸如"沈某除了博客痴呆症外,还有'狂犬病',不仅乱叫,还乱咬"等评价内容已明显超出了正常的评价范畴,且脱离了事件本身,本院认为已构成对沈某人格利益的侵害。④

---

① 见本案原告陈某某的法庭陈述意见。
② 见本案一审判决书。
③ 见本案二审判决书。
④ 见《"中国博客第一案":副教授向网络谩骂宣战》,新华网(www.xinhua.net),2006年2月10日。

三、BSP应当履行"善良管理人"的注意义务

所谓"善良管理人",是指像管理自己的事务一样管理,在作为的过程中要符合本人的意思(可以是明知的或是推知的意思)。只要是为了公益义务,可以违背本人的意思。原告在向BSP投诉有害信息时,是否应当提供身份证明及书面通知,是本案的一个重要焦点,它涉及BSP对侮辱性质的"有害信息"的责任范围。本案两审判决以三个层次相对完整地阐述了作为"善良管理人"的BSP的这种注意义务。

首先,法院认为BSP要求投诉人提交身份证明和书面通知没有法律依据。换句话说,提交身份证明和书面通知不是投诉人的法定义务。两审法院均明确指出:《信息网络传播权保护条例》中规定的投诉人义务并不适用于一般人格权领域。

无论是从文明办网的要求,还是从网络管理的一般性规定来看,只要信息存在侮辱性、违反社会善良风俗的内容,网络服务提供者可以直接对该内容做出判断,故其应当主动采取措施,而不必依赖于真实权利人的通知或警告。[①]

判决表明,一般人格权的保护条件区别于信息网络传播权,不应混为一谈。在信息内容属于侮辱性质的情况下,对人格尊严的保护优于某些财产权利。而侮辱的内容比诽谤、失实更容易判断,因此其认定的程序也更为简便。

其次,采用非侮辱性内容侵犯人格权的,权利人应当书面通知。这一观点主要体现在一审判决书中:"对于侵权人并非采用侮辱性语言侵犯人格权的,一般难以通过文字本身判断侵权,权利人要求网络服务提供者采取措施时则应当提供包括身份证明等内容在内的书面通知,而不能仅仅口头通知。"法院注意到,如果说侮辱性内容侵权特征明显,那么失实或诽谤的内容却相对难以识别。也就是说,如果骂人一听就懂,那么博客内容真实与否,是不是造谣却是需要证明的,较难直接做出判断。因此一审法院主张,权利人对侮辱以外的内容主张停止侵害时,应当提供书面通知。

需要强调说明的是,本案审判之时,我国的《侵权责任法》尚未生效。2010年

---

① 见本案一审判决书。

7月1日《中华人民共和国侵权责任法》生效，其中第三十六条第三款的规定："网络服务提供者知道网络用户利用其网络服务侵害他人民事权益，未采取必要措施的，与该网络用户承担连带责任。"在这里，网络服务提供者是否承担侵权的连带责任的条件是其是否"知道"侵权行为的存在，而未对主张权利的一方提出书面通知的要求。

其三，BSP的"注意义务"主要表现为知悉可能侵权时及时采取措施避免加重损害后果。这一观点主要由二审法院提出。杭州博客信息技术有限公司不服一审判决的理由之一是"一审判决未能明确究竟在何种情况下网络服务商有权要求主张权利的人提供身份证明，使该公司无法处理类似情况"[①]。二审判决着重就此做出了指引，明确指出："博客信息公司的注意义务主要表现为知悉了存在可能侵害他人权益的言论时及时采取措施避免加重损害后果。"

何为"知悉"？二审判决指出，就本案而言，原告陈某某的电话投诉已足以令被告判断其特定主体的身份，以陈某某不提供身份证明而无法判断文章中所指之人是不是特定主体的理由"明显与生活常理不符"，所以法院不予采纳。换句话说，陈某某的电话投诉被法院认为是被告已经"知悉"。但判决转而指出：网络服务商为避免因对博客内容的直接删除而引起的用户追诉，网络服务商"有权要求主张权利的主体提供有关身份证明等证据，据此证明其确已接到相关言论涉嫌侵权的投诉"。综合上述判决内容，读者似乎可以产生这样的理解：法院认为，为了"知悉"，网络服务商有权要求投诉人提供身份证明，但本案中陈某某的电话投诉已足以令网络服务商"知悉"。换句话说：网络服务商有权索要投诉人的身份证明，而投诉人有权不提交身份证明。至于理由，二审判决并未做进一步论述，读者及研究者恐怕需要综合本案两审的判决内容来做出分析。而原告陈某某关于"侮辱的形式可以直观判断，侵权表征明显"的主张可能是最具说服力的。

何种"措施"可以避免加重损害后果？二审判决书中有一段明确的论述：网络服务商在接到有关权利主张时，应立即采取技术措施限制相关内容在网络上的传播，避免给权利人造成更大损害；同时可以要求权利主张者在合理期

---

① 见本案二审判决书。

限内提供有关证据。如权利主张者在合理期限内拒绝提供证据，网络服务商可以取消限制性技术措施恢复相关言论的传播。

应当说，上述判决内容对网络服务提供商最具规范与指引意义，实际上是要求BSP以附条件的限制传播的方式来履行监管责任。这一判决可令我们观察到法院在保护言论自由、人格尊严以及合法的合同关系等多个价值中寻求平衡的努力。不过，生效判决书虽然对社会有一定指引作用，但并不是法律。如果主张人格权的投诉人像本案原告陈某某一样声明"提供身份证明不是自己的法定义务"，则法院仍然难以据本案生效判决设定的上述原则去限制投诉人的权利。

四、以BSP为唯一原告凸显了本案的公共价值

本案原告陈某某是一位法学博士，在大学从事媒体法学和媒体伦理学的教学与科研。作为"中国博客第一案"的原告，陈某某的胜诉与其法律专业素养有着必然的联系。[1] 在谈到为什么不起诉《烂人烂教材》的作者"K007"时，陈某某说："不告学生不是因为怕学生，我的教学效果不是他一个学生说了算的，而是学生承受不起舆论压力。我去告网站和告学生，前者的公共价值和后者的个人价值不一样。"[2]

本案的出现令陈某某从一个平凡的教师变成了一个新闻人物，[3] 他不但频繁接受记者的采访，传播自己的主张，还撰写了一系列学术文章，与同行继续探讨本案的学理价值。[4] 现实中，"K007"主动删除了题为《烂人料教材》的日记，并表示"很内疚"，作为教师，陈某某教育学生的目的已经达到。而通过一个生效的司法判决，让所有的BSP都明确了自己对博客内容的监管责任，并了解了实现这种责任的途径与方法，可谓用心良苦。可以说，是本案的主审法官和法律学者共同创造了这个判例。

---

① 在接受记者采访时，本案原告曾经直言："如果没有信心赢官司，我绝对不会起诉。"载《法制周报》2006年3月27日第10版报道：《中国博客第一案剑拔弩张》。

② 李樱：《"中国博客第一案"，陈堂发："网民无视法律的情绪很可怕"》，载《三月风》杂志2006年第9期，第44页。

③ 2007年7月30日，笔者在雅虎上以"陈堂发、名誉权"为关键词搜索，显示有4490个网页。

④ 包括陈的各种文章及学术信息网类的搜索结果。

启示与建议

本案两审判决不仅对网络服务提供者，对广大网民也极具引导意义。具体到对网络服务提供者，有如下启示与建议：

首先，尽管互联网上的表达看似更为自由，但法律面前人人平等，互联网的表达标准的法律底线与传统媒体并无二致，网络表达不是法律规制的特区。

其次，对侮辱性信息只要发现即行删除。侮辱性信息是法律禁止传播的不良信息，也是各类不良信息中最容易识别的，因此对其做出判断并非那么困难。通常情况下，只要有侮辱性信息（或者污言秽语、脏话），网站只要发现了，就应当直接删除，信息网络服务的提供者对此类信息的监管不是违约或侵权，而是履行法定义务。如果有人投诉，则更不必证明投诉人是否就是那个被侮辱的人，因为任何人都有权对侮辱性信息提出投诉与批评。

再次，信息网络服务提供者对"不良信息"的判断应当严格按照法律的规定进行，认为"只要不涉及到反动、色情内容，网站就没有权利删除"[①]，是对信息网络服务提供商法律责任的大大的误解。因此，各类网站如果不想在此类诉讼中频频败诉，就必须依据法律并通过实践，尽快建立起适合于自身特点与需求的传播规范。

---

① 2005年11月4日《东方早报》报道：被告客服主管孙金峰接受记者采访时的谈话。

3. 网站原文转载，并非侵权诉讼的抗辩理由
——某音乐人诉网络媒体侵害名誉权案

◇ 陈　华

案例要义

　　网络媒体转载现象十分普遍，在广泛传播信息的同时，也带来转载失实信息的法律责任问题。本案判决表明，作为转载者并不能免除侵权责任。但准确判断自身责任，及时采取措施，避免扩大失实信息产生的损害后果，有可能在诉讼中减轻或免除责任。

主要事实

　　2011年1月，中国广播网、央视网、中新网、新浪、搜狐、腾讯、MSN中文网、四川在线、合一信息技术（北京）有限公司（优酷）、北京阿里巴巴公司（雅虎）、北京天盈九州公司（凤凰网）、上海众源网络有限公司（PPStream）等多家媒体在其各自网站上，采取自行编写相关文章、转载其他媒体、网络用户上传等不同形式刊登标题为"音乐人小虫涉嫌诈骗　遭自费歌手起诉索赔18万元"，"音乐人小虫涉嫌诈骗　被起诉骗取自费歌手18万元"的文章、视频。

　　原告陈某某（艺名：小虫）认为，上述被告所刊登的文章或视频多处描写严重失实，相关文章或视频刊发后跟帖无数，对原告的社会评价造成极大的负面影响，极大地损害其名誉。且上述被告对侵权文章或视频未尽审查义务，予以发布、转载，应当承担侵权责任。遂于2011年2月9日诉至北京市朝阳区人民法院。

　　一审法院审理认为，涉案文章或视频的来源分为三种：一是自行编写的。腾

讯网腾讯娱乐栏目标题为"音乐人小虫涉嫌诈骗 遭自费歌手起诉索赔18万元"的文章，是以"腾讯娱乐讯"的名义刊登的；搜狐娱乐栏目标题为"音乐人小虫涉嫌诈骗 骗取自费歌手18万元"的文章是以"搜狐娱乐"的名义刊登的。二是转载自其他媒体。阿里巴巴公司的涉案文章及视频、九州公司的涉案文章、合一公司的涉案视频、央视国际的涉案文章、搜狐涉案的其他文章和视频、新华网络的涉案文章和视频、中新网的涉案文章、众源公司的涉案文章和视频、腾讯公司的涉案视频均系转载自其他媒体。三是网络用户的上传。新浪网的视频即来自于网络用户的上传。因此，对于各家网站是否就涉案文章及视频承担侵权责任以及承担的大小，应根据上述三种情况分别判断。

经法院后认为：首先，在腾讯公司、搜狐刊登上述文章时，陈某某（小虫）根本不存在因涉嫌诈骗被起诉的事实。即便汪杨波在2011年3月起诉原告，也是以著作权合同纠纷为由提起的诉讼，性质为民事纠纷，而与刑法意义上的"涉嫌诈骗"无关。因此上述文章内容明显无事实依据。其次，网络媒体具有向不特定网民广泛传播的特性，部分网民跟帖充满了贬低之词，认定上述文章及视频导致原告社会评价降低。再次，网络内容提供者应当尽到必要的审查义务。由于各网站未尽法定义务，对于各自管理的网站出现失实的文章或视频存在主观过错，导致原告名誉权受损，根据主观过错不同，应承担名誉侵权的责任。

一审法院判决：上述十家被告媒体构成侵权，分别判决公开赔礼道歉，并各向原告支付2000元至4000元不等的赔偿，赔偿总额为2.8万元，并支付所有相关公费及诉讼费。

上述十家网络媒体不服一审法院判决，向北京市第二中级人民法院提起上诉。2012年该案终审判决：十家网络媒体的上诉请求均无事实及法律依据，法院均不予采信。一审判决正确，应予以维持。

作为本案的被告之一，中国广播网也在2011年1月27日以《[丑闻]音乐人小虫涉嫌诈骗遭起诉》为题转载了新浪娱乐的文章。由于中央人民广播电台在接到起诉书后，对文章内容采取了删除、道歉等及时有效的方式，原告小虫在一审开庭前表示愿意接受和解并撤诉。

☕ **争议焦点**

网站原文转载其他网站文章或视频可否成为名誉权侵权诉讼的抗辩理由?

📖 **法理分析**

一、网络服务提供者对信息内容负有审查义务

我国公民的名誉权受法律保护。侵犯公民名誉权的应当承担致歉声明、赔偿损失等民事责任。依据我国《侵权责任法》第二条的规定,侵害民事权益,应当依照本法承担侵权责任。这里所指的民事权益也包括名誉权。

本案中涉案文章及视频均出现在网络上,因此,判断网络服务提供是否构成侵权责任,关键在于判断各网站作为网络服务提供者是否违反了法定的义务,是否应当根据法律的规定承担网络服务提供者的侵权责任。依据我国《侵权责任法》第三十六条规定:"网络用户、网络服务提供者利用网络侵害他人民事权益的,应当承担侵权责任。网络用户利用网络服务实施侵权行为的,被侵权人有权通知网络服务提供者采取删除、屏蔽、断开链接等必要措施。"

一审判决书认定,本案当中,作为文章编写的原刊方即腾讯和搜狐两家网站,同时也是网络信息服务的提供者,在编写有关报道时,未核实相关事实,未尽到法定的审查义务,导致报道失实,存在过错。而作为转载者的其他网站,虽然基于其转载来源的可靠性可以部分减轻审查义务,但并不免除其审查的法定义务。

二、法律并未免除网络转载者的审查义务

就中央人民广播电台的这篇涉案报道而言,文章通篇转载自新浪网,但是并不能因此而免除转载网站对于转载文章的审查义务。在这一点上,网络信息传播与传统媒体信息传播的责任没有根本区别。由于该篇文章所述的音乐人小虫因涉嫌诈骗被起诉的事实并不存在,其标题与正文内容所阐述的事实严重

不符,即对刑事犯罪与民事纠纷不加区别,导致文章的内容报道失实,转载网站存在着过错。因此诉讼中,以"我是转载者"为由进行抗辩不会获得法庭的支持。

三、被告对网络失实信息的法定补救措施

法律严格规定网络服务提供者审查义务,也给网络服务提供者提供了自我救济的途径,只要接到通知后及时采取措施并及时化解风险,就有可能减轻或免除侵权的民事责任。《侵权责任法》第三十六条规定:"网络服务提供者接到通知后未及时采取必要措施的,对损害的扩大部分与该网络用户承担连带责任。网络服务提供者知道网络用户利用其网络服务侵害他人民事权益,未采取必要措施的,与该网络用户承担连带责任。"

法庭认定,阿里巴巴公司等十家媒体,无论各网站是自行编写,或转自其他相关媒体、网络上转文章或视频时,都未尽到审查的义务,在法律上均存在着过错,构成对原告的名誉侵权,应承担相应的民事责任。判决特别指出,从一审到二审,各被告始终未采取应尽的审查义务,并怠于行使必要的措施阻止损害结果的发生,导致上述媒体、网站两审均败诉。

同为被告的中央人民广播电台由于在案发后及时采取措施消除影响,获得了原告谅解。表明善于运用法定的补救措施,可以化解风险。

启示与建议

1. 网络转载应尽必要的审查义务

我国《互联网信息服务管理办法》、《互联网从事登载新闻业务管理暂行规定》、《互联网著作权行政保护办法》等规范互联网站刊载新闻业务的有关法规性文件中,都对新闻的真实性做出了规定。也就是说,网站对于刊载的新闻负有审查核实的义务。网站对其刊载的新闻是否履行必要的审查义务,是法院判决刊载新闻主观上是否存在过错的决定性因素。

笔者认为,互联网站对其刊载的新闻负有审查的义务包括两种情况。一种是直接审查义务,一般适用于新闻的原刊编写者及未经授权而转载的情况。直

接的审查义务需要实地的审查核实,即专门派员去报道所在地对报道的内容、事实进行相关的采访、询问和调查。另一种是间接审查义务,一般适用于互联网站授权转载其他媒体已发表的文章、或国家机构、权威消息来源的信息时,对报道内容的本身进行间接的文字性和事实性审查,间接审查也是履行了法定的必要审查义务。

2. 转载其他媒体报道,事先应取得授权许可

互联网是一个快捷传播的媒体,如果要求互联网站对于其刊载的海量信息进行逐一的审查核实,将无疑大大降低信息的传播速度,网站也很难做到。作为网络服务提供者的网站,可以与其他媒体事先签订新闻信息的转载协议,明确双方的权利和义务。这样做的好处是:一方面有利于保证消息的合法来源、提高信息的可信度;另一方面有利于减轻转载网站的相关法律责任。

3. 提高网络编辑的法律素养

网站应加强对网络编辑的法律培训,普及互联网相关法律知识,提高采编人员的法律意识。了解相应的法律知识,将有助于网络编辑在采写及转载新闻时准确把握法律的度,避免侵权风险。比如,在本案中,如果网站编辑具备相应的法律知识和素养,就能在第一时间判断出刑事责任与民事责任应当加以区别,而不会出现新闻报道标题与内容不一致的失实情况以及十家网站最终败诉的后果。

4. 出现纠纷,及时依法解决

新闻机构接到投诉函或起诉状时,在第一时间了解并核实新闻报道的事实,并及时准确判断,可变被动为主动。如果新闻报道客观、真实,新闻机构应当坚持报道。如果依照法律要求属于应当采取删除等必要措施的,那么及时进行删除可以避免扩大损害后果;如果是需要更正的,及时更正或通过连续报道等方式澄清事实,可以有效化解矛盾,获得对方谅解。如果并无胜诉把握,则应当尽可能争取协商解决。

4. 微博意见领袖应当履行的高度注意义务

——金山安全公司诉周某某侵害名誉权案

◇ 路倩雯　王松苗

案例要义

奇虎360公司董事长周某某先后发布多条微博，称金山安全公司曾在微点造毒传毒案件中故意陷害微点恶意作伪证，并使用"像黑山"、"岳不群一统江湖"和"偷鸡摸狗"等言辞。金山安全公司认为，周某某恶意毁谤，诋毁了其商业信誉，而周某某认为自己有事实依据，没有侮辱、诽谤原告人格的内容。本案对微博意见领袖表达责任的认定，或许对自媒体时代的言论自由产生导向性作用。

主要事实

北京金山安全软件公司（以下简称金山安全公司）2009年11月30日成立，系"金山软件"旗下核心企业，是金山网盾杀毒软件的版权人之一。周某某系360公司董事长，也是新浪、搜狐、网易微博的博主，粉丝众多，在新浪微博上经过了加"V"认证。

2010年5月25日下午3点左右开始，周某某相继在新浪、搜狐、网易微博发表"揭开金山公司面皮"等数十篇微博，称金山安全公司曾在微点造毒传毒案件中故意陷害微点恶意作伪证，借机要"岳不群一统江湖"，并使用了"偷鸡摸狗"、"搞阴谋"、"作伪证"、"借刀杀人"、"暗地里搞动作"、"搞小动作"、"像黑山"、"难道金山非要把自己用户的电脑全都变成肉鸡吗"等言辞；还指称金山公司员工道德标准下降极快、排挤老员工葛柯、故意偷袭破坏360软件运行等。周某某未就金山公司故意作伪证陷害微点公司以及恶意破坏360软件运行、排挤老员工葛柯等事项进行充分有效的举证（据判决原文）。

金山安全公司认为，周某某未经调查核实，仅凭主观臆断，虚构事实，恶意毁谤，散布大量诋毁商业信誉及产品声誉的不实言论，极大损害了金山安全公司良好的商誉和企业形象，使社会公众对原告及"金山软件"品牌产生了重大误解，造成金山安全公司社会评价严重降低。周某某作为同业竞争企业中有一定影响力的负责人，应对其言行谨慎负有注意义务，并对不负责任言行的不良后果有所预见。受周某某不良言论及市场因素的影响，金山软件的股价在2010年5月26日跌幅达到11.9%，市值损失超过6亿元。故诉至法院，请求判令周某某停止侵权、赔礼道歉、消除影响，并索赔1200万元。

周某某辩称，金山安全公司于2009年11月30日成立，微博中提及的"微点案"发生在2005年，其时原告尚未成立，故对"微点案"的言论与原告无关。其发布的微博言论均有事实依据，没有侮辱、诽谤原告人格的内容。案外人金山软件的股价波动与被告的言论无任何因果关系。所谓"我的微博发言让金山丢了6个亿"完全是调侃之意。综上，我方发表的评论内容属实，没有侮辱、诽谤原告人格的内容，也不存在侵权故意，而是履行公民监督的正当行为，不构成侵害名誉权。请求法院驳回原告的诉讼请求。

北京市海淀区人民法院一审判决周某某删除20条微博，公开赔礼道歉、消除影响，并赔偿经济损失8万元。[1] 金山安全公司、周某某均不服一审判决，提出上诉。北京市第一中级人民法院改判周某某删除两条微博，赔偿数额酌减为5万元，维持一审公开赔礼道歉、消除影响的判决主文。[2]

☕ 争议焦点

1.与传统媒体相比，自媒体的言论自由应当得到怎样的保障，才能与其他法益保持平衡？2.与普通人相比，自媒体的意见领袖在受言论自由保护的同时，应承担哪些必要的义务？

---

[1] 参见北京市海淀区人民法院民事判决书，（2010）海民初字第19075号。
[2] 参见北京市第一中级人民法院民事判决书，（2011）一中民终字第09328号。

法理分析

一、自媒体时代的言论自由

本案争议发生的载体——微博是近两年新兴的网络媒体形态，同国外推特（Twitter）类似，是一种轻量的微博客，具有交互性、围观性的特点。与社交网络（SNS）、博客（Blog）类似，微博是随网络技术兴起的自媒体，每个用户都拥有自己的媒体平台，能够自由发布或转载消息、评论、图片和视频。在这些媒体上，几乎所有内容都由用户生产、由用户销售、由用户消费。

在这个过程中，传统大众媒体和门户网站的"把关人"消失了，取而代之的仅仅是网站与用户的协议，即根据平台提供商"底线"设置的格式合同，从而使得言论自由鲜受束缚。相较传统媒体和互联网的其他传播形态，可以说，自媒体为言论自由提供了更加丰富的形态。在利益多元化与表达多元化的背景下，自媒体时代注定是一个百家争鸣、异彩纷呈的时代。

然而，由于"把关人"的缺位，网民虽拥有意见发表的决定权，但也增加了表达随意性导致的风险。一旦这种随意的自由突破一定限度，就可能对他人合法权益造成侵害。因此，怎样在享有言论自由的同时，保护和尊重他人的权利，是摆在自媒体用户与监管者面前共同的问题。

二、司法对限制自媒体言论自由的态度

本案一审与二审判决的差别之处在于，在言论自由与商誉权的平衡中，对失当言论采取怎样的态度。

一审法院认为，周某某作为同业竞争企业的负责人，应对其言行谨慎负有更高的注意义务，其利用微博作为"微博营销"的平台，密集发表针对金山系公司的不正当、不合理评价，目的在于通过诋毁金山软件的商业信誉和商品声誉，削弱对方的竞争能力，从而使自己任职的公司在竞争中取得优势地位，具有侵权的主观故意，其行为势必会使公众对金山安全公司以及"金山"品牌产生

一定误解，造成金山安全公司社会评价的降低，构成侵犯名誉权。[①]

二审法院虽承认"确实读不出周某某主观上的善意，也不能排除其借助对金山安全公司技术上的指责而获得自己利益的可能性"，但仅"认定两条微博存在明显的侮辱性质，构成侵权，部分微博虽然尚未达到侵犯名誉权的程度，但周某某应当以此为警戒，谨慎自己的言行"[②]，充分体察了微博作为自媒体的特性，未对其过分苛责，体现了司法对网络言论自由的宽容态度，对言论自由把握了比较宽松的尺度。

二审法官在判决书中写道："个人微博作为一个自由发表言论的空间，可以以个人的视角，通过只言片语，表达对人对事的所感所想，为实现我国宪法所保障的言论自由提供了一个平台。"并且，法官看到"由于微博上的言论具有随意性，主观色彩浓厚，甚至一些语惊四座的表达方式，都成为吸引'粉丝'关注的要素。特别是涉及批评的内容，还往往起到了舆论监督的积极作用"。因此，"鉴于微博对丰富人们的精神生活具有一定的积极意义，每个网民都应该维护它，避免借助微博发表言论攻击对方，避免微博成为相互谩骂的空间，否则人人都有可能被他人博文所侵害"。在二审法官看来，这个案子的判决，"旨在树立规则，保护公民的言论自由权利"[③]。

对于两审判决，不妨从三个方面进行分析和理解：

首先，微博的言论同所有言论一样，其自由都有法律的边界。言论自由不是绝对的，任何一个人都要对自己的言论要承担责任。一旦侵害他人合法权益，就必须承担相应法律后果。我国《宪法》第三十八条规定，"禁止用任何方法对公民进行侮辱、诽谤和诬告陷害"，《民法通则》第一百零一条规定，"禁止用侮辱、诽谤等方式损害公民、法人的名誉"，《刑法》第一百零五条第二款规定"煽动颠覆国家政权罪"等，都为言论自由划定了法律边界，理应成为人们自我约束的重要准则。

其次，在言论自由与其他法益发生冲突时，对言论自由这一重要的宪法权利，应当予以平衡考虑。目前，理论界和实务界对此主要有三类观点。第一类是

---

① 北京市海淀区人民法院民事判决书，（2010）海民初字第19075号。
② 参见北京市第一中级人民法院民事判决书，（2011）一中民终字第09328号。
③ 郭建光：《微博言论有了法律尺子》，载《中国青年报》2011年9月7日第9版。

言论自由的优先论。在网络特定氛围里，语言具有即时性和随意性特点，通常在网下可能被认为是名誉侵权的语言，在网络上可能是非常普通的语言，因此应对网络语言是否侵权采取相对宽容的规则。[①]在美国最高法院的判例中，对言论自由的解释也采取"优先主义"，例如，当言论自由与公众人物的人格权发生冲突时，通常以言论自由为优先。第二类是言论自由限制论。通常发生在专制政体、战时状态的情况下，并不关心言论本身正确与否，而是更关注言论所产生的社会后果。目前，明确适用这种规则的并不多，故在此不做赘述。第三类是法益衡量论。虽然对自媒体表达的宽容度在增加，但"宽容总是有限度的，不能一味纵容……对微博言论内容在'宽容'的'宏观视野'下，也要进行'就事论事'的'微观分析'"[②]。这种具体的微观分析，就是法益衡量。也就是说，要综合考虑言论自由与其他法益的具体情况，衡量所涉及的利益和价值，从而进行平衡，或在一定条件下有限倾斜。

在衡量的过程中，应当注意，利益的衡量包括两个不同层次。一般个体利益关系因奠基于主体抽象平等判断之上，双方利益天平无须加以特别倾斜，所进行的是"一般利益衡量"；特殊群体之间的利益关系衡量以承认特定群体或特定领域中的特殊利益为前提，保护的天平应当有所倾斜但又不应过于失衡，是为"特殊利益衡量"[③]。这两种衡量，既强调对各种利益要同等情况同等对待，又要视不同情况区别对待，后者的目的是通过"身份"分层来保障弱势利益主体的"利益差别"，追求实质的平等。

本案中，言论自由与商誉权两种法益发生冲突，一审法院倾向于保护商誉权，二审法院则倾向于保护言论自由，都是在承认言论自由和商誉重要性的前提下，进行法益权衡的结果。

最后，言论自由主体的义务应当是有差别的义务，即不同主体对同一事件的评论负有不同的注意义务。

---

① 林忠明：《法官谈网络立法采访录：时机尚不成熟》，载《人民法院报》2000年1月9日。

② 李颖：《由"微博第一案"引发的相关思考》，载《法治新闻传播》2011年第6期。

③ 张新宝：《侵权责任法立法的利益衡量（代绪论）》，见中国民商法律网：http://www.civillaw.com.cn/flsw/content.asp? pkno=6685。

三、大"V"的高度注意义务

民法上的注意义务是义务主体谨慎地为自己一切行为（包括作为和不作为）的法律义务，其核心内容包括行为致害后果预见义务和行为致害后果避免义务，是过错侵权责任的核心要素。

注意义务是一种法定义务，以行为人的职业特性为标准，注意义务包括普通注意义务和高度注意义务。普通注意义务是社会普通人员应有的注意义务；高度注意义务则是特定的职业者如医生、律师、注册建筑师、注册会计师、注册评估师等专家应当具有的注意义务。高度注意义务是对特殊人群的特殊要求，相对于社会一般民众而言，他们往往具有专家的身份或者特殊的技能，能够轻易获得人们的信赖；同时，他们的知识和技能是普通人所无法达到的，因此，他们的收益也较高。根据权利与义务相一致的原则，对他们应当适用比普通人更高的注意义务标准。换言之，专家应当负有较社会一般民众更高的注意义务。①

在微博上，加"V"认证与粉丝数量在很大程度上代表着用户的微博影响力，从而将用户的身份层次划分鲜明——加"V"认证的大号用户就是微博意见的"专家"。他们的粉丝数动辄数以万计，周某某的新浪微博粉丝如今已超过200万；而不加"V"的普通用户，粉丝多则几百人，少则只有几十人，即便振臂一呼，也是应者寥寥。

在加"V"的用户中，有一些人是行业先锋、业界名人、知识精英，相对其他用户，其发表的消息和言论对粉丝来说更具说服力、影响力、传播力，成为名副其实的意见领袖。他们发表的一个小的呼吁，一句不经心的批评，都有可能设置议程，引发几何倍数的传播量，爆发出惊人的破坏力。而寻常用户，则很难在微博的话语体系中得到一席之地。可以说，微博上意见领袖的影响力是以他们个体存在的"专家"影响力，而普通人的影响力则是以数量结成的整体存在的"群众"影响力。

正是基于这种传播范围和传播效果的差别，不同主体对同一事件的评论

---

① 屈茂辉：《论民法上的注意义务》，载《北方法学》2007年第1期，第29~30页。

应当负有不同的注意义务,有必要使在微博上具有强势话语权的用户承担更高的注意义务,谨言慎行。

本案中,周某某作为IT行业的领军人物,是IT业的意见领袖,在微博上更是广大粉丝眼中的IT权威,因此,周某某应履行高度注意义务,言之有据,充分预见其微博言论的致害后果,努力避免致害后果的发生。一审法院考虑周某某还有一个重要身份:金山系企业竞争对手360公司的董事长。结合周某某与360公司、金山安全公司之间存在的密切利益关系,一审法院认为周某某的微博发言显然并未站在公共利益的立场,而明显带有为自己公司私利考虑、自愿成为360公司代言人之嫌。二审法院也认为,通观周某某微博的前后文,确实读不出周某某主观上的善意,也不能排除其借助对金山安全公司技术上的指责而获得自己利益的可能性。这种对发帖人主观心态的考察,对意见领袖显然具有警示作用。

在认识意见领袖的义务时,值得重视的一个问题是意见领袖与公众人物两个概念的关系。本案中,一审与二审判决都认为公众人物就是意见领袖,理应承担高度注意义务。例如一审意见认为,"(周某某)是微博上被新浪认证加'V'的公众人物",因此"在将个人对于竞争对手的负面评价公之于众时,更应三思而行、克制而为";二审也采纳了这一说法,表示"周某某作为一个'网络老兵'、公众人物,深悉网络传播之快之广,更应谨慎自己的言行"。

其实,两者并不能完全等同。"意见领袖"是传播学的概念,而公众人物是诽谤法的概念,两者适用于不同的语境,包括不同的范畴。不可否认,众多的意见领袖在现实生活中,常常就是公众人物。但这种公众人物的身份,不能仅仅是因为他们在网络上发表了领袖性的意见,更多的是因为他们在现实生活中的身份和行为,符合公众人物的认定标准,比如从自己的角色中得到了足够的报偿,包括:(1)社会的普遍尊重;(2)实现抱负;(3)成就感;(4)物质待遇①。仅仅单凭网络意见的影响力来判定是否公众人物,显然缺乏足够的说服力。美国将诽谤诉讼的原告划分为公众人物和私性人物。公众人物即政府官员、非选举产生的政府职员、公共运动的领袖、卓越的演艺人员、著名的宗教

① 张新宝著:《名誉权的法律保护》,中国政法大学出版社1997年版,第107页。

领袖和商业领袖。私性人物就是非公众人物。在美国的法律体系中，相比私性人物，公众人物的名誉权相对来说受到更少的保护。[①] 这是因为公众人物作为社会关注的焦点，他们所从事的公务、职务，职业、专业活动常常关乎国家利益或者公共利益，与社会公众的生活密切相连。为了保证公共权力的正确运行，保证公众利益的不受损害，必须对他们的行为进行监督，公众人物的名誉权因此受到相应限制。不难看出，确立公众人物制度的出发点是为保护公共利益，让维护公共利益的发言人免于恐惧和诉讼的压力，其核心是维护"说"（表达）的权利；而意见领袖的注意义务的出发点是维护名誉（商誉）及社会秩序，在尊重"说"（表达）的权威基础上，其核心是限制"说"（表达）的权利。但在本案中，如果把意见领袖视做当然的公众人物，却可能产生限制言论自由的效果，显然，这是与法院判决的旨趣相悖的。

当然，随着时代的发展，我们认为也无法排除部分网络意见领袖，依靠网络言论成为公众人物的可能性，而这正是传播法与新闻法领域需要共同研究的课题。

四、微博言论的侵害对象

本案二审法院与一审法院的另一个分歧在于，对相关微博言论的侵害对象认识不同。一审法院认为，考虑到周某某在微博中表述"金山"或"金山公司"时，并未对各金山系公司进行明确区分，而是笼统提到"金山"品牌，故如周某某的言论构成侵权，受损的是"金山"品牌。金山安全公司作为"金山软件"旗下的关联企业，亦会因"金山"品牌商誉受损而直接受到损害。

二审则认为，"微点案"发生在2005年，且在当时在一定范围内广为网民知晓的公司是金山软件公司，而金山安全公司成立于2009年。周某某2010年发表的博文中，尽管没有明确是金山软件公司，但根据"微点案"的影响程度，知晓"微点案"的受众，应当与整个"金山"品牌建立联系的受众是一致的，因此阅读周某某微博的网民不会因该言论直接联想到本案的当事人金山安全公司。故二审法院批评一审判决认为金山安全公司因"微点案"受到利益侵害，会使

---

① [美]唐·R·彭伯著，张金玺、赵刚译：《大众传播法》，中国人民大学出版社2005年版，第164~184页。

受到侵害的链条无限延伸。因此，二审认定涉及"微点案"的博文内容与金山安全公司没有任何关系，故不予审理。但二审又认为，其他的几条博文内容指向并不明确，受损的不排除金山安全公司。

毫无疑问，二审判决在这里是有漏洞的甚至是矛盾的。由于周某某微博的受众并不都是杀毒行业人士，相关言论的辐射人群还包括普通网民和公众。考虑到互联网行业的相对专业性，受众若没有专门的求证和调查，就很难了解各事件的时间节点与金山安全公司成立的关系，更难以判断出二审法院所认为的"博文内容与金山安全公司没有任何联系"。

一审与二审的分歧表面看是对指向性理解的不同，实际是对诉的利益的理解不同。在普通大众的眼里，一般会对没有特别指明区分的"金山"理解为"金山"品牌整体，同时，从市场方面来说，金山安全公司是"金山杀毒产品"的生产商，"金山故意作伪证言论"中"金山"的用词方式，会使公众产生指向上的误认或做"金山杀毒品牌"的宽泛理解，从而直接影响大众对金山产品的认知和评价，这对金山安全公司的利益无疑是有很大影响的。因此，我们同意这样的分析：金山安全公司与涉及"微点案"的微博内容也是存在直接利益关系的，应进行实体审查。[①]

启示与建议

该案作为中国的微博第一案，不仅为规范层出不穷的网络微博侵权纠纷提供了司法导向，而且其引申意义也很有价值，为今后中国公民间言论自由及其规制提供了案例上的蓝本。

1. 微博用户在发表言论时，应尊重他人的合法权益，在法律框架内张扬个性。

2. 微博"意见领袖"应承担高度注意义务，保持克制，严格自律，避免传播虚假消息、主观臆断，更不能巧借领袖身份，利用粉丝，造谣中伤他人，侵犯他人人格权。

[①] 李颖：《由"微博第一案"引发的相关思考》，载《法治新闻传播》2011年第6期。

3. 司法对于自媒体的言论自由,应从法益衡量的立场上,综合考虑所涉及的利益和价值,从而进行平衡,或在一定条件下有限倾斜。

4. 对于微博言论的侵害对象应做宽泛理解,结合不特定公众的一般辨别能力,认定言论的指向性以及因果关系,最终确定侵害对象。

5. 职业新闻工作者的表达标准不应低于普通人

——陆某诉黄某某侵害名誉权、隐私权案

◇　徐　迅

案例要义

黄某某是著名的媒体人，也是活跃的博客写手。他因在博客中曝国家足球队外籍教练的性丑闻而获得了极高的网民关注，也被网友指认的疑似丑闻女主角告上了法庭。此案原告虽然在两审中均败诉，但学术界与舆论却几乎一致倒向了原告，对判决的批评之声不绝于耳。本案在名誉权诉讼中的特定人标准、女性是否应当获得法律的某些倾斜保护、隐私的分层次问题以及意见领袖的社会责任等方面均多有讨论余地。

关键词

特定指向　倾斜保护　核心隐私　表达标准

主要事实

2008年6月6日，黄某某在新浪公司主办的新浪网黄某某个人博客中发表涉案文章，主要内容是对当时中国国家足球队及主教练的评论。该文章第10自然段内容为："说真的，你比前任差远了。人家起码把零距离安排了一个好结果，不仅当时共享荣华富贵，直到现在，还让她代理自己在中国的一切商业合作，可谓仁至义尽，够男人够成功。可是你呢？把人家搞成了宫外孕，回到单位里弄成丑闻，你却缩头乌龟了。人家也被撤了国家队首席跟队记者的身份了，落得个鸡飞蛋打。搞得很多粉丝还十分纳闷十分想念，因为很久在国家队的报道里看不见她的倩影了。单

说这一点，你就比前任差多了。对吧？"

黄某某的上述博文发表后，有网友根据文中提供的线索，如"国家队首席跟队记者"、"宫外孕"、"粉丝"、"倩影"等内容在网上发型搜索，迅速锁定了中央电视台的体育记者陆某。虽然黄某某接受了部分网友的意见，删去了有关私人生活的攻击，但网上针对陆某的各种指责、谩骂、侮辱仍然接踵而至，跟帖达百万，且指向明显。时至今日，从未有第二个女性被网友指认并受到相关攻击。2008年11月，陆某委托律师在北京市朝阳区法院起诉黄某某侵害名誉权、隐私权，要求法院判令黄某某赔礼道歉，支付精神损害抚慰金50万元。

一审法院驳回了陆某的起诉，认为"陆某提交的证据尚不能证明上述语句具有直接且排他的指同性，故陆某所称涉案文章通过泄露其隐私的方式捏造其与国家队时任主教练性丑闻的意见，法院难以采纳"。陆某不服一审判决，提起上诉。2010年12月20日，北京市第二中级人民法院做出终审判决，驳回了陆某的上诉。法院认为："本案现有证据尚不足以证明涉案文章中的相关词句排他地、特定地、唯一地指向陆某，一般公众在阅读涉案文章后亦不能当然产生文中涉及的女性记者即为陆某的结论并对陆某做出负面评价。"值得注意的是，法院在判决书的最后指出："黄某某在涉案文章中对他人私生活的评论确在社会上造成了一定的不良影响，本院对黄某某的不当行为予以批评。黄某某作为有一定影响力的公共人物，今后在行使自己言论自由权利的同时应当特别注意将自己的言论规制在不损害他人合法权益、不违背社会公序良俗的范围内，对净化社会环境、弘扬社会主义主流文化起到表率作用。"

争议焦点

被告黄某某发表的博客文章相关内容是否指向了原告陆某？二审法院就特定指向这一问题所持的"排他地、特定地、唯一地指向"的主张是否符合法律的规定？职业媒体从业者应当从此案中获得哪些教益？

法理分析

司法裁判的功能在于明辨是非，救济权利、消弭矛盾、确立行为规范。但自本案终审判决生效以来，这些目的一个也没有实现。首先，陆某受到了伤害，但她却是官司的败诉者；黄某某虽然赢了官司，却受到法院的批评——到底谁对谁错，是非并没有明辨。陆某作为原告，诉讼请求被再度驳回，并且反因败诉而受到新的侮辱谩骂[①]——权利未获救济。陆某当庭表示不服判决，要继续申诉，称"黄某某是我永远的被告"[②]，而黄某某的律师则向记者表示"黄某某没有错，批评他不妥"[③]——矛盾没有消弭，诉讼双方均不满意。法庭之外更是硝烟弥漫：陆某接受了多家媒体的采访，指斥判决书是让人没有事实、没有公正和没有尊严的"三无产品"[④]；学术界几乎不约而同地批评这一判决[⑤]；而胜诉的黄某某也继续实践着终审判决书的教导：不要将"相关词句排他地、特定地、唯一地指向"某人，因为如此便可以既传播流言又立于不败之地。

一、"排他的、唯一地指向"是法院对原告的苛求

二审判决书中指出："本案现有证据尚不足以证明涉案文章中的相关词句排他地、特定地、唯一地指向陆某。""排他地、特定地、唯一地"三个标准成为法官认定涉案文章指向性的标准，而这一标准几乎成为陆某败诉的唯一原因。

---

① 二审宣判后，黄某某在博客中发表文章，称"每只鸡都以为自己是凤凰"。同时调侃了法院的判决："如果你不涉及具体对象而批评了其个不良现象，然后有人跳出来说这个现象是他独有唯一的隐私，你就要被批评，尽管法律认为你完全没做错什么。这相当于你曝光某官员嫖娼，然后那个被嫖的出来说，你侵犯了她的名誉，以披露她隐私的方式。而那个官员却保持了沉默。哈哈哈！我接受批评。"（http://sports.xinmin.cn/2010/12/21/8434322.html）

② 《陆幽：黄健翔是永远的被告》，http://news.163.com/09/0509/10/58S91OKF000120GR.html。

③ 《陆幽告黄健翔二审维持原判　黄健翔胜诉但判决中挨批》，http://news.ifeng.com/society/1/detail_2010_12/21/3610587_0.shtml。

④ 笔者于2011年10月23日在百度上以"陆幽、黄健翔、名誉权"为关键词，共搜索到11000个相关网页。其中人民网就此案生效裁判做了视频专题，http://tv.people.com.cn/GB/14644/13599990.html。

⑤ 2011年1月20日中国政法大学传播法研究中心、中国传媒大学传媒政策与法律研究中心、华东政法大学人文学院联合举办"陆幽诉黄健翔侵害名誉权、隐私权二审判决研讨会"，学者从不同角度批评了二审判决（http://media.cupl.edu.cn/index.php/2010-02-27-08-24-28/1156-2011-01-23-05-15-25）。

这一判决理由表面看起来是证据问题，但实际是司法应当如何理解并适用法律关于特定指向的问题。

任何侵害名誉权的诉讼都会面临诽谤言辞指向是否明确的问题，这就是所谓诽谤的"特定人"问题，它在我国司法解释中是这样规定的："撰写、发表文学作品，不是以生活中特定的人为描写对象，仅是作品的情节与生活中某人的情况相似，不应认定为侵害他人名誉权描写真人真事的文学作品，对特定人进行侮辱、诽谤或者披露隐私损害其名誉的；或者虽未写明真实姓名和住址，但事实是以特定人或者特定人的特定事实为描写对象，文中有侮辱、诽谤或者披露隐私的内容，致其名誉受到损害的，应认定为侵害他人名誉权。"① 这一规定看起来只是针对文艺作品，但其中又指出包括"以特定人或者特定人的特定事实为描写对象"，因此不能排除包括新闻报道及一般事实性内容的传播。我国的司法实践情况也表明，虽然关于特定人问题的司法审判大多涉及文艺创作，但确有一些没有点名的新闻报道被控侵害名誉权，有的研究者称之为"对号入座"②。

根据法律的规定，属于特定人的应有两种情况：一是指名道姓，指向明显；二是虽未指名道姓，但他人根据文章披露的情况（即司法解释所说的"以特定人或者特定人的特定事实为描写对象"），可以指明文章所针对的特定人。很显然，本案的特定人问题属于第二种。在网友中，这种指向从涉诉文章发表之日起就很明确，直到终审判决做出时，陆某始终都是唯一的被指认、被侮辱与谩骂的对象，从未改变。遗憾的是，只有本案被告和法官拒绝承认这一现实。

上述判决的理由看似很认真，要求特定指向应当是"排他地、特定地、唯一地"，但严格地说，"特定的"确是法律的要求，而"排他的、唯一的"却是本案法官背离法律的独创，是对原告的苛求。这种苛求严重违背了基本的公平正义，使司法的天平毫无依据地向被告倾斜，加重了原告本不存在的证明责任，使特定人的第二种情形彻底化为乌有。也就是说，按照终审判决的逻辑，如果

---

① 见1993年生效的最高人民法院《关于审理名誉权案件若干问题的解答》第九条。
② 杨立新：《论中国新闻侵权抗辩及体系与具体规则》，收录于徐迅主编《新闻（媒体）侵权研究新论》，法律出版社2009年版，第213页。

只有符合"排他地、特定地、唯一地"标准才可以认定特定人,那么除了指名道姓,其他情形均难以认定诽谤指向的特定人,这将大大缩小法律对公民人格权利的保护范畴。

二、女性应当获得法律的倾斜保护

我国宪法规定了男女平等原则。2004年,我国《宪法》修正案在第三十三条中增加规定:"国家尊重和保障人权。"事实上,我国在1980年就签署了联合国《消除对妇女一切形式歧视公约》,1981年已经生效。这表明,我国承认公约的各项原则。

2005年我国颁布了保护妇女权益的专门法《中华人民共和国妇女权益保障法》,其中第四十二条特别规定:"禁止用侮辱、诽谤等方式损害妇女的人格尊严。禁止通过大众传播媒介或者其他方式贬低损害妇女人格。"需要特别指出的是,本条规定单独指出了"大众传媒"的作用,可见法律对防止通过大众传媒损害妇女人格尊严的情形保持高度警惕。

在我国,类似的对某些特别人群给予专门法保护的还有未成年人、老年人、残疾人等,由此构成了我国人权法的重要组成部分。

不过法律的这些规定在司法审判中的适用并不令人满意,很少有法官注意到法律对某些人群的特殊保护。在人格权诉讼中,法官们习惯引用民法的规则处理案件,极少见到判决书引用上述法律的相关条款,从而实现对宪法、法律特别保护的当事人必要的倾斜保护。没有诉讼就没有救济。如果裁判者从来都不考虑这些法律的存在与价值,根本不能在诉讼中作为依据做出判决,那么法律的承诺又如何可以从宣言变为真实的公民权利?我国人权保护的水平又何以提高?

三、法律对核心隐私应加大保护力度

自1987年民法通则生效以来,我国的隐私权一直纳入名誉权的保护中。1995年,《中华人民共和国妇女权益保障法》中规定"妇女的名誉权、荣誉权、隐私权、肖像权等人格权受法律保护",这是在我国全国人大及其常委会颁布的法律中首次出现"隐私权"的概念。而"隐私权"作为独立的民事权利出现在我国民事基本法中是2010年7月1日生效的《中华人民共和国侵权责任法》，该法第二条第二款规定："本法所称民事权益，包括生命权、健康权、姓名权、名誉权、荣誉权、肖像权、隐私权、婚姻自主权、监护权、所有权、用益物权、担保物权、著作权、专利权、商标专用权、发现权、股权、继承权等人身、财产权益。"

虽然"隐私权"的概念自2010年才在我国民事基本法中正式出现，但我国隐私法的发育却早已起步。关于隐私的分类，学术界有很多种划分，学理上一般分为私人信息、私人空间与私人活动三大类。若以"未经本人同意，擅自刺探、挖掘与披露"等为条件，会发现我国法律所保护的隐私越来越多。

在我国，有关身体信息、医疗信息属于法定的隐私，有多部法律加以规定。1998年生效的《中华人民共和国执业医师法》第二十二条将"保护患者隐私"作为医师的法定义务，按照该法第三十七条的规定，因"泄露患者隐私，造成严重后果的"，将受到"警告或者责令暂停六个月以上一年以下执业活动；情节严重的，吊销其执业证书；构成犯罪的，依法追究刑事责任"。2004年修订后的《中华人民共和国传染病防治法》六十七条、六十八条规定"故意泄露传染病病人、病原携带者、疑似传染病病人、密切接触者涉及个人隐私的有关信息、资料的"，将区别情况与后果，承担不同的法律责任。《中华人民共和国侵权责任法》第六十二条规定："医疗机构及其医务人员应当对患者的隐私保密。泄露患者隐私或者未经患者同意公开其病历资料，造成患者损害的，应当承担侵权责任。"这表明，涉及人的身体、健康及医疗领域，是隐私的密集所在，是法律重点保护的对象。其中与性的关的身体信息，更是隐私中的隐私。这一点在一些发达国家也不例外。

2009年和2010年，中德广播电视法律交流项目中，德国巴伐利亚广播电视台的总法律顾问黑塞先生两次介绍了德国民法中如何划分隐私的层次（见图1）：

图1表明，处于中心区的隐私被称为"私密领域"。随着外圈的扩大，保密的力度逐渐缩小，直至公共空间。因此，越是处于私密领域的核心隐私，法律保护的力度越大。

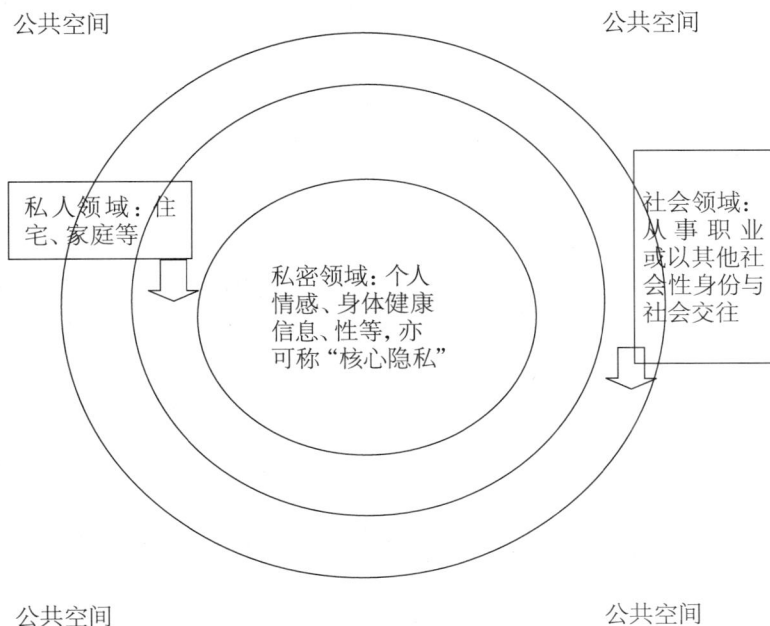

图1

本案涉及一名年轻女性的性、身体、疾病等法定隐私,按图1的分类,是典型的私密领域,即核心隐私。涉及此类信息的公开,应当高度尊重权利人的意愿。此时,发布者的注意义务属于最高等级。如果未经本人同意而加以披露,造成损害后果,则被告应当承担较重的侵权责任。

本案被告在诉讼中承担的证明责任过轻,是研究者诟病的一大问题。虽然涉及国家足球队的事情与公共利益有关,但作为普通记者,陆某并非公众人物,她患宫外孕纯属她的私事,与公共利益无关,法庭没有理由要求她的人格权利退让。况且公众对于足球所要知道的是真实的情况,而不是不负责任的传言。被告通过互联网这一大众媒介告诉公众一件事(国家队主教练把某记者搞成了宫外孕),导致网友的疯狂猜疑与推测,使陆某遭受侮辱与谩骂,而诉讼中法庭却不要求被告证明他向公众传播的信息是真实存在的,这无异于放任谣言横行,也与大部分涉及新闻失实的名誉权诉讼中的证明责任分配规律相悖。诽谤诉讼中,被告证明责任的另外一个考量因素是,任何人均可能证明

"有"，但难以证明"无"。也就是说，是否存在文章所指的性丑闻，不能让原告来证明，因为她无法证明不存在的事情，只能由声言存在性丑闻的被告来证明。但本案两审诉讼中，法官无法一直要求原告承担举证责任，被告只需要不断反驳，而不必证明或较少证明，这种举证责任的分配逻辑实在有失公允。

四、职业媒体从业者的表达标准不应低于普通人

本案终审判决在驳回陆某的上诉，维持原判的同时，用一段话批评了黄某某，指出公众人物"在行使自己言论自由权利的同时应当特别注意将自己的言论规制在不损害他人合法权益、不违背社会公序良俗的范围内"，这一告诫可谓用心良苦。

本案被告黄某某是知名的媒体从业者，对于新闻专业规范本应心知肚明，烂熟于心。互联网虽然看似存在着比传统媒体更自由的表达空间，但本着法律面前人人平等的原则，从来都不存在表达的第二个法律标准。也就是说，网上网下标准相同。而职业媒体人的表达标准更不应低于普通人。仅就本案而言，普通人的相处间均会十分留意，不会轻易传播与议论涉及他人隐私、特别是核心隐私的信息，这是人的常识与修养。但为什么在博客中就可以随意传播关系他人隐私的传言呢？有研究者注意到，黄某某的"博客粉丝有335万，比人民日报的发行量还要大"[1]，俨然是网上具有影响力的意见领袖[2]，他的表达标准会影响表达秩序的建立。这种影响应当是积极的，而非消极的，其中司法审判的引导作用更是至关重要。遗憾的是，在本案中，身为职业媒体从业者的被告其表达标准比普通人还要低，而法庭对此只有批评，却超越法律规定，以各种自创的理由避免认定过错与侵权。因此笔者曾有如下这番批评：本案判决不仅谈不上建立新型的传播秩序，而是在以往法律及相关判决基础上严重后退。不仅对包括互联网在内的现有传播秩序没有建立之功，甚至对传统媒体已有的

---

[1] 引自魏永征2011年1月20日在中国政法大学传播法研究中心、中国传媒大学传媒政策与法律研究中心、华东政法大学人文学院联合举办"陆幽诉黄健翔侵害名誉权、隐私权二审判决研讨会"上的视频发言。

[2] "意见领袖"是指在人际传播网络中经常为他人提供信息、意见、评论，并对他人施加影响的"活跃分子"，是大众传播效果的形成过程的中介或过滤的环节。见百度百科（http://baike.baidu.com/view/368550.htm）。

传播秩序也具有破坏之力。在这方面,职业的媒体从业者对建立表达秩序负有责任。

启示与建议

首先,作为媒体的管理者,有必要针对有关大众传播内容的采集、制作与传播的全体工作人员加强隐私权保护的培训。一是需要知道什么是隐私,并及时了解我国隐私法律保护的新进展;二是确立对隐私分层次的认识与处理的观念,即:越是核心隐私,表达者的注意义务越高,越是需要坚守"本人同意"的底线标准。

其次,作为博客、微博等自媒体的作者,应当明确表达的标准遵循"法律面前人人平等"的宪法原则,互联网与现实社会中的表达标准是一致的,并不存在第二个言论自由空间,对于法律明确保护的他人权利不能漠视乃至公然侵犯。① 尤其是互联网上的意见领袖,更应成为文明表达的表率,任何缺乏专业素养乃至人伦教养的内容传播均将损害互联网表达的格调与品位。

再次,作为行业组织,如广播电视协会、记者协会、互联网自律机构等应当确立并及时补充大众传播内容的行业标准,向社会公布,以便接受公众的投诉。通过自律机制,逐步推动全社会在表达的标准方面达成共识。

---

① 这种漠视他人权利,表达标准极低的名人,曾被网友评价为"人至贱,则无敌"。见腾讯网:http://news.qq.com/a/20111108/000283.htm。

6. 网络虚拟财产的性质与价值

——李某与北京北极冰科技发展有限公司娱乐服务合同纠纷案

◇ 董娟娟

案例要义

李某是"红月"网络游戏的玩家。在游戏过程中，李某与"红月"游戏的经营公司——北京北极冰科技发展有限公司（以下简称北极冰公司）产生了财产纠纷。下文将以此案为例分析网络游戏中网络虚拟财产的性质与价值等相关法律问题。

关键词

网络游戏 网络虚拟财产 无形财产

主要事实

"红月"系一款大型多人在线收费网络游戏，北极冰公司是该游戏的经营者。玩家通过账号注册首次进入游戏，之后通过购买北极冰公司发行的游戏时间卡并为账号充值后获得游戏时间进行游戏活动。在游戏过程中，玩家通过购买游戏卡或游戏命令等方式，可获得游戏中的多种虚拟装备。

李某是"红月"的玩家之一。自2002年起，李某在该游戏里积累和购买了各种虚拟装备几十种，但2003年2月某一天，当他再次进入游戏时，却发现自己游戏账号"国家主席"内所有的虚拟装备丢失，其中包括自己最心爱的三个头盔、一个战甲和两个毒药等物品。于是，李某先与游戏运营商交涉，希望找到盗走其装备的人。经查询，装备的流向是：寄给玩家SHUILIU0011。但是当李某要求索取该玩家的具体情况时，游戏运营商以"玩家资料属个人隐私，不能提供"为由拒绝。随后李某到公安机关报案,也没有得到有效解决。最后他只好将游戏运营商北极冰公司告上法庭。2003年12月18日,北京市朝阳区人民法院做出一审判决,判令被告北极冰公司将原告李某在"红月"游戏优雅处女服务器内的ID"国家主席"内丢失的虚拟装备恢复,并赔偿相关经济损失。原告与被告对此审判结果都不满意,提起上诉。2004年12月16日,北京市第二中级人民法院做出终审判决,维持原判。①

☕ 争议焦点

本案的争议焦点可概括为:1.网络游戏中各方之间的法律关系问题;2.网络虚拟财产法律属性认定问题;3.网络虚拟财产价值的认定问题。

📖 法理分析

一、双方之间的法律关系

该案系网络游戏经营者与玩家之间因网络游戏产生的娱乐服务合同纠纷。在此案中,原告李某是游戏"红月"的玩家,被告北极冰公司是该游戏的运营商,双方之间形成的是消费与服务关系,构成了法律上娱乐服务合同的对应主体关系。因此,根据原、被告之间所形成的网络娱乐服务合同关系的特点,一方面既要遵守双方之间有关该游戏娱乐合同的相关约定,同时还应适用我国合同法和消费者权益保护等法律规范进行调整。

在网络游戏这一特殊环境中,网络娱乐服务合同是一种较为特殊的格式合同,一般具有以下特征:首先,双方当事人的服务与被接受服务的目的非常明确。网络公司负责搭建网络游戏平台、提供服务、收取费用,而作为用户,则通过参与游戏,做出接受此种服务之意思表示。其次,合同未经双方合意,系由一方单方拟定,这是格式合同最显著的特点。通常,网络游戏玩家在加入一款网络游戏的时候,其中很重要的一步就是阅读并做出选择是否同意一份电

---

① 详细案情介绍见刘双玉、牛冬华:"网络虚拟财产的认定和保护",载北京市高级人民法院民一庭编:《北京民事审判疑难案例与问题解析》(第3卷)。

子版的合同。在该合同条款下面有"同意"和"不同意"（或为"接受"和"不接受"）两个按钮，只有在玩家用鼠标点击"同意"或"接受"的按钮的时候，才能顺利地完成注册工作，登录游戏。在此过程中，合同由游戏运营公司根据自己的意愿单方拟定，玩家不能更改，只有选择接受或不接受合同条款的权利，而没有与之协商、做出选择、进行合意的权利。再次，在网络娱乐服务合同中，一方的身份和性质难以确定，因为网络服务合同是自动生成的，只要用户浏览了网络公司拟定的《服务协议》，按确认键同意后，双方的权利义务关系即成立，尤其是在网络环境匿名性这一特征下，用户一方的身份和性质就难以确定。① 最后，网络服务合同与传统的构成要件有着显著的不同。网络娱乐合同是以数据电文形式成立的一种特殊的合同形式，因此与传统书面形式的合同有所不同。②

在本案中，北极冰公司主张其有关管理"红月"游戏所依据的"红月法规"是双方的合同，有关权利义务均依照"红月法规"的约定。"红月法规"规定，玩家账号由玩家自己保管与维护，发生盗用时，应自行更换密码，盗号期间的损失由玩家自负。同时还规定，当发现玩家具有涉及侵入、拦截、破坏、修改程序以及宣扬、叫卖和使用各种非法外挂程序，经红月小组确认核实后将立即删除角色；公司不支持玩家从事任何游戏中人物角色、物品等虚拟物品的现实世界交易。于是，北极冰公司认为根据上述规定其有权对复制物品做出处理，无需报警，对玩家也不负有其他义务。但是，在案件审理过程中，经法院审查，能够确认"红月法规"在玩家首次进入游戏之前没有以适当的方式向玩家出示并经认可，因此"红月法规"不能成为原、被告之间的合同，当然该"法规"的内容也就不能作为确定双方权利义务内容的依据。此外，在网络游戏中，玩家在游戏预先设定的环境下进行活动，活动的自主程度是受环境设定限制的。作为游戏经营者，北极冰公司掌握服务器运行，了解玩家活动情况，并可控制服务

---

① 2010年6月22日，文化部正式出台《网络游戏管理暂行办法》（文化部令第49号），并于8月1日正式实施。该办法要求有序推进网络游戏实名制度，要求网络游戏运营企业要建立和完善有效的实名注册系统，该系统应当包括网络游戏用户的真实姓名、有效身份证件号码、联系方式等信息。这一规定使网络游戏中的匿名现象有所改观。
② 《合同法》第十一条："书面形式是指合同书、信件和数据电文（包括电报、电传、传真、电子数据交换和电子邮件）等可以有形地表现所载内容的形式。"

器数据,因此要求被告对玩家承担更严格的保障义务,相对玩家而言,游戏经营者具备更优越的举证能力,举证责任的要求也更加严格。在此前提下,法院综合物品流失可能性的分析,做出了有关北极冰公司应对李某物品的丢失承担保障不利的责任的认定,而没有采纳北极冰公司以"红月法规"做出的抗辩。

因此,结合我国的《合同法》以及《消费者权益保护法》关于格式合同的限制性规定,在网络游戏中,游戏运营商作为网络游戏服务格式合同的拟订方,既应当以适当的方式向玩家展示并得到其认可,使之成为约束自身与玩家之间的有效的格式合同,也有义务按照公平的原则确定其与玩家之间的权利与义务,并应该采取合理方式提请玩家注意免除或限制自己责任的条款,并按照玩家的要求,对该条款进行说明;如果游戏运营商提供的网络游戏服务格式合同中的条款具有合同法中第五十二、五十三条所规定的情形或该条款免除自己的责任,加重玩家的责任,排除玩家的主要权利的,该格式条款无效。双方对网络游戏服务合同条款的理解发生争议的,应该按照通常理解给予解释,对于格式条款有两种以上的解释,应做出不利于游戏运营商的解释;游戏运营商不得以格式合同、通知、声明、店堂告示等方式做出对玩家不公平、不合理的规定,或者减轻、免除其损害玩家合法权益应该承担的民事责任,格式合同条款含有以上内容的,该内容无效。可以说这些关于无效条款认定的规定对于保护玩家利益是非常必要的。对此,2010年7月30日,文化部发布《关于贯彻实施〈网络游戏管理暂行办法〉的通知》专门规定,为保障网络游戏用户合法权益,按照诚实、信用、公平的原则,文化部制定《网络游戏服务格式化协议必备条款》(见附件)。网络游戏运营企业与用户的服务协议应当包含《网络游戏服务格式化协议必备条款》的全部内容,并且不得存在与其相抵触的其他条款。

二、网络游戏中的虚拟财产的法律属性

网络游戏中的虚拟财产,在法律上并无定论,但是从目前的通说来看,网络游戏虚拟财产具有以下法律特征:

(1)价值性。价值性是指可以以一定的货币给予衡量、能够满足人们的物质需求或者精神需求,也就是通常所说的具有使用价值和交换价值。互联网上及现实生活中大量的虚拟财产的交易行为,充分体现了网络游戏虚拟财产

的价值性①。虽然网络游戏虚拟财产的交易价格尚无合法、公认的机制予以确认、鉴定，但它们可以通过一定比例的现实货币来衡量的客观事实是不容置疑的。文化部《网络游戏管理暂行办法》对网络游戏虚拟财产之一的网络游戏虚拟货币的概念做了明确的规定，即"网络游戏虚拟货币，是指由网络游戏经营单位发行，网络游戏用户使用法定货币按一定比例直接或间接购买，存在于游戏程序之外，以电磁记录方式存储于服务器内，并以特定数字单位表现的虚拟兑换工具"。并联合发文要求加强网络游戏虚拟货币的管理。② 可见，网络游戏虚拟财产的价值性已得到有关行政主管部门的确认。

（2）合法性。网络游戏虚拟财产来源主要有两种方式：一是网络游戏玩家用法定货币向游戏运营商换购虚拟货币、虚拟装备或向其他玩家换购虚拟装备等；二是网络游戏玩家在游戏平台上经营游戏角色且投入一定的时间、精力后，"修炼"所得。通过这两种方式取得的虚拟财产并无损害任何他人的合法权益，也未违反现行的任何法律、法规的规定，显属合法。如果游戏玩家利用黑客技术或外挂等非法程序取得虚拟货币、虚拟装备等，则违反了网络游戏规则、破坏了网络游戏的公平环境、损害了其他玩家的合法权益，是不合法的。③

（3）客体性。从现有理论关于法律关系客体的认定角度来看，法律关系的客体的种类主要有：物、行为、智力成果等，网络游戏虚拟财产并没有被包括在内。但是，社会日新月异，不断有新的利益需求被法律所保护，因此，法律关系的客体也从有体物、无体物发展到无形的利益。从互联网迅猛发展的现实来看，网络游戏虚拟财产在网络环境中已是客观的存在，游戏玩家对虚拟财产的利益需求也是客观现实的。对于游戏玩家、游戏运营商而言，网络游戏虚拟财产已经是他们之间权利义务所共同指向的对象，是游戏玩家与游戏运营商、游

---

① 一些网站或者网络游戏运营商还专门搭建交易平台，供游戏玩家交易以保证虚拟财产交易的安全。

② 如，文化部、商务部《关于加强网络游戏虚拟货币管理工作的通知》（文市发〔2009〕20号），国家税务总局《关于个人通过网络买卖虚拟货币取得收入征收个人所得税问题的批复》（国税函〔2008〕818号）。

③ 2003年，新闻出版总署、信息产业部、国家工商行政管理总局、国家版权局、全国"扫黄""打非"工作小组办公室联合发布《关于开展对"私服"、"外挂"专项治理的通知》（新出联〔2003〕19号），认定"'私服'、'外挂'违法行为属于非法互联网出版活动"，针对当前"私服"、"外挂"等违法行为蔓延的势头，决定在全国开展专项打击治理行动。这也从反面强调了网络游戏虚拟财产的获取应当具有合法性。

戏玩家与其他游戏玩家之间法律关系的实实在在的客体。网络游戏玩家在与网络游戏运营商签订网络游戏服务合同的基础上，根据投入的时间、精力、财力的不同而取得不同的虚拟财产，对于这些虚拟财产，网络游戏玩家可以要求游戏运营商根据网络游戏服务合同履行相应的保存、保管责任，也可以与同一游戏平台上其他游戏玩家通过交易、交换而获利。可见，网络游戏虚拟财产具有法律关系上的客体性。

　　回到本案中，北京市朝阳区人民法院的审理法官在审理过程中认为："关于丢失装备的价值，虽然虚拟装备是无形的，且存在于特殊的网络游戏环境中，但并不影响虚拟物品作为无形财产的一种，获得法律上的适当评价和救济。玩家参与游戏需支付费用，可获得游戏时间和装备的游戏卡均需以货币购买，这些事实均反映出作为游戏主要产品之一的虚拟装备具有价值含量。"也就是说北京市朝阳区人民法院认为：网络虚拟财产虽然并不在现实中存在，却具有价值含量，应该作为一种无形财产加以保护。从这里我们不难看出，北京市朝阳区人民法院是承认网络虚拟财产的法律属性的，至少在实际案例中是把网络虚拟财产作为一种法律意义上的无形财产加以保护的。这一观点也基本在司法过程中得到普遍认可。①

　　但是，对于网络游戏虚拟财产的法律属性应当如何认定存在一定争议。笔者认为：

　　（1）网络游戏虚拟财产不能归物权法调整。一方面，物权法定是物权法的基本原则，法律不允许自由创设物权的种类和权能，而网络虚拟财产却是由网络游戏运营商和玩家预定产生的，其使用、交易也要遵循双方之约定。② 另一方面，物权人可以遵循法律规定，基于自身意志行使物权，而其他相对人或义务人所承担的是消极的容忍或不为侵害的义务，与物权不同的是，网络游戏虚拟财产的以电磁形式记录在运营商的服务器上，玩家即使是网络虚拟财产的权利人，也必须得到运营商的配合方能进入游戏，行使自身权益。享受相关利

---

① 类似的案例不仅出现在民事案件中，也有不少出现在刑事案件中。例如，2009年5月，辽宁省沈阳市东陵区法院审理了一起抢劫虚拟财产案，判决四名青年因抢劫一名网民的Q币、游戏币和游戏装备等构成抢劫罪。

② 王利明著：《物权法研究》，中国人民大学出版社2002年版。

益，并且还受到运营商服务器状态的限制。网络虚拟财产权在权利变动的公示方法、存续、占有和支配权能方面不同于民法的物权。

（2）网络游戏虚拟财产不属于知识产权。知识产权具有法定性，智力成果必须依照专门的法律确认或授予才能产生知识产权。然而我国现行的知识产权法律法规未规定网络游戏虚拟财产为知识产权的客体，因此，玩家对虚拟财产享有的权利不是知识产权。此外，从法理上分析，由于著作权保护的是思想的表达形式，而虚拟财产并不是玩家思想的表达载体。因此，玩家对虚拟财产享有的权利也不是著作权。

（3）网络游戏虚拟财产是一种特殊的债权。对于游戏开发商、运营商而言，网络游戏虚拟财产是其设计的游戏软件的一部分，而对玩家与运营商而言，则是他们之间债务关系的凭证，体现了一种债权关系。在这个债权法律关系中，玩家通过向网络游戏服务商支付对价取得虚拟财产的使用权，网络游戏服务商在接受了玩家支付的对价后有义务在游戏规则允许的框架下向玩家提供其欲取得的虚拟财产。因此，在本案中，朝阳区法院就是将运营商与玩家之间的法律关系界定为娱乐服务合同，系债权债务关系，而运营商在保障义务上出现了故障，导致玩家不能正常享受合同债权，因此北极冰公司就要承担相应的责任，从而将此案纳入到《合同法》调整法律之列。

三、网络虚拟财产价值的认定问题

如前所述，我国现行法律已经肯定了一些无形财产具有价值。虽然虚拟装备是无形的，且存在于特殊的网络游戏环境中，但并不影响虚拟物品作为一种无形财产获得法律上的适当评价和救济。

但是，在进行救济时，如何确定网络游戏中虚拟物品的现实价值，确实是个难点。有的观点主张将购买游戏卡的费用直接确定为装备的价值，可在游戏中仅购买上网游戏卡是不一定能获得虚拟装备的，那这样的价值判断就存在误差。而且存在于网络游戏中的这些装备无法获得现实生活中同类产品的价值参照，亦无法衡量不同装备之间的价值差别。在本案中，为了避免不适当的价值确定可能对某一方造成有失公平，法院判决并未采用赔偿金钱的做法，而是判令被告北极冰公司通过技术操作对已查实的物品进行回档。这种做法属于《民法通则》第一百三十四条规定"恢复原状"的承担民事责任的方式。这样处理一方面未加重被告负担，毕竟恢复有关物品的电子数据，其成本不高，也无明显的实际支出，另一方面也保障了原告参与游戏、享受游戏乐趣的娱乐目的。

启示与建议

如今，新媒体业务已经成为广播影视企事业单位要发展壮大必不可少的一块了。广播影视企事业单位在经营新媒体过程中必然常会涉及网络虚拟财产等相关问题，应当注意以下几点：

1. 加强网络用户管理

网络用户在与网络服务提供商达成协议后往往要进行注册，以便于日后登录。在注册时，应当将能够确定网络用户真实身份的信息作为必填选项。由于采取网络实名制，为了保护相关用户信息的安全，网络运营商不能在没有相关司法机关公文和证据的情况下擅自、随意地公开用户的真实信息。

2. 完善网络娱乐合同的内容和签署程序

其目的在于：其一，明确网络玩家真实身份；其二，明确以平等协商方式确定协议内容，避免双方对财产的归属问题产生不同认识，例如，可以在协议中规定，即便是通过离线交易所获得的网络虚拟财产，或者通过购买点数所获得的网络虚拟财产，以及新近出现的随时可以兑换为现实财产的网络虚拟财产，玩家所交易的客体也仅仅是网络虚拟财产的使用权，其所有权仍归游戏服务提供者。

3. 及时解决争议

如果一方当事人不履行合同或不按约定履行合同，则合同的另一方有权通过诉讼、仲裁等方式要求对方承担违约责任。由于我国法律规定了诉讼时效制度，因此当事人应当在权利受到侵害后及时起诉或申请仲裁，以免在超过诉讼时效后无法追究对方的违约责任。

7. 网络批评，即使言辞尖刻，也应适度容忍

——北京搜狐互联网信息服务有限公司与苏州蓝天科技有限公司、北京搜狐在线网络信息服务有限公司损害商业信誉纠纷

◇ 董娟娟

案例要义

2003年6月，有网络用户在搜狐网网站 (www.sohu.com) 的"商机"栏目，发表了题为《揭穿 (骗子集团) 蓝天科技丑恶嘴脸》的文章。2004年2月，该文章中涉及的主体苏州蓝天科技有限公司发现了该文章，并认为"骗子集团"一文侵犯了本公司的商业信誉，要求搜狐网承担相应的赔偿责任。下文将以此案为例分析互联网环境下商业信誉权保护的相关法律问题。

关键词

网络批评　适度容忍　商业信誉

主要事实

2003年，在搜狐网网站（www.sohu.com）（以下简称搜狐网[1]）主页上方，曾设有一"商机"栏目，供用户在该栏目内发表企业经营、产品的供求信息。[2] 2004年2月17日，苏州蓝天科技有限公司（以下简称蓝天科技）在"商机"栏目中发现了题目

---

[1]　经法院审理查明，搜狐网网站（域名www.sohu.com、www.sohu.com.cn）的所有者原系北京搜狐互联网信息服务有限公司，自2003年9月1日起变更为北京搜狐互联网信息服务有限公司及北京搜狐在线网络信息服务有限公司。为便于论述，本文对北京搜狐互联网信息服务有限公司和北京搜狐在线网络信息服务有限公司不做具体区分，统一称之为搜狐网。

[2]　在搜狐网主页上方已找不到该栏目。访问日期：2012年3月10日。

为《揭穿（骗子集团）蓝天科技丑恶嘴脸》（以下简称骗子集团）一文，发布时间为2003年6月22日，有效期至2003年12月31日，其主要内容为"苏州蓝天科技有限公司，是苏州最大的一家骗子公司，业务经理徐某某年外出签订网站合同，但是，钱一交了网站以后的维护就没人管了……特别提醒广大朋友，不要上当受骗……"。蓝天科技发现该信息后，认为该文捏造和歪曲事实，恶意丑化公司形象，并在社会上造成了严重的不良影响，导致了公司业务量的下滑。于是，在和搜狐网沟通未果的情况下，蓝天科技以商誉受损为由，向苏州市中级人民法院（以下简称苏州中院）提起诉讼，要求搜狐网立即删除有关侵权的网页，并赔礼道歉和赔偿经济损失。搜狐网收到起诉状后，随即在其网站中删除了"骗子集团"一文及相关链接，而且未对有关信息发布者的信息未做任何保存。

2005年1月5日、3月3日、6月7日，苏州中院三次公开开庭审理了此案。苏州中院认为，"骗子集团"一文中有关"骗子集团"、"丑恶嘴脸"等字眼属于我国《互联网信息服务管理办法》[①]第十五条所禁止传播的"侮辱、诽谤他人，侵害他人合法权益"的内容。搜狐网却没有进行任何必要的核实或调查，或者采取必要的控制传播措施，可见搜狐网并未履行审慎的注意义务，也未履行《互联网信息服务管理办法》规定的监管义务。搜狐网辩称已利用过滤技术以及人工浏览两种手段对搜狐网网站采取必要的监管，而且其当时的监管能力有限，故不应承担责任。苏州中院认为该理由不能成立，搜狐网构成了对蓝天科技的诽谤，损害了其商业信誉。同时，苏州中院还认为，互联网信息服务提供者在删除相关信息的同时，应当保存有关记录，并向国家有关机关报告。但搜狐网在得知"骗子集团"一文涉及侵权诉讼后，却直接删除了信息发布者的相关记录，未做适当保存，违反了其应尽的义务。因此，在本案中，搜狐网存在过错，且该过错与蓝天科技的商誉受损存在因果联系，搜狐网应就其过错承担一定的侵权责任。基于此，2005年8月，苏州中院做出一审判决：被告应在搜狐网网站（域名www.sohu.com）"商机"栏目的首页刊登声明，向蓝天科技公开赔礼道歉，并赔偿损失5万元。对于此结果，蓝天科技表示满意，而搜狐方面不服，随即向江苏省高级人民法院（以下简称江苏高院）提起了上诉。

---

① 《互联网信息服务管理办法》（国务院令第292号）经2000年9月20日国务院第31次常务会议通过，于9月25日起公布施行。

2006年4月，江苏省高级人民法院做出二审判决，驳回上诉，维持原判。

争议焦点

本案的争议焦点可概括为：1. 对网络用户在其网站发布"骗子集团"一文是否侵犯商业信誉；2. 搜狐网的行为是否应承担法律责任。

法理分析

一、商业信誉的定义

商业信誉是社会公众对某一经营者的信用、生产能力、经营状况、经营道德等人格价值的总体社会评价，即对该经营者在经济生活中信用、声望的定位。商业主体依法享有获得和维护公众对其商业信誉的客观公正评价的权利。商誉是一种特殊的名誉，二者本质上并没有区别。[①]

我国《民法通则》第一百零一条规定："公民、法人享有名誉权，公民的人格尊严受法律保护，禁止用侮辱、诽谤等方式损害公民、法人的名誉。"1993年通过的《反不正当竞争法》从维护市场竞争秩序，促进市场经济健康发展的原则出发，对侵害商誉权的行为做出明确的规制。该法第十四条规定："经营者不得捏造、散布虚伪事实，损害竞争对手的商业信誉、商品声誉。"这一规定为我国保护商誉权，制裁侵害商誉的不正当竞争行为提供了直接的法律依据。由是观之，在民商法领域，我国目前对商誉权的保护大抵采取间接保护的方式，即对侵害商誉的行为，如果是被一般人（非竞争对手）侵害时，尽管其直接侵害后果是被侵权人的商业信誉，但是仍会被确认为侵害法人人格权的行为，属于名誉侵权，依据侵权责任法及相关规定进行处理；如果是被竞争对手以商业诋毁的方式侵害时，则被视为不正当竞争的行为，属于商誉侵权，按照《反不正

---

① 张新宝著：《名誉权的法律保护》，中国政法大学出版社1997年版，第35页。

当竞争法》相关规定进行处理。①

1998年，《最高人民法院关于审理名誉权案件若干问题的解释》（法释〔1998〕26号）第九条，从主体要件方面明确了侵犯商誉权行为与一般侵权行为的区别：（1）新闻单位对生产者、经营者、销售者的产品质量或者服务质量进行批评、评论，主要内容失实，损害其名誉的；或者对经营者的某种行为或其产品、服务等所做的评论严重不当，如定性错误、乱下结论，致经营者名誉受到损害的，构成对名誉权的侵害，应按照侵害他人名誉权处理。（2）消费者对生产者、经营者、销售者的产品质量或服务质量进行批评、评论，借机诽谤、诋毁、损害其名誉的，应当认定为侵害名誉权。由此可见，新闻单位、消费者与商誉主体没有竞争关系，不互为竞争对手，因此不能作为侵犯商誉权行为的主体。他们所实施的商业诽谤或诋毁行为以侵害一般人格权论，不能适用《反不正当竞争法》的有关规定。

在本案中，虽然发生争议的侵权事实发生在网络上，与传统的侵权纠纷发生的载体和平台不尽相同——前者以网络为媒介，以电子数据信息的形式表现并传播侮辱、诽谤受害人的内容，其侵权主体更复杂，传播效果更快捷，受众范围更广泛，法律规制更多样，管辖法院难以确定，举证成本更高。但是，网络名誉侵权的主要表现形式和基本法律构成与传统名誉侵权实质上是一致的。因此，本案中，判断是否存在侵害商业信誉行为，也应当按照上述侵权行为构成要件来加以分析、判断。

二、"骗子集团"一文是否侵犯了蓝天科技的商业信誉

涉案文章是以《揭穿（骗子集团）蓝天科技丑恶嘴脸》为标题，主要内容是："苏州蓝天科技有限公司，是苏州最大的一家骗子公司，业务经理徐某某常年外出签订网站、合同，但是，钱一交了网站，以后的维护就没人管了……特别提醒广大朋友，不要上当受骗……"对于此文是否侵害了蓝天科技的商业信誉，

---

① 需要指出的是，《刑法》第二百二十一条规定了损害商业信誉、商品声誉罪："捏造并散布虚伪事实，损害他人的商业信誉、商品声誉，给他人造成重大损失或者有其他严重情节的，处二年以下有期徒刑或者拘役，并处或者单处罚金。"从而构建了商业信誉的刑法保护体系。此外，在有关行政法律法规中，对损害商业信誉的行为也有相应的处罚规定，也进一步完善了商业信誉的法律保护体系。但是，从司法实践来看，更多的是通过民商法规来保护商业信誉，这也正是本文的讨论重点。

一二审法院的认定理由比较简单，内容大同小异，但都做出了肯定结论——苏州中院认为，"骗子集团"一文的内容未经有关部门的认定，因而严重贬低了蓝天公司的社会评价，足以对其经营产生不良影响，损害了蓝天公司的商业信誉。江苏高院认为，信息发布者在无证据证明的情况下使用了"骗子集团"、"丑恶嘴脸"贬义用语，从而引导公众误认为蓝天科技是骗子公司，阅读该文足以使公众产生对蓝天科技评价降低的后果。因此，"骗子集团"一文损害了蓝天科技的商业信誉。

对此，笔者不能认同法院的认定，试分析如下。

侵害名誉权的行为是指行为人因为故意或者过失对他人实施侮辱、诽谤行为，致使他人名誉遭受损害的行为。按照侵权行为法基本理论，一般侵害名誉权责任的成立，应当具备以下构成要件：一是行为人实施了侵权行为并指向特定人；二是行为人的行为被第三人所知悉，受害人的名誉遭受损害；三是违法行为与损害后果之间有因果关系；四是行为人主观上具有过错。

根据《民法通则》第一百零一条规定，认定某一行为是否构成对他人名誉权的侵害，首先应当确定该行为是否属于侮辱、诽谤。所谓侮辱，是指行为人在主观上具有毁损他人名誉的恶意，在客观上，以暴力、口头或肢体语言、文字或图画等方式对他人进行威胁、嘲笑、辱骂，贬低其人格，使之蒙受耻辱、名声败坏，名誉受到毁损。所谓诽谤，是指行为人因故意或过失而捏造并散布某些虚假的事实，损害他人名誉的行为。诽谤行为与侮辱行为的根本区别在于，前者是捏造虚假事实、无中生有并予以传播，而侮辱则是指责他人现有的缺陷或将有损他人社会评价的事实传播出去。

根据最高人民法院前述有关名誉权的司法解释（法释〔1998〕26号）第九条，消费者对生产者、经营者、销售者的产品质量或者服务质量进行批评、评论，不应当认定为侵害他人名誉权。但借机诽谤、诋毁，损害其名誉的，应当认定为侵害名誉权。该司法解释的立法本意在于保护消费者的言论自由和批评权利。

作为一般用户的消费者而言，在对产品质量和服务感到不满意的情况下，利用网络这一新兴媒体对自身遭遇予以披露，既是其言论自由权利的行使，也是对商家的舆论批评和监督。而且这种手法在目前并不鲜见。一方面，作为弱势的消费者而言，充分利用网络平台的言论传播快、影响大、波及面广的优势，能够有效地对生产者、经营者、销售者的产品质量或者服务质量进行批评和监督；另一方面，也由于网上言论传播快、影响大、波及面广，如果构成侵权，其损害程度就非常大，所以网上言论应以客观性、真实性为原则。

因此，网上发表言论同样涉及法人的名誉权保护问题，特别是如何界定言论自由、正当舆论监督与名誉（商誉）侵权的界限。言论自由是每一个公民享有的宪法性权利，名誉（商誉）是生产经营主体所享有的合法权益，两者在一定条件下会发生冲突。对此应以利益平衡的方法研究哪是需要重点保护或倾斜保护的对象。为了公共利益的需要，法律应支持对生产者、经营者的舆论监督，以充分反映和披露其生产经营中的问题，保护广大社会公众尤其是消费者的利益；同时这种倾斜性的保护又必须考虑到言论的客观性、公正性，即言论须以基本真实、基本公正为限。

首先，从本案的审理过程中来看，两级法院对于"骗子集团"一文所揭露的主要情况未能认定是否属实，蓝天科技是否是骗子，属于事实判断，实践中存在两种可能，一种真是骗子，一种不是骗子，这都需要证明。如是前者，则言者有权利表达，公民有理由知道，这符合公共利益。即使是后者，是否就达到了侵害名誉权的地步，也尚待商榷，如果动不动就对言论苛以重罚，只会因小失大，损害更大的利益。对此，在本案中法院未做任何审查，蓝天科技也未进行任何举证、质证，而径直先行认定涉案文章侵害了蓝天科技的名誉权，难免"倒果为因"，明显不符合有关举证责任分配原则。

其次，对于侵害蓝天科技名誉权的认定，也过于草率。从"骗子集团"一文来看，法院认为"骗子集团"、"丑恶嘴脸"这些用词贬义色彩较重，损害了蓝天科技的商业信誉。但显然小题大做。以百度搜索引擎检索"骗子+公司"，能找到相关结果约522万个，google能找到约1.2亿条结果。如果法院在未对案件事实进行认定的情况下，就做出结论，那么前述搜索结果都损害了相关公司的名誉权，都应当进行保护、判定承担相关责任，显然难以成立。

最后，对于一般的消费者而言，对某家公司存有一定怨言，用词可能会较为尖刻，但是这也正是宪法赋予的公民言论自由等基本权利，而要保护言论自由，就必须给予一定的犯错空间，尤其是在涉及公共利益时，更应当给予优先保护。此外，一些尖刻的批评总是具有刺激性的，但并不能将这些具有刺激性的言辞等同于对批评对象人格的贬损和攻击。正如著名民法学家王利明教授在谈到恒生电脑公司诉王洪、《生活时报》和《微电脑世界》侵犯名誉权一案[①]时做出的点评:"一定要考虑在保护人格的权力的时候,注意到舆论权力……当人格权和舆论监督权这两者发生冲突的情况下……我更认为应该向舆论监督权倾斜。不仅是多年来舆论监督在这方面太薄弱,而我们的社会太需要舆论监督了,对披露腐败、披露违法等等方面。只有通过强大的舆论监督,才能真正地消除腐败的现象。只有阳光才是真正的防腐剂。我们这么需要舆论监督,这么需要强化舆论监督。如果在人格权倾斜方面,败诉的太多,这个对舆论监督恐怕不会起到一种很好的效果。另一方面我们不得不考虑舆论监督体现了一种公共利益。而人格权毕竟是一种私人利益。当两者利益确实发生冲突的时候,不得不考虑向舆论监督的利益倾斜。我们应当更多地向舆论监督权的保护倾斜。为了做到这一点,在某些方面我们应当对人格权的侵权,在构成的要件上有更严格的限制。对那些只是轻微的遣词造句的错误,表述的错误,或者轻微的过失,不应当视为侵权。更不能因为有这种轻微的过失判他侵权,甚至判他太重的责任,甚至使他破产。我觉得这对舆论监督权的发展没有什么好处。"[②]

因此,处理网上言论引发的商誉纠纷案件应遵循明确的法律标准,并且应严格区分言论自由和正当舆论监督与商誉侵权的界限;网上言论主要内容失实,损害他人商誉的,构成商誉侵权;主要事实基本属实,没有损毁、毁谤内容的,不构成商誉侵权;主要事实虽基本属实,但借机损毁他人商业信誉、商品声誉,造成较大影响的,构成商誉侵权。

三、搜狐网对网络用户在其网站上发布"骗子集团"一文的行为应承担相应的法律责任

如果"骗子集团"一文侵害了蓝天科技的名誉权,含有侮辱或者诽谤等

---

① 详细案情介绍可以参见,黄晓:"媒体侵权应着重以更正致歉的方式救济——恒升电脑诉王洪、《生活时报》等侵害名誉权案",载《中国新闻(媒体)侵权案件精选与评析50例》2009年版,第329~333页。
② 王利明:"恒升诉王洪、生活时报社等侵犯名誉权案",中国民商法律网,http://www.civillaw.com.cn/article/default.asp? id=12947 。

侵害他人合法权益的内容时①，作为互联网信息提供者的搜狐网应当承担法律责任。

　　根据《互联网信息服务管理办法》第十五条、第十六条的规定，互联网信息服务提供者不得制作、复制、发布、传播含有侮辱或者诽谤他人，侵害他人合法权益等内容的信息。互联网信息服务提供者发现其网站传输的信息明显属于本办法第十五条所列内容之一的，应当立即停止传输，保存有关记录，并向国家有关机关报告。由此可见，互联网信息服务提供者应当对法律禁止发布的信息负有监控义务。但由于考虑到网络信息量巨大、网络信息服务提供者监控技术可能性，法律判断能力和经济承受能力等，故网络信息服务提供者的监控义务应控制在合理的限度内，即在用户信息发表之后的合理时间内，依据表面合理标准②审查信息是否明显属于《互联网信息服务管理办法》所禁止发布的反动、色情、侮辱或诽谤他人等内容，以及在知道侵权信息的存在后及时采取删节、移除等措施阻止侵权信息继续传播。对此，2009年出台的《侵权责任法》第三十六条也进一步完善了相关规定。③

　　本案中，搜狐网在其网站上开设商机栏目，为企业发布其商业信息提供平台服务，故其作为互联网信息服务提供者，应依法履行合理的监控义务，即审查有关文章是否属于《互联网信息服务管理办法》规定的禁止发布的信息。如"骗子集团"一文确属侵害了蓝天科技的名誉权，且该文章在商机栏目上传播长达一年之久。因此，搜狐网在合理的时间内，应当能够通过必要的技术手段或人工手段对其进行审查并加以删除。但事实上，直到蓝天科技起诉为止，搜狐网未采取任何措施。因此，作为网络服务提供者，搜狐网应当承担连带责

---

　　①　本文在此按照法院判定作此假设。
　　②　所谓表面合理标准，即将网络服务商视为具有通常智力之人，要求其以这种智力标准审查信息的真实性和合法性。这应是一种形式审查，而非实质性审查，即不要求服务商主动核实信息的真伪。
　　③　《侵权责任法》第三十六条：网络用户、网络服务提供者利用网络侵害他人民事权益的，应当承担侵权责任。
　　网络用户利用网络服务实施侵权行为的，被侵权人有权通知网络服务提供者采取删除、屏蔽、断开链接等必要措施。网络服务提供者接到通知后未及时采取必要措施的，对损害的扩大部分与该网络用户承担连带责任。
　　网络服务提供者知道网络用户利用其网络服务侵害他人民事权益，未采取必要措施的，与该网络用户承担连带责任。

任。当然，如果"骗子集团"一文未侵害蓝天科技的名誉权时，搜狐网自然不需要按照《侵权责任法》第三十六条第三款承担连带责任。

但是，即使"骗子集团"一文未侵害蓝天科技的名誉权，由于《互联网信息服务管理办法》第十六条规定，互联网信息服务提供者发现其网站传输的信息明显属于本办法第十五条所列内容之一的，应当立即停止传输，保存有关记录，并向国家有关机关报告。因此，网络服务提供者在删除法律禁止发布的信息时，应保存信息发布者的相关资料。而本案中，搜狐网在收到蓝天科技的起诉状后直接删除了信息发布者的相关记录，未履行保存信息发布者相关资料的适当义务，致使被侵权人无法追究直接实施侵权行为的信息发布者的责任。因此，搜狐网具有过错，应对此承担相应的法律责任。这种法律责任不同于前述网络侵权的连带责任，而是由于网络服务提供者自身管理不善，擅自删除行为违反了法定的有关监管义务，影响了他人的合法权益。

启示与建议

如何界定在网络环境下，言论自由、正当舆论监督与名誉侵权的界限。言论自由是每一个公民享有的宪法性权利，名誉权是公民、法人享有的受法律保护的利益，两者在一定的场合和环境中会发生冲突。对此应以利益平衡的方法研究哪个是需要重点保护或倾斜保护的对象。为了公共利益的需要，法律应支持对生产者、经营者的舆论监督，以充分反映和披露其生产经营中的问题，保护广大社会公众尤其是消费者的利益；同时这种倾斜保护又必须考虑到言论的客观性、公正性，即言论须以基本真实、基本公正为限，并不得损害他人的合法权益。特别是网上言论传播快、影响大、波及面广，如果构成侵权，其损害程度就非常大。处理网上言论引发的名誉纠纷案件应遵循明确的法律标准，并且应严格区分言论自由和正当舆论监督与名誉侵权的界限；网上言论主要内容失实，损害他人名誉的，构成名誉侵权；主要事实基本属实，没有损毁、毁谤内容的，不构成名誉侵权；主要事实虽基本属实，但借机损毁他人包括商业信誉、商品声誉在内的名誉，造成较大影响的，仍然构成名誉侵权。

　　对于网络服务提供者而言，一方面要积极应对网络用户的各种投诉，及时采取删除、屏蔽、断开链接等必要措施，防止网络侵权损害继续扩大；另一方面，对于投诉与诉讼所涉相关内容和用户信息也应当履行法定义务，予以完整保留相关记录，确保完成己方举证责任。简单的一删了之，可能会导致自己在诉讼中处于不利地位。

8. 自觉净化互联网环境，防止不良信息传播
——评"QQ相约自杀案"

◇ 陈 华

案件要义

　　上海大学生范某某在腾讯QQ群上看到丽水一男青年张某的死亡邀请，应邀赶到丽水相约自杀。自杀过程中，张某中途放弃，而范某某则自杀身亡。死者范某某的父母以腾讯公司及张某为被告，向法院提起侵害生命权、健康权、身体权诉讼。一审法院判决：腾讯公司和张某承担部分责任。被告腾讯公司不服，提起上诉，经二审法院改判：腾讯公司不承担侵权责任。笔者通过对本案一审、二审的点评，将互联网与传统媒体的内容监管制度进行比较，在目前政策、法律对"自杀"等不良信息在互联网传播规范缺失的情况下，提出互联网等新媒体应当尽快建立自律标准和行业标准以限制不良信息传播的建议。

关键词

　　违法信息　不良信息　内容监管制度　自律

主要事实

　　自2010年6月初起，张某多次在腾讯公司经营的不同的QQ群上向不特定的对象发出自杀邀请，内容为"浙江 男 找一起 烧炭自杀"、"浙江 男 找一起自杀的 联系我 15906×××××"等。2010年6月23日，范某某（时年20岁，上海大学生）在QQ群上看上述信息后，与张某联系并约定到丽水自杀。6月23日晚，范某某从上海出发，于6月24日早上到达丽水，二人一起住进市区某酒店。当天，二人外出购

买了脸盆、酒精、炭、密封胶带等自杀用具，回到酒店房间在卫生间里实施烧炭自杀。在自杀过程中，张某用水浇灭了正在脸盆里燃烧的炭，终止自杀，并劝范某某也放弃自杀。下午5时左右，张某不理会范某某"不要走，再来一次自杀"的要求，独自一人离开了宾馆。离开后直至晚上8时前，二人仍有手机通话和短信联系。晚上11时左右，张某打电话给宾馆总台，告诉宾馆人员可能有人自杀。

范某某的父母认为，深圳市腾讯计算机系统有限公司（以下简称腾讯公司）及张某涉嫌侵害生命权、健康权、身体权，向丽水市莲都区人民法院提起诉讼。

一审法院审理认为：张某多次在不同的QQ群上向不特定的对象长期公开告示自杀邀请，腾讯公司一直未对这种可能侵害他人生命健康权益的有害信息采取措施，致使范某某与张某相约并实施自杀。张某和腾讯公司的行为间接结合发生损害后果，应当根据过失大小和原因比例各自承担相应的赔偿责任。死者范某某是一个有独立民事行为能力的成年人，对结果的发生有支配性的作用，应自负主要责任。张某在QQ群上发布自杀邀请，与范某某相互联系等一系列违法行为是范某某死亡的直接原因之一。在明知范某某仍有强烈的自杀欲望的情况下未采取有效的措施，防止范某某继续自杀并独自离开，张某在主观上仍存在过错，应承担20%的赔偿责任。《全国人民代表大会常务委员会关于维护互联网安全的决定》第七条规定："从事互联网业务的单位要依法开展活动，发现互联网上出现违法行为和有害信息时，要采取措施，停止传输有害信息，并及时向有关机关报告。"但腾讯公司一直未采取措施停止传输"相约自杀"这一可能危害他人生命健康身体权的信息，长期放任违法行为和有害信息的存在，不履行监控、事后处理的法定义务，对死亡事件发生也有过错，应承担10%的赔偿责任。

莲都区人民法院于2010年11月30日做出了［（2010）丽莲民初字第1034号］民事判决：1.张某赔偿各种费用的20%，计101225元，精神损害抚慰金10000元。2.腾讯公司赔偿各种费用的10%，计50612.50元，精神损害抚慰金5000元。

腾讯公司不服一审判决，向丽水市中级人民法院提起上诉。

二审法院审理认为：腾讯QQ是腾讯公司开发的一款基于Internet的免费即时通讯工具，网络用户利用腾讯QQ进行交流时，腾讯公司仅提供网络技术服务和交流平台。根据我国现有法律、法规的相关规定，腾讯公司并无事先主动审查、监管QQ群聊信息的法定义务。依照《全国人大常委会关于维护互联网安全的决定》第七条的规定，从事互联网服务的单位承担该义务的前提是"发现"，但显然并未赋予其必须主动"发现"违法行为和有害信息的义务，而是指在有人告知或有证据证明其确知相关违法行为和有害信息存在的情形下，其应承担相应义务。本案中，原告并未提供证据证明，在范某某自杀前，相关权利人已经通知并要求腾讯公司删除、屏蔽、断开链接相关信息，或者腾讯公司已确知相关信息存在的事实。

此外，腾讯公司不存在作为的侵权行为，也不存在法律明确要求其作为而其不作为的侵权行为；其没有接到任何人要求其删除、屏蔽或者断开链接相关有害信息的通知，因此，其主观上并没有过错。本案中，腾讯公司仅为用户提供网络技术服务和交流平台，并没有对用户的聊天内容进行编辑、修改或者改变其接收对象，范某某通过腾讯公司提供的信息交流平台与他人相约自杀，其死亡系其积极追求自杀的结果，故腾讯公司的行为与范某某的死亡不存在因果关系。因此，腾讯公司不具备侵权损害赔偿责任的构成要件。腾讯公司对范某某的死亡不应承担赔偿责任。原审认定事实清楚，但适用相关法律有误，实体处理结果不当。

二审判决驳回了原告对深圳市腾讯计算机系统有限公司的诉讼请求。

争议焦点

腾讯公司对QQ群聊信息是否具有主动审查、监管的法定义务？是否应当对网友的死亡承担相应的责任？

法理分析

一、对于法院判决的分析

首先，要求腾讯公司对于"自杀"信息负有禁止传播的义务并没有法律依据。

互联网领域的违法信息是指违背《中华人民共和国宪法》和《全国人民代表大会常务委员会关于维护互联网安全的决定》、《互联网信息服务管理办法》所明文严禁的信息以及其他法律法规明文禁止传播的各类信息。国务院于2000年9月20日颁布的《互联网信息服务管理办法》规定互联网服务提供者对某些信息传播负有责任,应当立即停止传播,保存记录,并向有关机关报告,这包括九项:(一)反对宪法所确定的基本原则的;(二)危害国家安全,泄露国家秘密,颠覆国家政权,破坏国家统一的;(三)损害国家荣誉和利益的;(四)煽动民族仇恨、民族歧视,破坏民族团结的;(五)破坏国家宗教政策,宣扬邪教和封建迷信的;(六)散布谣言,扰乱社会秩序,破坏社会稳定的;(七)散布淫秽、色情、赌博、暴力、凶杀、恐怖或者教唆犯罪的;(八)侮辱或者诽谤他人,侵害他人合法权益的;(九)含有法律、行政法规禁止的其他内容的。具体到本案,我国法律、法规对于"自杀"类的信息传播并无明确的禁止性规定,法无禁止即为自由。因此,说腾讯公司对于"自杀"信息负有禁止传播的义务并没有法律依据。

其次,腾讯公司对QQ群聊信息不具有事先主动审查、监管的法定义务。本案中,两审法院做出判决所主要依据《全国人民代表大会常务委员会关于维护互联网安全的决定》(以下简称《决定》)第七条"从事互联网业务的单位要依法开展活动,发现互联网上出现违法犯罪行为和有害信息时,要采取措施,停止传输有害信息,并及时向有关机关报告"的规定,作为网络服务提供者的腾讯公司,是否具有主动审查、监管的法定义务?两审法院做出了不同的解释。一审法院认为,腾讯公司对于有害信息具有事先审查、监管的法定义务。

如何认定"已经发现"或"应当发现"有害信息呢?从技术特点来看,互联网不同于传统的大众传播媒介,通过互联网平台传播的信息具有及时性、海量性等特点,这些特点使得网络服务提供商难以对所有信息一一进行审查和监控,这一特点也决定了互联网难以做到充分或必要的事前审查。从国际惯例和司法实践看,如果包含有害信息的内容经过了网站的"加工",如推荐、置顶、编辑、修改、转载等,就有理由认定其"已经发现";如果有害信息已经被网友向网站投诉、举报,或者网站收到了相关当事人的"有效通知",就可以推定网站"应当发现"。《侵权责任法》第三十六条规定:网络服务提供者接到侵权通知时,应当采取删除、屏蔽、断开链接等必要措施;未采取必要措施的,网络服务提供者应当承担相应的责任。也就是说,网络服务提供者"发现"并采取措施的前提是接到通知。虽然本案发生在《侵权责任法》颁布之前，按照法不溯及既往的原则，该法对于此案无溯及力，但前后法律之间在立法的基本原理和精神上是相通的，对网络服务提供者的责任承担前提也是一致的。《决定》第七条所规定的"发现"并采取措施的前提是也是知道，即只要知道，就有监管的义务。具体到本案，二审法院判决书中指出：根据《决定》，从事互联网服务的单位承担主动审查、监管的法定义务的前提是"发现"，但显然并未赋予其必须主动"发现"违法行为和有害信息的义务，而是指在有人告知或有证据证明其确知相关违法行为和有害信息存在的情形下，其应承担相应义务。

本案中，腾讯公司没有就"相约自杀"信息曾被投诉、举报而又置之不理的情况，也未接到相关的通知等，不存在作为的侵权行为，也不存在法律明确要求其作为而其不作为的侵权行为，主观上无过错。腾讯公司只是提供了信息交流的平台，网友的死亡系其个人积极追求自杀的结果，腾讯公司的行为与网友范某某的死亡不存在因果关系。上述，腾讯公司并没有"发现"所谓的"有害信息"，也就并没有违反《决定》的规定。因此，腾讯公司不具备侵权损害赔偿责任的构成要件。

二、互联网等新媒体应当建立自律标准和行业标准

1. "自杀"是否为不良信息

《未成年人保护法》第三十四条规定："禁止任何组织、个人制作或者向未成年人出售、出租或者以其他方式传播淫秽、暴力、凶杀、恐怖、赌博等毒害未成年人的图书、报刊、音像制品、电子出版物以及网络信息等。"其实"自杀"与"暴力、凶杀"等行为有着某些必然的联系。未成年人心智尚未发育成熟，模仿能力很强，大众传播常常会给孩子做出榜样。如2012年2月华商晨报报道：广州一名7岁女孩因模仿电视剧《还珠格格》里"小燕子"上吊自杀的剧情而意外死亡，引发了社会的广泛热议。传统媒体经过一两百年的努力，形成了一套行之有效的行业规范，如电影分级、电视节目分类、分时段播出等，其目的都是为了保护未成年人。如2011年1月14日香港广播电台管理局颁布的《电视通用业务守则——节目标准》第八章中指出：含有"自杀"性的节目为不适合儿童观看的节目，持牌人必须根据分类标准，将其划分为[家长指引]和[成人观众]两种。

可见，"自杀"的相关信息只是尚未达到法律普遍禁止的程度，但它至少对特定对象（如未成年人）仍然属于不良信息。

2. 防范不良信息的解决之道

对于不良信息的防范，完全依靠法律并不现实。法治对表达自由持"最小限制原则"，法律只能管最坏的表达，其根本的解决之道主要靠媒体或媒体行业的自律。

在法律之外，传统媒体比新媒体更为规范，通过行业自律与媒体自律解决了表达标准的大部分问题，其形态包括有职业规范、行业规范、媒体内部的报道标准等等来约束自身的行为。在中国，还有政策规范、宣传纪律等要求。由于国情，也由于网络的技术特点，中国传统媒体的这套内容标准无法对接于互联网。然而互联网等新媒体仍然要有社会责任感。负责任的互联网企业可以建立自律标准，互联网界也可以建立行业标准，通过自律机制来控制不良信息的传播。比如与相应的用户签订协议，约定哪些信息不能传播，出现问题应该如何承担责任等。一旦事先约定的不良信息进入流通，网站也可通过关键词搜索来提醒用户注意，以限制不良信息的传播。通过自律来有效控制不良信息传播还产生一个客观效果，公众将产生一种印象，这是一家负责任的网站，其社会评价会不断提高，网站的公信力、影响力将不断上升，亦将获得良好的经济效益。

启示与建议

"QQ相约自杀"是个案，但是它却引申出更深层次的法律问题：大量如"自杀"等不良信息出现在网络上时，或多或少都会给未成年人带来不利的影响。虽然法院判决腾讯公司不承担侵权责任，但作为一种新兴媒体，互联网也需要承担社会责任。笔者建议：

1. 网站应当自觉加强对违法信息的监管力度。

2. 建立自律机制，自觉以各种符合互联网技术规律的方法限制不良信息的传播。

9. 如何认定网络侵权法律责任?

——评蔡某某与百度名誉权、肖像权、姓名权、隐私权纠纷案

◇ 董娟娟

案例要义

　　一些网民在北京百度网讯科技有限公司(以下简称百度公司)运营的"百度贴吧"中建立"蔡某某吧",并发布了大量对蔡某某侮辱、谩骂和威胁以及侵害蔡某某姓名权、名誉权、肖像权和隐私权的帖子。蔡某某以其名誉权、肖像权、姓名权、隐私权受到侵害为由将百度公司告上法庭,要求关闭"蔡某某吧"并进行赔偿。二审法院最终判定,蔡某某的名誉权、肖像权、隐私权受到了侵害,但是"蔡某某吧"的存在并未侵犯蔡某某的姓名权;由于在接到蔡某某及其委托人投诉后,百度公司怠于履行管理职责,未及时采取必要措施防止侵权事实进一步扩大,应当承担相应的连带责任。下文将以此案为例分析互联网环境下人身权利保护的相关法律问题。

关键词

名誉与隐私　人格尊严　损害事实

主要事实

　　百度公司系http://www.baidu.com网站(以下简称百度网站)的所有者,经营范围包括互联网信息服务业务等。

　　2009年7月22日,在百度网站"百度贴吧"栏目中的"蔡某某吧"内,出现了大量涉嫌侵犯蔡某某人格权益的网帖。例如,涉及蔡某某姓名的有:"我给他起了网名'蔡扒皮';又提出女职工60岁退休提案了"、"踩鸡鸣 放假应该怎么放"、

"蔡叫兽(蔡某某)"等;涉及蔡某某名誉的有:"蔡某某是狗逼!!蔡某某变态!!蔡某某是狗癞子!蔡某某是狗……"、"万恶之首!蔡某某!支持顶,中国几大贱人都没有他贱"、"蔡某某禽兽不如!!!!!"等;涉及蔡某某隐私的有:"蔡某某电话139××××112,大家给他打","蔡某某家的电话,大家半夜打啊627×××07"、"139××××112要宣传"等;涉及蔡某某肖像的有:将蔡某某的照片上传后,注明"蔡某某遗照","大家速来膜拜",将蔡某某的头像与狗身组合在一起,称为"蔡狗"等图片和文字。

2009年8月3日,北京市长安公证处做出(2009)京长安内经证字第13474号公证书对上述内容进行了公证。

在此期间,蔡某某委托梁文燕以电话方式与百度公司进行投诉,要求删帖,对贴吧加强管理,但是百度公司未予答复,有关帖子未能删除。2009年10月13日,蔡某某委托律师向百度公司正式发送《律师函》要求该公司履行法定义务、删除侵权言论并关闭"蔡某某吧"。直到百度公司在收到该《律师函》后,方才对"蔡某某吧"中涉嫌侵权的网帖进行了删除。

2009年11月11日,百度公司就其在"蔡某某吧"内删除涉嫌侵权帖子的情况由北京市方圆公证处进行了公证。其后,"蔡某某吧"内又出现了大量涉嫌侵犯蔡某某人身权益的新帖子。百度公司在参加本案诉讼后,对"蔡某某吧"内涉嫌侵权的帖子再次进行了删除,并对"蔡某某吧"的发帖功能进行了技术性暂停措施阻止任何网络用户登录并发布新的网络信息。截至2010年3月29日,"蔡某某吧"内已无侵害蔡某某肖像、名誉、隐私及姓名权益的违法信息存在,且网络用户无法继续在"蔡某某吧"内发帖。

另查,在百度网站的"百度贴吧"首页中设置有"百度贴吧协议"和"百度贴吧投诉规则",分别规定了使用"百度贴吧"的基本规则和投诉方式及规则。其中,"百度贴吧协议"中注明贴吧所有权、经营权、管理权均属百度公司,凡是注册用户和浏览用户均为本贴吧用户,用户享有言论自由的权利。用户的言行不得违反《计算机信息网络国际联网安全保护管理办法》、《互联网信息服务管理办法》、《互联网电子公告服务管理规定》、《维护互联网安全的决定》等相关法律规定,不得在本贴吧发布、传播或以其他方式传送侮辱或诽谤他人,侵害他人合法权利的信息;不得发表含有虚假、有害、胁迫、侵害他人隐私、骚扰、侵害、中伤、粗俗、猥亵、或其他道德上令人反感的内容。本贴吧拥有对违反本站规则的用户进行处理的权力，直至禁止其在本贴吧发布信息。任何用户发现贴吧帖子内容涉嫌侮辱或诽谤他人，侵害他人合法权益的或违反贴吧协议的，有权按贴吧投诉规则进行投诉。"贴吧投诉规则"中说明任何企业或个人认为贴吧帖子内容涉嫌侮辱或诽谤他人，侵害他人合法权益的或违反贴吧协议的，请按如下要求提供相关信息至webmaster@baidu.com。"百度贴吧协议"公布于贴吧首页下端，注明使用百度前必读，打开协议正文可链接至"贴吧投诉规则"。

2010年12月17日，北京市海淀区法院做出一审判决：（一）百度公司须向蔡某某提供在"蔡某某贴吧"中对其进行谩骂、侮辱及语言威胁的网络用户信息。（二）驳回蔡某某的其他诉讼请求。法院认为，从事侵权行为的主体并非百度公司，而系使用百度公司提供的网络贴吧服务平台的网络用户，故百度公司并非直接侵权人。而且，百度公司在接到蔡某某有效通知后采取了及时必要的措施，防止网络用户侵权行为扩大，其行为不存在过错，亦无需对网络用户侵害蔡某某相关人格权益承担连带侵权责任。

蔡某某对此判决表示不服依法提出上诉。

2011年8月3日，北京市第一中级人民法院做出终审判决，除继续维持一审判决第（一）项外，撤销了一审判决第（二）项，认定百度公司怠于履行事后管理的义务，致使网络用户侵犯蔡某某的损害后果扩大，应当承担相应的责任。判决百度公司赔偿蔡某某精神损害抚慰金人民币10万元、公证费人民币5080元，并驳回了蔡某某其他上诉请求。

争议焦点

本案的争议焦点可以概括为：1. 蔡某某被侵害的民事权益范围；2. 百度公司是否应当承担民事责任。

法理分析

一、蔡某某被侵害的民事权益范围

根据《侵权责任法》第二条规定："侵害民事权益，应当依照本法承担侵权责任。本法所称民事权益，包括生命权、健康权、姓名权、名誉权、荣誉权、肖像权、隐私权、婚姻自主权、监护权、所有权、用益物权、担保物权、著作权、专利权、商标专用权、发现权、股权、继承权等人身、财产权益。"① 因此，作为民事主体，蔡某某当然享有名誉权、姓名权、肖像权及隐私权等人身权利。

在本案中，部分网民在"蔡某某吧"内用低俗不堪的语言发表带有侮辱、诽谤性的言论对蔡某某进行人身攻击。例如，对蔡某某直呼其为"踩鸡鸣"、"蔡叫兽"等侮辱性言辞，公开发表对蔡某某的个人照片进行剪裁、拼接的侮辱丑化性的照片，擅自公布蔡某某个人手机号码、家庭电话等个人私密信息等。毫无疑问，这些行为严重贬损了蔡某某的名誉及人格尊严，侵扰其个人生活安宁及精神安宁，已构成对蔡某某名誉权、肖像权及隐私权显而易见的侵权。因此，蔡某某"有权通知网络服务提供者采取删除、屏蔽、断开链接等必要措施"，避免侵害事实继续发生，防止受侵害权利范围进一步扩大；同时，蔡某某也有权向人民法院提起诉讼，就侵权事实向网络用户以及网络服务提供者依法请求赔偿，以维护自身合法权益。

此外，蔡某某还提出"百度贴吧"中的"蔡某某吧"的存在，侵害了其姓名权，要求关闭"蔡某某吧"。对此，我们应当注意到，"蔡某某吧"的建立，是由网络用户自行申请建立而非百度公司创设。以"蔡某某"命名吧名主要是指代舆论关注的焦点，其本身并无侵害其姓名权的故意也无客观可能。"蔡某某吧"的存在是公众舆论对公众人物和公众事件发表言论的一个渠道，出于舆论

---

① 需要指出的是，《中华人民共和国侵权责任法》由中华人民共和国第十一届全国人民代表大会常务委员会第十二次会议于2009年12月26日通过，自2010年7月1日起施行。因此，并不直接适用本案。但是，正如本案一审法官在接受采访过程中所指出的："这起案件虽然是在《侵权责任法》颁布之前受理的，但在审理中参考了《侵权责任法》的法条。"因此，本文仍将主要以《侵权责任法》为主来分析本案，以期对今后类似案例有一定指导意义。

监督及言论自由的考虑,应当允许公众通过各种渠道发表不同的声音。此外,在"百度贴吧"这一网络服务产品中,网络用户建立名人贴吧的情况较为普遍,并非仅有"蔡某某吧"单独存在。在此种情况下,不宜认定"蔡某某吧"的存在侵犯了蔡某某的姓名权。而诸如"踩鸡鸣"、"蔡叫兽"等侮辱性言辞,并非干涉、盗用、假冒而侵犯姓名权的情形,因其侮辱性,而应归属于名誉权的保护范畴。

二、百度公司是否应当承担民事责任

在本案中,百度公司辩称,涉案的"蔡某某"贴吧属于电子公告服务,贴吧均由网民自主创建,诉争帖子系网民发布,与百度公司无关,应由发布者承担相应责任。百度公司仅为百度贴吧经营者,对百度贴吧只承担事前提示义务和事后管理义务。百度公司已经充分履行了相关义务,不应当承担相关民事责任。

那么,百度公司的这一答辩理由是否合理合法,我们就需要根据相关法律规定分析百度公司在这一侵权案件中所扮演的角色。

根据《侵权责任法》第三十六条:"网络用户、网络服务提供者利用网络侵害他人民事权益的,应当承担侵权责任。网络用户利用网络服务实施侵权行为的,被侵权人有权通知网络服务提供者采取删除、屏蔽、断开链接等必要措施。网络服务提供者接到通知后未及时采取必要措施的,对损害的扩大部分与该网络用户承担连带责任。网络服务提供者知道网络用户利用其网络服务侵害他人民事权益,未采取必要措施的,与该网络用户承担连带责任。"正如该法起草者所说:"本条第一款规范的是网络用户、网络服务提供者的直接侵权行为,第二款和第三款规范的是网络用户利用网络实施侵权行为时,网络服务提供者在何种情况下需要与网络用户承担连带责任。"[①]从内容的关联性来看,《侵权责任法》第三十六条第一款是关于网络用户、网络服务提供者承担侵权责任的一般性或者原则性的规定,第二、三款则是网络服务提供者承担侵权责任的特殊情况。因此,作为网络服务提供者,如果百度公司违反了法律规定,即使不是直接侵权者,也必须承担相应的法律责任。

---

① 王胜明主编:《中华人民共和国侵权责任法释义》,法律出版社2010年版,第190页。

如前所述,对于百度公司而言,其并未直接利用网络侵害他人民事权益的,无需承担直接的侵权责任。但是,是否符合第三十六条的第二、三款所规定的承担侵权责任的特殊情况?需要我们进一步分析。

《侵权责任法》第三十六条第三款规定:"网络服务提供者知道网络用户利用其网络服务侵害他人民事权益,未采取必要措施的,与该网络用户承担连带责任。"该规定继承并发展了网络侵权理论中的"明知规则",[①] 即主观存有过错且对直接侵权行为具有帮助行为的网络服务提供者,与直接侵权人构成共同侵权行为,承担连带责任。其民法学基础为帮助行为的共同侵权理论。明知规则通过扩大责任人范围,从而实现最大程度保障并救济受害人合法权益的立法目标,通说认为,其构成要件包括主观过错、直接侵权行为的成立、存在共同侵权行为,以及共同侵权行为与直接侵权行为具有因果关系。[②]

1. 存在主观过错

如果网络服务提供者知道网络用户利用其提供的网络服务从事侵害他人的民事权益的行为,那么其在技术上的垄断性便天然地被要求其承担监管义务,否则就可以合理地推断其对于该用户的侵权行为存在主观上的放任心理,从而构成网络服务提供者的主观过错。

2. 直接侵权行为成立

在明知规则中,网络用户通过网络服务提供者提供的网络服务,进行了符合侵权行为法律构成要件的直接侵权行为,这是网络服务提供者承担侵权责任的前提。其成立,依赖于网络用户直接侵权行为的在先成立。在本案中,蔡某某的名誉权、肖像权及隐私权受到侵害毫无疑问,网络用户的直接侵权行为的成立不存争议。

---

① 该规定并非《侵权责任法》首创,而是源于《最高人民法院关于审理涉及计算机网络著作权纠纷案件适用法律若干问题的解释》(法释〔2006〕11号)第五条:"提供内容服务的网络服务提供者,明知网络用户通过网络实施侵犯他人著作权的行为,或者经著作权人提出确有证据的警告,但仍不采取移除侵权内容等措施以消除侵权后果的,人民法院应当根据民法通则第一百三十条的规定,追究其与该网络用户的共同侵权责任。"和《信息网络传播权保护条例》(国务院令第468号)第二十三条:"网络服务提供者为服务对象提供搜索或者链接服务,在接到权利人的通知书后,根据本条例规定断开与侵权的作品、表演、录音录像制品的链接的,不承担赔偿责任;但是,明知或者应知所链接的作品、表演、录音录像制品侵权的,应当承担共同侵权责任。"

② 梅夏英、刘明:《网络服务提供者侵权中的提示规则》,载《法学杂志》2010年第6期。

3. 存在共同侵权行为

我国民法对共同侵权行为的构成要件采取客观标准,并不要求多个行为人对共同侵权行为具有共同侵权的意思联络和共同过错。按照明知规则,当网络服务提供者知晓其用户的侵权行为后,如果采取放任的态度,任由其所运营的平台对该侵权内容或者行为无限制传播或实施,那么其在客观上,便实施了通过“提供信息发布平台的方式”帮助侵权人达到侵权目的的共同侵权行为。

4. 共同侵权行为与直接侵权行为具有因果关系

试图通过网络进行侵权的行为人,由于其通常不具有独立架设网络平台的技术条件,因此绝大多数网络侵权行为均是通过网络服务提供者所提供的网络服务达到其侵权目标。因此,网络用户的直接侵权行为与其所适用的网络服务的提供者具有因果关系。

对于百度公司而言,是否应当符合上述要件,承担相应民事责任,主要集中于百度公司(1)是否存在主观过错,(2)是否存在共同侵权行为。

首先,对于在“百度贴吧”内出现网络用户利用其网络服务侵害蔡某某民事权益的这一事实,百度公司是否“知道”,即是否具有主观过错。根据《互联网电子公告服务管理规定》第二条第二款规定:“本规定所称电子公告服务,是指在互联网上以电子布告牌、电子白板、电子论坛、网络聊天室、留言板等交互形式为上网用户提供信息发布条件的行为。”百度公司提供的“百度贴吧”服务是以特定的电子交互形式为上网用户提供信息发布条件的网络服务,该贴吧服务属于电子公告服务,但法律并未课以网络服务商对贴吧内的帖子逐一审查的法律义务。因此,不能因在网络服务商提供的电子公告服务中出现了涉嫌侵犯个人民事权益的事实就当然推定其应当“知道”该侵权事实。现有证据亦不能证明百度公司在其提示有侵权行为发生之前实际上已经明知该事实。故百度公司在蔡某某通知其遭受损害之前,不存在应知和明知即不可能知道其损害事实的情形。

其次,百度公司在“百度贴吧”的日常运营过程中是否尽到了法定注意义务。法院认为,根据《互联网电子公告服务管理规定》第十条规定:“电子公告服务提供者应当在电子公告服务系统的显著位置刊载经营许可证编号或者备案编号、电子公告服务规则,并提示上网用户发布信息需要承担的法律责任。"网络服务商仅需对其电子公告平台上发布的涉嫌侵害私人权益的侵权信息承担"事前提示"及"事后监管"的义务，提供权利人方便投诉的渠道并保证该投诉渠道的有效性。百度公司在"百度贴吧"首页公布了作为电子公告服务规则的"百度贴吧协议"，告知贴吧网络用户提前阅读该协议，并在该协议中明确提示网络用户不得发表法规禁止发表的信息及网络用户应对发布的信息负责；并且，该公司还在"百度贴吧协议"页面链接的"贴吧投诉规则"中说明了权利人的投诉方式和途径，故百度公司已尽到了法定的事前提示和提供有效投诉渠道的事后监督义务，未违反法定注意义务。

再次，百度公司在接到蔡某某的通知后，知晓了贴吧用户对蔡某某人格权益的侵害之后，是否及时采取了必要的措施，其行为是否构成对蔡某某上述人格权益的共同侵犯？根据案件事实，蔡某某于2009年10月13日委托律师正式向百度公司发出投诉的《律师函》，百度公司在2009年10月15日收到上述《律师函》后，立即对"蔡某某吧"中有关侵害其人格权益的言论、图片及个人信息进行了删除处理。因网络贴吧信息的发布具有动态性和规模性，百度公司虽然按照蔡某某的投诉对原有侵权网络信息进行了删除，但是不久又有大量网民陆续发布了新的侵权网络信息。其后，百度公司继续进行了删除侵权信息的处理，直至最终采取屏蔽的方式阻止任何新的网络信息发布，防止了侵权事态进一步扩大。由是观之，一审法院认为，百度公司在接到蔡某某正式发出的《律师函》后这一段时期，采取了及时且必要的措施防止网络用户侵权行为扩大，其行为不存在过错，不构成共同侵权行为，无需对网络用户侵害蔡某某相关人格权益承担连带侵权责任。

但是，需要指出的是，在百度公司采取前述措施之前，蔡某某就委托梁文燕以电话方式与百度公司就涉案帖子进行交涉，但百度公司未及时处理，梁文燕又申请担任"蔡某某贴吧"管理员，也未获通过，后梁文燕发信息给贴吧管理组申请删除该贴吧侵权帖子，但该管理组未予答复，亦未进行有效管理。根据《侵权责任法》第三十六条第二款："网络用户利用网络服务实施侵权行为的，被侵权人有权通知网络服务提供者采取删除、屏蔽、断开链接等必要措施。网络服务提供者接到通知后未及时采取必要措施的，对损害的扩大部分与该网络用户承担连带责任。"因此，对梁文燕的投诉和《律师函》正式发出这一期间的网络侵权行为，百度公司怠于履行事后管理的义务，对蔡某某委托梁文燕进行的投诉未及时处理和采取相应措施，直至蔡某某委托发出正式的律师函，才删除侵权帖子，致使网络用户侵犯蔡某某的损害后果持续扩大，应当承担相应的责任。因此，二审法院在综合考虑全案实际情况，对一审法院未认定梁文燕投诉的事实予以确认，并酌定百度公司赔偿蔡某某精神抚慰金10万元。

二审法院对蔡某某投诉过程的事实认定相当精巧。一方面，既肯定了百度公司在接到蔡某某正式的投诉律师函所采取的删除行为和屏蔽措施等技术手段，百度公司对此不需要承担相应的间接侵权责任；另一方面，对于蔡某某委托梁文燕向百度公司投诉的事实进行充分论证，指出："虽然（梁文燕的）投诉并未严格按照百度公司的投诉规则进行，但是百度公司的投诉规则是百度公司自己制定的规则，百度公司内部部门的职权划分不能否定梁文燕投诉的基本事实，而且百度协议中写明是任何人皆可投诉。在梁文燕已经投诉后，百度公司并未及时采取相应措施，直至蔡某某委托发出正式的《律师函》，才删除侵权帖子。"[1] 通过前述论证，二审法院指出，对于网络侵权的投诉，既不能限定投诉主体，也不能限定投诉程序。对于网络侵权行为，任何人都有权投诉，以维护自己、他人的合法权益或者社会公共利益。同时，尽管有的网站为便于管理，制订了投诉规则，但是该规则属于内部规则，其效力仅限于划分本网站内部有关投诉事项的职权划分和便于投诉过程的管理，并不能用于否定未遵循该规则而进行投诉的基本事实。被侵权人有权采取任何措施进行投诉，只要该投诉方式能确保投诉内容送达相关网络服务提供者。因此，二审法院认定，百度公司怠于履行管理职责，对梁文燕投诉后和蔡某某发出正式律师函这一时间段的侵权行为，应当承担怠于管理的责任。

启示与建议

随着网络技术的飞速发展，网络侵权事件日益增多。对此，《侵权责任法》第三十六条对于网络侵权责任做出了专条规定，这是我国首次在民事基本法

---

[1] 北京市第一中级人民法院（2011）一中民终字第5934号判决书。

中对于网络环境下侵权责任设定的专门性规范。该规定为"网络侵权"确立了两大规则:一是提示规则,即"网络用户利用网络服务实施侵权行为的,被侵权人有权通知网络服务提供者采取删除、屏蔽、断开链接等必要措施。网络服务提供者接到通知后未及时采取必要措施的,对损害的扩大部分与该网络用户承担连带责任"。二是明知规则,即"网络服务提供者知道网络用户利用其网络服务侵害他人民事权益,未采取必要措施的,与该网络用户承担连带责任"。两个规则既规范了网民在网络上的言论自由,又规范了网站的审查责任,还平衡了网站与受害人之间的利益。

一方面,对于普通网民而言,要加强道德自律,遵守有关法律法规和网站规定,在网络上行使言论自由等公民基本权利的同时,要注意不得侵害他人隐私权、名誉权等合法权益。

另一方面,对于广大互联网公司和媒体而言,《侵权责任法》规定企业承担的网络侵权连带责任比之前的《最高人民法院关于审理涉及计算机网络著作权纠纷案件适用若干问题的解释》更为宽泛。若网络服务提供者只提供通道或者平台服务而由网络用户提供全部内容时,网络用户则要承担直接侵权责任,而网络提供者只有在接到被侵权人通知后未采取必要措施或者知道网络用户侵权行为的情况下,才要承担相应的侵权责任。因此,有关企业要注意防范网络侵权风险,加强网站或网上行为的管理,特别是网站的论坛或公告等功能,要有专人管理,发现有侵权行为,应当及时进行处理。作为网络服务提供者,应该加强监督,一旦发现网络用户利用网络侵害他人民事权益或是接到被侵权人通知,应当及时采取删除、屏蔽、断开链接等必要措施,避免影响扩大化。

第五编

刑事制裁及其他

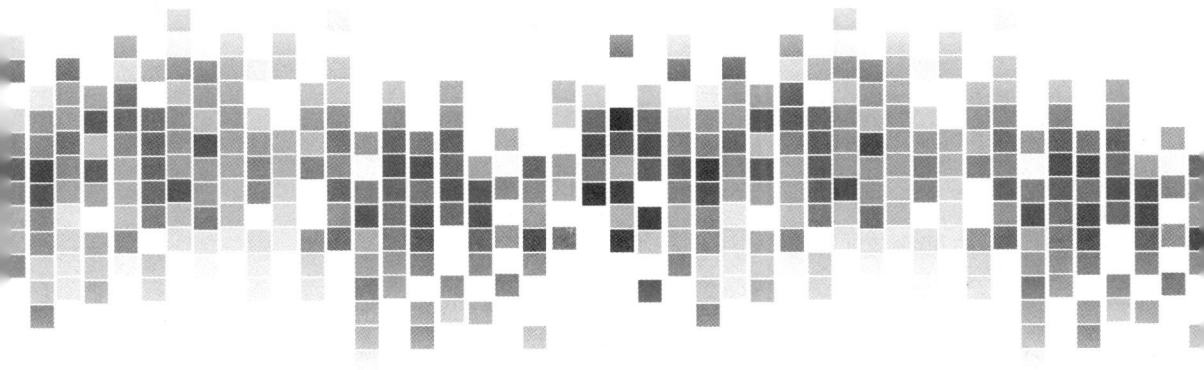

1. 治理虚假新闻, 维护媒体公信力

——原北京电视台临时工作人员訾某某损害商品声誉案

◇ 李国民

案例要义

"纸馅包子"事件轰动一时, 其始作俑者訾某某被以损害商品声誉罪追究刑事责任更是引来争议无数。法院的判决是否恰当, 是否符合罪刑法定原则? 这些问题需要深入探讨。同时, 这一严重违背新闻职业道德、造成恶劣影响的新闻造假事件所带来的沉痛教训, 新闻媒体及新闻从业人员也必须认真总结、深刻反省。

关键词

商榷 直接故意 他人与行业 损失与情节 罪刑法定 教训

主要事实

2007年6月, 訾某某在担任北京电视台生活节目中心《透明度》栏目临时工作人员期间, 通过查访, 在未发现有人制作、出售肉馅内掺纸的包子的情况下, 为显示工作业绩, 化名"胡月", 纠集本市无业人员张某某(另行处理), 冒充工地负责人, 多次到北京市朝阳区太阳宫乡十字口村13号院内, 对制作早餐的陕西省来京人员卫某某等四人谎称需定购大量包子, 要求卫某某等人为其加工制作。后訾某某伙同张某某携带密拍设备、纸箱及购买的面粉、肉馅等再次来到13号院, 訾某某以喂狗为由, 要求卫某某等人将浸泡后的纸箱板剁碎掺入肉馅, 制作了20余个"纸馅包子"。与此同时, 訾某某密拍了卫某某等人制作"纸馅包子"的过程。在节目后期制作中, 訾某某采用剪辑画面、虚假配音等方法, 编辑制作了电视专题片《纸做

的包子》播出带,于同年7月8日在北京电视台播出。

法院认为,訾某某具有多年从事新闻工作的经历,在明知没有制作、出售纸馅包子的情况下,故意捏造并散布虚假新闻,因而对其行为及会造成损害相关行业商品声誉的后果具有故意心理,且情节严重。訾某某作为电视台的临时工作人员,故意捏造事实,编制《纸做的包子》的虚假电视节目,并隐瞒事实真相,使虚假节目得以播出,造成恶劣影响。其捏造并散布虚伪事实的行为,损害了相关行业商品的声誉,情节严重,已构成损害商品声誉罪,依法应予惩处。鉴于訾某某到案后能够认罪悔罪,可对其酌予从轻处罚。2007年8月12日,法院做出一审判决:被告人訾某某犯损害商品声誉罪,判处有期徒刑一年,并处罚金人民币1000元。① 一审宣判后,訾某某没有上诉,检察机关亦未抗诉,判决发生法律效力。

☕ 争议焦点

1. 构成损害商品声誉罪,是否要求行为人主观方面必须具有"直接故意"?
2. 损害商品声誉罪中的"他人"应如何界定?
3. 如何认定损害商品声誉罪中的"造成重大损失或者有其他严重情节"?
4. 以损害商品声誉罪追究訾某某刑事责任,是否违反"罪刑法定"原则?

📖 法理分析

依据《刑法》第二百二十一条的规定,损害商品声誉罪,是指捏造并散布虚伪事实,损害他人的商品声誉,给他人造成重大损失或者有其他严重情节的行为。以此罪名追究訾某某的刑事责任,适用法律是否正确?对此,法学界一直存在争论。争论的焦点主要集中在以下四点:其一,构成损害商品声誉罪,是否要求行为人主观上必须具有"直接故意"?其二,损害商品声誉罪中的"他人"应如何界定?其三,如何认定损害商品声誉罪中的"造成重大损失或者有其他严重情节"?其四,以损害商品声誉罪追究訾某某刑事责任,是否违反"罪

---

① 北京市第二中级人民法院(2007)二中刑初字第1763号刑事判决书。

刑法定"原则？本文将围绕上述议题，对本案试做分析。

一、关于"故意"

从《刑法》第二百二十一条"捏造并散布虚伪事实"的表述来看，损害商品声誉罪应属故意犯罪无疑；如果是因为过失导致新闻失实，即使造成了重大损害，也不能以本罪论处。这一点没有疑义。但依据刑法理论，故意犯罪，尚有直接故意和间接故意之分。所谓直接故意，指行为人明知自己的行为必然发生危害社会的结果，并且希望或追求这种结果发生；间接故意，是指行为人明知自己的行为可能发生危害社会的结果，并且放任这种结果发生。

从本案的事实和证据看，訾某某炮制纸馅包子虚假新闻的主要目的是为了显示其工作业绩，很难说具有损害他人商品声誉的直接故意；但作为一个具有多年新闻工作经历的人，訾某某不大可能对其行为将会造成的后果"完全始料未及"。明知行为可能造成危害结果而放任其发生，可以认定为间接故意。那么，间接故意能否构成损害商品声誉罪呢？

对此，认识不一。否定说认为，构成损害商品声誉罪必须出于直接故意，且具有损害他人商誉的意图，间接故意不构成本罪；肯定说则认为，损害商品声誉罪的主观心态包括间接故意，即行为人明知自己捏造并散布虚伪事实会损害他人商誉，而放任这种结果发生的，也构成本罪。

訾某某是否构成损害商品声誉罪，后文还要详细论述。在间接故意能否构成本罪这一点上，笔者赞同肯定说，即：损害商品声誉罪的主观要件，既包括直接故意也包括间接故意。

首先，对于本罪，《刑法》第二百二十一条没有规定行为人必须出于特定的犯罪目的或动机。其次，《刑法》第二百二十一条没有明确排除间接故意构成本罪的情形，作为故意犯罪，根据刑法总则，当然可以解释为包括间接故意。再次，从损害商品声誉罪保护的法益来讲，无论行为人是出于直接故意还是间接故意，对被害方而言，其商品声誉受到的损害没有本质差别。最后，如果将间接故意排除在外，显然不利于惩处放任损害他人商品声誉危害结果发生的案件，有悖于刑法有效惩治此类犯罪的初衷，因而将间接故意解释为本罪的主观要件有其现实合理性和必要性。[①]

基于上述理由，笔者认为：损害商品声誉罪的主观要件，既包括直接故意也包括间接故意。

二、关于"他人"

根据《刑法》第二百二十一条的规定，损害商品声誉罪的侵害对象是"他人"的商品声誉，因而正确理解此处"他人"的内涵和外延，对准确认定本罪具有重要意义。

从本案判决"其（訾某某）捏造并散布虚伪事实的行为，损害了相关食品行业商品的声誉"的认定来看，法院显然认为"相关食品行业商品的声誉"属于"他人的商品声誉"之范畴。如此理解是否正确？"他人"是否应包含"相关行业"在内？

对此，亦存在两种截然不同的认识。否定说认为，损害商品声誉罪的侵害对象是从具体个人或企业的意义上而言的，而不是从行业整体意义上而言的，因此，"相关食品行业商品的声誉"与刑法所保护的"他人的商品声誉"显然不是一个范畴。[②]肯定说则认为，损害商品声誉罪中的"他人"，毋庸置疑应当具备一定的特定性，但对这种特定性的理解不能过于僵化，因为侵犯一个市场主体的商品声誉可以构成犯罪，但如果侵害了一类市场主体的商品声誉，作为危害更大的犯罪，举轻以明重，自然应当构成犯罪，这是逻辑解释的当然结论。[③]更有甚者，连"损害商品声誉罪中的'他人'应当具备一定的特定性"也不认可，认为"不特定的某一生产或经营行业的群体可以作为这类案件的受害人"，理由是："既然具体的自然人或者单位可以是'他人'，由这些具体的自然人或者单位组成的个体的集合或者行业不就是更大的'他人'了吗？"[④]

---

① 参见最高人民法院刑二庭康瑛：《如何认定损害商品声誉罪中的他人——訾北佳损害商品声誉案》，《刑事审判参考》2010年第1集（总第72集）。

② 周泽：《訾北佳获罪值得商榷》，载《南方都市报》2007年8月15日。

③ 最高人民法院刑二庭康瑛：《如何认定损害商品声誉罪中的他人——訾北佳损害商品声誉案》，载《刑事审判参考》2010年第1集（总第72集）。

④ 金泽刚：《对"纸箱馅包子"事件的刑法考量》，见上海法学网：http://www.sls.org.cn/xuezhe_article_detail.jsp? main_id=7&id=200825113430。

笔者赞同否定说，即损害商品声誉罪中的"他人"，是指生产或者经营该商品的特定的企业或者个人，而非整个生产或者经营此类商品的行业。

首先，良好的商业信誉、商品声誉是企业商誉的一项内容，其基本特征是专属性。离开特定商家（生产者、经营者、销售者）的、泛指的商业信誉、商品声誉是根本不存在的；说有不属于某一商家的商业信誉、商品声誉，就如同说没有具体人的名誉一样，不仅违背法学常识，也违背经济学常识，甚至违背生活常识。其实，任何一个行业的商品，都有优质的和平庸、一般的，也会出现劣质的、伪造的，所谓"相关行业商品的声誉"的概念，纯属臆造。①

其次，商誉具有专属性，其所归属的所有者（即所谓"他人"），也应具有特定性，必须限定在特定范围内，可以根据所虚构的事实内容确知或推知，并且可以被指认；如果行为人的诋毁行为不针对特定的、具体的对象，所指的"他人"非常宽泛，只是就某类行业进行诋毁，公众无法确认行为人所指向的具体对象，则不符合特定性的条件。在民事诉讼中，"特定指向"尚且是构成名誉侵权的基本要件，举轻以明重，需要被追究刑事责任的损害商誉行为，当然更须具备此项要件了。在本案中，訾某某炮制"纸馅包子"虚假新闻的行为，即便可能对北京的包子行业、食品行业的形象造成一定不利影响，但是，包子行业、食品行业是一个边界宽泛得无法确认的群体，所以该行为的被害人无法界定。在此种情况下，对訾某某适用该罪是不合适的。②

综上所述，笔者认为，损害商品声誉罪中的"他人"，必须具有特定指向，即生产或者经营该商品的特定的企业或者个人，而非整个生产或者经营此类商品的行业。本案判决书把法律规定的"损害他人的商品声誉"径行改换为"损害相关食品行业的商品声誉"，是一种不恰当的扩大解释。

三、关于"重大损失"、"严重情节"

根据《刑法》第二百二十一条的规定，构成损害商品声誉罪，在客观方面

---

① 魏永征：《且看这起记者犯损害商品声誉罪》，见中华传媒网：http://academic.mediachina.net/article.php? id=5389。
② 张金玺、陈力丹：《言论的刑事责任与商誉诽谤罪的宪法限制——关于訾北佳案的法律思考》，载《中国青年政治学院学报》2008年第1期。

还要求行为人必须给商誉主体"造成重大损失",或者行为人"具有其他严重情节"。如果行为人的行为没有给商誉主体造成重大损失,或者不存在其他严重情节,则不能构成本罪。

此处必须强调的一点是,无论是"造成重大损失"还是"具有其他严重情节",都是从行为人侵害特定个人或企业商誉所造成的损害而言的,是行为人给特定的、具体的对象造成的客观损害结果,如商品滞销、经营陷入困境、导致停产破产等。而正如前文所述,在本案中,并不存在这样特定的、具体的侵害对象。因此,从危害后果来看,不能确定訾某某炮制假新闻的行为"给他人造成重大损失",本案并不具备构成损害商品声誉罪的客观要件。①

还需说明的是,损害商品声誉罪所侵犯的客体,是他人的商品声誉和以此为基础的市场交易秩序,而非其他。据此,有关新闻宣传主管部门事后通报所称的"'纸做的包子'虚假新闻……干扰了正常的社会生活秩序,损害了新闻工作者队伍的整体形象,损害了新闻媒体的权威性和公信力,损害了党和政府的形象,造成了恶劣的社会影响",这些只能算做訾某某炮制假新闻的间接后果,而非刑法意义上的直接危害,不能据此认定其构成损害商品声誉罪。

四、关于"罪刑法定"

"法无明文规定不为罪,法无明文规定不处罚",这是对罪刑法定原则内涵的经典表述。我国《刑法》第三条将其概括为:"法律明文规定为犯罪行为的,依照法律定罪处刑;法律没有明文规定为犯罪行为的,不得定罪处刑。"该条规定从正反两个方面阐明了罪刑法定原则的双重价值蕴涵:一是强调犯罪及其刑罚的法定性,体现法律的权威和国家对危害社会行为的定罪处罚权;二是强调非罪行为的自由性,即对国家刑罚权的限制,保障公民的权利和自由。罪刑法定的基本要求,就是法院在判定一个人是否犯罪以及判处何种刑罚,必须依照法律的明确规定,不能随意判案,不能任意解释、推测而定为有罪。

严格禁止类推,是由罪刑法定原则派生出的一个重要刑法原则。所谓类推,是指对于刑法没有明文规定但具有一定社会危害性的行为,司法机关可以

---

①　张金玺、陈力丹:《言论的刑事责任与商誉诽谤罪的宪法限制——关于訾北佳案的法律思考》,载《中国青年政治学院学报》2008年第1期。

比照《刑法》最相类似的条文定罪处刑；为了保护某种国家或社会利益，可以对法律做出不利于行为人的扩张化解释。类推表面上惩罚了危害性行为，但实质上却伤害了法治精神，更与罪刑法定原则背道而驰。因此，随着罪刑法定原则在1997年《刑法》中得以确立，类推在我国已被严格禁止。

遗憾的是，正如前文所述，对訾某某以损害商品声誉罪定罪处刑并不准确，其中似有类推之嫌。

事实上，訾某某被刑事拘留后，关于新闻造假者的行为究竟涉嫌何罪便在学界引发了广泛的关注和讨论。专家们历数了诸多可能的罪名，如"编造、故意传播虚假恐怖信息罪"、"以其他方法危害公共安全罪"、"损害他人商业信誉、商品信誉罪"、"诽谤罪"等，但最终得出的结论却是"以上述哪种罪名来定性，都值得商榷"。专家们因此提醒，"法无明文规定不为罪，打击某种犯罪行为只有定性准确，才能面对社会公众的考评"；"刑法若有模糊之处，应当善意解释法律，应当以'有利于被告人'的原则来解释法律"。[①]

本案的审理，法院最终选了个"最接近"的罪名——损害商品声誉罪——给訾某某定罪处刑。笔者认为，以损害商品声誉罪追究訾某某的刑事责任，有类推定罪之嫌，不符合罪刑法定原则的要求。

启示与建议

需要说明的是，笔者完全没有为訾某某开脱之意。相反，笔者对其故意造假以沽名钓誉、吸引眼球的做法深恶痛绝。如果他的行为确实触犯了刑法的明文规定，那笔者坚决支持司法机关依法追究其刑事责任。

在某些人看来，对记者制造假新闻的行为，处罚不宜过于严厉，应该给"错误言论"留下"喘息空间"，以避免"寒蝉效应"。对此，笔者无法苟同。如果记者因为过失导致新闻失实，那法律在一定限度内给予宽容尚可理解；但对于故意捏造虚假事实、炮制假新闻的记者，法律绝不能姑息，更不能因为他的身份"特殊"就网开一面。因为作为受过专业训练的信息传播者，记者应负有比

---

① 庄永廉：《面对虚假信息传播，刑法的手伸到哪儿》，载《检察日报》2007年7月30日。

普通人更高的注意义务，而非相反；同时，记者造假，危害显然更甚，影响也无疑更为恶劣。

真实是新闻的生命，虚假报道是新闻工作的大敌。訾某某炮制"纸馅包子"虚假新闻，严重违背了新闻职业精神职业道德，严重损害了新闻媒体的形象和社会公信力，甚至败坏了国家声誉，带来的教训是十分沉痛的，值得新闻媒体、新闻从业者、新闻主管部门以及立法、司法机关深刻反思。

首先，治"假"先要管住"人"。假新闻都是"人造"的，没有造假的新闻从业人员，自然也就没有有假新闻存在的空间。因此，治理假新闻，关键要管好新闻从业人员。近年来，使用临时人员的新闻单位不在少数。对临时人员只使用、不培养，也是不少用人单位的做法。这些临时聘用人员与编制内记者之间从地位到薪酬都有很大差别，甚至自称或被称为"新闻民工"。訾某某就是这样一个临时聘用人员。正如《中国记者》杂志上的一篇文章所说："某种程度上讲，'纸馅包子'这条假新闻的出炉并不是偶然的，有其深厚的体制根源……正是'临时聘用制'这一不合理的机制造成了假新闻的泛滥。"[①]

其次，治"假"必须管好媒体。正是因为少数新闻单位管理松懈，片面追求收听收视率、发行点击量，给虚假新闻提供了可乘之机。因此，治理假新闻，必须加强对新闻媒体的规范管理。

再次，治"假"应当有法可依。訾某某案的判决受到质疑，原因不在于其造假行为不够恶劣，而是在于现行刑法没有适格的规定。为确保此类故意造假行为受到依法追究，提高新闻造假成本，促进新闻事业健康发展，杜绝假新闻，建议刑法增设故意制作、传播虚假新闻罪。

---

① 曾草楠：《假新闻的出炉不是偶然》，载《中国记者》2007年第8期。

2. 记者可以构成受贿罪主体
——原中央电视台记者李某受贿案

◇ 李国民

案例要义

记者受贿，该当何罪？此类争论，由来已久。争论焦点，主要集中在两个方面：其一，记者是否可以构成受贿罪的主体？其二，如何认定记者"利用职务便利，为他人谋取利益"？原中央电视台记者李某受贿案很有启示价值。

关键词

管辖权　犯罪主体　构成犯罪　警示

主要事实

公诉机关指控：2008年10月22日、10月30日，原中央电视台社教节目中心法制专题部编辑、记者李某受吴某某之托，分别到山西省太原市人民检察院、太原市杏花岭区人民检察院和广东省惠州市政法委、惠阳区委进行采访，对太原市杏花岭区人民检察院正在侦查的吴某某之兄涉嫌犯罪一案施加影响。其间，在太原市、北京市、惠州市等地，李某先后收受吴某某的贿赂3.7万元。公诉机关山西省太原市杏花岭区人民检察院认为，应以受贿罪追究李某的刑事责任。[①]

太原市杏花岭区人民法院经开庭审理，依法认定了上述事实。法院认为，李某身为中央电视台记者，在从事公务活动中，利用其对社会公共事务进行采访、报

---

① 山西省太原市杏花岭区人民检察院并杏检刑诉字（2009）第138号起诉书。

道，行使舆论监督的职务便利，非法收受他人贿赂，为他人谋取利益，其行为已构成受贿罪。公诉机关指控罪名成立。李某自愿认罪，积极退赃，可酌情予以从轻处罚。综合其犯罪情节、悔罪表现及对社会的危害程度，可对其适用缓刑。2009年8月4日，法院做出一审判决：被告人李某犯受贿罪，判处有期徒刑三年，缓刑四年。[①] 李某当庭表示认罪服判，不上诉。

☕ 争议焦点

1. 由太原市杏花岭区人民检察院查办此案，是否违法？
2. 记者是否可以构成受贿罪的主体？
3. 李某是否构成受贿罪？

📖 法理分析

争议一：杏花岭区人民检察院是否应该回避？

之所以出现这样的争议，是因为查办李某案的杏花岭区人民检察院，此前曾是李某的采访对象；李某试图通过采访"施加影响"的，正是杏花岭区人民检察院正在侦查的本案行贿人吴某某之兄吴某某涉嫌犯罪的案件。有人据此认为，依据《刑事诉讼法》第二十八条的规定，杏花岭区人民检察院与李某存在利害关系，可能影响案件的公正处理，应当回避。进而怀疑：杏花岭区人民检察院该不该回避，是否涉嫌滥用职权、报复性司法。

笔者认为，这种观点值得商榷。

首先，对于办案机关的回避，法律无明确规定。《刑事诉讼法》第二十八条的确规定，检察人员"与本案当事人有其他关系，可能影响公正处理案件的"，应当回避。但需要注意的是，《刑事诉讼法》所规定的回避，针对的是"办案人员"，而非"办案机关"，在我国现行法律中，没有规定办案机关的回避。因此，

质疑杏花岭区人民检察院"该回避不回避"、"程序违法",缺少法律依据。

其次,本案的查办系基于指定管辖。对于舆论的质疑,最高人民检察院相关部门澄清:"此案系根据案件管辖的有关规定,由最高人民检察院逐级指定太原市杏花岭区人民检察院管辖。"① 我国的刑事诉讼管辖,以犯罪地管辖为原则,以被告人居住地管辖为补充,以指定管辖为例外。犯罪地包括犯罪行为地和犯罪结果地。司法实践中,职务犯罪的管辖一般情况下是以犯罪嫌疑人工作单位所在地的检察院来侦查,但收受财物地点的检察院也有管辖权。因此,本案就出现了山西和北京乃至广东方面均有权管辖的情况。最高人民检察院《人民检察院刑事诉讼规则》规定:"对管辖不明确的案件,可以由有关人民检察院协商确定管辖。对管辖权有争议的或者情况特殊的案件,由共同的上级人民检察院指定管辖。"北京、山西、广东检察机关的共同上级,是最高人民检察院,所以不管涉案数额多少,其指定管辖权均在最高人民检察院。据此,最高人民检察院"逐级指定太原市杏花岭区人民检察院管辖"在法律上没有问题。②

争议二:记者是否可以构成受贿罪的主体?

根据我国《刑法》第三百八十五条的规定,受贿罪是指国家工作人员利用职务上的便利,索取他人财物,或者非法收受他人财物,为他人谋取利益的行为。从犯罪主体来讲,受贿罪属特殊主体犯罪,若行为人不具有"国家工作人员"的身份,则不能构成本罪。

对于国家工作人员的概念和范围,《刑法》第九十三条做了界定:"国家工作人员,是指国家机关中从事公务的人员。国有公司、企业、事业单位、人民团体中从事公务的人员和国家机关、国有公司、企业、事业单位委派到非国有公司、企业、事业单位、社会团体从事公务的人员,以及其他依照法律从事公务的人员,以国家工作人员论。"据此,判断记者是否属于国家工作人员,主要应从两方面进行考量:其一,记者所在的新闻单位的性质;其二,记者所从事的采

---

① 正义网(http://news.jcrb.com/xwjj/200812/t20081209_109918.html)。

② 曹呈宏:《趁山西检方拘捕北京记者进行普法和沉思》,见正义网:http://www.jcrb.com/pinglun/jrkd/200812/t20081210_110781.html。

访、报道活动,是否属于"从事公务"。

对于前者,基本上没有争议。本案案发时,新闻单位改制转企改革尚未展开,新闻单位从性质上讲,基本均属于国有事业单位,这一点相关政策有明文规定,争议双方对此皆无异议。但对后者,即记者所从事的采访、报道活动是否属于"从事公务",存在不同观点。

反对者认为,记者从事的仅仅是个体性的劳务。如果说记者的采访、报道也算"从事公务",那拒绝接受记者采访或者阻挠记者采访的人,严重者无疑将构成妨碍公务犯罪。因此,记者不是国家工作人员,不能成为受贿罪的主体。①

支持者认为,我国有着与西方世界不同的新闻体制,新闻传播担负着特殊的社会功能,记者对国家和社会公共事务进行新闻报道和舆论监督,是国家赋予的权力,是从事公务的一种表现形态。因此,在我国,记者属于国家工作人员之列,可以成为受贿罪的主体。②

笔者赞同支持者的观点。

首先,记者所从事的采访、报道活动,是一种职务行为,而非"仅仅是一种个体性的劳务"。

在我国,记者以所属新闻媒体的名义从事业务活动,从事的采访报道等活动属于职务行为,在相关法律法规中有明确的规定。最高人民法院《关于审理名誉权案件若干问题的解答》第六条规定,作者(当然主要是指新闻记者)与新闻出版单位为隶属关系,涉案作品系履行职务所形成的,只列新闻出版单位为被告。原新闻出版总署2005年《新闻记者证管理办法》第十四条规定,不得用记者证从事非职务行为。原新闻出版总署2008年《关于进一步做好新闻采访活动保障工作的通知》第五条更是明文指出:"新闻采访活动是新闻记者的职务行为。"由此可见,记者所从事的采访报道活动,绝非"仅仅是一种个体性的劳务",而是以所属新闻单位名义进行的职务活动,属于职务行为。③

---

① 周泽:《论记者不构成受贿犯罪的主体》,载《新闻记者》2009年第3期。
② 王晋:《论记者可以构成受贿罪主体》,载《新闻记者》2009年第3期。
③ 王玉琦、牛克乾:《李万、唐自成受贿案——国有媒体的记者能否构成受贿罪的主体》,载《刑事审判参考》2010年第1集(总第72集)。

其次，记者所从事的此种职务行为，属于"从事公务"的范畴。

对于《刑法》第九十三条中"从事公务"的认定，2003年《全国法院审理经济犯罪案件工作座谈会纪要》规定："从事公务，是指代表国家机关、国有公司、企业、事业单位、人民团体等履行组织、领导、监督、管理等职责。"这虽非对公务的完整定义，但从中我们还是可以看出"公务"的主要特征：一是同国家利益、公共利益相关；二是与政策、法律所赋予的职权和职务相联系。

界定记者所从事的采访报道活动是不属于公务活动，需要明确我国新闻媒介的性质和所担负的任务。我国新闻媒体是党、政府和人民的喉舌，党的思想和文化阵地，新闻工作与国家利益和公共利益息息相关，在党和国家实现对社会的组织、领导、监督、管理等方面具有十分重要的作用，其公共事务性质是十分明确的。

新闻单位的新闻宣传、舆论监督等功能，主要就是依赖新闻记者采写（摄制）的新闻报道、评论等实现的。新闻记者按照所在新闻单位提出的新闻报道和宣传要求从事采访报道活动，表明了新闻记者所从事工作的公务性质。①

再次，不能以拒绝接受或者阻挠记者采访不构成妨碍公务罪，来反推记者的采访报道活动不属于从事公务。

妨害公务罪中的"公务"与受贿罪主体的"从事公务"，其内涵和外延并不相同。前者特指国家机关的公共管理事务，后者中的"公务"，则指各种公共事务，不限于国家机关事务。根据我国《刑法》第二百七十七条的规定，妨害公务罪是指以暴力、威胁方法阻碍国家机关工作人员依法执行职务，阻碍人大代表依法执行代表职务，阻碍红十字会工作人员依法履行职责的行为，以及故意阻碍国家安全机关、公安机关依法执行国家安全工作任务，未使用暴力、威胁方法，造成严重后果的行为。妨害公务罪中的"公务"，仅限于以上四种情形。将其与受贿罪主体的"从事公务"混为一谈，这是混淆了相同词语在不同语境下的不同内涵。②以此来反推记者的采访报道活动不属于从事公务，在逻辑上是站不住脚的；若按照此种逻辑推演下去，那法律规定的相当一部分"从事公务"行为，都将被排除在"公务"之外，国有公司、企业老总、事业单位以及人

①② 王晋：《论记者可以构成受贿罪主体》，载《新闻记者》2009年第3期。

民团体负责人也都将因此被认为不具有受贿罪的主体资格,这显然不符合法律规定。

综上所述,我们认为,记者属于国家机关工作人员,李某从事的采访报道活动属于从事公务,可以构成受贿罪的主体。

争议三: 李某是否构成受贿罪?

反对者主要提出了三点理由: 其一,记者发表报道有一定的程序,李某对自己的报道能否发表无权决定,故其没有可用以"为他人谋取利益"的"职务上的便利";其二,李某与吴某某系恋人关系,其收受吴的财物,属于"恋人间的赠与问题,属感情问题,不能轻易认定为受贿";其三,利用采访报道对司法机关正在办理的案件施加影响,不符合受贿罪中"为他人谋取利益"的通常含义,且该"案中案"疑似一起错案,李某对其进行采访报道属正当的舆论监督。

笔者认为,上述观点不能成立。

首先,不能以"记者本身不能决定稿件是否采用"来否认其存在可用以"为他人谋取利益"的"职务上的便利"。

对于何谓"利用职务上的便利",最高人民检察院《关于人民检察院直接受理立案侦查案件立案标准的规定(试行)》做出了明确解释:"'利用职务上的便利',是指利用本人职务范围内的权力,即自己职务上主管、负责或者承办某项公共事务的职权及其所形成的便利条件。"作为新闻记者,进行采访报道属于其本职工作,其对所有搜集到的相关信息进行整理、筛选拥有完全的"支配和指挥的权力"。对于大家通常所说的"批评报道",所涉及的当事人非常清楚报道将"产生的预期效果"。[①]决定发表还是不发表的权力固然不在记者,但是没有记者的采访报道,新闻就到不了编辑和最终"把关人"的手中。李某正是利用其职务范围内采写新闻报道的职权,收取吴某某的财物,对杏花岭区检察院正在办理的案件施加影响。

其次,"恋人关系"不能成为受贿的挡箭牌。

---

①　李洁、桑雯:《记者受贿是错更是罪》,载《青年记者》2009年第13期。

　　需要说明的是，李某与吴某某是否"恋人关系"，只有其前代理律师的一面之词，既没有得到李某本人的认可，更未被司法机关认定。即使与吴某某真的属于"恋人关系"，也不影响对其受贿行为的认定。受贿罪的本质特征是"权钱交易"。认定受贿罪是否成立，关键要看当事人是否利用了"职务上的便利"，是否"为他人谋取利益"，只要这两点同时具备，就算是父子、兄弟之间，也同样可以构成行贿受贿，双方是恋人关系来为受贿开脱，没有法律依据。

　　再次，利用采访报道对司法机关正在办理的案件施加影响，可以认定为为他人谋取利益的行为。

　　新闻报道可以为他人带来利益或损害是公认的事实。以采写稿件、发布信息为职业的新闻记者，对于公共舆论的形成，起着重要作用。传播学认为大众传播具有赋予他人地位的功能，在现代社会，政治家、艺人、学者和企业的成名，鲜有不借助媒介的。反之，新闻媒介披露某些"负面"现象，对被报道对象显然会有损害。由于我国国有新闻媒介的权威性，这种利害影响特别明显。这就构成了记者可以利用采访报道新闻的职务便利为他人谋取利益的基础。[①]

　　具体到本案，李某在收受吴某某财物后，以采访报道相要挟，对司法机关正在办理的吴某某之兄涉嫌犯罪案件施加影响，企图迫其就范，可以认定为为他人谋取利益的行为。

　　至于李某试图以采访报道施加影响的"案中案"是否属于错案，不影响李某是否成立受贿罪。最高人民检察院《关于人民检察院直接受理立案侦查案件立案标准的规定（试行）》规定："非法收受他人财物的，必须同时具备'为他人谋取利益'的条件，才能构成受贿罪，但是为他人谋取的利益是否正当，为他人谋取的利益是否实现，不影响受贿罪的认定。"

　　综上所述，我们认为，李某身为中央电视台记者，在从事公务活动中，利用其对社会公共事务进行采访、报道，行使舆论监督的职务便利，非法收受他人贿赂，为他人谋取利益，其行为确已构成受贿罪。

---

　　① 王晋：《论记者可以构成受贿罪主体》，载《新闻记者》2009年第3期。

启示与建议

值得注意的是，在司法实践中，新闻记者因收受他人财物、利用采访报道为他人谋取利益而被法院以受贿罪追究刑事责任的案例，不胜枚举。这种现象警示所有新闻工作者：

1. 珍惜职业荣耀，切莫逾越法律的红线

不得借采访报道之便、以舆论监督为名索取、收受他人财物，这不仅是记者职业道德的要求，更是法律的禁区。作为记者，应珍惜职业荣耀、恪守职业道德，千万不可被利益蒙蔽双眼、以身试法。否则，毁掉的不仅是自己的大好前程，更是新闻媒体的形象和公信力。

2. 始终保持中立，与报料者保持适当距离

报料者的目的以及事件本身往往异常复杂，记者应避免与报料者走得太近，更不要与其发生利益乃至情感上的纠葛，否则就难免先入为主，戴着有色眼镜采访。如此，轻则容易被人利用，重则可能钻进了别有用心者事先精心策划的套儿，等到发现上当受骗，通常已经身不由己、悔之晚矣。

此外建议最高人民法院及早调研，以司法解释或指导性案例的形式，为全国各级法院审理此类案件提供明确指引，以维护法制的统一和尊严。

参考文献

中文著作

1. 刘金国、舒国滢主编:《法理学教科书》,北京:中国政法大学出版社,2004年版。

2. 魏永征、张鸿霞主编:《大众传播法学》,北京:法律出版社,2007年版。

3. 魏永征:《新闻传播法教程》,北京:中国人民大学出版社,2010年版。

4. 孙旭培:《新闻传播法学》,上海:复旦大学出版社,2008年版。

5. "中国新闻侵权案例精选与评析"课题组编著:《中国新闻(媒体)侵权案例精选与评析50例》,北京:法律出版社,2009年版。

6. 杨立新:《人格权法》北京:法律出版社,2011年版。

7. 马原主编:《民事审判实务》,北京:中国经济出版社,1993年版。

8. 王利民主编:《人格权法新论》,长春:吉林人民出版社,1994年版。

9. 涂昌波:《广播电视法律制度概念》,北京:中国传媒大学出版社,2007年版。

10. 卜卫:《大众媒介对儿童的影响》,北京:新华出版社,2002年版。

11. 王四新:《表达自由:原理与应运》,北京:中国传媒大学出版社,2008年版。

12. 魏永征、李丹林主编:《影视法导论——电视电视节目制作人须知》,上海:复旦大学出版社,2005年版。

13. 王利明著:《物权法研究》,北京:中国人民大学出版社,2002年版。

14. 王胜明主编:《中华人民共和国侵权责任法释义》,北京:法律出版社,2010年版。

15. 魏永征著:《新闻传播法教程》,北京:中国人民大学出版社,2006年版。

16. 王长潇主编:《电视影像传播概论》,北京:中山大学出版社,2006年版。

17.赵维：《隐私，这道甜点——媒介形象与媒介策略札记》，长沙：湖南教育出版社，2006年版。

18.洪伟：《大众传媒与人格权保护》，上海：华东师范大学出版社，2005年版。

19.叶子：《电视新闻学》，北京：北京广播学院出版社，1997年版。

20.徐迅：《暗访与偷拍——记者就在你身边》，北京：中国广播电视出版社，2003年版。

21.王利明主编：《中国民法典草案建议稿》，北京：中国法制出版社，2004年版。

22.王利明：《人格权法研究》，北京：中国人民大学出版社，2005年版。

23.张新宝：《名誉权的法律保护》，北京：中国政法大学出版社，1997年版。

24.杨立新：《人身权法论》，北京：中国检察出版社，1996年版。

25.蓝鸿文：《新闻采访学》，北京：人民大学出版社，2005年版。

26.李连成：《新闻官司防范与应对：写给新闻报道者与被报道者》，北京：新华出版社，2002年版。

27.王利明：《新闻侵权法律辞典》，长春：吉林人民出版社，1994年版。

28.郭赫南：《双重视域 隐性采访的法律考察与伦理评价》，成都：四川大学出版社，2008年版。

29.张寰：《当代西方新闻报道规范》，上海：复旦大学出版社，2008年版。

30.吕蓉：《广告法规管理》，上海：复旦大学出版社，2006年版。

31.郭娅莉、孙江华等：《媒体政策与法规》，北京：中国传媒大学出版社，2006年版。

32.王利明：《合同法要义与案例解析》，北京：中国人民大学出版社，2001年版。

33.侯建：《舆论监督与名誉权问题研究》，北京：北京大学出版社，2002年版。

34.魏永征、白净：《从沙利文原则到雷诺兹特权——对借鉴外国诽谤法的思考》，载《新闻记者》，2007年第8期。

35.尤英夫：《新闻法论》，台湾：台北世纪法商杂志，2000年版。

36魏永征、张咏华、林琳：《西方传媒的法制、管理和自律》，北京：中国人民大学出版社，2003年版。

37.孙宝国：《中国电视节目形态研究》，北京：新华出版社，2007年版。

中文翻译著作

1.[日]五十岚清著，铃木贤、葛敏译：《人格权法》，北京：北京大学出版社，2009年版。

2.[美]唐·R·彭伯著，张金玺、赵刚译，展江校：《大众传媒法（第十三版）》，北京：中国人民大学出版社，2005年版。

3.[美]菲利普·帕特森、李·威尔金斯著，李青藜译：《媒介伦理学——问题与案例（第四版）》，北京：中国人民大学出版社，2006年版。

4.[英]萨莉·斯皮尔伯利著，周文译：《媒体法》，武汉：武汉大学出版社，2004年版。

5.[美]唐纳德·M·吉尔摩等著，梁宁等译：《美国大众传播法：判例评析》，北京：清华大学出版社，2002年版。

6.[美]唐纳德·A·威特曼编，苏力等译：《法律经济学文献精选》，北京：法律出版，2006年版。

7.[美]约翰·D·泽莱兹尼著，张金玺、赵刚译：《传播法（第四版）》，北京：清华大学出版社，2007年版。

中文论文

1.齐小力：《论表达自由的保障与限制》，载《中国人民公安大学学报》，2010年第2期。

2.魏永征：《新闻出版总署严防虚假新闻规定的司法价值——由两件媒体侵权案的争议谈起》，载《新闻记者》，2012年1月。

3.冯应谦：《电视研究的前沿思索》，载香港《传播与社会学刊》，2012年，总第19期。

4.李岗、罗艳：《我国电视剧产业三十年改革发展与未来趋向》，载《电视研究》，2008年第12期。

5.赵晖：《中国电视剧产业亟须完善平台建设》，载《电视研究》，2011年第11期。

6.宋培义、杜书妍：《中国电视剧产业发展环境分析》，载《电视研究》，2010年第4期。

7.周泽：《论记者不构成受贿犯罪的主体》，载《新闻记者》，2009年第3期。

8.王晋：《论记者可以构成受贿罪主体》，载《新闻记者》，2009年第3期。

9.李洁、桑雯：《记者受贿是错更是罪》，载《青年记者》，2009年第13期。

10.张金玺、陈力丹：《言论的刑事责任与商誉诽谤罪的宪法限制——关于誉北佳案的法律思考》，载《中国青年政治学院学报》，2008年第1期。

11.曾革楠：《假新闻的出炉不是偶然》，载《中国记者》，2007年第8期。

12.鲍金虎、赵媛：《从〈广告法〉看广播电视广告法律问题》，载《中国广播电视学刊》，2007年第5期。

13.王利明：《公众人物人格权的限制和保护》，载《中州学刊》，2005年第2期。

14.李颖：《由"微博第一案"引发的相关思考》，载《法治新闻传播》，2011年第6期。

15.周泽：《新闻官司媒体为何多喊冤》，载《民主与法制》，2001年第22期。

16.王晋闻：《新闻侵权的责任分担》，载《新闻记者》，1991年第7期。

17.陈力丹：《更正与答辩——一个被忽视的国际公认的新闻职业规范》，载《国际新闻界》，2003年第5期。

18.陈力丹、周俊：《论新闻侵权防治的职业规范》，载《西南民族大学学报（人文社科版）》，2008年3月期。

19.陈堂发：《情感类节目如何采取隐私保护》，载《视听界》，2007年第2期。

20.刘嘉：《广播情感类节目的运作模式》，载《新闻前哨》，2009年第12期。

21.马洪波：《网上纠纷与程序法的尴尬——从"红颜静"诉"大跃进"案谈起》，载《广西政法管理干部学院学报》，2002年第8期。

22.王立海：《浅议网络名誉权的保护》，载《科技资讯》，2005年第10期。

23.徐迅、黄晓、王松苗等：《新闻侵害名誉权、隐私权新的司法解释建议稿》（依据部分），载《新闻记者》，2008年第2期。

24.李琦、胡志超：《广东新闻侵权诉讼研究》，载《新闻与传播研究》，1996年第4期。

25.宋素红、罗斌：《英国传媒与司法关系的另一面——谈谈英国〈藐视法庭法〉的修订》，载《新闻记者》，2006年第7期。

26.魏永征：《把事实和意见分开——〈新闻记者〉评点假新闻文章名誉权案一审胜诉的启示》，载《新闻记者》，2011年第8期。

27.陈力丹、王辰瑶：《"舆论绑架"富人与媒体逼视——论公共媒体对私人领域的僭越》，载《新闻界》，2006年第2期。

撰稿人信息

（按文章出现顺序排列）

徐　明，中央人民广播电台法律事务处。

侯月娟，中国政法大学新闻与传播学院。

范　娇，安徽省六安市皋翔公证处。

吉　倩，江西省上犹县国家税务局。

范　鑫，中央人民广播电台办公室综合处。

徐　迅，中国政法大学传播法研究中心。

朱　莉，就读于新加坡南洋理工大学。

刘会民，中央人民广播电台"中国之声"特别报道部。

周　冲，中央人民广播电台法律事务处。

王松苗，最高人民检察院计划财务装备局。

张鸿南，国家开发银行江西省分行法律事务办公室。

陈　华，中央人民广播电台后勤服务中心。

杨慧臻，北京市问天律师事务所。

路倩文，中国神华海外开发投资有限公司企业文化部。

董娟娟，中国核燃料有限公司法务。

李国民，检察日报社新闻评论部。

图书在版编目（CIP）数据

广播影视案例分析．传播内容篇 ／ 国家新闻出版广
电总局政策法制司编．－－ 北京 ：中国广播影视出版社，
2014.10

ISBN 978‐7‐5043‐7237‐6

Ⅰ．①广… Ⅱ．①国… Ⅲ．①广播电视－法规－案例
－中国②电影业－法规－案例－中国 Ⅳ．①D922.165

中国版本图书馆CIP数据核字(2014)第199792号

广播影视案例分析·传播内容篇

国家新闻出版广电总局政策法制司　编

责任编辑　陈丹桦
封面设计　嘉信一丁

....

出版发行　中国广播影视出版社
电　　话　010－86093580　　010－86093583
社　　址　北京市西城区真武庙二条 9 号
邮　　编　100045
网　　址　www.crtp.com.cn
电子信箱　crtp8@sina.com

....

经　　销　全国各地新华书店
印　　刷　河北省高碑店市德裕顺印刷有限责任公司

....

开　　本　710毫米×1000毫米　　1/16
字　　数　395（千）字
印　　张　27.5
版　　次　2014 年 10 月第 1 版　2014 年 10 月第 1 次印刷

....

书　　号　ISBN 978－7－5043－7237－6
定　　价　53.00元

（版权所有　翻印必究·印装有误　负责调换）